# 원효사상 연구

박태원 지음

UUP

# 원효사상연구

■

2011년 10월 17일 **초판 인쇄** ▪ 2011년 10월 24일 **초판 발행** ▪ **지은이** 박태원 ▪ **펴낸이** 이철
▪ **펴낸곳** UUP(울산대학교출판부) 680-749 울산광역시 남구 대학로 93(무거동) 울산대학교 출판부
▪ 전화 (052)259-2488 팩스 (052)277-3011 ▪ **홈페이지** http://uup.ulsan.ac.kr
▪ **출판등록** 제370-1996-000001호(1996.3.13)
▪ ₩ 13,000

■

이 도서의 국립중앙도서관 출판시도서목록(CIP)은 e-CIP홈페이지(http://www.nl.go.kr/ecip)와 국가자료공동목록시스템(http://www.nl.go.kr/kolisnet)에서 이용하실 수 있습니다.(CIP제어번호 : CIP2011004411)



ISBN 978.89.7868.259.6 (93150)

# 목차

# 1장

# 고대 한국불교의 이념적 지형도

삼국시대와 통일신라시대를 중심으로 하는 고대 한국불교의 이념적 전개에서는 크게 세 가지 유형이 주목된다. 흔히 호국불교(護國佛敎)로 일컬어지는 '국가 불교적 전개'가 그 하나이고, 차원 높은 보편성에 입각한 '통섭(統攝/通攝) 이념적 전개'가 다른 하나이며, 강한 '대중 불교적 전개'가 그 마지막 유형이다.

국가 불교적 전개는 삼국 불교에 공통적으로 목격된다. 삼국의 불교는 고대국가의 형성과 발달 시기에 국가 이익에 적극 기여하는 형태로 뿌리내리는 경향을 보여준다. 특히 자료가 비교적 풍부하게 남아있는 신라불교의 경우, 초기에는 국가 불교적 이념으로서의 역할이 돋보이고, 불교를 충분히 소화한 이후로는 시대의 강렬한 요청이기도 하였던 '보편성에 입각한 통섭'을 추구하는 면모가 부각된다. 그리고 이 두 이념 지형과 교섭 혹은 분리된 채 강한 서민적 대중성을 목표로 실천적 궤적을 남기고 있는 대중불교 진영이 또 하나의 축으로 자리 잡는다.

고대 삼국 불교는 전반적으로 국가 이익에의 기여를 공통된 과제로 삼고 있다. 중앙집권 체제를 구축해 가던 왕권이나 국가의 세속적 이익을 위해 불교가 적극적 역할을 수행하고 있다. 백제로 밀파되어 백제 개로왕의 신임을 얻은 후 국력을 소모하게 하여 고구려 장수왕이 백제를 침략하는 발판을 마련하는 역할을 자원하여 행하는 고구려 승려 도림(道琳)의 일화(『삼국사기』), 당 태종 침략 때 활약한 고구려 승군(僧軍)에 관한 일화(『고려사』 열전), 신라 황룡사의 국가 불교적 역할에 비견되는 백제 무왕 때의 미륵사 창건 및 백제 부흥을 위하여 복신(福信)과 함께 무장 봉기한 승려 도침(道琛)의 일화(『삼국사기』) 등은 고구려와 백제 불교의 국가 불교적 측면을 보여주고 있다.

이 시기의 국가 불교적 전개의 과정과 내용을 비교적 소상하게 확인할 수 있는 것은 아무래도 신라 불교의 경우이다. 법흥왕 14년(527) 이차돈의 순교를 분기점으로 국가적 공인 아래 전개되기 시작한 신라불교는 초기부터 국가 이념적 성격을 강하게 지니게 된다. 이차돈의 순교 자체가 불교에 대한 국가적 요청이라는 문제를 반영하고 있다. 무속신앙이나 조상신 숭배(박혁거세, 김알지 탄생설화) 등을 중심으로 한 부족 신앙들을 기반으로 하던 신라 사회가 여러 부족들을 통합하는 고대 국가로 발전하기 위해서는 부족의 조상신 차원을 넘어서는 보편적 종교 및 사상 체계가 필요하였다. 각자의 조상신이나 무속 신앙을 내세우는 상태로는 모든 부족이나 씨족들을 함께 아우르는 국가적 통합이 어렵기 때문이었다. 그런데 불교는 특정 조상신이나 무속이 독점할 수 없는 보편 종교라는 점에서, 다양한 구성원들의 국가적 통합을 추구하는 왕실로서는 불교의 통합 기능을 정치적으로도 활용하고 싶었을 것이다. 흥륜사 건립을 둘러싸고 빚어진 이차돈의 순교 사건은 부족적 기득권을 유지하려는 귀족들과 불교에 의지하여 강력한 국가적 통합을 추구하는 왕실 사이의 갈등이 배경으로 자리 잡고 있었을 것으로 추정되고 있다.

국가적 공인 단계에서부터 강한 국가 이념적 요청에 직면하였던 신라불교는, 이후 국가불교 혹은 호국불교라고 지칭되는 정치적 성격을 한 개성으로 지니게 된다. 원광(圓光)과 자장(慈藏)은 이러한 국가 불교적 전개의 대표적 주역이라 할 수 있다.

그런데 국가 불교적 전개는 '종교의 세속화와 권력화'라는 후유증을 잉태한다. 또한 후기 대승불교의 고급 이론과 사상은 어쩔 수 없이 소수 종교 엘리트주의의 그늘을 한편에 드리우게 된다. 문자 언어의 권력성을 감안해 보아도, 난해한 한문을 구사하는 소수 엘리트 승려들의 권력화는 피하기 어려운 함정이었을 것이다. 정신적, 지적(知的) 수준과 능력에 있어 탁월한 면모를 지닌 승려들은 국가 이익에 기여하는 과정에서 자연스럽게 권력 친화적이 되었고, 사회에서도 소수 특권층으로서의 지위를 향유하게 되었을 것이다.

불교계 내에 뿌리내리는 이와 같은 권력화, 귀족화, 소수 엘리트주의는 불교의 강한 구세주의적(救世主義的) 보살도(菩薩道) 이념에 명백히 반하는 것이다. 이러한 문제의식을 배경으로 서민 지향의 강한 대중 불교적 실천에 몰두한 일군(一群)의 불교인들이 또 하나의 뚜렷한 흐름을 형성하며 등장한다. 백제의 검단(黔丹), 신라의 원효·대안(大安)·혜공(惠空)·혜숙(惠宿)·사복(蛇福), 삼국 통일 이후 활동했던 옛 백제 출신의 진표(眞表) 등이 기록상 돋보이는 대중 불교적 실천의 대표적 주역들이다. 이들은 불교계의 권력화와 소수 엘리트주의를 극복하고 대중성을 확보하기 위해 미륵신앙이나 정토신앙을 적극 활용하였으며, 삶의 환경과 방식 또한 철저히 서민 대중과 어울리는 모습을 보여 준다. 그러나 원효를 제외한 대부분의 대중 불교 운동가들은 그들의 사상을 구체적으로 전하는 저술을 남기지 않아 그 실천의 이념적 토대를 구체적으로 확인할 수 없는 안타까움이 있다.

그런데 국가 불교적 이념과 그 실천은 불교 고유의 보편적 지평과 충돌될 수 있는 위험성을 본질적으로 안고 있다. 불교는 인간이 고안하여 쌓아올린 모든 형태의 '배타적 편 가르기 벽'들을 근저에서 허물어 버리는 무규정(無規定)의 강한 해체적 보편성을 지닌다. 국가나 민족, 인종, 신념의 벽을 해체시킨 후, 차원 높은 보편적 개방성에 입각한 평화와 안녕의 질서를 새롭게 수립하고자 한다. 불교의 이 차원 높은 보편적 기획 앞에서 국가나 민족 등의 울타리나 편애는 그 본질에 있어 장애로 작용하기 쉽다. 국가 불교적 실천은 그런 점에서 '국가주의'의 벽에 갇힐 위험성을 내포한다고 하겠다. 비록 국가 불교적 실천에 몰두했던 모든 불교인들이 배타적 국가 이기주의나 집단 이기주의의 함정에 빠진 것은 아니지만, 국가를 매개로 불교와 세속과의 소통을 확보하려고 하는 국가 불교적 실천은, 그 강한 현실적 호소력에도 불구하고, 근본적으로 '불교 보편주의의 제한'이라는 한계에 노출될 위험성을 안고 있다.

그런 점에서 원효나 의상이 대변하는 통섭 이념적 전개는 고대 불교의 새로운 국면을 열어주고 있다. 그들이 추구했던 '보편적 통섭'의 의지와 사상은 국가 불교적 전개의 한계를 극복하는 모습을 보여주고 있다. 원효와 의상에 의해 원숙한 사상과 치밀한 이론적 토대 위에서 펼쳐졌던 통섭 이념적 불교 사상은 그 차원 높은 보편성으로 인하여 현재에도 충분히 유효하다. 고대 한국 불교의 지형도 가운데 특히 '통섭 이념적 지형'을 원효와 의상의 경우를 중심으로 살펴본다. 의상의 경우를 함께 살피는 것은, 원효와 의상을 통해 구현되었던 고대 한반도 사람들의 통섭적 '집단 지성'의 면모를 확인할 수 있기 때문이다.

# 2장

# 통섭 이념의 시대적 요청

신라불교의 특징을 규명하는 키워드로서 '통합(統攝/通攝)'[1]을 빼놓을 수 없다. 신라 불교인들은 시대적 상황과 요청에 부응하여 특히 통섭과 화쟁(和諍)을 의식하며 불교사상을 소화하고 전개시켰는데, 동시대 중국 대륙에서의 불교이론 수준과 추이에 시차 없이 부응하며 통섭과 화쟁을 개성으로 반영시킬 정도로 체화(體化)시켰던 신라불교의 정점에는 원효(617-686)와 의상(625-702)이 자리 잡고 있다.

통섭과 화쟁이라는 신라불교의 개성을 잉태시킨 외연(外緣)은 분열의 시대 상황이었다. 원효와 의상을 배출하던 때의 한반도는 배타와 독점으로 표현되는 분열의 정신이 넘쳐나고 있었는데, 신라의 경우 그 분열의 정신은 크게 존재와 언어 두 측면에서 구분해 볼 수 있다.

---

1) 필자는 통섭의 한자로서 '統攝'과 '通攝'의 두 가지를 병용한다. 統攝은 '분열의 극복'이라는 의미가 우선하고, 通攝은 '서로를 향해 열려 서로를 받아들임'의 뜻으로서 존재의 상호 소통적 포섭 관계가 핵심이다.

존재 분열은 신분제인 골품제(骨品制)와 전쟁으로 표현되었다. 경주에 거주하는 진골(眞骨)의 독점적 특권과 지위를 보장하는 독점 이데올로기였던 골품제는 그에 속한 구성원들의 삶을 부당하게 차별하는 배제와 독점의 차등적 신분체제였다. 존재 분열의 또 하나의 표현은 전쟁이었다. 통일 전후의 삼국 쟁투는 격렬하고 빈번한 전쟁의 참상으로 이어졌다. 타자 부정과 공격의 극단적 표현인 전쟁은 인간 삶의 모든 희망을 빼앗는 절망의 늪이다. 전쟁이 분출하는 배타의 살기 속에서, 사람들은 '다툼의 화해(화쟁)'와 '차이를 포용하는 하나 됨(통섭)'의 길을 갈구하였을 것이다.

언어 분열의 소음은 사상계에서 요란하였다. 원효 시대의 한반도에는 층을 달리하는 다양한 불교이론들이 본격적으로 소개되고 있었다. 대승불교 이론의 두 축인 중관(中觀)과 유식(唯識)을 비롯하여, 반야·열반·법화·화엄 등의 후기 고급 불교이론은 물론, 초기불교의 다양한 경론(經論)들도 탐구의 대상이 되고 있었음은 원효 자신의 저술 목록을 통해서도 확인할 수 있다.

이러한 다양한 불교이론들의 도입은 사상계의 혼란을 초래하였을 것이다. 당시 중국이나 한반도에 소개된 불교 이론들은 초기불교와 후기불교의 이론 유형들을 망라하는 것이었는데, 모든 불경들을 부처 한 사람의 육성으로 간주했던 사람들은 그 다양한 불교 전적들이 제공하는 이론의 다양성에 곤혹스러워 했다. 동일한 내용일지라도 경전마다 이론적, 사상적 수준이 달랐기에 혼란스러웠고, 각 경전의 다양한 내용이나 표현 방식은 곧잘 화해시키기 어려운 이질성(異質性)으로 보여 이해가 충돌하기도 했다. 하나의 이론에 대해서도 사람들의 이해력이나 취향에 따라 다양한 이해가 등장하기 마련인데, 하물며 이론의 내용과 수준, 형식들마저 다양하였으니, 그로 인한 사상계의 혼란은 쉽게 짐작할 수 있다.

같은 불교 이론을 놓고 저마다 자기 이해가 옳다며 다투는 사람들, 자기가 선호하는 불교 이론이 최고라며 쟁론하는 사람들로 인해, 사상계는 배타적 분열의 혼란을 겪고 있었다. 원효의 다음과 같은 말은 그러한 정황을 반영하는 것으로 보인다.

> "만일 말 그대로 취한다면 두 주장은 모두 옳지 못하다. 서로 다른 주장을 내세워 다투면서 부처의 뜻을 잃는다. 그러나 만일 결정적인 고집이 아니라면 두 주장이 모두 옳다. 법문(法門)은 걸림이 없어서 서로 방해하지 않기 때문이다."[2)]

> "깨달음의 길(佛道)은 넓고 확 트여 걸림이 없고 범주가 없다. 무엇에 기대는 것이 아주 없기 때문에 타당하지 않음이 없다. 이 때문에 일체의 다른 가르침이 모두 깨달음의 가르침(佛敎)이요, 온갖 학파들의 주장이 옳지 않음이 없으며, 불교의 모든 가르침으로 다 진리에 들어갈 수 있다. 그런데 자기가 조금 들은 바 좁은 견해만을 내세워, 그 견해에 동조하면 옳다고 하고 그 견해에 반대하면 모두 잘못이라고 하는 사람이 있다. 마치 갈대 구멍으로 하늘을 보는 사람이, 갈대 구멍으로 하늘을 보지 않은 사람은 모두 하늘을 보지 못하는 자라고 하는 것과도 같다. 이런 것을 일컬어 '식견이 적은데도 많다고 믿어서 식견이 많은 사람을 도리어 헐뜯는 어리석음'이라고 한다."[3)]

또한 현장(玄奘 602-664)의 역경(譯經)에 의해 막을 연 신역불교(新譯佛敎) 및 법상(法相) 신유식(新唯識)이 촉발시킨 중국 사상계의 쟁론들은, 중국과 보조를 맞추며 발전하고 있던 한반도의 사상계에도 곧바로 이식되었다. 현장의 신역불교가 점화시킨 중국 사상계의 쟁론은 곧장 한반도 사상계에도 이전되어, 가히 동북아시아 지성계

2) 원효, 『涅槃宗要』, 한국불교전서1-529상.
3) 『菩薩戒本持犯要記』, 한국불교전서1-583상.

전체가 유식사상이 주역이 된 사상논쟁에 휘말리고 있었다.

사유와 언어의 불가분리성을 염두에 둔다면, 사상적 쟁론은 곧 언어의 다툼이기도 하다. 다양한 불교 이론들에 대한 교판론적(教判論的) 언어 분열, 구역(舊譯)·신역(新譯) 및 중관(中觀)·유식 (唯識) 언어의 분열적 대립. - 이것이 원효와 의상 당시의 한반도 및 동북아시아 사상계의 정황이었다. 삼국 전쟁으로 그 절정에 이른 존재 분열과 함께 사상 분열, 즉 언어 분열이라는 또 하나의 심각한 인간 분열이 전개되었고, 그 분열의 수습이 시대의 요청으로 부각되던 상황이었다. 그리고 원효와 의상은 그 배타적 분열의 수습을 위한 작업을 불교에 입각하여 펼쳐간다. 무지와 배타적 편애와 탐욕으로 인한 부정·배타·정복의 정신을, 포용·공존·화해·상호존중으로 극복하라는 '통섭'과 '화쟁'의 시대적 요청에 대하여, 원효와 의상은 그 사상적 응답을 불교라는 지혜 속에서 확보하여 실천한다.

## 통섭 이념의 조건

현상의 차이들을 배타적 다툼이 아닌 평화적 공존으로 소화하기 위해서는 어떤 조건들이 필요할까? 원효와 의상의 통섭 사상에서는 두 가지 조건이 공통적으로 목격된다. 모든 존재들이 실체적 분리를 극복하고 '둘 아님(不二)'으로 만날 수 있는 원리가 확보되어야 한다는 것이 하나이고, 그 원리는 자기완성의 토대인 동시에 타자 존중과 배려를 그 필연으로 수반할 수 있어야 한다는 것이 다른 하나이다. 이 두 조건은 원효와 의상에게서 각각 어떤 내용으로 구성되어 나타나고 있는가?

원효 사상에서는 그 근본 원리의 자리를 일심(一心)이 차지하고 있다. 원효 사상과 삶을 일관하는 핵심 원리가 일심에서 나오고 있음은 모든 원효 사상 연구에서 공히 지적되고 있다. 원효 사상이 보여주는 통섭적 기능 역시 일심을 그 원천으로 하고 있음은 분명하다. 그런데 한 가지 더 주목할 것이 있다. 원효 일심사상이 지니는 '둘 아님'의 통섭 기능이 현실화될 수 있는 구체적 통로가 '각(覺) 사상'이라는 점이다. 이 점은 종래의 연구에서 간과되고 있는 부분이다. 원효에 있어서는 각(覺) 사상이야말로 '둘 아님(不二)'의 통섭을 구현하는 구체적인 통로로서 더욱 비중 있는 지위를 차지하고 있다고 볼 수 있다.

의상의 경우, 화엄일승(華嚴一乘)의 도리에서 통섭의 상위 원리를 확보하는 한편, 성기(性起)사상과 무분별지(無分別智)를 통섭의 통로로 마련하고 있다. 종래 의상 화엄사상 연구의 거의 유일한 저술로 활용되던 『화엄일승법계도』 뿐만 아니라 최근 새롭게 발굴된 『화엄경문답』에서도 이 점이 확인된다. 이하에서는 원효의 경우는 일심과 각 사상을, 의상의 경우는 화엄일승과 성기 사상 및 무분별지를 중심으로, 상기한 통섭의 두 가지 조건이 어떤 모습으로 확보되고 있는지 탐구해 볼 것이다.

# 3장

# 원효의 통섭 사상

## 1. 통섭의 원천- 하나가 된 마음(一心)

이성이라 부르던 마음이라 부르던 간에, 인간은 분명 타 생명체에서는 목격할 수 없는 사유 능력을 보여준다. 이해, 판단, 추리, 기억 등이 얽혀 펼쳐지는 인간의 사유 능력은 인간의 정서와 행위에 작용하며 인간 존재를 독특한 수준으로 이끌어 간다. 원효가 인간 존재의 궁극적 희망으로 주목하는 일심(一心)은 이러한 인간 특유의 사유 능력의 연장선 위에 있다. 다만 종래의 이성 능력이 아직 실체(實體) 관념에 의거한 분별지(分別知)의 범주에 머물러 사물을 분리와 소유, 집착으로 경험하며 존재의 동요(개인적 苦)와 관계의 훼손(사회적 苦)을 그 후유증으로 겪는데 비해, 원효의 일심은 실체 관념을 극복하여 모든 이원적 분리와 분별을 해체시키고 그 존재론적 각성의 필연적 산물인 자발적 우호의 동정감(同體

大悲)으로써 타자들과 관계 맺는다. 일심의 경지는 인간에게 자리 잡은 사유 능력의 차원 높은 발전 단계라고도 할 수 있다. 그리하여 원효는 『대승기신론』의 일심 사상을 풀이하면서 다음과 같이 말한다.

> "대승의 진리는 오직 '하나가 된 마음(一心)'이 있을 뿐이며, '하나가 된 마음' 이외에 다른 진리는 없다. 단지 무명이 '하나가 된 마음'을 미혹시켜 파도를 일으키어 온갖 세상(六道)에 흘러 다니게(流轉) 하지만, 비록 윤회하는 세상의 파도를 일으킬지라도 '하나가 된 마음'의 바다를 벗어나는 것이 아니다. '하나가 된 마음'으로 말미암아 온갖 세상(六道)을 지어내기 때문에 널리 중생을 제도하겠다는 바램(願)을 일으킬 수가 있고, 온갖 세상이 '하나가 된 마음'을 벗어나는 것이 아니기 때문에 '한 몸으로 여겨 일으키는 큰 자비심(同體大悲)'을 낼 수 있는 것이니, 이리하여 의혹을 버리고 발심할 수 있게 된다.
>
> 또한 두 문(二門/生滅門과 眞如門)을 열은 것은, '여래가 세운 수많은 가르침의 체계들(敎門) 가운데 어떤 것에 의지하여 처음 수행에 들어가야 하는가?'라는 의문을 풀어주기 위해서이다. 즉, 비록 많은 가르침의 체계들이 있지만 처음 수행에 들어가는 것은 다름 아닌 두 문에 의해서이다. 진여문(眞如門)에 의지하여 '그치는 행위(止行)'을 닦고, 생멸문(生滅門)에 의지하여 '보는 행위(觀行)'을 일으켜, 그침(止)과 봄(觀)을 동시에 운용하면 모든 행위(萬行)가 갖추어지는 것이니, 이 두 문에 들어가서 모든 가르침의 체계들을 통달하게 된다. 그리하여 의혹을 버리고 수행 길에 접어들 수 있게 된다."[4]

> "모든 존재의 참 모습은 생겨남(生)과 사라짐(滅)이라는 이분법적 구분과 분리가 없으며(無生無滅), 무지에 의한 일체의 왜곡적 구별이 원천적으로 해체된 상태(本來寂靜)이니, 오직 '하나가 된 마음(一心)'이라 할 경지이다. 이와 같은 상태를 '마

4) 『대승기신론소』, 한국불교전서1-701중-하.

음이 진실과 같아진 맥락(心眞如門)'이라 하기 때문에 『능가경』에서는 '무지로 인한 모든 분별과 분리가 해소된 경지를 일심(一心)이라 한다(寂滅者名爲一心)'고 말한 것이다. 또 이 '하나가 된 마음'의 본래 모습은 '본래적 깨달음(本覺)'이지만, 무명(無明)을 따라 동요하여 분별 작용을 일으킨다. 그리하여 이 경우에 여래의 성품이 감추어져 드러나지 않는 것을 여래장(如來藏)이라 부른다. (...) 이와 같은 뜻이 생멸문(生滅門)에 있기 때문에 『능가경』에서는 '일심을 여래의 가능성이 간직되어 있는 상태라 한다(一心者名如來藏)'고 말한 것이니, 이것은 일심의 생멸문을 나타낸다. (...) 속(俗)되거나 탈속(脫俗)한 모든 것들의 참모습은 속(俗/染)이니 탈속(脫俗/淨)이니 하는 분별이 없는 것이고, 참된 진여(眞如/진리 같아짐)의 맥락(眞如門)이니 그릇된 분별의 왜곡 맥락(生滅門)이니 하는 것도 근본에 입각해 보면 다른 것이 아니다. 그래서 '하나(一)'라는 말을 붙인다. 동시에 이 이원직 분별과 분리가 해체된 진실의 경지는 허공과는 달라서, 성품이 스스로 신령스럽게 아는 작용을 하기 때문에 '마음(心)'이라는 말을 붙인다. 그런데 이미 둘로 분별할 것이 없으니, 어찌 하나가 있다고 하겠는가? 그리고 하나라는 것이 있는 것도 아니라면, 무엇을 '마음'이라는 말로 지칭할 것인가? 이와 같은 도리는 언어적 범주를 벗어나고 모든 것을 이원적/실체적으로 분별하는 마음으로는 포착되지 않는 경지라서 무슨 말을 붙여야 될지 알 수 없는데, 억지로나마 '하나가 된 마음(一心)'이라 불러본다.'[5]

원효는 타자 부정과 다툼의 도구로 오용되는 인간의 사유 능력(분별심) 속에서 오히려 가장 위대한 희망을 발견한다. 실체적 분별로 인한 탐착·배타·공격에 물든 분별심에 절망하지 않고, 그 이면에 존재하면서 아직 구현되지 않은 찬란한 가능성을 확인한다. 분별심이 지관(止觀)에 의해 변환되면, 삶과 죽음(존재와 비존

5) 같은 책, 1-704하-705상.

재, 生과 滅)·성스러움과 속됨·선악의 자의적 규정(淨과 染)·진실과 허위(眞如와 生滅) 등의 분별과 분리가 근원에서 해체되어 그들이 '둘 아님'으로 만나는 동시에, 타자 부정의 충동이 '하나 됨에서 자발적으로 발현되는 끝없는 우호의 동정감(同體大悲)'으로 전환되는 일심의 경지가 된다는 것. - 여기서 원효는 인간 통섭의 원천을 확보한다.

## 2. 통섭의 통로 - 각(覺)

통섭의 원천인 일심을 구현하는 구체적 통로를 원효는 본각(本覺)·시각(始覺)·불각(不覺)을 설하는 『대승기신론』의 각(覺) 사상에 입각하여 마련한다. 『대승기신론』은 인간 마음이 지닌 두 가지 가능성을 이론적으로 체계화시키고 있는데, '진리와 같아지는 측면(眞如)'과 '진리 이탈의 측면(生滅)'이라는 두 가능성을 각각 본각·시각 및 불각에 의해 해명하고 있다. 인식의 이해 결핍(無明)과 그로 인한 왜곡 과정(分別/心生滅)을 밝히는 것이 불각이고, 마음이 지닌 심진여(心眞如/마음이 진리와 같아진 경지)로서의 측면, 그 일심(一心) 구현의 측면을 밝히는 것이 본각과 시각이다. 원효는 이와 같은 『대승기신론』의 각 사상에 의거하여 일심 구현의 구체적 통로를 확보하고 있는데, 각 사상에 대한 그의 관심은 말기 저술인 『금강삼매경론』에 이르러 더욱 완숙한 형태로 전개되고 있다.

『대승기신론』은 인간이 전개할 수 있는 두 가지 마음 계열을 각각 심진여문(心眞如門)과 심생멸문(心生滅門)으로 설정한 후, 심생멸문에서 마음의 심진여적(心眞如的/마음이 진리와 같아지는) 가능성과 심생멸적(心生滅的/마음이 진리를 등지는) 가능성을 동시에 논하고 있다. 이 때 심생멸문에서 두 가지 가능성이 구체화되는 통로가 바로 시각·본각 및 불각이다. 인간의 마음 활동은 시각과 본각을 내용으로 하는 '깨달음의 기능(覺義)'과 불각을 내용으로 하는 '깨닫지 못하는 기능(不覺義)'을 모두 지니고 있다는 것과, 그 두 잠재력의 구현 과정을 모두 밝혀 인간으로 하여금 자신의 마음 능력을 깨달음의 길로 향하게 하려는 것이 『대승기신론』 심생멸문의 구성 취지이다. 원효는 인간 사유 능력에 대한 이와 같은 『대승기신론』의 관점에 서서 각(覺) 사상을 전개해 간다.

## 3. 원효의 각(覺)사상

### 1) 원효와 깨달음

불교가 인간에게 제시하는 희망은 깨달음의 문제를 그 관건으로 삼는다. 구속과 오염의 존재 상황(苦)을 해방과 정화의 변혁적 성숙으로 전환시키는 관절적 통로에는 '깨달음'이 자리하고 있다. 선종(禪宗)에서 쟁점이 된 '돈오돈수(頓悟頓修)적 깨달음'이건 '돈오점수(頓悟漸修)적 깨달음'이건 간에, 모든 불교적 존재 변혁과 성숙은 깨달음을 관문으로 삼아 그 본질적 전환을 성취해 간다. 불교의 관점에서 볼 때, 이 깨달음의 가능성과 능력이야말로 인간 존재가 간직한 희망의 원천이다.

원효는 인간 존재의 희망의 빛을 이 깨달음에서 확보한 인물이다. 그의 개인사(個人史)의 획기적 전환 역시 이 깨달음의 체득에서 이루어진 것으로 전하고 있다. 의상과 함께 당나라 유학길에 올랐던 원효는 중도에서 매우 중요한 체득을 한다. 무덤에서의 체험이 계기가 되어 그는 이전까지 이론과 지식의 차원에 머물러 있던 마음의 도리를 온 몸으로 직접 확인한 것이다. 『송고승전』은 그 깨달음의 상황에서 터져 나온 원효의 말을 이렇게 전하고 있다.

> “분별하는 마음이 일어나기에 온갖 차별 현상들이 생겨나고, 분별하는 마음이 사라지니 토감과 고분이 별개의 것이 아니구나. 모든 세계(三界)가 오직 분별하는 마음에서 비롯된 것이요, 모든 차별 현상들이 오직 마음 헤아림의 산물이로다. 마음의 분별과 무관하게 존재하는 것은 없는 것이니, 어찌 마음 밖에서 따로 구하리.”[6)]

원효의 오도 설화를 전하는 『송고승전』·『임간록』·『종경록』 등은 그 내용상 약간의 차이를 보이고는 있지만, 하나같이 원효가 무덤에서의 하룻밤을 통해 깨달음이라고 하는 특별한 체득을 하였던 것으로 전하고 있다. 그리고 그 체득 이후 더 이상 당나라 유학의 필요성을 느끼지 못하여 발길을 돌려 귀국하였다고 한다. 원효는 무덤에서의 깨달음을 통해 그가 추구하던 인간 희망을 도리를 직접 파지(把持)하여, 그 이전까지의 지적(知的) 모색 단계를 벗어나 체험을 통한 확신과 자신감을 확보한 것으로 보인다.

인간은 누구나 스스로의 노력과 힘으로 깨달을 수 있는 존재라는 것, 그리고 그 깨달음을 통해 삶의 근원적 불안과 속박에서 해방될 수 있다는 불교적 희망의 메시지를 직접지(直接知)를 통해 확인한 원효였기에, 이후 불교의 깨달음 사상을 이론적으로 밝히는 일에 큰 관심과 노력을 기울였을 것이다. 그가 깨달음(覺) 사상을 본격적으로 거론하고 있는 『대승기신론』과 『금강삼매경』의 주석에 역량을 집중하고 있는 듯이 보이는 것도 그런 맥락에서 음미할 수 있다. 『대승기신론』과 『금강삼매경』의 주석을 중심으로 원효의 깨달음 사상에 접근해 보자.

---

6) 『송고승전』 권4, 「신라국의상전」(『대정신수대장경(이하 대정장)』권50, p.729). “心生故種種法生 心滅故龕墳不二 三界唯心萬法唯識 心外無法胡用別求”

원효 사상에 있어서 『대승기신론』은 가히 사상적 모태라 할 수 있다. 그가 불교의 다양한 이론들을 일미(一味)로 회통시킬 때 의거하는 일심(一心) 사상의 체계와 내용을 제공하는 것이 바로 『대승기신론』이기 때문이다. 그런데 원효는 인간 존재의 궁극적 희망인 깨달음의 문제 역시 그 이론 체계의 기본을 『대승기신론』 속에서 확보하고 있다. 『대승기신론』이 설하는 본각(本覺)·시각(始覺)·불각(不覺) 사상을 통해, 인간과 깨달음의 문제에 관한 자신의 종합적이고 정리된 견해를 수립하고 있는 것이다. 불교 사상 및 원효의 일생에서 깨달음의 문제가 차지하는 위상이나 비중을 고려할 때, 원효가 깨달음에 관한 체계적 견해를 『대승기신론』을 통해 마련하고 있다는 것은 원효 사상과 『대승기신론』의 각별한 관계를 다시금 확인시켜 준다.

원효 사상의 완숙한 경지를 드러내는 『금강삼매경론』에서는 특히 본각(本覺) 사상이 일관된 초점으로 거론되고 있는데, 원효는 『대승기신론』에서 마련한 각(覺) 사상에 의거하여 『금강삼매경』이 설하는 본각의 도리를 종횡무진 밝혀내고 있다. 그 등장에서부터 원효와의 특별한 관계를 보이고 있는 『금강삼매경』과 그에 대한 원효의 주석인 『금강삼매경론』을 읽다 보면, 원효 사상은 결국 본각 사상을 중심으로 하는 깨달음 사상으로 귀결되고 있다고 말해야 하는 것이 아닌가 생각될 정도이다. 원효의 깨달음 사상을 본각(本覺)·시각(始覺)·불각(不覺)에 대한 그의 주석을 통해 음미해 보자.

### 2) 깨달음을 구성하는 세 축
#### - 본각(本覺)·시각(始覺)·불각(不覺)

불각은 인간 존재의 미혹과 오염의 상황 전반을, 본각은 인간 존재의 본래적 완전성을, 시각은 그 본래적 완전성을 회복해 가는 현실적 과정을 인식론적 측면에서 통칭하는 말이다. 그런데 이들에 대해 『대승기신론』은 시각·본각·불각의 순서로 논의를 전개하고 있는데, 이러한 순서에도 『대승기신론』 나름대로의 의도적 기획이 반영되고 있다.

깨달음의 문제를 논리적으로 서술하려면 불각의 문제부터 다루는 것이 자연스럽다. 깨달음의 대상, 즉 깨달음으로써 극복해야 할 존재 미혹의 문제를 먼저 거론하는 것이 논리적이다. 그런데 『대승기신론』은 불각의 문제를 오히려 뒤로 미룬다. 깨달아 가는 과정(시각)과 깨달음의 본래적 경지(본각)를 먼저 거론한 연후에 존재 미혹의 상황(불각)을 논한다. 이것은 『대승기신론』의 관심과 의지가 철저히 깨달음의 성취와 구현에 있음을 의미한다. 인간 존재의 현실이 어떤 원인과 과정을 통해 미혹과 오염에 물들었는가를 해명하는 것보다는, 그 미혹과 오염의 현실을 극복해 가는 것이 『대승기신론』 의 관심사이다. 시각-본각-불각의 순서를 택한 것은 이러한 의도적 기획의 산물로 보인다. 『대승기신론』의 한 개성을 여기에서도 엿볼 수 있다.

현실의 인간은 '깨닫지 못한 상태'에 놓여 있다. 생명에 내재하는 이해 결핍(無明)과 그 산물의 구조 및 내용을 해명하는 것이 『대승기신론』 불각(不覺)의 체계이다. 그런데 인간은 또한 그 이해 결핍으로부터 해방된 본래적 완전성도 동시에 간직한 존재이다. 그 본래적 완전성을 『대승기신론』은 본각(本覺)이라 부른다. 이와 같은 불각과 본각의 상반된 면모가 동시에 동거하고 있는 것이 중생이라 일컬어지는 존재 양태이다. 이와 더불어 인간에게는 또 하나의 면모가 가능성으로 주어져 있다. 불각이라는 오염과 결핍으로부터 본각이라는 본래적 완전성으로 귀환할 수 있는 가능성이 그것이다. 이 귀환의 잠재력은 본각에서 비롯된다. 중생이 지닌 '본래적 완전성(본각)'의 면모는 '깨닫지 못한 상태(불각)'을 반성하고 혐오하며 극복하고자 하는 의지를 일깨운다. 이 '본래적 완전성(본각)'에서 솟구치는 불가사의한 계발적 자극과 계기를 원효는 '본각의 불가사의한 훈습(熏習)'이라 일컫는다.[7] 본각에서 주어지는 본각 귀환의 의지가 현실화되는 것이 '비로소 깨달아감(始覺)'이다. 시각이라 부르는 이 본각 귀환의 여정이야말로 인간 존재가 지닌 삶의 희망이요 당위이며 궁극적 목적이 된다. 생명의 본래적 완전성으로 돌아가려는 이 본각 귀환의 여정을 성공적으로 진행하여 완성시킬 때 "시각이 곧 본각"[8]이라는 경지가 펼쳐진다.

### 3) 본각(本覺)·시각(始覺)·불각(不覺)의 상대적(相待的) 관계와 그 의미

본각과 시각 및 불각은 독자적 개념이나 존재가 아니다. 모든 것을 상호의존적 관계 속에서 파악하는 불교적 관점은 여기서도 예외 없이 관철된다. 시각의 의미를 설하면서 『대승기신론』은 이렇게 말한다.

> "시각의 면모라고 하는 것은, 본각을 의지하기 때문에 불각이 있고 불각을 의지하기 때문에 시각이 있다고 말한다."[9]

'깨닫지 못하고 있음(不覺)'을 말할 수 있는 것은 '본래적 깨달음(本覺)'을 조건으로 하는 것이고, '비로소 깨달아감(始覺)'은 '깨닫지 못하고 있음'을 조건으로 한다는 것이다. 원효는 『대승기신론』이 설하는 본각(本覺)·시각(始覺)·불각(不覺)의 이러한 상호의존성의

7) 『대승기신론소』(이하에서 『소』는 『대승기신론소』,『별기』는 『대승기신론별기』)1-709중.
8) 『대승기신론』, 『신수대장경』 권32, 576중.
9) 같은 책, 576중.

의미를 다음과 같이 이해한다.

> “이 가운데 대의(大意)는, 시각은 불각을 기다리고 불각은 본각을 기다리며 본각은 시각을 기다린다는 것을 밝히려고 하는 것이다. 이미 서로 기다리는 것이기에 곧 자성(독자적 실체)이 없으니, 자성이 없는 것은 곧 각(覺)이 있지 않다. 각(覺)이 있지 않은 것은 서로 기다리기 때문인데, 서로 기다려서 이루어지는 것이니 곧 각(覺)이 없지도 않다. 각이 없지 않기 때문에 ‘각’이라 말하는 것이지 자성이 있어서 ‘각’이라 하는 것은 아니다.”[10)]

> “본각이 있기 때문에 본래 불각이 없고, 불각이 없기 때문에 끝내 시각이 없는 것이며, 시각이 없기 때문에 본래 본각이 없다는 것을 알아야 한다. 본각이 없음에 이른 것은 그 근원이 본각이 있기 때문이고, 본각이 있는 것은 시각이 있기 때문이며, 시각이 있는 것은 불각이 있기 때문이고, 불각이 있는 것은 본각에 의하기 때문이다. (…) 이와 같이 전전(展轉)하여 서로 의지하니, 곧 모든 것이 없는 것이 아니지만 있는 것도 아니며, 있는 것이 아니지만 없는 것도 아님을 나타내는 것임을 알아야 한다.”[11)]

원효는 시각·본각·불각의 상대적(相待的) 관계를 ‘깨달음을 성취할 수 있는 존재론적 근거’로 풀이한다. 시각·본각·불각이 불변의 실체적 본질(자성)이 아니기 때문에 불각이 시각과 본각으로 전환될 수 있다는 점을 강조하고 있는 것이다. 불각이나 시각, 본각이 실체 개념이라면, 그들은 각자 불변의 상태를 유지하며 독자적으로 존재할 것이다. 이들이 각각 불변의 실체적 본질(자성)을

10) 『소』, 1-708상.
11) 『별기』, 1-683하-684상.

지닌 것이라면 불각에서 시각, 본각으로의 질적 변환은 불가능하다. 그리고 그렇다면 불각의 상태에 처한 인간은 깨달음이라고 하는 존재 해방의 꿈을 접어야 한다.

그러나 불각과 시각과 본각은 상호 의존적으로 성립하는, 실체 아닌 연기적(緣起的) 존재이다. '깨닫지 못함(不覺)'이 성립하기 위해서는 '본래적 깨달음(本覺)'이 전제되어야 하고, '깨닫지 못함(不覺)'을 조건으로 '비로소 깨달아감(始覺)'이 성립한다. 본각은 불각, 불각은 시각의 연기적(緣起的) 조건이다. 불각과 시각과 본각은 상호 의존적으로 성립하는, 실체 아닌 공성(空性)이라는 사실로 인하여, 불각 상태는 시각과 본각으로 전환될 수 있다. 그러므로 인간은 시각과 본각의 구현을 통한 존재 해방의 비전을 확보하게 된다. 원효는 『대승기신론』이 설하는 시각·본각·불각의 상대적(相待的) 관계를 '깨달음의 철학적 토대'로 읽고 있으며, 이는 『대승기신론』의 의중을 정확히 파악한 것이기도 하다.

### 4) 인간 존재의 두 얼굴 - 각(覺)과 불각(不覺)

현실의 인간에게는 양면성이 공존한다. 이해 능력의 결핍(無明)으로 드러나는 미혹한 모습(不覺)이 그 하나요, 본래적 완전성(本覺)과 그 완전성을 구현해 가는 모습(始覺)이 다른 하나이다. 『대승기신론』은 이 양면성의 인식적 기반을 아리야식(阿梨耶識)이라 부르면서 인간 존재의 이중적 구조를 이렇게 말한다.

> "심생멸(心生滅)이란 것은, 여래장(如來藏/부처 면모가 숨어있는 상태)에 의지하기 때문에 생멸심(生滅心/무지로 동요하는 마음)이 있으니, 소위 '불생불멸(不生不滅)'이 '생멸(生滅)'과 더불어 화합하여 같은 것(一)도 아니고 다른 것(異)도 아님을 '아

리야식(阿梨耶識)'이라 부른다. 이 식(識)이 두 가지 면모를 지녀 능히 모든 것을 포섭하며 모든 것을 생겨나게 하니, 어떤 것이 그 두 가지 면모인가? 하나는 '깨달음의 면모(覺義)'이고, 다른 하나는 '깨닫지 못함의 면모(不覺義)'이다."[12]

아직 본래적 완전성을 구현하지 못한 인간의 마음(아리야식)에는 본래적 완전성(不生不滅)과 결핍(生滅)이 '같은 것(一)도 아니고 다른 것(異)도 아닌' 관계로 동거한다. 이 때 본래적 완전성과 존재 결핍을 지칭하는 '불생불멸' 및 '생멸'이라는 표현은 물리적 기멸(起滅)을 뜻하는 말이 아니다. 『대승기신론』이나 원효가 진리다움이나 본래적 완전성을 총칭할 때 사용하는 '불생불멸'이라는 언어를 물리적 동작의 부재로 해석할 때는, '불생불멸'이라는 말을 애용하는 대승불교나 원효 사상을 '아트만적 실체를 상정하는 비불교적 사상'으로 오해하기 쉽다. 『대승기신론』이나 원효 사상에서 등장하는 '불생불멸'은 어디까지나 불교 인식론적 맥락에서 구사되는 것임을 간과하지 말아야 한다.

이해 결핍으로 인한 인식의 왜곡 과정과 그 후유증, 다시 말해 근본 무지가 초래하는 인식 왜곡(존재의 미혹과 오염)의 과정 및 그로 인한 삶의 동요와 불안을 총칭하는 말이 '생멸'이다. 그리고 근본 무지(無明)로 인한 마음의 왜곡된 전개가 그쳐진 경지, 그리하여 본래적 완전성으로 귀환한 마음의 온전함과 안정을 지칭하는 말이 '불생불멸'이다. 다시 말해 '생멸'은, 불변의 독자적 실체가 있다는 무지에 의거하여 전개되는 마음이 존재와 세계를 사실과 다르게 왜곡시켜 가는 전 과정을 지칭하는 용어이다. 결국 '생멸'은 '깨닫지 못하는 마음(不覺)의 전개'이고, '불생불멸'은 '깨닫

12) 『대승기신론』, 576중.

는 마음(覺/本覺과 始覺)의 국면'이다.

인간의 마음은 이 '생멸/불각'과 '불생불멸/각'의 상반된 두 국면이 항상 동거한다. 그런데 이 둘은 '같은 것(一)도 아니고 다른 것(異)도 아닌' 관계로 동거한다. 만약 이 둘이 각각 불변의 본질을 지닌 독자적 실체라면, 서로 무관한 다른 것이 분리된 채 동거하거나(다름의 관계), 똑같은 것이 두 개 동거하는 것이다(같음의 관계). 그러나 '생멸/불각'과 '불생불멸/각'은 불변의 실체가 아니라 그 내용이 교차될 수 있는 가변적 국면의 두 유형이다. 인간의 실존은 이 두 상반된 국면이 동거하는데, 마음의 결단과 노력에 의해 선택적으로 전환된다.

『대승기신론』은 이와 같은 이중적 구조가 유지되는 삶의 맥락을 심생멸문(心生滅門; 마음이 무지에 의거하여 왜곡되게 전개되는 체계)이라 부른다. 이 심생멸문은 존재의 본원적 완전성을 등지고 오로지 미혹의 오염과 왜곡에만 갇혀 있는 것이 아니다. 심생멸문이라 일컬어지는 인간의 실존, 그 범부의 일상은 언제나 본원적 완전성 구현의 희망(覺)과 일탈의 위험(不覺)을 동시에 간직한다. 원효는 인간의 실존인 심생멸문의 이중적 구조를 다음과 같이 말한다.

> "이는 여래장(如來藏; 부처 면모가 숨어있는 상태)을 버리고 '무지로 동요하는 마음(生滅心)'만을 생멸문으로 삼은 것이 아니다. 이것은 아래 글에서 '이 식(識/阿梨耶識)에 두 가지 면모가 있다.'고 한 것과 같으니, 따라서 두 가지 면모(깨달음의 면모와 깨닫지 못함의 면모/覺義와 不覺義)가 모두 생멸문에 있음을 알아야 한다."[13]

---

13) 『별기』, 1-681중.

한편『대승기신론』이 설정하는 심진여문(心眞如門)은 진실(진리)과 하나가 된 마음의 경지를 설할 뿐이다. '깨닫지 못함'과 '깨달음'의 이중 구조 가운데 '깨달음'의 면모를 발달시켜 완전하게 된 지평을 지칭하는 것이 심진여문이다. 따라서 심진여문은 인간의 현실인 불각의 생멸과 실제로는 무관하다. 원효는 이 뜻을 이렇게 말한다.

> "진여문에는 능히 일으키는 면모가 없기 때문이다. 이제는 이 식(識/아리야식)에서 또한 일으키는 면모(生義)를 말하였으니, 생멸문 중에는 능히 일으키는 면모가 있기 때문이다."[14)]

불각의 생멸을 설정하지 않기 때문에 본각이나 시각의 개념도 심진여문에서는 의미가 없다. 본각과 불각과 시각의 설정은 어디까지나 심생멸문에서의 일이다. 본각·시각·불각의 상대적(相待的) 관계는 심생멸문에서만 유효하다.

> "생멸문 내에서 포섭한 진리(理)는 비록 진리(理)의 바탕(體)이 '무지로 동요하는 모습(生滅相)'을 떠났지만, 또한 상주하는 성질을 지키지 아니하고 무지의 조건(無明의 緣)이 갖추어지면 오염되고 고통스러운 삶(生死)에 빠져든다. (그러나 그 삶이) 비록 현실로는 오염된 것이나 (무지에 오염되기 이전의) 본래 모습(自性)은 오염 없는 것(청정)이므로, 이 생멸문 가운데서 '부처 성품(佛性/부처의 면모)'이니 '본래적 깨달음(본각)'이니 하는 이름을 가립(假立)하였으니,『열반경』이나『화엄경』등에서 설한 것과 같다."[15)]

> "먼저 불각이 본각에 의하여 수립됨을 밝혔고, 후에는 본각

14)『소』, 1-707하.
15)『별기』, 1-680상-중.

도 불각을 기다린다는 것을 나타내었다. (…) 처음에 '불각의 망상심이 있기 때문에'라고 말한 것은 무명이 일으킨 망상의 분별이니, 이 망상으로 말미암아 능히 名義를 알기 때문에 언설을 두어서 眞覺에 대해 말하였다. 이것은 眞覺이라는 이름이 망상을 기다리는(相待하는) 것임을 밝힌 것이다. '만약 불각을 여읜다면 眞覺의 자상이라고 말할 만한 것도 없을 것이다.'라고 한 것은, 진각이라 말한 것이 반드시 불각을 기다리는(相待하는) 것임을 밝힌 것이다. 만약 相待하지 않는다면 곧 自相이 없고, 다른 것을 기다려(相待하여) 있어도 또한 자상이 아니니, 자상이 이미 없는데 어찌 他相이 있겠는가? 이는 모든 것이 얻을 것이 없다는 뜻을 밝힌 것이니, (…)"[16]

"업식 등의 염법의 차별을 대하기 때문에 본각의 무한한 性의 功德을 말하였고, 또한 이 모든 법의 차별을 對治하기 때문에 시각의 온갖 덕의 차별이 이루어짐을 일킨는 것이다."[17]

이렇게 보면 깨달음의 구현을 초미의 관심사로 하는 『대승기신론』이나 원효로서는 심생멸문에 사상적, 실천적 비중을 두게 된다. 아직 깨닫지 못한 인간의 실존적 상황이야말로 그들의 관심사요 과제이기 때문이다. 본래적 완전성에서 이탈하여 존재 오염의 길을 향하는 것이나, 망각했던 본래적 완전성을 회복해 가는 존재 성숙과 완성의 길을 걷는 것은 모두 심생멸문에서의 일이다.

"'깨닫지 못함의 면모(不覺義)'가 '본래적 깨달음(본각)'을 훈습하기 때문에 모든 존재 오염(染法)을 생겨나게 하고, 또한 '본래적 깨달음'이 '깨닫지 못함(불각)'을 훈습하기 때문에 모든 존재 정화(淨法)를 생겨나게 한다. 이 두 면모(깨달음의 면모와 깨닫지 못함의 면모)에 의하여 일체를 생겨나게 하기 때

16) 『소』, 1-712중.
17) 『소』, 1-714하.

> 문에, '식(아리야식)에 두 가지 면모가 있어 온갖 것들을 생겨 나게 한다.'고 한 것이다."[18)]

생명 정화(淨法)의 희망과 생명 오염(染法)의 절망이 교차하는 심생멸문의 갈림길 위에서 방황하는 인간으로 하여금 '깨달아 감(始覺)'의 여정으로 인도하려는 것이 『대승기신론』이나 원효 사상의 일관된 초점인 것이다.

### 5) 존재 미혹의 과정과 현실 - 불각(不覺)

현실의 인간은 본래적 완전성 구현의 희망(覺; 本覺과 始覺)과 일탈의 위험(不覺)을 동시에 간직한 양면적 존재이다. 『대승기신론』은 이 이중적 구조가 유지되는 삶의 맥락을 심생멸문이라 부르는 동시에, 그 양면성의 인식적 기반을 아리야식이라 일컫는다.

심생멸문은 인간이 직면한 실존적 상황의 총체적 구조이다. 그리고 삶의 불안과 혼란과 고통은 심생멸문 가운데 불각의 길이다. 이해 능력의 원초적 결핍(無明)으로 인해 본래적 완전성에서 일탈해 가는 존재 미혹의 그 길은, "불각의(不覺義)가 본각을 훈습하기 때문에 모든 염법(染法)을 내는"[19)] 생명 오염의 과정이다. 이 불각의 길을 『대승기신론』은 근본불각(根本不覺)과 지말불각(枝末不覺)으로 해명해 간다.

> "'깨닫지 못함의 뜻(不覺義)'이라고 하는 것은, 진실과 같아진 모습(眞如法)이 '하나 됨(一)'임을 사실대로 알지 못하기 때문에, 깨닫지 못함으로 인해 마음이 일어나, 왜곡하는 인식(念)이 있음을 말한다. (...) 다시 깨닫지 못함(不覺)을 의지하기 때

18) 『소』, 1-707하-708상.
19) 『소』, 1-707하.

문에 세 가지 모습을 생겨나게 하여 저 깨닫지 못함(不覺)과 더불어 상응해 여의지 않으니, 어떤 것이 세 가지인가? 첫째는 '무지로 인한 행위가 출발하는 모습(無明業相)'이다. 깨닫지 못함(不覺)을 의지하기 때문에 마음이 움직이는 것을 '업(業)이 된다.'고 설하는 것이다. 깨달으면 곧 움직이지 않지만, 움직이면 곧 괴로움(苦)이 있으니, 결과(果)가 원인(因)을 여의지 않기 때문이다. 둘째는 '주관이 자리 잡는 모습(能見相)'이다. 움직임을 의지하기 때문에 볼 수 있는 주관이 되니, 움직이지 않으면 곧 봄이 없다. 셋째는 '객관 대상이 자리 잡는 모습(境界相)'이다. 주관(能見)을 의지하기 때문에 객관 대상(境界)이 허깨비처럼 나타나니, (주관의) 봄(見)을 여의면 곧 객관 대상이 없다.

객관 대상이 조건이 되어(境界의 緣이 있기 때문에) 다시 여섯 가지 모습을 내니, 어떤 것이 그 여섯이 되는가? 첫째는 '분별의 모습(智相)'이니, 객관 대상을 의지하여 마음이 좋아함(愛)과 좋아하지 않음(不愛)을 분별하는 것을 일으키는 것이다. 둘째는 '서로 이어지는 모습(相續相)'이니, 분별(智)을 의지하기 때문에 그 괴로움과 즐거움을 느끼는 마음을 내어서 왜곡하는 생각(念)을 일으켜 서로 응하여 끊이지 않는 것이다. 셋째는 '달라붙는 모습(執取相)'이니, 서로 이어짐(相續)을 의지하여 객관 대상을 좇아 생각하여 괴로움과 즐거움에 머물러 마음이 집착을 일으키는 것이다. 넷째는 '언어문자를 헤아리는 모습(計名字相)'이니, 허망한 집착에 의지하여 실체 없는 언어(假名)의 개념들을 분별하는 것이다. 다섯째는 '행위(업)을 짓는 모습(起業相)'이니, 언어문자에 의지하여 개념 분별을 확산시키고 달라붙어 갖가지 행위를 짓는 것이다. 여섯째는 '행위로 인해 괴로움에 묶이는 모습(業繫苦相)'이니, 행위에 의지해 과보를 받아서 자유롭지 못한 것이다. 마땅히 알라, 무지(無明)가 능히 모든 존재 오염을 일으키나니, 온갖 존재 오염이 모두 '깨닫지 못함의 모습(不覺相)'이기 때문이다."[20]

20) 『대승기신론』, 577상.

기신론은 존재의 참다운 모습을 '하나 됨의 상태'라고 표현한다.[21] 그런데 언제부터인가 인지 능력을 지니게 된 인간은, 그 인지 능력에 내재한 원초적 결핍으로 인해 존재를 분열적으로 파악하여 '존재의 하나인 상태'를 왜곡시켜 경험하기 시작한다(眞如法이 一임을 여실히 알지 못하기 때문에 不覺에 마음이 일어나 그 念이 있게 된다). 이것이 인지 능력의 원초적 결핍으로 빚어지는 존재 오염의 초기 단계이다(근본불각). 이렇게 시작된 존재 오염은 다시 '세 가지 미세한 오염 과정(三細)'과 '여섯 가지 거친 오염 과정(六麤)'이라 칭하는 과정을 통해 악화된다(지말불각). 원효는 이에 대해 '근본불각은 아라야식 내의 근본무명이고, 지말불각은 이 근본무명으로 인해 생겨난 모든 존재 오염'이라 주석하고 있다.[22] 아울러 삼세(三細)인 무명업상(無明業相)·능견상(能見相)·경계상(境界相)을 모두 제8식에, 육추(六麤)의 지상(智相)은 제7식에, 나머지는 6식에 배속시킨다.[23] 인간에 의해 전개되는 존재 오염의 과정을 유식학적 관점에서 파악하는 것이다.

존재의 참모습은 인간의 언어로 '하나 됨(一)'이라 칭해 보는 상태이다. 그런데 고도의 인지 능력을 자랑하는 인간은 그 인지력의 불완전성(不覺)으로 인해 이 존재의 '하나인' 참모습을 제대로 파악하지 못한다. 이 인지 능력의 원초적 결핍으로 인해 시작된 존재 왜곡의 분열적 인식(念)은 이른바 '세 가지 미세한 오염 과정(三

21) 이 표현은 존재의 무실체성(無實體性)에 대한 철저한 자각(無我·空)을 전제로 던져진 언어라는 점에서, '범아일여(梵我一如)적 하나됨'과는 철학적 토대가 다른 것이다. 『대승기신론』이나 원효 사상이 깨달음의 궁극 경지를 표현할 때 빈번하게 사용하고 있는 '一'·'一如'·'一心'·'一味'·'不二' 등의 철학적 토대는 언제나 無我·空이라는 점을 간과해서는 안 된다. 존재와 세계에 대한 무아적 개방의 체득을 담아내는 대승불교의 언어적 개성은 조심스럽게 다루어져야 할 것이다.

22) 『별기』, 1-683중.

23) 『소』, 1-756상-757상. 『별기』, 1-688중-689상.

細)'과 '여섯 가지 거친 오염 과정(六麤)'으로 악화되어 간다. 존재의 '하나 됨'을 놓쳐버리는 무지로 인한 마음의 첫 왜곡의 출렁거림이 있은 후(無明業相), 존재를 분열적으로 파악하는 주관(能見相) 및 그 대상인 객관 세계(境界相)가 형성된다. 이렇게 주관에 대립하는 객관이라고 인지하게 된 대상 세계에 대해 좋음과 싫음을 분별하는 마음이 나타나고(智相), 좋아하는 것에 대해서는 즐거움을, 싫어하는 것에 대해서는 괴로움을 느끼는 마음을 내고는 그에 상응하는 사념들을 일으켜 간다(相續相). 이어 좋아하는 것과 싫어하는 것으로 분별된 대상들에 마음이 머물러 집착하게 되고(執取相), 그 집착을 토대로 언어 세계를 분별하여 차별/분열적 개념을 확산시켜 가며(計名字相), 존재의 참모습을 왜곡시키는 그 차별/분열적 언어에 지배되어 삶을 오염시키는 갖가지 행위를 일으키고는(起業相), 그 행위의 인과적 전개에 휘말려 자유와 평안을 상실한 속박된 삶이 펼쳐진다(業繫苦相). 이것이 인지 능력의 원초적 결핍(불각)으로 인한 존재 미혹의 현실이다.

그런데 『대승기신론』은 근본불각을 설하면서 불각과 본각의 상호 의존 관계를 다음과 같이 언급하고 있다.

> "不覺義라고 하는 것은 眞如法이 一임을 여실히 알지 못하기 때문에 不覺에 마음이 일어나 그 念이 있음을 말하는 것이지만, 念은 自相이 없어서 本覺을 여의지 아니하니, 마치 迷한 사람이 方을 의지하기 때문에 迷하는 것이니 만일 方을 여의면 迷가 없음과도 같아서, 중생도 또한 그러하여 覺을 의지하기 때문에 迷하니 만일 覺性을 여의면 곧 不覺이 없게 된다. 不覺인 妄想心이 있기 때문에 능히 名義를 알아서 眞覺이라 말하니, 만약 不覺의 心을 여의면 곧 眞覺의 自相을 가히 설할게 없다."[24]

24) 『대승기신론』, 577상.

『대승기신론』의 일관된 관심사는 어디까지나 깨달음의 성취와 구현에 있다. 당장 '깨달아 가서(始覺)' 존재의 '본래적 완전성(本覺)'과 하나가 되는 것이 초미의 관심사이다. 그러기에 『대승기신론』은 '깨닫지 못하고 있는 현실(不覺)'을 언급할 때도 반드시 존재의 본래적 완전성으로 이끄는 깨달음을 동시에 제공한다. 불각의 현장 그 자리에서 '깨달아 가게(始覺)' 하여 '본래적 깨달음'의 경지로 이끄는 것이 『대승기신론』 심생멸문 전반에 등장하는 서술방식이다.

만약 존재 미혹의 원천인 불각이 고정 불변의 실체적 존재나 현상이라면 인간은 불각으로부터의 해방이 불가능하다. 불각에 실체성이 없기 때문에 불각의 극복이 가능한 것이다. 『대승기신론』은 근본불각을 설하는 자리에서 불각 극복의 지혜를 동시에 제공하기 위해, 불각과 본각이라는 언어의 상호 의존적 성립 관계를 밝혀 무실체의 통찰을 설한다. 원효는 『대승기신론』의 이와 같은 의중을 정확히 파악하여 다음과 같이 주석한다.

> "먼저 불각이 본각에 의하여 수립됨을 밝혔고, 후에는 본각도 불각을 기다린다는 것을 나타내었다. (...) 처음에 '불각의 망상심이 있기 때문에'라고 말한 것은 무명이 일으킨 망상의 분별이니, 이 망상으로 말미암아 능히 名義를 알기 때문에 언설을 두어서 眞覺에 대해 말하였다. 이것은 眞覺이라는 이름이 망상을 기다리는(相待하는) 것임을 밝힌 것이다. '만약 불각을 여읜다면 眞覺의 자상이라고 말할만한 것도 없을 것이다'라고 한 것은, 진각이라 말한 것이 반드시 불각을 기다리는(相待하는) 것임을 밝힌 것이다. 만약 相待하지 않는다면 곧 自相이 없고, 다른 것을 기다려(相待하여) 있어도 또한 자상이 아니니, 자상이 이미 없는데 어찌 他相이 있겠는가? 이는 모든 것이 얻을 것이 없다는 뜻을 밝힌 것이니, (...)"[25]

### 6) 존재 희망의 근거 - 본각(本覺)

#### (1) 본각의 개념

깨달음의 문제와 관련하여 본각과 시각이라는 용어를 구사하고 있는 것은 『대승기신론』이 최초인 것으로 알려져 있다. 『대승기신론』은 심생멸문의 인식론적 원천인 아리야식에 내재하는 각과 불각의 이중적 구조와 관련하여 다음과 같이 말하고 있다.

> "이 식(아리야식)이 두 가지의 면모가 있어서 능히 모든 것을 포섭하며 모든 것을 생겨나게 하니, 어떤 것이 그 두 가지인가? 첫째는 '깨달음의 면모(覺義)'요, 둘째는 '깨닫지 못함의 면모(不覺義)'이다. '깨달음의 면모'라고 하는 것은 마음의 본래 모습(心體)이 '무지에 의해 왜곡하는 생각(念)'을 여읜 것을 일컬음이다. '무지에 의해 왜곡하는 생각을 여읜 모습(離念의 相)'은 허공계와 같아 두루 하지 않은 바가 없어서 '모든 존재들이 하나로 만나는 모습(法界一相)'이니, 바로 여래의 평등한 '진리의 몸(法身)'이다. 이 '진리의 몸'을 의지하여 '본래적 깨달음(本覺)'이라 설하는 것이다. 무슨 까닭인가? '본래적 깨달음의 면모(本覺義)'란 것은 '비로소 깨달아 감의 면모(始覺義)'에 대하여 설하는 것인데, '비로소 깨달아 감(始覺)'이란 것은 바로 '본래적 깨달음(本覺)'과 같기 때문이다. '비로소 깨달아 감의 면모(始覺義)'란 것은, '본래적 깨달음(本覺)'을 의지하기 때문에 '깨닫지 못함(不覺)'이 있으며, '깨닫지 못함(不覺)'을 의지하기 때문에 '비로소 깨달아 감(始覺)'이 있다고 설하는 것이다."[26]

'본각'이라는 것은 현상의 배후에 있는 그 어떤 신비적 실체를 지칭하는 것이 아니라, 사물에 대한 인간의 인식론적 오해가 극복

25) 『소』, 1-712중.
26) 『대승기신론』, 576중.

된 경지(心體가 念을 여읜 것)에 대한 언표이다. 사물을 실체적 개체로 오인하여 그 오해의 개념적 확산(분별)을 일삼다가(念) 그 오해를 떨쳐버리면, 허구였던 분별의 벽이 해체되어 사물의 본래 모습과 만나게 되는데, 그 경지를 『대승기신론』은 '오해의 개념적 확산을 극복한 경지(離念의 相)는 마치 허공계와 같아 두루 하지 않은 바가 없어서 모든 존재가 하나로 통하는 상태(法界一相)'라고 말한다. 그리고 이 경지를 여래의 평등한 법신이라 부르는 것인데, 본각은 바로 이러한 법신에 의거하여 세워진 개념이라는 것이다. 그렇다면 본각은 사물에 대한 원초적인 인식적 오해의 극복을 조건으로 하는 개념이다. '본각의(本覺義)란 것은 시각의(始覺義)에 대하여 설하는' 것이다. 원효는 이를, "본각이란 것은 이 심성이 불각의 상(相)을 여읜 것을 말한다. 이 각조(覺照)의 성질을 본각이라 하니, 이는 아래 글에서 '이른바 자체에 큰 지혜 광명의 뜻이 있다'고 한 것과 같다"27)고 주석하고 있다.

이처럼 본각은 현상의 배후에 본래 존재하는 그 어떤 실체를 지시하는 것이 아니라, 현실에 드러나고 있는 인간 인식의 근본적 오류가 극복된 경지를 지칭하는 언어이다. 인간은 자기 마음의 무지로 인해 생겨난 세계 왜곡과 그 후유증(苦)을 극복하여, 왜곡되기 이전의 세상의 참모습과 만날 수 있다는 소식을 전하는 용어가 바로 본각이다.

그런데 이러한 본각 사상은 사실상 붇다 이래 불교 사상의 일관된 관점을 충실히 계승하는 것이기도 하다. 인간은 자기 마음의 투영과 무관한 세계를 만나는 것이 아니라는 것, 그리고 인간은 존재와 세계의 참 모습을 곡해하는 근원적 무지를 지니고 있다는 것, 인간의 무지에 의해 가려져 있을 뿐 존재의 참모습(본래적 완

---

27) 『별기』, 1-683중.

전성)은 언제나 빛나고 있다는 것, 그 참모습을 가리고 있는 근원적 무지는 인간 자신의 자각과 의지와 노력과 힘에 의해 완전히 사라질 수 있다는 것, 그리하여 항상 빛나고 있던 존재와 세상의 참모습을 몰록 만나게 될 때 인간은 완전한 존재 해방(해탈·열반)을 성취하게 된다는 것이, 붇다 이래 불교의 일관된 사상적 정체성이다. 『대승기신론』이 설정하는 본각과 시각은 이러한 전통적 관점을, '법계일상(法界一相)' '여래의 평등한 법신'과 같이 깨달음의 내용을 적극적·긍정적으로 표현해 보려는 언어들과 관련시켜, 충실히 재구성하고 있는 것이다. 『금강삼매경』 역시 '본각이 곧 열반'이라고 명시함으로써 본각 사상의 불교적 정체성을 확인시키고 있다.[28)]

『대승기신론』은 인간이 지닌 최고의 희망으로서 깨달음을 설하는 불교의 전통적 관점을 본각과 시각이라는 용어로 계승하고 있다. 인간은 이미 현실화되어 있는 마음의 존재 환각을 거두어 내어 존재의 본래적 완전성과 하나가 될 수 있는데, 그 본래적 완전성을 사실 그대로 알고 있는 마음 상태를 본각이라 부른다. 마음에 의한 곡해 이전의 참 모습이라는 의미에서 '본래적(本)'이고, 그 본래적 참모습을 '알고 있다'는 의미에서 '깨달음(覺)'이다. 그리고 인간은 누구나 그 본래적 완전성을 회복할 수 있는 잠재력을 잉태하고 있다는 것을 강조하기 위한 용어가 또한 여래장(如來藏)이다. 이런 점에서 『대승기신론』에 등장하고 있는 여래장 개념은 이른바 여래장사상의 맥락에서가 아니라, 본각과 시각 및 불각을 통해 구성하고 있는 깨달음 사상의 맥락에서 이해하는 것이 적절하다고 생각된다.[29)]

28) 『금강삼매경』 본각리품, 1-634중.

29) 이 문제는 『대승기신론』의 사상적 주류나 개성을 어떻게 보아야 할 것인가 하는

### (2) 본각의 불가사의한 훈습

인간 존재의 내재적 희망인 본각을 구현하자면, 근원적 무지가 오염시켜 가는 중생 일상을 달가워하지 않는 반성적 자각이 필요하다. 본각 구현의 여정인 시각은 바로 이 반성적 자각에서 출발한다. 그런데 중생적 삶을 본질적으로 반성하여 깨달음이라는 희망을 향해 발걸음을 옮기는 전회적(轉回的) 자각은, 다름 아닌 인간에게 잠재되어 있는 본각의 면모 그 자체에서 우러나온다. 본래적 완전성(본각)의 면모는 '깨닫지 못한 상태(불각)'를 반성하고 혐오하는 동시에 이를 극복하고자 하는 의지를 일깨운다. 인간이 지닌 본래적 완전성의 면모는 자기 구현에 필요한 불가사의한 계발적 자극과 계기를 마련하고 있다는 것이다. 이 존재 완성의 계기와 동력을 원효는 '본각의 불가사의한 훈습(熏習)'이라 말한다.

> "'비로소 깨달아 감(시각)'이라 하는 것은, 바로 온전한 마음 상태(心體)가 존재 환각(無明의 緣)을 따라 움직여서 일탈/왜곡/오염하는 생각(妄念)을 일으키지만, '본래적 깨달음(본각)'의 훈습하는 힘 때문에 차츰 '깨달음'의 작용이 있어 마침내(究竟에 이르러서는) 다시 '본래적 깨달음'과 같아지니, 이를 '비로소 깨달아 감(시각)'이라 말한다."[30)]

---

사상 평가의 문제와 관련되는 것이다. 이와 관련하여 필자는 舊唯識說과 기신론 사상과의 밀접한 상관성을 주목하면서, 기신론사상은 기본적으로 여래장사상이 주체가 되어 유식설을 攝收하면서 여래장사상을 발전, 대성시킨 것으로 볼 것이 아니라, 유식사상이 주체가 되어 여래장 개념 등을 적극적으로 활용하면서 나름대로의 개성을 형성한 唯識 系列의 사상 체계로서, 유식사상이 주체가 된 유식사상의 자기 전개 내지 발달 및 변형으로 보는 것이 좋겠다는 견해를 제시한 바 있다(박태원, 『대승기신론사상연구(Ⅰ)』, 1994, 민족사). 이러한 『대승기신론』의 사상적 개성은 본각·시각·불각을 통해 구성되고 있는 깨달음 사상에서 선명하게 드러난다고 생각한다. 이 문제는 차후 별도의 논구로써 다루어 보고자 한다.

30) 『별기』, 1-683중.

"근본 무지(無明)로 인해 펼쳐지는 망상의 네 가지 모습(生·住·異·滅의 四相)을 총괄하여 일념(一念)이라 하니, 이 일념의 네 가지 모습(一念四相)에 의하여 네 가지 수준(四位)의 단계적인 내려감을 밝혔다. 본래 '근본 무지의 깨닫지 못함(無明不覺)'의 힘에 의하여 '망상이 생겨나는 모습(生相)' 등 갖가지 헛된 망념을 일으켜, '존재의 참모습과 만나는 온전한 마음자리(心源)'를 움직여 점차 '망상이 악행으로 나타나는 모습(滅相)'에 이르고, 존재 환각에 홀린 세계들(三界)에 오래도록 빠져들어 여섯 가지 삶의 유형(六趣)으로 흘러 다니다가, 이제 '본래적 깨달음(본각)의 불가사의한 훈습(不思議熏)'으로 인하여 깨닫지 못한 삶(생사)을 싫어하고 깨달은 삶(열반)을 즐겨 찾는 마음을 일으켜, 점점 존재의 참모습(本源)으로 향하여, 비로소 '망상이 악행으로 나타나는 모습(滅相)'을 그치는 데서부터 '망상이 생겨나는 모습(生相)'을 그치는 데까지 이르러, 활짝 크게 깨닫고, 자기 마음이 본래 동요한 바가 없음을 완전히 깨달아, 이제는 고요한 바도 없이 본래 평등하여 '하나로 같아진(一如)' 자리에 머문다는 것을 밝히고자 하는 것이니, 경(『금광명경』)에서 말한 꿈에 강물을 건너는 비유와도 같은 것이다."[31]

### (3) 본각의 공덕

존재의 본래적 완전성인 본각을 구현한다는 것은 구체적이고도 고귀한 삶의 이익을 성취하는 일이다. 원효가 힘써 풀이하고 있는 『대승기신론』과 『금강삼매경』은 모두 이러한 본각의 공덕을 강조하고 있다. 『대승기신론』은 본각이 지닌 공덕을 두 가지 측면에서 거론한다. '오염된 삶에 응하여 나타나는 공덕(隨染本覺)'과 '본각 자체에서 나타나는 공덕(性淨本覺)'이 그것이다.

"다시 本覺이 染을 따라 분별하여 두 가지 相을 내어서 저

31) 『소』, 1-709중.

본각과 더불어 서로 떠나질 않으니, 어떤 것이 두 가지인가? 一은 智淨相이요, 二는 不思議業相이다.

智淨相이란 것은, 法力의 훈습을 의지해서 여실히 수행하여 방편을 만족하기 때문에 和合識相을 깨뜨리고 相續心相을 없애며 法身을 顯現하여 智가 淳淨해진 것을 일컫는다. 이 뜻이 어떠한가? 일체 心識의 相은 모두 無明이지만 무명의 相이 覺性을 여의지 않으니, 파괴할 수 있는 것도 아니며 파괴할 수 없는 것도 아니다. 마치 큰 바다의 물이 바람으로 인하여 파도가 움직일 때, 물의 모양과 바람의 모양이 서로 떨어지지 않지만 물은 움직이는 성질이 아니므로 만일 바람이 그쳐 없어지면 (파도의) 움직이는 모양은 곧 없어지지만 (물의) 濕性은 없어지지 않는 것과 같다. 이와 같이 중생의 自性淸淨心이 무명의 바람으로 인하여 움직임에, 心과 無明이 모두 형상이 없어서 서로 떨어지지 않지만 心은 動性이 아니므로 만일 무명이 멸하면 相續은 곧 멸하나 智性은 없어지지 않는 것이다.

不思議業相이란 것은 智淨相을 의지하여 능히 一切勝妙境界를 짓는 것이니, 소위 무량공덕의 相이 늘 단절함이 없어서 중생의 근기에 따라서 자연히 상응하여 갖가지로 나타나서 이익을 얻게 하는 것이다. (이상 隨染本覺)

다시 覺의 體와 相이란 것은 네 가지 大義가 있어서 허공과 같으며 마치 맑은 거울과도 같다. 어떤 것이 그 네 가지인가? 一은 如實空鏡이니, 마음의 모든 境界相을 멀리 여의어 나타낼만한 법이 없으니, 覺照의 뜻이 아니기 때문이다. 二는 因熏習鏡이니 如實不空을 일컫는다. 일체 세간경계가 다 그 가운데 나타나되 不出不入하고 不失不壞하며 항상 一心에 머무르니 일체법이 곧 眞實性이기 때문이며, 또 모든 染法이 더럽힐 수 없는 것이니 智體가 不動해서 無漏를 구족하여 중생을 훈습하기 때문이다. 三은 法出離鏡이니, 不空法이 煩惱碍와 智碍를 벗어나 和合相을 여의어서 淳淨明한 것을 일컫는다. 四는 緣熏習鏡이니, 法出離를 의지하기 때문에 중생의 마음을 두루 비추어 선근을 닦게 하려고 생각을 따라 示現하는 것을 일컫는다.(이상 性淨本覺)"32)

수염본각과 성정본각의 두 가지 측면에서 나타나는 공덕은 모두 중생을 이익 되게 하는 것으로 귀결된다. 수염본각의 공덕은 현실의 존재 오염을 극복하는 과정(시각)을 통해 성취한 청정한 지혜(智淨相)에 의거하여 중생의 근기에 따라 상응해 가면서 중생을 이익 되게 하는 행위를 펼치는 것(不思議業相)이고, 성정본각의 공덕은 존재의 본래적 완전성 자체가 지닌 네 가지 위대한 특성(如實空鏡·因熏習鏡·法出離鏡·緣熏習鏡)에 의거하여 중생의 선근 성숙을 위해 기여하는 것이다. 수염본각의 공덕은 오염된 현실의 차별 현상에 입각하고 있기 때문에 친소(親疎) 관계에 상응하면서 중생을 이익 되게 하는 차별적 기여인데 비해, 성정본각의 공덕은 보편적 완전성 자체에서 우러나오기 때문에 친소 관계에 무관한 보편적 기여라 할 수 있다. 원효는 이 의미를 다음과 같이 주석하고 있다.

> "다음으로 불사의업상을 해석하는 가운데 '지혜의 청정함에 의한다.'는 것은 앞의 수염본각의 마음이 비로소 맑고 깨끗하여짐을 말하는 것이니 이는 始覺의 지혜이며, 이 지혜의 힘에 의하여 應化身을 나타내기 때문에 '무량공덕의 상'이라고 말한 것이다. (…) 만일 시각이 일으킨 맥락에서 논하면 연의 상속에 따라 이익을 얻게 하니, 그 근본인 수염본각은 본래 서로 관련되어 친소가 있기 때문이고, 그 본각이 나타낸 맥락에서 논하면 근기의 성숙에 보편적으로 기여하여 연의 상속을 가리지 않으니, 그 본래의 성정본각은 일체에 평등하게 통하여 친소가 없기 때문이다."[33]

본각이 이처럼 중생을 이익 되게 하는 공덕을 친소 차별적인 방식과 친소 보편적인 방식을 아울러 발휘할 수 있는 것은 오염과

---

32) 『대승기신론』, 576하.
33) 『소』, 1-711중-하, 712중.

청정의 이분법을 넘어설 수 있기 때문이다. 본각이라 칭하는 존재의 본원적 완전성이 만약 윤리적 이분법이 적용되는 차원이라면 본각의 이러한 공덕은 불가능하다. 원효가 설정하고 있는 다음과 같은 문답은 이 점과 관련된 통찰을 제공하고 있다.

> "묻는다. 이 '본래적 깨달음(本覺)'의 성품이 오염과 청정 모두의 원인이 되어야 하는가, 다만 모든 청정한 것들의 성품이어야만 해야 하는가? 만약 다만 청정한 것의 원인라고만 말한다면 무슨 까닭으로 경(『능가경』)에서 '여래장은 착함(善)·착하지 못함(不善)의 원인이다.' 라고 널리 설하는 것이며, 만약 오염과 청정 모두를 짓는 것이라면 무슨 까닭으로 오직 '성품의 공덕(性功德)을 구족한다.'고 말하고 '성품의 오염된 환부(性染患)를 구족한다.'고는 말하지 않는가?
>
> 답한다. 이 (본래적 깨달음의) 도리(理)는 오염과 청정 모두와 함께 성품을 이루는 것이니, 그러므로 오직 '성품의 공덕을 구족한다.'고 말한 것이다. 이 뜻이 무엇인가? (본래적 깨달음의) 도리(理)는 청정한 성품(淨性)을 여의었기 때문에 조건(緣)을 따라 모든 오염된 것들을 지을 수 있으며, 또한 오염된 성품(染性)을 여의었기 때문에 조건을 따라 모든 청정한 것들을 지을 수 있는 것이다. 오염된 것과 청정한 것을 지을 수 있기 때문에 오염과 청정 모두의 성품이 되는 것이며, 오염과 청정의 성품을 여의었기 때문에 오직 '성품의 공덕'인 것이다. 어째서 오염과 청정의 성품을 여의어야 모든 공덕을 이루게 되는가? 오염과 청정의 성품에 집착하는 것은 모두 망상이기 때문이다."[34]

본각은 모든 실체 관념이 극복된 경지이다. 만약 본각이 윤리적 선(淨)을 그 불변의 실체적 속성(自性)으로 지닌다면 존재 오염의

---

34) 『별기』, 1-684상.

현장과 관계 맺을 수 없어 염법(染法)에 응한 중생 이익에의 기여가 불가능하고, 만약 윤리적 악(染)을 자성으로 한다면 존재 정화가 불가능해진다. 본각은 청정과 오염 그 어떤 것도 실체적 속성으로 지니는 것이 아니기 때문에 중생 이익을 위한 걸림 없는 실천(無碍行)이 가능하다. 청정과 오염 모두를 여의었기 때문에 청정과 오염 모두를 통틀어 지녔다고도 말할 수 있는 것이고, 이처럼 청정과 오염 양자를 모두 여의었기에 그 어느 일방에도 집착하지 않는 위대한 실천력(性功德)이 갖추어지는 것이다.

본각의 공덕이 다름 아닌 중생을 이익 되게 하는 것이라고 하는 관점은 『금강삼매경』과 그에 대한 원효의 주석에서 더욱 선명하게 천명되고 있다.

> "모든 생명들이 그 시초를 말할 수 없는 때로부터 존재 환각(무명)의 긴 밤에 들어가 망상의 큰 꿈을 지으니, 보살이 관법(觀)을 닦아 (환각에 의한 망상이 지어낸 것이) 본래 존재하는 것이 아니라는 통찰(無生)을 얻을 때에, 중생(의 참모습)이 본래 (환각 망상의 동요가 없기에) 고요(寂靜)하여 다만 '본래적 깨달음(본각)'일 뿐임을 통달하여, (환각이 지어낸 실체의 벽이 무너져) 하나로 같아진(一如) 침상에 누워 이 본각의 이익으로써 중생을 이롭게 한다. 이 품은 이러한 도리를 나타내기 때문에 '본각의 이익을 설하는 품(本覺利品)'이라고 한 것이다. (...) (환각에 의한 망상이 지어낸 것은) 본래 존재하는 것이 아니라는 통찰(無生)을 실천하여 본각과 만날 수 있어야 모든 존재들을 널리 교화하여 이롭게 할 수 있다. (...) 처음에 '머무름이 없는 보살(無住菩薩)'이라 한 것은, 이 사람이 비록 '본래적 깨달음(본각)'은 본래 (환각의 망상에 의한) 요동이 없음을 통달하였으나 고요함에 머물지 않고 항상 널리 교화함을 일으키니, 그 공덕에 의하여 명칭을 세워 이름을 '머무름이 없음(無住)'이라고 하였다. 머무름이 없는 공덕이 본각의 이익에

들어맞기 때문에, 이 사람으로 (본각의) 근본 뜻을 나타낸 것이다."[35]

"(『금강삼매경』) 부처님이 말씀하셨다. <모든 부처님과 여래는 항상 '하나가 된 깨달음(一覺)'으로써 모든 (실체로 보아 나누는) 분별 알음알이(識)를 바꾸어 (실체로 분별하지 않는) 온전한 마음(唵摩羅)에 들어가게 한다. 어째서 그러한가? 모든 중생은 '본래적 깨달음(本覺)'이니, 항상 '하나가 된 깨달음(一覺)'으로써 모든 중생을 깨우쳐 저 중생들이 모두 '본래적 깨달음'을 얻게 하여, 모든 (실체로 보아 나누는) 분별 알음알이(情識)가 공적하여 일어남이 없음을(본래 근거가 없다는 것을) 깨닫게 하는 것이다. 왜냐하면 존재의 참모습은 본래 (실체로 인한) 분별 동요가 없기 때문이다.>"[36]

(『금강삼매경론』) 모든 중생이 똑같이 '본래적 깨달음(본각)'이기 때문에 '하나가 된 깨달음(一覺)'이라 한 것이다. 모든 부처님은 이것을 체득하여 곧 널리 교화할 수 있기 때문에 <항상 ('하나가 된 깨달음')으로써>라고 하였고, 이 '본래적 깨달음'으로써 다른 사람을 깨닫게 하기 때문에 <항상 '하나가 된 깨달음'으로써 모든 중생을 깨닫게 한다.>고 말하였다. <저 중생으로 하여금 모두 본각을 얻게 한다.>는 것은 <분별 알음알이(識)를 바꾸어 온전한 마음(唵摩羅)에 들어가게 한다.'는 구절을 풀이한 것이니, 본각은 바로 '온전한 마음(암마라식)'이다. '본각을 얻는다.'는 것은 '들어간다.'는 뜻을 풀이한 것이니, 본각에 들어갈 때에 (실체라는 환각으로 분별하던) 모든 여덟 가지 알음알이(八識)가 본래 적멸임을(본래 근거가 없음을) 깨닫는다. (…) <모든 중생은 본각이다.>는 등은 '본래적 깨달음의 면모(本覺義)'이고, <모든 (실체로 보아 나누는) 분별 알음알이(情識)가 공적하여 일어남이 없음을(본래 근거가 없다는 것을) 깨닫게 하는 것이다.>는 것은 '비로소 깨달아 감의

---

35) 『금강삼매경론』 본각리품, 1-629하-630상.

36) 『금강삼매경』 본각리품, 1-630하.

면모(始覺義)'이니, 이것은 '비로소 깨달아 감(시각)'이 곧 '본래적 깨달음(본각)'과 같다는 것을 나타낸 것이다."[37]

관(觀) 수행을 통해 '실천했다는 생각이 없이 실천할 수 있는 능력(無生의 行)'을 성취하면 본래적 완전성(本覺)을 구현할 수 있다. 그런데 이 경지에 오르면 적정(寂靜)에도 머무르거나 집착하지 않고 널리 중생 교화의 행을 펼치게 된다. 이 머무름 없이 타자 이익에 기여할 수 있는 능력은 다름 아닌 본각의 이익이다. 따라서 본각의 이익을 누릴 수 있어야 중생 교화의 보살행이 제대로 가능해진다. 본각의 이익을 취하는 것이 불사(佛事)의 전제 조건인 것이다.[38] 또한 본각의 이익으로써 중생을 교화할 수 있는 것은 중생 자신이 본각의 주체이기 때문이다. 이와 같은 본각의 보편적 동일성을 의식하여 '일각(一覺)'이라는 말을 쓴다는 것이다.

결국 본각의 공덕이란 '자기 이익과 타자 이익의 동시적 구현 능력(自利利他)'이다. 원효는 『금강삼매경』이 설하는 '본각의 이익'이 바로 그런 것이라고 지적한다.

"(『금강삼매경』) 선남자여, 다섯 계위는 '하나가 된 깨달음(一覺)'으로서 본각의 이익으로부터 들어가니, 만일 중생을 교화하려면 그 ('하나가 된 깨달음'의) 본래 자리(本處)를 따라야 한다.

(『금강삼매경론』) 다섯 계위의 모든 실천이 본각을 떠나지 아니하여, 모두 본각의 이익을 좇아 이루어지지 아니함이 없으며, 실천할 때에 앞으로부터 뒤로 들어가기 때문에 '들어간다.'고 하였다. '들어간다.'는 것은 자신을 이롭게 하는 것이고(自利), '교화한다.'는 것은 남을 이롭게 하는 것이니(利他), 이

37) 『금강삼매경』·『금강삼매경론』 본각리품, 1-630하-631상.
38) 佛事와 본각의 이익을 연관시켜 설하는 대목은 『금강삼매경』「진성공품」(1-656상)과 이에 대한 원효의 주석(『금강삼매경론』 1-656중)이 그것이다.

와 같은 두 가지 실천은 모두 ('하나가 된 깨달음'의) 본래 자리(本處)를 따른 것이다."[39]

원효는 '자기 이익과 타자 이익의 동시 구현 능력(自利利他)'의 원천인 본각의 이익을, 『금강삼매경』이 설하는 '네 가지 위대한 연(緣)'과 관련시켜 다음과 같이 말하기도 한다.

"(『금강삼매경』) 부처님이 말씀하셨다. <네 가지 緣이란, 첫째는 擇滅을 짓는 힘으로 취하는 緣으로서 攝律儀戒이고, 둘째는 본각의 이익인 淨根의 힘으로 모아 일으키는 緣으로서 攝善法戒이며, 셋째는 본각의 지혜인 大悲力의 緣으로서 攝衆生戒이고, 넷째는 一覺의 通智力의 緣으로서 如에 따라 머무는 것이니, 이것을 네 가지 緣이라고 한다. 선남자여, 이와 같은 네 가지 큰 緣의 힘은 事相에 머물지 않지만 공용이 없지 않으며, 특정 처소를 떠나 있기에 곧 구할 수 없다. 선남자여, 이와 같은 한 가지 일이 六行을 통틀어 포섭하니, 이것이 부처의 菩提이고 薩般若의 바다이다.>

(『금강삼매경론』) 처음 중에 '네 가지 연'이라고 한 것은 일심 본각의 이익 가운데 四力의 작용을 갖추어 세 가지 계율의 연을 짓는 것을 말한다. 첫째는 멸함이 의지하는 연이고, 둘째는 생겨남이 의지하는 연이며, 셋째는 포섭함이 의지하는 연이고, 넷째는 떠남이 의지하는 연이다. 멸함이 의지한다는 것은 본각 중의 性靜功德이 모든 번뇌와는 본성이 다른 것을 말하니, 이 연으로 攝律儀戒를 이룬다. 생겨남이 의지한다는 것은 본각 중의 性善功德이 모든 선근과 그 본성에 서로 따르는 것을 말하니, 이 연으로 攝善法戒를 이룬다. 포섭함이 의지한다는 것은 본각 중의 性이 大悲의 自性을 이루어 모든 중생을 버리지 않는 것을 말하니, 이 연으로 攝衆生戒를 이룬다. 떠남이 의지한다는 것은 본각 중의 性이 반야의 자성을 이루어 모든 事相을 捨離하게

39) 『금강삼매경』·『금강삼매경론』 진성공품, 1-655하-656상.

하는 것을 말하니, 이러한 인연으로 三聚戒로 하여금 事相을 捨離하여 如에 따라 머물게 한다. 앞의 세 가지는 개별적인 연이고, 뒤의 한 가지는 통괄적인 연이다. 보살이 발심하여 三戒를 받을 때에 본각의 이익에 순응하여 받아 지니는 것이니, 이 네 가지 인연으로 세 가지 계율을 구족하게 된다."[40]

### 7) 존재 희망의 구현 - 시각(始覺)

인간의 실존적 상황을 『대승기신론』은 심생멸문이라 부른다. 이 심생멸문적 삶은 본래적 완전성을 대면하는 희망(覺)과 그것을 등지고 일탈해 가는 절망의 위험(不覺)을 동시에 간직한다. 이 희망과 절망의 갈림길에 놓인 인간으로 하여금 희망의 여정으로 인도해 가는 것이 시각이다. 『대승기신론』이나 원효 사상은 수미일관 이 '깨달아감(始覺)'의 여정을 이끌어 가는 이정표인 셈이나. 본래적 완전성(本覺)을 구현해 가는 이 희망의 여정에 대해 원효는 이렇게 정의를 내린다.

"'비로소 깨달아 감(시각)'이라 하는 것은, 바로 온전한 마음 상태(心體)가 존재 환각(無明의 緣)을 따라 움직여서 일탈/왜곡/오염하는 생각(妄念)을 일으키지만, '본래적 깨달음(본각)'의 훈습하는 힘 때문에 차츰 '깨달음'의 작용이 있어 마침내(究竟에 이르러서는) 다시 '본래적 깨달음'과 같아지니, 이를 '비로소 깨달아 감(시각)'이라 말한다."[41]

존재의 본래적 완전성이 투사하고 있는 불가사의한 훈습력은 중생 일상에 대한 근원적 반성과 성숙의 자각을 일깨워 잠재된 희

---

40) 『금강삼매경』·『금강삼매경론』 진성공품, 1-651상-중.
41) 『별기』, 1-683중.

망의 가능성을 현실화시켜 간다. 그리하여 마침내 그 불가사의한 훈습력의 원천인 본래적 완전성과 하나가 되는 귀환의 과정 전체를 시각이라 칭한다는 것이다. 『대승기신론』은 그 희망 구현의 여정에 대하여 이렇게 말한다.

"'존재의 참모습과 만나는 온전한 마음자리(心源)'를 깨달았기에 '궁극적 깨달음(究竟覺)'이라 부른다. '존재의 참모습과 만나는 온전한 마음자리'을 깨닫지 못하면 '궁극적 깨달음'이 아니다. 이 뜻이 어떠한가? 보통 사람(凡夫人)이라면 존재 환각에 사로잡힌 앞의 생각이 악을 일으킨 것을 깨달아 알기(覺知) 때문에 능히 뒤의 생각을 그쳐 일어나지 않게 하는데, (이것을) 비록 '깨달음(覺)'이라 부르기는 하지만 (사실은) 아직 '깨닫지 못함(不覺)'인 것이다. 소승 수행자인 성문과 연각의 관찰하는 지혜(二乘의 觀智)와 처음 깨달음에 뜻을 일으킨 대승의 보살(初發意菩薩) 등은, 존재 환각에 사로잡힌 생각이 망상을 증폭하는 모습(念의 異相)을 깨달으니, (그리하여) 존재 환각에 사로잡힌 생각(念)이 망상을 증폭하는 모습(異相)이 없어서 거칠게 분별하여 집착하는 모습(麤分別執着相)을 버리기 때문에 '비슷한 깨달음(相似覺)'이라 부른다. 법신보살(法身菩薩) 등의 수행인은 존재 환각에 사로잡힌 생각이 망상을 수립하는 모습(念의 住相)을 깨달으니, (그리하여) 존재 환각에 사로잡힌 생각(念)이 망상을 수립하는 모습(住相)이 없어서 (존재 환각에 의거하여) 망상 분별하는 거친 생각의 모습(分別麤念相)을 여의기 때문에 '동참한 깨달음(隨分覺)'이라 부른다. 보살의 수행단계(菩薩地)를 모두 마친 사람은 수행 방편을 완전히 성취하여, 존재 환각에 사로잡히는 첫 생각(一念)을 알아차려 망상이 처음 일어나는 것을 깨달으니, 망상이 처음 일어나는 모습(初相)이 없어서 미세하게 존재 환각에 사로잡히는 생각(微細念)을 멀리 여의는 까닭에, (환각에 사로잡히지 않는) 온전한 마음 상태(心性)를 보게 되어 마음이 곧 (무명이라는 존재 환각에 의해 동요하지 않고) 항상 (존재의 참모습을 보는) 제자리를 지키니(常住하니), 이것을 '궁극적 깨달음(究竟覺)'이라 부른다. 그러므로 경전에서 <만일 어떤 중생이 존재 환각에 사로잡히지 않는 마음 상태(無念)를 볼 수 있다면 곧 부처의 지혜로 나아가는 것이다.>고 하였다. 또 마음이 일어난다는 것은 가히 알 수 있는 첫 모습(初相)이 없지만(알 수 있는 대상으로서의 실체가 있는 것은 아니지만), 첫 모습(初相)을 안다고 말한 것은 곧 '존재 환각에 사로잡히지 않는 마음 상태(無念)'를 일컫는 것이다. 이런 까닭에 일체중생(의 상태)을 '깨달음(覺)'이라 부르지 못하는 것이니, 본래부터 존재 환각에 사로잡힌 생각(念)들이 서로 꼬리를 물고 이어져 아직 그 생각을 여읜 적이 없기 때문에 '시작을 말할 수 없는 때로부터의 밝지 않음(無始無明)'이라 한다. 만일 '존재 환각에 사로잡히지 않는 마음 상태(無念)'를 증득한 자라면, 곧 존재 환각에 의해 생겨나는 망상의 '생겨나고 수립되며 증폭되고 행동으로 나타나는 모습(心相의 生住異滅)'을 아나니, '존재 환각에 사로잡히지 않는 마음 상태(無念)'가 되었기 때문이다. 그리하여 (이럴 때는) 실로 '비로소 깨달아 감'의 내용들이 차이가 없으니, 망상의 네 가지 모습이 동시에 있어도 모두 스스로 존립할 수 없고 본래 평등하여 깨달음(覺)과 같기 때문이다."[42]

'심상(心相)의 생주이멸(生住異滅)'은 무명이 작동하는 결핍된 인식이 존재의 참모습을 왜곡해 가는 전체 과정을 압축적으로 표현하는 말이다. 『대승기신론』은 유식적(唯識的) 불교 인식론의 통찰을 토대로 하여 불각의 체계를 '심상의 생주이멸' 사상(四相)으로 대변시키는 동시에, 깨달아 가는 과정(시각)의 계위적(階位的) 양상을 이 '심상의 사상'에 배대시켜 해명하고 있다. 즉, <범부-념의 멸상(滅相)을 깨달음-불각인 각>, <성문·연각 이승(二乘)과 초발심한

42) 『대승기신론』, 576중-하.

보살(初發意菩薩)-념의 이상(異相)을 깨달음-상사각(相似覺)>, <법신 보살(法身菩薩)-념의 주상(住相)을 깨달음-수분각(隨分覺)>, <보살 수행 단계의 마지막에 도달한 사람(菩薩地가 다한 사람)-념의 생상(生相)을 깨달음-구경각(究竟覺)>이라는 식으로 시각의 차제(次第)를 체계화시키고 있다.

근본 무지에 의해 생겨나는 존재 곡해의 마음이 '념(念)'이며, 그 념의 전개 과정이 '심상의 생주이멸'이다. 그리고 '념'의 인식으로 생주이멸의 마음을 펼쳐가는 것이 바로 불각이다. 따라서 불각을 극복하여 본각으로 귀환하는 시각은 다름 아닌 '념의 극복 과정(념을 여의어 감)'이며, 그것은 곧 '생주이멸하는 마음으로부터의 해방 과정'이다. 그리하여 마침내 존재 곡해의 인식이 온전한 것으로 바뀌어 '념'의 인식이 그쳐지는 것을 '무념(無念)'이라 한다. 무념은 존재의 참모습(實相)을 있는 그대로 보는 온전한 마음자리이다. 이 무념을 증득한 자의 인식은 더 이상 존재 곡해의 념이 아니라 존재의 참모습을 그대로 보는 지혜로운 마음(如實智)이다. 그에게는 생주이멸의 마음이 존재 왜곡의 념이 아니라 사실대로 보는 지혜의 작용이기에, 마음의 생주이멸 그 자체가 그대로 깨달음이다. 그리고 이 깨달음은 바로 본래적 깨달음(본각)의 모습이기도 하다.

이러한 시각의 의미 및 내용 가운데서『대승기신론』각(覺) 사상의 개성을 보여주는 대목은 념의 초상(初相, 生相)을 깨닫는 무념의 경지와 관련된 부분이다. 무념을 증득한 사람에게는 마음의 네 가지 현상(生住異滅)이 존재 왜곡의 념이 아니라 모두가 존재의 참모습을 드러내는 깨달음이 된다는 것은, '번뇌가 곧 깨달음'이라고 하는 불교 특유의 존재 내적(內的) 초월의 관점을 각(覺) 사상의 맥락에서 계승하고 있는 것이다. 원효는 이 점을 일심(一心)과 관련시켜 다음과 같이 주석하고 있다.

"'마음이 처음 일어난다.'는 것은, 존재 환각(무명)에 의하여 망상의 처음 생겨남(生相)이 있어 온전한 마음(心體)을 미혹시켜 (존재의 참모습을 오해하고 왜곡시키는) 생각을 움직이게 하는 것이다. 이제 '본래적 깨달음(본각)'을 떠나서는 '깨닫지 못함(불각)'이 없으며 '생겨난 망상(動念)'이 바로 '고요한 마음(靜心)'임을 증득하여 알기 때문에, '마음이 처음 일어나는 것을 깨닫는다.'고 한 것이다. 이것은 마치 방향에 미혹할 때에는 동쪽을 서쪽이라고 하다가 제대로 알았을 때 서쪽이 곧 동쪽임을 아는 것과 같으니, 이 가운데의 '깨달음(覺)'의 뜻도 그와 같음을 알아야 한다. (...) 앞의 세 가지 깨달음의 경지(三位) 중에서는 비록 여읜 바가 있기는 하나 그 '생겨난 망상(動念)'이 아직 일어나 다 없어지지 않았기 때문에 '존재 환각에 사로잡힌 생각(念)이 망상을 수립하는 모습(住相) 등이 없다.'고 말하였고, 이제 궁극적 경지(究竟位)에서는 '생겨난 망상(動念)'이 모두 없어지고 오직 '하나가 된 마음(一心)'만이 있기 때문에 '마음에 망상이 처음 일어나는 모습(初相)이 없다.'고 말한 것이다. (...) 멀리 여의었을 때가 바로 부처 경지(佛地)에 있는 것이니, 앞의 세 경지에서는 아직 '존재의 참모습과 만나는 온전한 마음자리(心源)'에 이르지 못하여 '망상의 처음 생겨남(生相)'이 아직 다 없어지지 않아 마음이 환각에 의해 동요(無常)하였으나, 이제 이 궁극적 경지(究竟位)에 와서는 존재 환각(무명)이 영구히 없어지고 '하나가 된 마음자리(一心源)'에 돌아가 다시는 '존재 환각에 의한 망상 일으킴'이 없으므로 '온전한 마음 상태(心性)를 보게 되어 마음이 곧 항상 제자리를 지킨다(常住한다).'고 말하니, 더 나아갈 바가 없는 것을 '궁극적 깨달음(究竟覺)'이라 부른다. 또한 아직 '존재의 참모습과 만나는 온전한 마음자리(心源)'에 이르지 못하여 '환각에 의한 망상(夢念)'이 다 없어지지 않아, 이러한 망상의 동요를 없애려고 피안에 이르기를 바랐으나, 이제는 이미 '온전한 마음 상태(心性)'를 보아서 환각에 의한 망상이 다 없어지고, 자기 마음은 (환각에 의한 망상으로) 헤매는 일이 본래 없는 것인 줄 깨달아 아니, 이제는 (망상으로 동요하는 일이 없기에) 고요히 쉰다는 것도 없어지고, 항상 스스로 '하나가 된 마음(一心)'이어서 '하나로 같아진 자리(一如床)'에 머무르기 때문에, '온전한 마음 상태(心性)를 보게 되어 마음이 곧 항상 제자리를 지킨다.'고 하였다. 이와 같이 '비로소 깨달아 감(始覺)'이 '본래적 깨달음(本覺)'과 다르지 아니하니, 이런 도리에 의하여 '궁극적 깨달음(究竟覺)'이라 부르는데, 이것은 '깨달음(覺)'의 구별을 바로 밝힌 것이다."[43]

"이와 같이 여래가 마음을 깨달았을 때에, '망상이 처음 일어나는 모습(動相)'이 바로 (근거 없는 환각에 의해 일어난 것이어서) 본래 고요한 것임을 알기 때문에, '존재 환각에 사로잡히지 않는 마음 상태(無念)를 일컫는다.'고 한 것이다. (...) 비록 비로소 '존재 환각에 사로잡히지 않는 마음 상태(無念)'의 깨달음을 얻었다고 말하나, 실은 망상의 네 가지 모습(四相)이 (근거가 없는 환각에 의한 것이라서) 본래 일어남이 없음을 깨달은 것이니, 어떤 '깨닫지 못함(不覺)'에 의거하여 '비로소 깨달아 감(始覺)'이 있겠는가? 그러므로 '실로 비로소 깨달아 감의 내용들이 차이가 없다'고 하였다."[44]

"망상의 네 가지 모습(四相)이 동시에 있으나 마음에 의해 이루어진 것이며, '하나가 된 마음(一心)'을 떠나 따로 각자의 실체가 없기 때문에, '동시에 있으되 모두 스스로 존립함이 없다.'고 하였다. 모두 스스로 존립함이 없기 때문에, 본래 평등하여 '본래적 깨달음(본각)'과 동일한 것이다."[45]

"마치 바닷물의 움직임을 파도라고 말하지만, 파도는 자신의 실체가 없기 때문에 파도의 움직임은 없는 것이고, 바닷물

---

43) 『소』, 1-710상-중.
44) 『소』, 1-710하.
45) 『소』, 1-710하-711상.

> 은 자기 바탕이 있으므로 바닷물의 움직임은 있는 것과 같이, 마음과 망상의 네 가지 모습(四相)도 그 뜻이 또한 이와 같다. (…) 망상의 네 가지 모습(四相)이 오직 '하나가 된 마음(一心)'이며, '깨닫지 못함(불각)'이 바로 '본래적 깨달음(본각)'과 같은 것이니, 그러므로 '본래 평등하여 깨달음과 동일하다.'고 말한 것이다."[46]

원효에 의하면 결국 시각의 궁극은 '불각과 시각과 본각이 다르지 않게 되는 경지'이고 그것은 곧 일심의 근원으로 돌아간 것이다.

> "본래 환각(무명)에 따라서 모든 망상의 마음(識)이 일어나다가, 이제 '비로소 깨달아 감(시각)'에 따라서 온전한 마음자리(心源)에 다시 돌아가니, 온전한 마음자리에 돌아갈 때 모든 망상의 마음이 일어나지 않으며, 망상의 마음이 일어나지 않기 때문에 '비로소 깨달아 감'이 원만하여짐을 밝히고자 한 것이다."[47]

그렇다면 시각과 본각이 다르지 않게 되는 경지로 이끌어 가는 깨달음의 구체적 내용은 어떤 것인가? 이에 대해 원효는 '깨달음이 없다는 도리를 깨달아 아는 것'[48] '생사가 본래 생겨남이 없음을 깨달아 아는 것' '열반은 본래 적정함이 없음을 깨달아 아는 것' '생사와 열반에 머물지 않는 것' '세속의 유(有)와 진여의 공(空)을 보지 않는 것'[49] 등을 거론하고 있다. 그 어떤 개념도 실체적 자성을 지니는 것이 아니라는 통찰이야말로 '깨달아감(시각)'의 핵심이라는 것이다.

---

46) 『별기』, 1-687상-중.
47) 『금강삼매경론』 본각리품, 1-632하.
48) 『금강삼매경론』 본각리품, 1-632하, 637상.
49) 『금강삼매경론』 본각리품, 1-634중-635상.

이렇게 깨달음이나 열반조차도 실체적 자성으로 보지 않는 깨달음(시각)을 심화시켜 가다보면, 마침내 '시각과 본각이 다르지 않은' 경지에 이르게 된다. 원효는 『금강삼매경』이 설하고 있는 일각(一覺)을 바로 이 경지의 깨달음이라 이해한다.

> "(『금강삼매경』) 무주 보살이 말하였다. <여래께서 설하신 '하나가 된 깨달음(一覺)'의 성스러운 힘과 네 가지 넓은 지혜의 경지는 곧 모든 중생의 '본래적 깨달음(본각)의 이익'입니다. 왜냐하면 모든 중생이 바로 이 몸 가운데 본래 원만하게 구족하고 있기 때문입니다.>
> (『금강삼매경론』) '비로소 깨달아 감(시각)'이 완전해지면 곧 '본래적 깨달음(본각)'과 같아져서 본각과 시각이 다르지 않기 때문에 '하나가 된 깨달음(一覺)'이라고 하였으며, (중생을 위해) 하지 않는 것이 없기 때문에 '성스러운 힘'이라고 하였고, '하나가 된 깨달음' 안에 네 가지 큰 지혜를 갖추어 모든 공덕을 지니기 때문에 '지혜의 경지'라고 하였으며, 이와 같은 네 가지 지혜가 '하나가 된 마음(一心)'의 양과 같아서 어디에든 미치기 때문에 '넓은 지혜'라고 하였다. 이와 같은 '하나가 된 깨달음'은 곧 진리의 몸(법신)이고, 진리의 몸(법신)은 곧 중생의 '본래적 깨달음(본각)'이기 때문에, '바로 모든 중생의 본래적 깨달음의 이익'이라고 하였다. 본래 한량없는 진리다운 능력(性德)을 갖추어 중생의 마음을 훈습하여 두 가지 업을 짓기 때문에 '본래적 깨달음의 이익'이라 한 것이다. '본래적 깨달음'과 '비로소 깨달아 감'이 다르지 않다는 뜻으로 말미암아 한 중생도 진리의 몸(법신) 밖으로 벗어남이 없기 때문에, '곧 이 몸 가운데 본래 원만하게 구족되어 있다.'고 하였다."[50]

> "(『금강삼매경』) 부처님이 말씀하셨다. <모든 부처님과 여래는 항상 '하나가 된 깨달음(一覺)'으로써 모든 (실체로 보아

50) 『금강삼매경』·『금강삼매경론』 본각리품, 1-633중-하.

나누는) 분별 알음알이(識)를 바꾸어 (실체로 분별하지 않는) 온전한 마음(唵摩羅)에 들어가게 한다. 어째서 그러한가? 모든 중생은 ‘본래적 깨달음(本覺)’이니, 항상 ‘하나가 된 깨달음(一覺)’으로써 모든 중생을 깨우쳐 저 중생들이 모두 ‘본래적 깨달음’을 얻게 하여, 모든 (실체로 보아 나누는) 분별 알음알이(情識)가 공적하여 일어남이 없음을(본래 근거가 없다는 것을) 깨닫게 하는 것이다. 왜냐하면 존재의 참모습은 본래 (실체로 인한) 분별 동요가 없기 때문이다.>

(『금강삼매경론』) 모든 중생이 똑같이 ‘본래적 깨달음(본각)’이기 때문에 ‘하나가 된 깨달음(一覺)’이라 한 것이다. 모든 부처님은 이것을 체득하여 곧 널리 교화할 수 있기 때문에 <항상 (‘하나가 된 깨달음’)으로써>라고 하였고, 이 ‘본래적 깨달음’으로써 다른 사람을 깨닫게 하기 때문에 <항상 ‘하나가 된 깨달음’으로써 모든 중생을 깨닫게 한다.>고 말하였다. <저 중생으로 하여금 모두 본각을 얻게 한다.>는 것은 <분별 알음알이(識)를 바꾸어 온전한 마음(唵摩羅)에 들어가게 한다.’는 구절을 풀이한 것이니, 본각은 바로 ‘온전한 마음(암마라식)’이다. ‘본각을 얻는다.’는 것은 ‘들어간다.’는 뜻을 풀이한 것이니, 본각에 들어갈 때에 (실체라는 환각으로 분별하던) 모든 여덟 가지 알음알이(八識)가 본래 적멸임을(본래 근거가 없음을) 깨닫는다. (...) <모든 중생은 본각이다.>는 등은 ‘본래적 깨달음의 면모(本覺義)’이고, <모든 (실체로 보아 나누는) 분별 알음알이(情識)가 공적하여 일어남이 없음을(본래 근거가 없다는 것을) 깨닫게 하는 것이다.>는 것은 ‘비로소 깨달아 감의 면모(始覺義)’이니, 이것은 ‘비로소 깨달아 감(시각)’이 곧 ‘본래적 깨달음(본각)’과 같다는 것을 나타낸 것이다.”[51]

존재의 본래적 완전성에서 솟아 나오고 있는 불가사의한 자기 구현의 힘(본각의 불가사의한 훈습력)이 촉발시킨 ‘깨달아감(시

---

51) 『금강삼매경』·『금강삼매경론』 본각리품, 1-630하-631상.

각)'의 여정은, 존재 왜곡의 개념적 확산을 일삼는 분별식(情識)이 그치는 경지에 이른다. 구유식(舊唯識/眞諦 唯識)에서는 이 경지를 제8식(아뢰야식)의 근본 무명을 떨쳐버린 제9식으로서의 아마라식(阿摩羅識)이라 부른다. 존재의 본래적 완전성에 귀환한 이 9식의 경지가 바로 본각이며, 이때를 '시각과 본각이 다르지 않은' 일각(一覺)이라 칭한다. 시각의 궁극을 일컫는 일각의 경지에서는 모든 존재의 참모습, 그 본래적 완전성을 그대로 보므로, '모든 중생은 똑같이 본래 깨달아 있다'고 말할 수 있게 된다. 모든 중생을 법신으로 볼 수 있게 되는 것이다. 그리고 이 일각의 경지에서는 존재의 본래적 완전성이 지니고 있는 지혜와 자비의 능력이 온전하게 드러나, 중생으로 하여금 제9 아마라식(본각)으로 들어가게 하려는 이타의 교화행이 펼쳐진다. 이때는 시각과 본각의 두 공덕이 하나로 결합하여 무한한 작용을 펼치게 되니, "업식 등의 염법의 차별을 대하기 때문에 본각의 무한한 性의 功德을 말하였고, 또한 이 모든 법의 차별을 對治하기 때문에 시각의 온갖 덕의 차별이 이루어짐을 일컫는 것이다."[52]고 하는 말이나, 다음과 같은 주석은 이 국면을 드러내고 있다.

"'일이 있기에 앞서 본각의 이익을 취한다.'고 한 것은 부처님의 말씀을 옳게 알아들은 것이다. 무릇 말을 하여 깨닫게 해주는 일(佛事)을 지으려 할 때에는 항상 먼저 그 본래적 깨달음(본각)의 이익을 취해야 하니, 이 요동치는 망상(念)은 (근거없는 환각에 의한 것이라서) 본래 고요(寂滅)한 것이고, 이와 같이 고요한 것이 바로 존재의 참모습과 같아진 도리(如如한 理)이다. 이 도리 가운데 '본래적 깨달음(본각)'과 '비로소 깨달아 감(시각)'의 모든 능력(德)을 다 포섭하고 있으며, 또한 생

52) 『소』, 1-714하.

멸하는 모든 것을 갖추고 있는데, (이것들은) 서로 막히지 않고 통섭되어 별개의 것이 아니니(圓融不二), 이 때문에 매우 깊고 불가사의하다. 이 가운데 비록 무한한 능력을 갖추고 있지만, 그 바탕이 되는 것은 오직 '본각과 시각이 평등하여 다르지 않은 것'이니, 그리하여 '곧 위대한 지혜(마하반야)이다.'라고 하였고, 이와 같은 지혜(반야)는 근원에 사무치고 본래 모습에 완전해진 것이기 때문에 '피안으로 건너갔다(바라밀).'고 하였다."[53]

이렇게 볼 때 '시각과 본각이 다르지 않다'는 것은 두 가지 측면을 동시에 지니고 있다. '같음'과 '다름'이 그 두 측면이다. 원효의 다음과 같은 말은 이 문제와 연관되어 있다.

"(『금강삼매경』) 부처님이 말씀하셨다. <보살이여, 허망한 것은 본래 일어남이 아니어서 그칠 수 있는 허망함이 없으니, 마음이 無心임을 안다면 그치게 할 만한 마음이 없다. 나뉨(分)도 없고 달라짐(別)도 없어서 現識이 생겨나지 않는다. 그치게 할 만한 생겨남이 없는 것이 바로 그침이 없는 것이다. 또한 그침이 없는 것도 아니니, 어째서인가? 그침이 없다는 것을 그치기 때문이다.

(『금강삼매경론』) 답의 뜻에 두 가지가 있으니, 앞에서는 그칠 것이 없다는 것을 인정하였고, 뒤에서는 그칠 것이 없다는 것을 부정하였다. 인정한 것은 시각이 본각과 다르지 않기 때문이고, 부정한 것은 시각이 오직 본각이기만 한 것은 아니기 때문이다. (…) 이미 그치게 할 대상인 불각의 일어남이 없으니 곧 능히 그치게 하는 시각의 차이가 없다. 다르지 않다는 맥락(不異門)에 의하여 이와 같이 인정한 것이다. '또한 그침이 없는 것도 아니다.'라고 한 것은 다르지 않은 시각이 없는 것이 아니기 때문이고, '그침이 없다는 것을 그친다.'는 것은 일어남이

53) 『금강삼매경론』 진성공품, 1-656중.

없다는 妄心을 능히 그치기 때문이다. 비록 일어남을 얻을 수 없으나, 일어남이 없는 것만은 아니니, 일어남이 없는 것만은 아니기 때문에 그쳐야 할 것이 없지 않으며, 그러므로 능히 그치는 覺이 없지 않기에 이와 같이 답한 것이다."[54]

인간은 존재 오염의 현실(불각)을 깨달아감(시각)의 과정을 통해 정화시켜 간다. 그 깨달아감의 여정이 마지막으로 도달하는 곳은 존재의 본래적 완전성(본각)이다. 이 도착지에서는 모든 존재의 참모습을 그대로 볼 수 있게 되므로, 불각이니 시각이니 본각이니 하는 구별 자체가 성립하지 않는다. '불각과 시각과 본각이 다르지 않게 되는 경지'인 것이다. 이 경지를 원효는 '일각(一覺)'이라 부르기도 한다.

그런데 오염된 현실과 깨달아 가는 여정의 필요성을 감안한다면, '극복해야 할 불각'과 '심화시켜 가야 할 시각' 그리고 '돌아가야 할 본각'을 각각 인정해야 한다. 이 맥락에서는 불각과 시각과 본각을 같다고 말할 수 없다. 시각과 본각의 '다른' 국면이다. 그러나 여정의 종착지(존재의 참모습)에서 본다면, '그쳐야 할 불각'도 없고 '완성시켜야 할 시각'도 없다. 모두가 본각이고 법신의 드러남일 뿐이다. '불각과 시각과 본각이 다르지 않은' 맥락이다. 결국 시각이 완전해져서 시각과 본각이 다르지 않게 되는 일각은, 시각과 본각의 '다름'과 '같음' 두 국면을 동시에 안고 있는 셈이다. 원효는 이러한 의미를 『금강삼매경』의 무상관(無相觀) 수행과 관련하여 다음과 같이 말하기도 한다.

"집착하는 마음을 비로소 여읜다는 것은 '비로소 깨달아 가는 면모(始覺義)'이고, 본래 (집착하는 마음을) 여읜 공(空)한 마

54) 『금강삼매경』·『금강삼매경론』 무상법품, 1-619중.

음은 '본래적 깨달음의 면모(本覺義)'이다. 뜻은 비록 두 가지가 있으나 합해져서 '하나가 된 깨달음(一覺)'을 이루니, 집착하는 마음과 집착하는 대상, 새 것과 옛 것을 똑같이 여의기 때문이다. 이것은 『대승기신론』에서 '시각은 곧 본각과 같다.'고 한 것과 같다. (…) 또한 이 '하나가 된 깨달음(일각)'은 '본래적 깨달음(본각)'과 '비로소 깨달아 감(시각)'의 면모를 (모두) 가지고 있으니, 본각의 '드러내어 이루는 면모(本覺顯成義)'가 있기 때문에 '진리대로 닦는다(眞修).'는 말도 도리에 맞고, 시각의 '닦아서 이루는 면모(始覺修成義)'가 있기 때문에 '새로 닦는다(新修).'는 말도 도리에 맞다. 만약 한쪽에 치우쳐 고집한다면 곧 미진함이 있게 된다."[55]

인간의 중생적 사유 활동은 모든 것에 실체 관념을 부여하는 근본 결핍을 안고 있다. 그 실체화의 대상은 주관과 객관을 모두 포함한다. 존재의 참모습은 이 실체 개념에 가려 왜곡되어 버린다. 무상관(無相觀)은 '모든 존재는 본래 실체가 없음'을 관(觀)하여 이 허구적 실체 관념을 극복해 가는 수행이다. 이 무상관의 입장에서 볼 때, 실체 관념을 투사하지 않고 사물을 보는 힘을 키워 가는 과정은 '깨달아감(시각)'이고, 그 힘이 완전해져서 실체 없는 참모습과 하나가 된 경지는 '본래적 깨달음(본각)'의 구현이다. 그리고 시각이 본각과 하나가 된 것을 일각이라 한다. 따라서 수행의 관점에서 보면 일각은 두 가지 측면을 지닌다. 본각을 기준으로 보면 이미 구현된 모든 존재의 실체 없는 참모습을 그대로 드러내는 것(本覺顯成義, 眞修)이 수행인 셈이고, 시각을 기준으로 보면 아직 가려져 있는 존재의 참모습을 새롭게 밝혀 가는 것(始覺修成義, 新修)이 수행이 된다.

55) 『금강삼매경론』 무상법품, 1-611하-612상.

## 4. 원효 각(覺)사상의 구성 원리와 통섭 사상

이상과 같은 원효의 각(覺)사상에 비추어 보면 통섭의 두 가지 조건인 '실체적 분리를 극복하고 둘 아님(不二)으로 만날 수 있는 원리의 확보'와 '그 원리에 의한 자기완성 및 타자 존중과 배려의 필연적 실천'에 해당하는 원효 각(覺) 사상의 구성 원리는 다음의 세 가지로 정리될 수 있다.

### 1) 시각·본각·불각은 실체적 자성(自性)이 아니다

원효에 의하면, 현실의 인간은 '깨닫지 못한 상태'이다. 생명계 진화에서 인간 사유 능력의 첫 출발 때부터 내재했을 근본적 이해 결핍(無明)을 대부분의 인간들은 극복하지 못하고 있다. 그 이해 결핍에서 생겨난 무지와 오해가 빚어내는 인식과 감정, 행위와 삶의 진리 이반(離反) 구조와 내용을 밝히는 것이 불각(不覺)이다. 그러나 인간은 그 깊고 두터운 무지의 그늘에서 탈출할 수 있다. 근본 무지와 그 산물들이 원래 없는 생명의 본바탕으로 귀환할 수 있다. 그 귀환의 여정을 시각(始覺; 깨닫기 시작함. 시초가 되는 깨달음)이라 한다. 그리고 이러한 깨달음의 귀환 작업이 가능한 것은, 근본 이해 결핍(무명)과 그로 인한 진리 왜곡과 이탈(분별·망념) 및 그 산물들(생멸의 동요와 불안·苦)이 없는 '온전한 본래의 깨달음(本覺)' 면모가 귀환의 잠재력으로 기능하기 때문이다.

'깨닫지 못한 상태(불각)'을 반성하고 혐오하며 극복하고자 하는 의지는 '본래의 깨달음(본각)'에서 솟아오르는 불가사의한 계발적 자극과 계기(不可思議한 熏習)에 의해 주어진다. 그 본각의 불가사의한 자극에 의하여 근본 무지가 초래한 삶의 동요와 불안(生滅)을 싫어하는 동시에 그것을 극복하고자 노력하여 비로소 깨달음의 각성이 밝아지기 시작한다(시각). 그리고 그렇게 드러나기 시작한 깨달음을 온전히 가꾸면 마침내 '본래의 깨달음의 상태'와 합일하게 된다. 시각이 곧 본각이라 말할 수 있는 경지이다.

그런데 현실의 불각이 이처럼 시각과 본각으로 전환될 수 있는 것은 불각·시각·본각이 불변의 실체적 자성이 아니기 때문이다. 만약 이들이 각각 불변의 실체적 자성을 지닌 것이라면 이러한 본질적 변환은 불가능하다. 불각과 시각과 본각은 상호 의존적으로 성립하는 실체 없는 가설(假說)적 존재이다. 깨닫지 못함(不覺)이 성립하기 위해서는 깨달음(本覺)이 전제되어야 하므로, 본각은 불각의 연기론적(緣起論的) 조건이다. 마찬가지로 시각은 불각을 조건으로 한다. 비로소 깨달아 간다는 것은 깨닫지 못하고 있다는 것을 조건으로 하기 때문이다. 이처럼 불각과 시각과 본각은 상호 연기론적 조건으로 상호 의존적으로 성립하는 공성(空性)이기에, 현실의 불각 상태는 시각과 본각으로 바뀌어 극복될 수 있다. 통섭의 원천인 일심으로 귀환할 수 있는 것은 세 종류의 각(覺)이 실체적 자성이 아니기 때문에 가능한 것이다.

불각·시각·본각에 실체적 자성이 없다는 것은 '깨달음과 깨닫지 못함'·'열반과 생사'·'진(眞)과 속(俗)' 그 어느 것도 소유적 머묾(住)의 대상이 아니라는 것과도 통한다. 또한 불각의 근본 원인인 무명(無明)의 내용 역시 본래 존재하지 않는 실체적 자성을 존재한다고 하는 오해가 그 핵심이므로, 시각과 본각은 바로 '깨달음은 소유할 수 있는 실체적 자성을 지닌 것이 아니라는 점을 깨닫는 것'이기도 하다. 따라서 깨달은 사람은 불각의 생멸(俗)에 머물지 않는 동시에 시각·본각의 열반(眞)도 머무름의 대상으로 경험하지 않는다. 그리고 이렇게 그 어떤 실체적 자성도 설정하지 않아 그 무엇도 소유와 머무름의 대상으로 경험하지 않을 수 있을 때, 진실과 허위·성스러움과 속됨·선과 악 등의 대립과 갈등을 통섭할 수 있는 상위 차원이 확보된다.

### 2) 세상(경계)과 중생이 바로 본각이다

원효의 통섭 사상은 '지금 그리고 여기에서의 인간 삶'을 그 대상으로 한다. 세계를 외면하고 세계 밖으로의 초월을 구하는 것도 아니며, 세계 안에서 세계를 경멸하며 은둔하는 것도 아니다. 세계 안에서 세계의 결핍을 본질적으로 극복하여 세계를 다시 안으려는 '세계내적(世界內的) 포섭'이다. 그러기 위해서는 세상과 중생에 대한 본질적인 대긍정이 필요하다.

원효는 그 대긍정의 통로를 본각 사상에서 마련한다. 본각 사상에 의하면 세상은 본래 허물이 없다. 허상인 실체 관념으로 세상을 왜곡하는 중생의 무명 불각이 문제일 뿐이다. 따라서 불각에 대한 반성과 자각에서 밝아지기 시작한 깨달음(시각)이 온전해지면, 그 본래의 허물없는 세상과 하나가 된다. 무지와 오해로 인한 곡해가 해체되어 세상을 '있는 그대로(如如하게)' 대할 수 있게 된다. 진리와 하나 되어 근원적 존재 해방이 실현된 진여(眞如)의 경지, 그 본래의 왜곡 안 된 모습(본각)이 구현된 것이다. 이 세상은 중생이 깨닫건 깨닫지 못하건 간에 본각의 모습으로서 언제나 존재한다. 그리고 그런 사실을 투철하게 알 때, 시각은 본각으로 완성된다. 그러므로 이렇게 말할 수 있게 된다. '본각의 관점에서 보면 이 세상, 그리고 중생들 그대로가 바로 본각이다.' 그리하여 원효는 이렇게 말한다.

"(『금강삼매경』;) 무주 보살이 말했다. <모든 경계도 또한 그러하여 공의 상도 아니며 공의 상이 없는 것도 아니겠습니다.> 부처님이 말씀하셨다. <그렇다. 저 모든 경계는 자성이 본래 결정성이니, 결정성의 근본은 처하는 곳이 없다.> 무주 보살이 말했다. <覺도 또한 이와 같아서 처하는 곳이 없겠습니다.> 부처님이 말씀하셨다. <그렇다. 覺은 처하는 곳이 없기 때문에 청정하고, 청정하므로 覺이 없으며, 사물은 처하는 곳이 없기 때문에 청정하고, 청정하므로 색이 없다.>

(『금강삼매경론』;) 이 아래 세 가지는 다르지 않은 상을 밝힌 것이다. 그 가운데 앞의 두 가지는 각과 경계가 같은 상임을 밝혔고, 뒤의 하나의 문답은 각과 식이 같은 상임을 밝혔다. 처음 가운데 앞의 것은 경계가 각과 같음을 밝혔으니, 모든 허망한 경계는 본래 존재하지 않으며, 이미 그것이 존재하지 않는데 어찌 공의 상이 있겠으며, 이미 공이 있지 않는데 어찌 공을 없앨 수 있겠는가? 그러므로 '공의 상도 아니며, 공의 상이 없는 것도 아니다'라고 말한 것이니, 이로써 말한다면 각과 다르지 않은 것이다. (…) 뒤의 문답은 각이 경계와 같음을 밝힌 것이다. '각도 또한 이와 같다'고 한 것은 각 역시 인연으로 생겨서 본성이 공하기 때문이다. 답 가운데 '청정하므로 각이 없다'고 한 것은 공의 이치를 깨달아 모든 상을 떠났기 때문에 '청정하다'고 한 것이다. 각의 자성이 이미 공하고 공 가운데는 각이 없으니, 마치 색의 공함에서는 색의 상이 없는 것과 같다."[56]

"(『금강삼매경』) 무주 보살이 말하였다. <여래께서 설하신 '하나가 된 깨달음(一覺)'의 성스러운 힘과 네 가지 넓은 지혜의 경지는 곧 모든 중생의 '본래적 깨달음(본각)의 이익'입니다. 왜냐하면 모든 중생이 바로 이 몸 가운데 본래 원만하게 구족하고 있기 때문입니다.>

(『금강삼매경론』) '비로소 깨달아 감(시각)'이 완전해지면

56) 『금강삼매경론』 본각리품, 1-631하-632상.

곧 '본래적 깨달음(본각)'과 같아져서 본각과 시각이 다르지 않기 때문에 '하나가 된 깨달음(一覺)'이라고 하였으며, (중생을 위해) 하지 않는 것이 없기 때문에 '성스러운 힘'이라고 하였고, '하나가 된 깨달음' 안에 네 가지 큰 지혜를 갖추어 모든 공덕을 지니기 때문에 '지혜의 경지'라고 하였으며, 이와 같은 네 가지 지혜가 '하나가 된 마음(一心)'의 양과 같아서 어디에든 미치기 때문에 '넓은 지혜'라고 하였다. 이와 같은 '하나가 된 깨달음'은 곧 진리의 몸(법신)이고, 진리의 몸(법신)은 곧 중생의 '본래적 깨달음(본각)'이기 때문에, '바로 모든 중생의 본래적 깨달음의 이익'이라고 하였다. 본래 한량없는 진리다운 능력(性德)을 갖추어 중생의 마음을 훈습하여 두 가지 업을 짓기 때문에 '본래적 깨달음의 이익'이라 한 것이다. '본래적 깨달음'과 '비로소 깨달아 감'이 다르지 않다는 뜻으로 말미암아 한 중생도 진리의 몸(법신) 밖으로 벗어남이 없기 때문에, '곧 이 몸 가운데 본래 원만하게 구족되어 있다.'고 하였다."[57]

원효가 보여주는 적극적인 세상 통섭의 의지는, 세상과 중생을 곧 본각으로 볼 수 있는 대긍정의 관점을 기반으로 하고 있는 것이다.

### 3) 본각은 자기 이익과 타자 이익을 동시에 실현시킨다

모든 현상적 차이들을 배타적 다툼이 아닌 평화적 공존으로 통섭할 수 있으려면, 그 상위 원리가 자기 이익과 타자 이익을 동시에 완성시키는 한편, 타자 이익에의 기여를 존재의 당위로 전개할 수 있어야 한다는 것이, 원효나 그의 절친 도반 의상의 통섭 사상을 관통하고 있는 중요한 원칙이다. 이와 관련하여 원효는 각(覺) 사상, 특히 본각 사상에서 그 구체적 통로를 확보한다.

원효에 의하면 본각의 본성은 청정(淨)과 오염(染)과 같은 상대

57) 『금강삼매경론』 본각리품, 1-633중-하.

적 가치 판단을 본질적으로 초월하여 있다. 그러나 이러한 본각의 초월적 특성은 무작용을 의미하지 않는다. 오히려 그 어떤 인위적 가치 판단에도 집착하지 않으므로, 동요 없고 해방된 마음으로 타자를 위해 필요한 행위들을 할 수 있다.

> "묻는다. 이 '본래적 깨달음(本覺)'의 성품이 오염과 청정 모두의 원인이 되어야 하는가, 다만 모든 청정한 것들의 성품이어야만 해야 하는가? 만약 다만 청정한 것의 원인라고만 말한다면 무슨 까닭으로 경(『능가경』)에서 '여래장은 착함(善)·착하지 못함( 不善)의 원인이다.' 라고 널리 설하는 것이며, 만약 오염과 청정 모두를 짓는 것이라면 무슨 까닭으로 오직 '성품의 공덕(性功德)을 구족한다.'고 말하고 '성품의 오염된 환부(性染患)를 구족한다.'고는 말하지 않는가?
>
> 답한다. 이 (본래적 깨달음의) 도리(理)는 오염과 청정 모두와 함께 성품을 이루는 것이니, 그러므로 오직 '성품의 공덕을 구족한다.'고 말한 것이다. 이 뜻이 무엇인가? (본래적 깨달음의) 도리(理)는 청정한 성품(淨性)을 여의었기 때문에 조건(緣)을 따라 모든 오염된 것들을 지을 수 있으며, 또한 오염된 성품(染性)을 여의었기 때문에 조건을 따라 모든 청정한 것들을 지을 수 있는 것이다. 오염된 것과 청정한 것을 지을 수 있기 때문에 오염과 청정 모두의 성품이 되는 것이며, 오염과 청정의 성품을 여의었기 때문에 오직 '성품의 공덕'인 것이다. 어째서 오염과 청정의 성품을 여의어야 모든 공덕을 이루게 되는가? 오염과 청정의 성품에 집착하는 것은 모두 망상이기 때문이다."[58]

『금강삼매경』과 그에 관한 원효의 주석에서는 본각이 제공하는 자기 이익과 타자 구제의 공능 및 본각과 타자 구제의 필연적 연

58) 『대승기신론별기』, 1-684상. 1-686중의 「問 若言始覺同於本覺離生滅者 (...) 生滅常住不相妨礙」의 구절도 본각의 적극적 작용성을 말하고 있다.

결이 더욱 적극적으로 역설되고 있다.

> “모든 생명들이 그 시초를 말할 수 없는 때로부터 존재 환각(무명)의 긴 밤에 들어가 망상의 큰 꿈을 지으니, 보살이 관법(觀)을 닦아 (환각에 의한 망상이 지어낸 것이) 본래 존재하는 것이 아니라는 통찰(無生)을 얻을 때에, 중생(의 참모습)이 본래 (환각 망상의 동요가 없기에) 고요(寂靜)하여 다만 ‘본래적 깨달음(본각)’일 뿐임을 통달하여, (환각이 지어낸 실체의 벽이 무너져) 하나로 같아진(一如) 침상에 누워 이 본각의 이익으로써 중생을 이롭게 한다. 이 품은 이러한 도리를 나타내기 때문에 ‘본각의 이익을 설하는 품(本覺利品)’이라고 한 것이다. (...) (환각에 의한 망상이 지어낸 것은) 본래 존재하는 것이 아니라는 통찰(無生)을 실천하여 본각과 만날 수 있어야 모든 존재들을 널리 교화하여 이롭게 할 수 있다. (...) 처음에 ‘머무름이 없는 보살(無住菩薩)’이라 한 것은, 이 사람이 비록 ‘본래적 깨달음(본각)’은 본래 (환각의 망상에 의한) 요동이 없음을 통달하였으나 고요함에 머물지 않고 항상 널리 교화함을 일으키니, 그 공덕에 의하여 명칭을 세워 이름을 ‘머무름이 없음(無住)’이라고 하였다. 머무름이 없는 공덕이 본각의 이익에 들어맞기 때문에, 이 사람으로 (본각의) 근본 뜻을 나타낸 것이다.”[59]

참선(觀) 수행을 통해, 실체 관념으로 인한 주객의 분별과 동요가, 사실은 본래 실체가 없기에 ‘(실체적) 생겨남이 없음(無生)’을 깨닫게 되면, 중생이 본래 본각임을 통달하게 된다. 그리고 이렇게 본각으로 귀환한 자는 중생을 모두 동일한 본각으로 보게 되어 그들을 ‘본각으로서의 한 몸’으로 교감하게 되고(一如의 침상에 누움), 그 결과 중생을 근본적으로 긍정하는 태도로써 중생을 이롭게 하

---

59) 『금강삼매경론』 본각리품, 1-629하-630상. 1-630하-631상의 「佛言 諸佛如來 (...) 本無動故 本寂滅也」 역시 본각과 중생 구제의 당위적 관련성을 천명하는 내용이다.

고자 하는 마음을 자연스럽게 일으키게 된다. 모름지기 본각과 하나가 되어야 모든 타자들에 대한 자연스럽고 자발적인 이타행이 가능해진다는 것이다. 본각과 하나가 된 사람은 실체 관념으로 인한 주객 분별과 그 동요로부터 해방되는 동시에, 무작용의 고요에 머무는 것이 아니라, '동일한 본각으로서의 타자들'에 대한 일체감에 기인한, 머무름이 없는 무집착의 적극적 이타행을 펼쳐나간다. 그리고 이러한 '머무름 없는 이타행'은 바로 자신이 성취한 본각에 내재한 공능이고 이익들이다.

본각에 귀환하였다는 것은 이처럼 무작용의 적정(寂靜)에 머무는 것이 아니라 적극적 작용의 공능을 그 이익으로 확보하게 됨을 의미한다. 이 본각의 이익을, 『금강삼매경』과 원효는 대승불교가 주창하는 삼취계(三聚戒; 攝律儀戒·攝善法戒·攝衆生戒)의 공능으로 설명하기도 한다.

> "(『금강삼매경』;) 부처님이 말씀하셨다. <네 가지 緣이란, 첫째는 擇滅을 짓는 힘으로 취하는 緣으로서 攝律儀戒이고, 둘째는 본각의 이익인 淨根의 힘으로 모아 일으키는 緣으로서 攝善法戒이며, 셋째는 본각의 지혜인 大悲力의 緣으로서 攝衆生戒이고, 넷째는 一覺의 通智力의 緣으로서 如에 따라 머무는 것이니, 이것을 네 가지 緣이라고 한다. 선남자여, 이와 같은 네 가지 큰 緣의 힘은 事相에 머물지 않지만 공용이 없지 않으며, 일체의 처소를 떠나 있기에 곧 구할 수가 없다. 선남자여, 이와 같은 한 가지 일이 六行을 통틀어 포섭하니, 이것이 부처의 菩提이고 薩般若의 바다이다.
>
> (『금강삼매경론』;) 처음 중에 '네 가지 연'이라고 말한 것은, 일심 본각의 이익 중에서 四力의 작용을 갖추어 세 가지 계율의 연을 짓는 것을 말한다. 첫째는 멸함에 의지하는 연이고, 둘째는 생겨남에 의지하는 연이며, 셋째는 포섭함에 의지하는

연이고, 넷째는 떠남에 의지하는 연이다. 멸함에 의지한다는 것은 본각 중의 性의 고요한 공덕이 모든 번뇌의 자성과 상위한 것을 말하니, 이 연으로 섭율의계를 이룬다. 생겨남에 의지한다는 것은 본각 중의 性의 선한 공덕이 모든 善根의 자성과 서로 따르는 것을 말하니, 이 연으로 섭선법계를 이룬다. 포섭함에 의지한다는 것은 본각 중의 性이 大悲의 자성을 이루어 모든 중생을 버리지 않는 것을 말하니, 이 연으로 섭중생계를 이룬다. 떠남에 의지한다는 것은 본각 중의 性이 반야의 자성을 이루어 모든 事相을 버리고 여의는 것을 말하니, 이러한 인연으로 三聚戒로 하여금 事相을 버리고 여의어 如에 따라 머물게 한다. 앞의 세 가지는 별개의 연이고, 뒤의 한 가지는 공통의 연이다. 보살이 발심하여 三戒를 받을 때에 본각의 이익에 따라서 받아 지니는 것이니, 이 네 가지 인연으로 세 가지 계율을 구족하게 된다."[60]

일심의 근원으로 돌아간 본각은 '네 가지 힘(四力)의 작용'을 그 이익으로 갖추고 있으며, 그로 인해 대승불교의 계율을 제대로 지니게 된다. 본각은 번뇌에 동요하지 않을 수 있는 힘(고요함의 공덕)을 지녔기에 번뇌를 제어하는 윤리적 행동을 지키는 섭율의계를 성취하게 되고, 자기와 타자 모두를 이롭게 하는 힘(선한 공덕)을 지녔기에 선한 일을 하는 섭선법계를 성취하게 되며, 타자들을 한 몸으로 여겨 그들의 고통에 공감하는 힘(大悲의 자성)을 지녔기에 모든 중생을 버리지 않는 섭중생계를 성취한다. 아울러 본각은 주관과 객관의 그 어떤 대상적 경험(境界)도 실체로 보지 않아 그것에 집착하지 않을 수 있는 지혜의 힘(반야의 자성)을 지녔기에, 삼취계를 지니면서도 자신의 행위와 관련된 주·객관의 경험에 대해 소유 및 집착하지 않고 '하나로 같아진 경지(一如)'를 유지할 수

60) 『금강삼매경론』 진성공품, 1-651상-중.

있다. 결국 대승의 구도자(보살)는 본각의 이익에 응하여 계율을 받아 지녀야 삼취계를 완전하게 성취하게 된다.

또한 일천제(一闡提; 원효는 '대승에 대한 확고한 믿음이 없어 최고의 깨달음을 구하려는 마음을 일으키지 않은 사람'이라 풀이한다)가 여래의 실상(實相)에 이르기까지 거쳐야 하는 다섯 가지 계위(五位; 信位·思位·修位·行位·捨位) 역시 모두 본각의 이익으로부터 비롯된다. 자신을 이롭게 하는 것(自利)과 타인을 이롭게 하는 것(利他)이 모두 본각에 내재한 이익 때문에 가능하다는 것이다.

> "(『금강삼매경』) 선남자여, 다섯 계위는 '하나가 된 깨달음(一覺)'으로서 본각의 이익으로부터 들어가니, 만일 중생을 교화하려면 그 ('하나가 된 깨달음'의) 본래 자리(本處)를 따라야 한다.
>
> (『금강삼매경론』) 다섯 계위의 모든 실천이 본각을 떠나지 아니하여, 모두 본각의 이익을 좇아 이루어지지 아니함이 없으며, 실천할 때에 앞으로부터 뒤로 들어가기 때문에 '들어간다.'고 하였다. '들어간다.'는 것은 자신을 이롭게 하는 것이고(自利), '교화한다.'는 것은 남을 이롭게 하는 것이니(利他), 이와 같은 두 가지 실천은 모두 ('하나가 된 깨달음'의) 본래 자리(本處)를 따른 것이다."[61]

결국 통섭의 원천인 일심으로 귀환하는 모든 행위는 본각이 지닌 이익을 취할 때라야 가능하게 되는 셈이다. 원효가 추구한 통섭의 구체적 원동력은 바로 본각이 지닌 이익인 것이다. 이러한 뜻을 원효는 '마하반야바라밀'의 풀이와도 관련시키고 있다.

> "(『금강삼매경』;) 사리불이 말하였다. <세존께서 말씀하신 것

61) 『금강삼매경론』 진성공품, 1-655하-656상.

과 같이, 일에 앞서 본각의 이익을 취해야 합니다. 이 생각은 적멸한 것이고, 적멸은 진여(일여)이니, 모든 덕을 다 지니고 있고 모든 법을 망라하고 있으면서 원융하여 둘이 아니니, 불가사의 하나이다. 이 법이 바로 마하반야바라밀이니, 大神呪이고 大明呪이며 無上明呪이고 無等等呪임을 알겠나이다.

(『금강삼매경론』;) '일이 있기에 앞서 본각의 이익을 취한다.'고 한 것은 부처님의 말씀을 옳게 알아들은 것이다. 무릇 말을 하여 깨닫게 해 주는 일(佛事)을 지으려 할 때에는 항상 먼저 그 본래적 깨달음(본각)의 이익을 취해야 하니, 이 요동치는 망상(念)은 (근거 없는 환각에 의한 것이라서) 본래 고요(寂滅)한 것이고, 이와 같이 고요한 것이 바로 존재의 참모습과 같아진 도리(如如한 理)이다. 이 도리 가운데 '본래적 깨달음(본각)'과 '비로소 깨달아 감(시각)'의 모든 능력(德)을 다 포섭하고 있으며, 또한 생멸하는 모든 것을 갖추고 있는데, (이것들은) 서로 막히지 않고 통섭되어 별개의 것이 아니니(圓融不二), 이 때문에 매우 깊고 불가사의하다. 이 가운데 비록 무한한 능력을 갖추고 있지만, 그 바탕이 되는 것은 오직 '본각과 시각이 평등하여 다르지 않은 것'이니, 그리하여 '곧 위대한 지혜(마하반야)이다.'라고 하였고, 이와 같은 지혜(반야)는 근원에 사무치고 본래 모습에 완전해진 것이기 때문에 '피안으로 건너갔다(바라밀).'고 하였다."[62)]

## 5. 원효의 각(覺) 사상과 화쟁
### - 본각(本覺)의 이익에 의한 화쟁(和諍)

원효 사상에서 두드러지는 화쟁의 의지 또한 본각의 이익을 통해 실현된다. 통섭 사상의 한 측면이라 할 수 있는 '다툼의 화해'는 일심(一心)의 근원을 그 원천 및 상위 원리로 하는 동시에, 본각

62) 『금강삼매경론』 진성공품, 1-656상-중.

의 이익을 그 구체적 동력원으로 삼는다.

"(『금강삼매경』;) 이에 여래께서 이와 같이 말씀하셨다. <모든 보살들은 본각의 이익에 깊이 들어가야 중생을 제도할 수 있다. 만일 말세의 좋지 않은 때에는 진여에 응하여 설법하고 시류의 이익과 함께 하지 말라. 혹은 순응하여 말하고 혹은 순응하지 않고 말하며, 같지도 않게 하고 다르지도 않게 하여, 서로 응하게 설하여 모든 精과 智를 이끌어 薩般若의 바다에 들어가게 하고, 모든 중생으로 하여금 저 허공의 바람을 취하지 않게 하여 저들로 하여금 一味의 神孔을 원하게 하라.>

(『금강삼매경론』;) '혹은 순응하여 말하고 혹은 순응하지 않고 말한다.'는 것은, 만일 다만 저들의 마음에 순응하여 말하면 잘못된 집착을 움직이지 않고, 혹 오직 순응하지 않고 말하면 바른 믿음을 일으키지 않으니, 저들로 하여금 바른 신심을 얻게 하고 본래의 잘못된 집착을 버리게 하기 위하여 '혹은 순응하고 혹은 순응하지 않고서' 말해야 한다. 또한 다만 이치에 순응하여 말하면 바른 믿음을 일으키지 않으니, 저들의 뜻과 어긋나기 때문이고, 이치에 순응하지 않고 말하면 바른 이해를 내지 않으니, 도리에 어긋나기 때문이다. 그러므로 믿음과 이해를 얻게 하기 위하여 '순응하기도 하고 순응하지 않기도 하며' 말해야 한다. 만일 여러 가지의 다른 견해가 엇갈려 쟁론하고 있을 때에, '있다고 하는 견해(有見)'에 동의하여 말한다면 '비었다는 견해(空見)'와 다를 것이요, 또 만일 '비었다고 하는 고집(空執)'에 동의하여 말한다면 '있다고 하는 고집(有執)'과 다를 것이다. 그리하여 동의하건 동의하지 않건, 쟁론만 더욱 일어나게 할 것이다. 또 저 두 가지에 다 동의하면 자기들끼리 서로 논쟁할 것이고, 저 두 가지에 다 동의하지 않는다면 그 두 가지와 더불어 서로 논쟁할 것이다. 이런 까닭에 '같지도 않게 하고 다르지도 않게 하며' 말한다. '같지 않게 한다.'는 것은 말 그대로 취하면 모두 인정하지 않게 되기 때문이고, '다르지 않게 한다.'는 것은 그 뜻을 이해하여 말하면 인

정되지 않는 것이 없기 때문이다. 다르지 않기 때문에 저들의 감정에 어긋나지 않고, 같지 않기 때문에 도리에 어긋나지 않는다. 감정에 있어서나 도리에 있어서나 서로 어긋나지 않기 때문에, '서로 응하여 말한다.'고 하였다."[63)]

다툼의 심리적 태도인 집착에 물들어 있는 사람들로 하여금 집착을 놓고 진실을 향한 신뢰와 이해로 향하게 하려면, 상대의 마음이나 이치에 때로는 순응하고 때로는 순응하지 않으면서 탄력적 태도로 상대에 맞추어 말할 수 있어야 한다. 또한 필요에 따라 상대의 견해에 동의하기도 하고 동의하지 않기도 하면서, 상대의 감정이나 이성에 맞추어 가면서 진리에 대한 바른 믿음과 이해로 이끌어 갈 수 있어야 한다. 그리고 이렇게 '순응하여 말하기도 하고 순응하지 않고 말하기도 하며, 같지도 않게 하고 다르지도 않게 하면서' 상대에 응하여, 그들의 감정과 이성에 맞추어가면서 지혜로 이끌어 화쟁시킬 수 있는 능력은 다름 아닌 본각의 이익에서 나온다.

63) 『금강삼매경론』 입실제품, 1-637하-638상.

# 4장

# 의상의 통섭 사상

## 1. 통섭의 원천 - 화엄일승(華嚴一乘)의 경지

신라불교 이론의 특징을 규명하는 키워드는 '통섭(統攝/通攝)'과 '화쟁(和諍)'으로 압축된다. 통섭과 화쟁은 불교사상의 보편적 개성이기도 하지만, 신라 불교인들은 당대의 시대적 상황과 요청에 부응하여 특히 통섭과 화쟁을 의식하며 불교사상을 소화, 전개시켰다. 동시대 중국 대륙에서의 불교이론 수준과 추이에 시차 없이 부응하며 통섭과 화쟁을 개성으로 반영시킬 정도로 체화시켰던 신라불교의 정점에는 의상과 원효가 자리 잡고 있다.

의상은 존재들의 평화로운 공존과 화해, 포용과 상호 존중의 통섭을 가능하게 하는 상위 원리를, 화엄사상에서 설하는 화엄일승(華嚴一乘)의 경지에서 확보한다. 근원적 동질성(相卽)과 상호의존 및 침투(相入)의 관계로 불가분(不可分)하게 맺어져 있는, 총체적이고

촘촘한 '관계의 그물망(인드라망)'이라는 관점으로 이 세계를 파악하는 화엄적(華嚴的) 연기관(緣起觀) 속에서, 의상은 다양성의 평화로운 공존공생과 상호 존중, 그리고 '하나 됨의 통섭적 만남'을 가능하게 하는 통섭의 사상적 원리인 화엄일승의 도리를 마련한다. 이 화엄일승의 장엄한 경지를 불과 30구(句) 210자(字)의 『화엄일승법계도(華嚴一乘法界圖)』 속에 압축시켜 의상은 이렇게 말한다.

> "존재의 참모습은 원융(圓融)하여 실체적 분리(二相)가 없고, 모든 것들은 분별이나 배제의 요동이 없이 본래 고요하네. 언어적 분리도 해체되고 형상적 구별도 사라져 모든 분리와 배제가 극복되었으니, 무분별지(無分別智)를 증득해야 알 수 있는 일이지 다른 방법으로는 알 수가 없도다. 진리의 경지는 매우 깊고 극히 미묘하니, 고정되어 있지 않고 연(緣)을 따라 모습을 이루노라. 하나 가운데 모든 것이 들어와 있고 모든 것 가운데 하나가 들어와 있으며, 하나가 곧 모든 것이요 모든 것이 곧 하나로다. 한 티끌 속에 시방 세계를 포함하고 있고, 모든 티끌 속에도 마찬가지라네. 한량없는 시간이 곧 한 생각이요, 한 생각이 곧 무량한 시간이로세. 구세(九世)와 십세(十世)가 서로 상즉(相卽)하노니, 그러면서도 뒤죽박죽 섞여버리는 것이 아니라 각자의 위상을 확보하노라. 처음 마음을 일으킬 때가 곧 올바른 깨달음이요, 생사와 열반이 항상 함께 하는도다. 도리(理)와 사물(事)이 별개의 것이 아니니, 십불(十佛)과 보현대인(普賢大人)의 경지로다. 능히 해인삼매(海印三昧)에 들어, 갖가지로 나타냄을 뜻대로 하는 것이 불가사의하구나. 내리는 비처럼 많은 보배로운 것들로써 중생을 돕는 일을 허공을 가득 채울 만큼 하니, 중생은 자기 그릇 크기대로 이익을 얻네. 그러므로 화엄 수행자는 진리 자리로 돌아가 마침내 망상을 쉬게 되고, 무연(無緣)의 매우 교묘한 방편을 뜻대로 잡아, 진리 집으로 돌아가면서 분수대로 자량(資糧)을 얻네. 다라니의 다함없는 보배로써 법계의 진실한 보배 궁전을 장엄하여 마침내 진리인

중도(中道) 자리에 앉으니, 옛부터 움직이지 않음을 부처라 이름 하노라."[64]

이와 같은 화엄일승의 경지를 최근 발굴된 『화엄경문답(華嚴經問答)』에서 의상은 이렇게 말하고도 있다.

"삼승(三乘)에서 일(事)은 마음의 연(緣)이나 물질적 장애 등이고 이치(理)는 평등한 진여(眞如)이니, 비록 理와 事가 같지는 않지만 상즉(相卽)하고 상융(相融)하여 서로 방해나 장애가 되지는 않는다. 또한 서로 방해하지는 않지만 事의 뜻이 理의 뜻은 아니다. 보법(普法. 華嚴一乘)에서의 事와 理는, 理가 곧 事이고 事가 곧 理이며 理 가운데 事가 있고 事 가운데 理가 있어서, 즉(卽)과 중(中)의 관계 속에서 걸림이 없다. 비록 事와 理가 서로 섞이지는 않지만 그윽하여 둘이 아니니, 말에 따라 남김없이 드러나게 되며, 남김없이 드러나지만 또한 남김없이 드러나지도 않는다. 理와 事에서처럼 事와 事에서도 그러하다. 마음으로써 일체법을 말하면 마음 아닌 것이 없고, 물질로써 일체법을 말하면 물질 아닌 것이 없다. 인간과 사물에 관한 기타 일체의 교의(敎義) 등 차별법문이 모두 그러하다. 어째서 그러한가? 연기다라니(緣起陀羅尼)의 걸림 없는 법은 일법(一法)을 들어(擧하여) 일체를 남김없이 포섭하면서 무애자재하기 때문이다. 하나가 없으면 일체가 없기 때문이다. 삼승은 그렇지 않다. 理를 폐(廢)하고 오직 事를 말하여 한결같이 理를 事와 섞지 못하니, 事 가운데서 자재하지 못하기 때문이며, 일상(一相)의 교문(敎門)은 정식(情識)에 따라 머물러 理를 남김없이 드러내지 못하기 때문이다."[65]

의상이 자신 있게 설하는 이 화엄일승의 세계는 분명, 세속을

---

64) 의상, 『華嚴一乘法界圖』, 한국불교전서 2-1상.

65) 『화엄경 문답』, 大正藏45, p.598상-하.

오염시키며 주도하고 있는 실체적 분리와 부정, 배타와 독점의 논리 및 그에 입각한 삶을 극복한 경지이다. 이 화엄일승의 경지에서는 실체적 분별과 그로 인한 격리가 해소되어 모든 존재들이 근원적 동질성(卽. 相卽)과 상호 의존적 관여 및 침투(中. 相融) 속에 '한 몸'으로 통섭된다. 그런데 이 통섭은 '보편적 하나 됨'과 '다양한 개별성'이 동시에 확보되는 포섭이다. 모든 존재는 각자의 개별적 위상을 유지하면서도 실체적 자기주장이나 분별 및 그로 인한 상호 부정으로 나아가지 않고 상즉(相卽)과 상융(相融)의 '하나 됨'을 확보하는 것이다.

## 2. 화엄일승(華嚴一乘)과 삼승(三乘)의 차이

- 『화엄경문답』과 의상의 일승·삼승론(一乘·三乘論)

### 1) 일승·삼승론(一乘·三乘論)의 등장 배경

의상과 원효를 배출한 통일 신라 전후의 시기는 가히 한국불교사상사의 황금기라 할만하다. 특히 한국인들에 의한 불교사상의 이론적 탐구와 전개는 지금까지 이때를 그 정점으로 기록하고 있다.

이 시기를 전후하여 한반도에는 다양한 내용의 불교 이론을 담은 문헌들이 중국으로부터 풍부하게 유입되어 활기차게 유통된다. 무려 77종이 확인되는 원효의 저술 목록(이 가운데 23종이 현존)은 그러한 사정을 대변해 준다. 憬興이나 太賢, 義寂, 道倫 등의 방대한 저술 역시 그 시기 다양한 불교 문헌의 풍요로운 유통을 반영하고 있다.

다양한 불교 이론들의 활발한 유통은 당시의 불교인들에게 긴박하고 절실한 사상적 과제 하나를 부여한다. 하나같이 부처를 설주(說主)로 내세우나 그 내용은 상이하기조차 한 다양한 불교 이론들을 일관되게 처리할 수 있는 통합적 관점의 수립이라는 과제가 그것이다. 중국인들 역시 동일한 과제의 해결에 몰두하였었다. 아함경부터 후기 대승불교까지의 다양한 이론적 전개를 모두 부처 한 사람의 작업으로 이해할 수밖에 없었던 중국인들은, 불교이론의 다양성과 상이성을 모순 없이 처리할 수 있는 일관되고 질서 있는 해석 체계를 마련하고자 하였고 그 성과가 이른바 교판(敎判) 이론이다. 중국에서의 불교 전개에 상응할 수밖에 없었던 한국 고대 불교, 특히 중국불교의 절정기인 唐과 교류하며 그 풍성한 불교 이론들을 수용하여 소화, 전개시켰던 통일 신라 전후의 시기는 당시의 불교인들에게 교판적 관점의 수립을 요구하였던 것이다.

동일한 지향의 상이한 형식과 서술들, 층차가 심한 논리 전개의 상이한 수준들, 상호 이질적으로까지 보이는 다양한 이론들을 어떻게 일관성 있고 질서 있게, 그리고 통합적으로 처리할 수 있을까? 그것들을 하나의 일관된 체계로 묶어 모순 없이 소화시킬 수 있는 상위 이론이나 관점은 무엇일까? 이 물음에 대한 답을 원효는 『大乘起信論』사상에서 찾았다.

> "불교 경전들이 서술하고 있는 바는 비록 광대하지만 간략히 하여 말할 수 있으니, 一心에서 二門을 열어 『능가경』의 넓은 가르침을 총괄하고, 현상의 물든 것에서 본성의 청정함을 드러내어 『승만경』의 그윽한 이치를 널리 종합하며, 한 맛으로 돌아가게 하는 『열반경』의 가르침과 『법화경』의 가르침, 『금광명경』과 『대승동성경』이 설하는 三身의 極果, 『화엄경』과 『보살영락경』의 四階의 깊은 인연, 『대품반야경』과 『대집경』의 넓고 호탕한 지극한 도리, 『일장경』과 『월장경』의 미세하고 은밀한 그윽한 가르침 등과 같은 것에 이르기까지, 이런 類의 뭇 경전들의 핵심을 하나로 꿰뚫는 것은 오직 이 『대승기신론』뿐이

구나."[66]

그리하여 원효는 『대승기신론』의 一心二門이야말로 방대하고 다양한 불교 이론들을 포괄하여 일관되게 처리할 수 있는 통섭적 체계로 평가한다.

> "열면 무량무변의 뜻으로 근본을 삼고 합하면 二門一心의 법으로 요체를 삼는다. 二門 안에서는 온갖 뜻을 허용하되 산만하지 않고 한량없는 뜻이 一心에서 같아져 混融하니, 이런 까닭에 開合이 自在하고 立破가 無碍하다. 열어도 번거롭지 않고 합하여도 협소하지 않으며, 세워도 얻음이 없고 깨뜨려도 잃음이 없으니, 이것이 馬鳴의 妙術이며 기신론의 宗體이다."[67]

원효와 같은 시대에 동일한 과제에 대해 의상은 어떻게 응답했을까? 一乘·三乘論[68]이 그의 대답이다. 화엄사상의 이론적 토대를 마련한 중국 화엄종 二祖 智儼(602-668)으로부터 화엄의 정수를 전수 받은 의상은, 화엄사상을 최상위 이론으로 삼아 다른 모든 불교 이론들을 평가하고 화엄적으로 통섭함으로써 다양하고 상이한 불교 이론들을 하나의 체계 안에서 질서 지우는데, 그러한 작업의 구체적 표현이 바로 일승·삼승론이다.

---

66) 『起信論疏』, 1-698중-하.

67) 같은 책, 1-698하.

68) 필자가 보기에, 의상의 화엄사상을 전해 주는『화엄일승법계도』와 『화엄경문답』에서는 一乘과 三乘을 대비시켜 양자의 차이 및 그 관계의 해명을 통해 화엄사상을 전개하는 방식이 유독 두드러진다. 그리고 이러한 방식은 의상의 화엄사상을 탐구함에 있어서 의미 있게 주목해야 할 부분이라 여겨진다. 이에 필자는 의상의 이와 같은 화엄사상 전개 방식을 편의상 '一乘三乘論'이라 지칭해 본다.

### 2) 의상의 일승·삼승론과 『화엄경문답』

의상에게 一乘이란 곧 화엄사상이다. 그런데 의상이 一乘이란 말을 사용할 때는 三乘을 의식하고 있다. 일승은 삼승과의 관계에서 비로소 그 특유의 의미를 확보하기 때문이다.

『華嚴一乘法界圖』는 현존하는 몇 안 되는 의상 저술 가운데 특히 의상 화엄사상 탐구의 결정적 문헌으로 활용되어 왔다. 의상은 이 『화엄일승법계도』의 印相과 字相을 구성하는 데서부터 일승과 삼승의 관계를 의도적으로 반영하고 있다. 印相은 "三乘에 의거하여 一乘을 드러내는 것"[69]이고, 字相에서 글자에 굴곡이 많은 것은 "三乘의 근기와 욕구가 차별이 있고 같지 않은 것을 나타내기 때문"[70]이라는 것이다. 의상이 법계도에 반영하려 했고 동시에 법계도를 통해 드러내고자 했던 일승과 삼승의 관계는 다음과 같은 구절이 대변한다.

> "이제 도장의 형상에 의거하여 六相을 밝혀 일승과 삼승이 主와 伴으로 서로를 이루고 법의 分齊를 드러냄을 보인다. (…) 이른바 總相이란 것은 그 뜻이 圓敎에 해당하고 別相이란 것은 그 뜻이 三乘敎에 해당한다. 마치 總相과 別相과 成相과 壞相 등이 不卽不離하고 不一不異하여 항상 中道에 머무르는 것과 같이, 일승과 삼승도 이와 같아서 主와 伴으로 서로 돕고 不卽不離하며 不一不異하여 비록 중생을 이롭게 하나 오직 中道에 머문다."[71]

의상은 일승과 삼승의 차이와 관계를 활용하여 『화엄일승법계도』를 구성하고 있다. 따라서 『화엄일승법계도』에 반영된 의상의

---

69) 『화엄일승법계도』, 2-1중.
70) 같은 책, 2-1중.
71) 같은 책, 2-1하.

일승·삼승론에 관한 분석과 음미가 과제로 등장한다. 그런데 최근 의상의 화엄사상 탐구에 획기적 계기를 마련해 주는 자료가 발굴되었다. 『華嚴經問答』이 그것이다. 의상은 小伯山 錐洞에서 90일 동안 『화엄경』을 강의한 적이 있는데, 제자인 智通이 그 강의의 요지를 筆錄하여 『錐洞記』2권을 만들어 유통시켰었다. 이 『추동기』는 지금은 단지 고려 均如의 저서 및 『法界圖記叢髓錄』에 그 逸文이 인용되어 있는 逸書로 알려지고 있었다. 그런데 종래 唐 法藏(643-712)의 저술로 明記되어 왔던 『화엄경문답』이 바로 그 『추동기』의 異本이라는 놀라운 사실이 밝혀진 것이다.[72)]

『화엄경문답』을 읽고 나서 필자는 의상의 일승·삼승론에 대한 논구가 우선 『화엄경문답』을 대상으로 진행되어야겠다고 판단했다. 의상의 일승·삼승론이 제대로 탐구되려면 『화엄일승법계도』와 『화엄경문답』을 모두 대상으로 하여 兩書에 나타난 일승·삼승론을 유기적으로 관련시켜 체계화시켜야 한다.[73)] 그리고 편의상 兩書를 분리하여 탐구한다면, 兩書에 나타난 일승·삼승론의 내용을 고려할 때 『화엄경문답』의 일승·삼승론을 먼저 다루는 것이 적절하다고 판단된다.

### 3) 『화엄경문답』에 나타난 의상의 일승·삼승론

『화엄경 문답』에서 의상은 대체로 일승과 삼승의 차이를 분석하는 데 주력하고 있는데, '十地에서의 階位', '緣起', '事理', '十佛의 成佛', '言語' '淨土', '唯識門', '回向', '三位', '實行', '行佛 및 滿佛' 등

---

72) 金相鉉, 「『錐洞記』와 그 異本 『華嚴經問答』」(『한국학보』84집, 1996. 가을호, pp.28-45.).

73) 또한 의상의 일승·삼승론 탐구가 온전해지려면 의상의 教判思想에 대한 논구도 부가되어야 하는데, 이 점 후일의 과제로 미룬다.

의 문제를 중심으로 논의가 전개되고 있다. 이 중 특히 주목되는 '十地에서의 階位', '緣起', '事理', '十佛의 成佛', '言語' 문제를 둘러싸고 전개되는 一乘·三乘論을 살펴본다.

### (1) 十地에서의 階位 차이

『화엄경』의 핵심 내용 가운데 하나인 「十地品」은 대승의 보살이 궁극적 깨달음을 성취, 실현하는 과정을 열 가지 단계(十地)로 논하고 있는데, 의상은 깨달음으로 이끄는 불교의 모든 이론에 대한 5種의 계층적 구분(五乘)을 이 십지에 配當하고 있다.(『화엄경문답』의 해당 내용은 의상의 화엄사상 탐구에 새롭고도 요긴한 자료이기 때문에 가급적 전문을 소개한다.)

"묻습니다. 十地 가운데 五乘의 뜻을 배당하는 것은 어떤 뜻입니까?

답하겠다. 三乘의 가르침을 이용하여 믿음과 이해를 내게 하기 위해서이다. 설해진 (열 단계의) 位地 가운데 第10地는 존재의 진실된 본질을 증득한 경지이다. 따라서 이것에 의거하여 화엄 도리(普法)의 다함없음이 십지 가운데 모두 갖추어져 있음을 드러내게 된다. 五乘이나 三乘의 모든 도리가 모두 십지에 있기 때문에 십지 가운데 五乘을 배당한 것이다.

묻습니다. 그 배당 내용은 어떤 것입니까?

답하겠다. 初地는 人乘에 해당하고, 二地는 欲界天에 해당하며, 三地는 色界天 및 無色界天에 해당한다. 이 세 가지 地 가운데 세간이 배정되게 된다. 왜냐하면 初地는 보시를 행하는 단계로서 전륜성왕이 베품을 닦는 것과 비슷하기 때문이며, 二地의 계율 및 三地의 선정 수행 등은 모든 천상의 경지와 비슷하기 때문이다. 이들의 모습은 세간과 동일하기 때문에 세간에 배정한 것이다. 四地의 37助道品이나 五地의 四諦 등의 모습은 聲聞이 행하는 것과 비슷하기 때문에 이 둘은 聲聞에 해당한다. 第六地의

12因緣觀은 緣覺이 행하는 인연의 모습과 비슷하기 때문에 이것은 緣覺에 해당한다. 第七地에서 행하는 願行 등의 10방편은 二乘(성문·연각)의 모습과 같지 않기 때문에 三乘인 大乘에 해당한다. 第八地 이상의 三地(8·9·10地)에서는 힘을 들이는 마음(功用心)이 없이 법에 따라 물을 타고 흐르듯이 根機를 淳熟시켜 行이 이루어지기 때문에 一乘의 지위에 배당한다. 이러한 체계에 의거한다면 인간과 천상 및 세간의 모든 인과는 1·2·3地에 있고, 二乘(성문·연각)이 닦는 모든 因果行法은 4·5·6地에 있으며, 三乘인 대승이 닦는 모든 因果行法은 7地에 있고, 一乘이 닦는 모든 因果行法은 8·9·10地에 있다. 이 체계에 의거하면 서로 섞이지 않고 자기 지위에 배당된다."[74]

의상은 깨달음으로 연결되는 불교의 모든 이론을 다섯 종류로 계층화시켜 망라하는 동시에 그것을 화엄의 十地에 배당하고 있다.[75] 여기서 주목되는 것은 三乘과 一乘의 定義이다. 일반적으로 삼승은 성문·연각·보살(혹은 대승)의 통칭으로 사용되나, 의상은 대승을 지칭하기 위해 삼승이란 말을 사용한다. 성문과 연각은 二乘이라 별칭하고 대승만을 삼승이라 칭하는 것이다.

이렇게 볼 때 의상이 『화엄일승법계도』나 『화엄경문답』에서 빈번하게 사용하는 삼승이란 말은, 문맥에서 특정한 규정을 하지 않는 한, 대승을 지칭한다고 볼 수 있다. 의상 당시 한국이나 중국 불교인들의 관심사는 성문이나 연각의 가르침이 아닌 대승 이론에 집중되어 있었기 때문에, 의상이 화엄사상에 의해 통섭적으로 체계화시키려 했던 불교 이론들도 주로 대승사상들이었을 것이다. 그가 삼승이란 말로 대승을 지칭하고 있는 것은 그런 시대적 상황을 반영하는 것이라고도 추정할 수 있다.

---

74) 『화엄경문답』, 大正藏45, p.606중.

75) 이것이 지니는 敎判思想的 의미는 다른 論考로 미룬다.

『화엄경』에서 보살은 第10地에 이르러 마침내 수행을 완성하여 완전한 깨달음을 실현한다. 그리고 일승이야말로 8地에서부터 10地까지의 경지로 나아가게 하는 가르침이다. 삼승인 대승의 가르침으로는 7地의 경지를 넘지 못한다. 궁극적 깨달음은 일승에 의해 이루어진다. 이 일승이 바로 화엄사상이요 普法이다.[76]

#### (2) 三乘의 緣起와 一乘의 緣起

緣起에 대한 삼승과 일승의 관점 차이에 대해 의상과 제자는 다음과 같은 문답을 주고받는다.

> "묻습니다. 삼승의 연기와 일승의 연기는 어떤 차이가 있습니까?
>
> 답하겠다. 삼승의 연기는 緣이 모이면 있고 緣이 흩어지면 곧 없다. 그런데 일승의 연기는 그렇지 않다. 緣이 합하여도 있지 않고 緣이 흩어져도 없지 않기 때문이다.
>
> 묻습니다. 일승연기의 법이 만약 緣이 모여도 있지 않고 緣이 흩어져도 없지 않은 것이라면, 어찌하여 '緣이 모인다.'든가 '緣이 흩어진다.'는 말을 사용하는 것입니까?
>
> 답하겠다. 비록 연기법이 본래 增減이 없는 것이지만 상황에 응하여 그렇게 말하는 것이다. 그러므로 무익한 헛된 말이 아니다. 緣의 모임을 모르는 사람들에게는 곧 '緣이 모인다.'고 말하며, 緣의 흩어짐을 모르는 사람들에게는 곧 '緣이 흩어진다.'고 말한다. 흩어진다는 말에 의해 이해가 생기는 사람들에게는 곧 '흩어진다.'고 말하지만, 그 때 비로소 흩어지는 것은 아니다. 과거에도 이미 흩어져 있기 때문이다. 또 모인다는 말에 의해 이해가 생기는 사람들에게는 곧 '모인다.'고 말하지만, 그 때 비로소 모이는 것은 아니다. 과거에도 이미 모여 있

76) 의상은 『화엄일승법계도』에서 '一乘普法'이라는 말을 사용하기도 한다.(『한국불교전서』2-4상).

기 때문이다.

묻습니다. 그렇다면 과거에는 緣의 모임과 흩어짐이 없는 것이라 해야 합니까?

답하겠다. 그렇지 않다. 만약 모임과 흩어짐이 정히 없는 것이라면 어찌 또한 '바야흐로 모이고 흩어진다.'고 말하겠는가?

묻습니다. 그렇다면 또한 '緣이 모이면 있고 緣이 흩어지면 없다'고도 할 수 있는 것입니까?

답하겠다. 緣에 따라 있다거나 없다고도 할 수 있다. 그러나 비록 있다거나 없다고 말할지라도 이미 緣에 따라 말하는 것이다. 따라서 있다는 것이 꼭 있는 것이 아니요, 없다는 것이 꼭 없다는 것이 아니라는 점을 곧 알 수 있다. 또 그러므로 '꼭 있거나 꼭 없는 것이 아닌 것'도 아니라는 점을 알 수 있다. 있거나 없는 것이 아니기 때문에 緣을 따를 때라도 늘거나 주는 것이 아니고, 꼭 있거나 꼭 없는 것이 아닌 것도 아니기 때문에 緣을 따를 때라도 곧 있거나 없는 것이 아니다. 이와 같은 여러 뜻을 緣에 따라 말할 수 있으니, 맞지 않음이 없으며 또한 맞는 바도 없다. 맞는 바가 없기 때문에 곧 자기 입장이라 할 것도 없고, 자기 입장이라 할 것이 없기 때문에 옳다거나 그르다고 할 것도 없다. 이러한 일승연기의 법은 情識으로 헤아려서 이해할 수 있는 것이 아니다. 그러나 비록 情識으로 헤아려 이해할 수 있는 것이 아니지만, 그렇다고 멀리서 구하지는 말아라. 情識을 돌이키기만 하면 된다.

묻습니다. 情識을 돌이키라는 것은 그 방편을 모르겠습니다. 어떻게 하는 것입니까?

답하겠다. 비록 방편이 무수하지만 그 요점을 말하겠다. 보이는 것을 따라 가면서 마음을 집착하지 않는 것이 바로 그것이다. 들리는 것을 따라 가면서 들리는 대로 取着하지 말아라. 그러면 곧 그것이 말미암은 바를 이해할 수 있고, 또 존재의 참다운 본성을 이해할 수 있다."[77]

77) 『화엄경문답』, 大正藏45, pp.608하-609상.

불교는 사물과 세계를 緣起의 존재로 파악한다. 모든 현상을 독자적인 것이 아니라 상호 의존적인 것으로 이해한다. 여러 조건(緣)들의 상호 의존적 결합과 해체가 바로 존재의 생성 및 소멸이다. 그런데 의상은 연기에 대한 삼승과 일승의 이해를 구별하고 있다. 연기의 존재를 대하면서 삼승은 '緣이 모이면 있고 緣이 흩어지면 없는 것'으로 이해하는 반면, 일승은 '緣이 합할 때라도 있다고 보지 않고 緣이 흩어져도 없다고 보지 않는다.'는 것이다.

붇다가 제기한 연기의 개념은 나가르주나에 의해 사물의 無實體性, 즉 空性을 밝히는 이론적 작업의 기본 틀로 활용된다. 나가르주나는 연기설의 근본 취지가 사물의 무아적 진실, 즉 空인 眞如의 세계를 드러내는 것임을 치밀하게 논증한다.

그런데 나가르주나的 연기 이해에 충실하려면 사물을 단지 상호 의존적 존재로 설명하는 데 그치는 것이 아니라, 사물을 空의 관점으로 '경험하는' 데까지 나아가야 한다. 사물을 연기의 관점에서 이해하고 설명하면서도 실제로는 여전히 실체적 자아 관념에 입각하여 사물을 경험하고 관계 맺는다면, 연기사상의 취지에는 아직 계합하지 못한 것이다. 이런 점에서 사물을 연기적 존재, 즉 공의 존재로 이해하고 경험하는 것이 얼마나 일관되고 철저한가를 기준으로 불교이론과 수행의 深淺을 구분할 수 있게 된다.

의상이 삼승연기와 일승연기를 구별하는 것을 이런 맥락에서 이해할 수 있다. 의상에 의하면 삼승도 사물을 연기적 존재로 본다. 그런데 삼승이 이해하는 연기적 존재란, 緣이 모이면 있고 緣이 흩어지면 없는 존재이다. 이러한 삼승의 관점은 緣의 合과 散으로 존재를 이해한다는 점에서는 '연기적 이해'라 할 수 있지만, 연기론의 근본 취지에는 아직 이르지 못하고 있다.

연기론의 뜻이 사물의 無自性·空을 드러내는 것이라는 입장에서는, 사물은 緣의 合散에 상관없이 언제나 空이다. 緣이 모일 때라도 공이요 緣이 흩어질 때라도 공이다. '緣이 모이면 있고 흩어지면 없다'고 보는 관점은 자칫 있음(有)과 없음(無)의 두 치우친 오해(二邊)에 빠져 공의 중도적 진실에서 이탈해 버릴 수 있다. 따라서 사물을 연기론의 근본 취지대로 이해하고 경험한다면 '緣이 합하여도 있지 않고 緣이 흩어져도 없지 않다'고 하는 것이 더 적절하다. 의상에 의하면 일승의 관점이야말로 이러한 연기론의 근본 취지에 철저히 부합하는 것이다. 이 일승연기의 세계를 의상은 性起論으로 전개하기도 한다.

사물을 緣의 合散으로 보면서도 결국은 있음(有)과 없음(無)의 두 치우친 오해에 떨어진 입장은, 有와 無를 단독 혹은 조합하여 그 어떤 형식의 긍정 혹은 부정의 진술을 이끌어 낼지라도 공의 중도적 진실과는 어긋난다. 반면 연기적 이해의 본의에 계합하여 緣의 合散에 상관없이 언제나 공으로 이해/경험할 수 있는 입장에서는, 有와 無를 어떻게 조합하여 어떤 형식의 진술을 하든지 항상 공의 진실과 부합된다. 그리하여 상대방의 이해를 돕기 위해 상황에 따라 자유자재로 언어를 활용한다.

그렇다면 어떻게 해야 有·無의 두 치우친 견해에서 벗어나 사물을 철두철미하게 空인 진여로 이해/경험하는 일승연기의 법을 성취할 수 있을까? 그 핵심을 의상은 '返情法'으로 제시하고 있다. 情識, 즉 '보고 들리는 대로 따라가 取着하는 인식 방식'을 교정하면 된다는 것이다.78) 이 返情法은 의상의 불교사상, 특히 수행론을 탐구하는 데 매우 중요한 의미를 지닌다.

삼승으로 지칭되는 대승의 이론이 실제로 의상의 말처럼 연기론의 본의에 이르지 못한 것이라 볼 수는 없을 것이다. 의상의 일

78) 이 점을 詳論하려면 불교 인식론에 대한 논의가 필요하나 여기서는 생략한다.

승·삼승론은 연기론의 본의를 더욱 분명하고 철저하게 드러내려는 의도에서, 그런 의도를 이론적으로 가장 적절하게 지지해 주는 화엄사상을 중심으로 모든 불교 이론들을 통섭해 보려는 것이었다고 할 수 있다. 다시 말해 모든 불교 이론의 궁극적 지향을 오해나 혼란, 퇴색됨이 없이 분명히 확인하고 천명해 두려는 것이 일승·삼승론의 의도이기 때문에, 삼승은 결국 일승과의 관계 속에서 본래의 생명력, 그 불교적 의미와 가치가 재확인되고 재생되게 된다.

### (3) 三乘의 事理와 一乘의 事理

화엄철학은 事와 理라는 개념을 활용하여 그 특유의 세계관과 사상적 특징을 표명한다. 의상 역시 事와 理를 사상 전개의 중요한 개념 체계로 활용하고 있는데, 事와 理에 대한 삼승과 일승의 차이에 관해 다음과 같은 견해를 개진하고 있다.

> "묻습니다. 三乘의 事理와 普法의 事理는 어떻게 구별됩니까?
> 답하겠다. 삼승에서 事는 마음의 緣이나 물질적 장애 등이고 理는 평등한 眞如이니, 비록 理와 事가 같지는 않지만 相卽하고 相融하여 서로 방해나 장애가 되지는 않는다. 또한 서로 방해하지는 않지만 事의 뜻이 理의 뜻은 아니다. 普法에서의 事와 理는, 理가 곧 事이고 事가 곧 理이며 理 가운데 事가 있고 事 가운데 理가 있어서, 卽과 中의 관계 속에서 걸림이 없다. 비록 事와 理가 서로 섞이지는 않지만 그윽하여 둘이 아니니, 말에 따라 남김없이 드러나게 되며, 남김없이 드러나지만 또한 남김없이 드러나지도 않는다. 理와 事에서처럼 事와 事에서도 그러하다. 마음으로써 일체법을 말하면 마음 아닌 것이 없고, 물질로써 일체법을 말하면 물질 아닌 것이 없다. 인간과 사물에 관한 기타 일체의 敎義 등 차별법문이 모두 그러하다. 어째서 그러한가? 緣起陀羅尼의 걸림 없는 법은 一法을 들어(擧하여)

일체를 남김없이 포섭하면서 無碍自在하기 때문이다. 하나가 없으면 일체가 없기 때문이다. 삼승은 그렇지 않다. 理를 廢하고 오직 事를 말하여 한결같이 理를 事와 섞지 못하니, 事 가운데서 자재하지 못하기 때문이며, 一相의 教門은 情識에 따라 머물러 理를 남김없이 드러내지 못하기 때문이다."[79]

불교에서는, 사람들이 일체 사물(事)을 실체적 자아 관념에 입각하여 이해하고 경험함으로써, 집착으로 인한 왜곡된 관계로 초래되는 근본적 불만을 겪는다고 판단한다. 즉 사물(事)에 대한 무지와 오해를 苦의 원천으로 본다. 따라서 불교의 궁극 과제는 사람들로 하여금 사물의 참된 본성(理)을 있는 그대로 파악하게 하는 데 있게 된다. 그리하여 불교의 이론들은 사물에 대한 참된 이해 방식과 내용을 전개하려 한다. 事의 理를 드러내고 그 理와 하나가 되려는 것이 불교 이론들의 지향이다.

화엄사상은 事와 理의 관계를 처리하는 방식을 기준으로 불교 이론의 深淺을 평가한다. 다시 말해 사물(事)을 얼마나 철저하게 본성(理)대로 이해하고 경험하는가를 이론 평가의 기준으로 삼는다. 의상에 의하면 화엄인 일승의 이론(普法)이야말로 가장 완벽하고 철저하게 事와 理의 관계를 처리한다. 화엄의 그 처리 방식은 '理卽事事卽理 理中事事中理' 등으로 표현된다.

일승에 비해 삼승은 그 처리 방식이 미흡하고 불철저하다. 事와 理가 일승에서처럼 卽과 中의 관계로 無碍自在하지 못하다. 事 자체가 온통 그대로 理가 되어 급기야 事와 事가 무애자재한 진실성의 관계 그물로 엮어지게 되는 수준까지는 이르지 못했다. 이것은 삼승이 아직 理를 완전하게 이해하지 못하고 있기 때문이라는 것이다.

---

79) 『화엄경문답』, p.598상-하.

### (4) 十佛의 成佛에 대한 三乘과 一乘의 차이

『화엄경』에서는 석가모니불 이외에 다양한 十佛이 등장한다. 의상은 이 十佛의 成佛과 관련하여 삼승과 일승의 차이를 다음과 같은 문답을 통해 피력하고 있다.

> "묻습니다. 이 十佛의 성불에 대해 經에서 말하는 <念念이 새로 새로 번뇌를 끊어 성불하나 배우는 단계(學地)에 머문다고 하지는 않는다.>고 하는 것이 무슨 뜻입니까?
>
> 답하겠다. 三乘教의 三身佛을 성취하는 경우에는, 因時에서는 배우는 단계(學地)에 머물러 갖가지 行을 닦고 果時에 이르러서는 배움이 없는 단계(無學地)에 머물러 닦고 배우는 것이 없게 되어 곧장 수행의 결과인 부처님 지위(果位)로 나아간다. 그런데 一乘에서의 부처님은 自他를 함께 같이 이루기 때문에, 이미 성불한 이후에도 오직 果地에 머물러 因行을 닦지 않는 것이 아니다. 성불할 때에는 일체 중생과 더불어 前에 이미 부처를 이루었고 後에도 그렇게 이룰 것이다. 十世·九世 그 어느 때라도 부처를 이루지 않은 때가 없으니, 동일한 緣起의 因果이기 때문이다.
>
> 묻습니다. 삼승교 가운데에도 이러한 뜻이 있는데 어찌하여 이 十佛만 그러하다고 합니까?
>
> 답하겠다. 삼승교에서는 단지 一眞如法身에 의거하여, 一體이지 二義는 없다고 말할 뿐이다. 그러니 別別相續하는 事事門 중의 이와 같은 뜻은 아직 밝히지 못하였다. 그러므로 (삼승과 일승은) 같은 차원이 아니다."[80)]

의상에 의하면 삼승의 성불은 三身佛을 성취하는 것이고 일승의 경우는 十佛을 이루는 것이다.[81)] 부처가 되기 위해서는 보살행 등

---

80) 같은 책, p.600상.

81) 三身을 三乘에, 十佛을 一乘에 귀속시키는 설명은 智儼이 이미 마련하고 있다. 지엄의 설명은『搜玄記』(大正藏35, p.16상-중) 및 『華嚴五十要問答』(大正藏45,

갖가지 수행을 닦는 과정이 있게 된다. 향상의 기반으로 작용하는 배움이나 닦음이 존재한다. 그러나 일단 부처의 경지에 이르면 더 이상 향상의 기반을 필요로 하지 않는다. 더 이상 배울 것도 없고 닦을 것도 없다.

그런데 이 성불을 보는 관점에서 일승인 화엄은 독특한 관점을 수립한다. 상식적 의미에서 성불은 개인적 작업이다. 무지로 번뇌하며 괴로워하던 자가 무지를 제거하여 진실(空·眞如)로 돌아간다. 空인 진여에 계합하였으므로 그에게는 실체적 자아 관념도 더 이상 자리 잡지 못한다. 그러나 일상적 언어를 빌려 그 상황을 표현하자면 '개인적' 사건이라 할 수 있다.

화엄은 불교의 연기론과 성불의 특성을 결합하여, 성불을 개인적 사건으로 종결시키려는 이해 방식에서 탈피한다. '모든 존재의 본질적 상호 관계성'과 '성불의 진리성(眞如性)' 그리고 '중생 구제라는 대승의 願'을 결합시켜 독특한 서술 양식을 전개한다. 화엄은 성불된 입장이라 해서 관계를 망각하지 않는다. 성불한 자는 모든 것을 眞如인 空으로 이해/경험할 수 있게 되었으므로, 모든 관계의 그물 망(網)이 그에게는 하나같이 공이요 진여요 부처로 경험된다. 이 동일성(卽)의 관점에서는 시간과 공간으로 구분되어지는 모든 중생들이 동시에 그리고 함께 성불한다. '동일한 연기의 인과'로 관계 맺으며, 번뇌와 차별의 존재들이 각기 그대로(事와 事가) 진리로 관계 맺는다.

그러나 부처와 중생의 관계는 동일성의 관점으로만 설명할 수는 없다. 동일성은 부처된 자에게 열린 것일 뿐이다. 그러나 부처의 관점을 떠나서라도 부처와 중생의 不可分離한 관계성은 여전히

---

p.519상-중)을 참조. 또한 三身說을 三乘敎에, 十佛說을 一乘敎에 배정시키는 의상의 논의는 『화엄경문답』의 다른 곳(p.599중)에도 등장한다.

유효하다. 한 중생이 성불할 때, 그 사건은 그와 연결된 일체의 다른 존재(중생)들에게 어떻게든 成佛 指向의 영향을 미친다.

일승인 화엄은 이처럼 성불을 에워싼 하나와 전체의 관계를 주목한다. 성불을 철저히 존재의 상호 관계성 속에서 이해하고 설명한다. 그것이 불교적 진실에 더 부합되는 해명 방식이라는 것이다. 『화엄경』의 十佛을 그러한 화엄적 성불론의 구체적 표현으로 의상은 이해한다. 반면 삼승에서의 성불 이해는 자칫 관계성이 망각된 개인적 사건에 머물 위험이 있다는 점에서 일승과는 구별된다는 것이다. 의상은 十佛의 相貌를 『화엄경』과 지엄의 註釋에 의거하여 해석하면서 말미에 十佛의 화엄적 성격을 다음과 같이 말한다.

> "이 十佛은 곧 모든 존재의 궁극적 근원이다. 十은 바로 無盡을 나타내며, 이 十은 또한 相卽 相入하여 無碍自在하니, 重重無盡의 뜻을 짐작할 수 있을 것이다."82)

#### (5) 三乘의 언어와 一乘의 언어

의상은 삼승의 연기와 일승의 연기를 논하면서, 일승 연기의 뜻에 契合하는 방법으로 '返情法'을 펼치며 그 요점을 언급하고 있다. 그런데 이어지는 제자와의 문답에서 의상은 언어에 관한 삼승과 일승의 차이를 논하고 있어 주목된다. 먼저 문답의 내용을 살펴보자. (완역해 소개하기에는 많은 분량이나, 의상의 언어관을 탐구하는 데 매우 요긴한 자료이므로 생략함이 없이 소개한다.)

> "묻습니다. 이렇게 말을 시설해 놓으시는 까닭을 모르겠습니다. 답하겠다. 무릇 성스러운 가르침이 담긴 말은 모두 중생의 상황에 맞추어서 있는 것이다. 가르침은 약이어서 능히 중

---

82) 『화엄경문답』, p.600상.

생의 병을 다스리기 때문이다. 만약 말을 해서 병이 다스려지면 곧 말을 하고, 만약 말을 하지 않음으로써 병이 다스려지면 곧 말을 하지 않는다. 예컨대 '존재가 空하다'는 것을 말하거나 말하지 않을 경우라면, 말하는 것이 (중생의 병을 고치기 때문에) 옳다면 말하지 않는 것은 옳지 않으며, 말하지 않는 것이 (중생의 병을 고치기 때문에) 옳다면 말하는 것은 곧 옳지 않다. 존재가 空하다는 사실은 그런 말을 하고 안하고에 달려있는 것은 아니기 때문이니, 이러한 즉 말을 하거나 하지 않음으로써 걸림 없이 병을 다스릴 수가 있다.

묻습니다. 그렇다면 법(존재가 空하다는 사실)을 말로 하거나 하지 않는 것에 부당함이 있다는 것입니까? 답하겠다. 그렇지는 않다. 만약 말로 하거나 안 하는 것에 부당함이 있다면, 어찌 말을 하거나 하지 않음으로써 병을 다스릴 수 있겠는가? 말로 하거나 안 하는 것에 부당함이 없기 때문에, 능히 말을 하거나 하지 않음으로써 병을 다스릴 수 있는 것이다.

묻습니다. 병이 다스려지는 곳을 모르겠습니다. 병을 일으키지 않음을 중생이 이해하지 못하는 점이 다스려지는 것입니까, 이 병이 떠나는 곳을 알지 못하는 점이 다스려지는 것입니까? 답하겠다. 병을 일으키지 않음을 이해하지 못하는 병은 다스릴 수가 없다. 그 자체가 이미 병이기 때문이다. 또한 이미 이해를 떠난 것을 다스리는 것도 아니니, 그것은 이미 병이 없기 때문이다. 단지 이 이해하지 못하는 마음으로 하여금 이해를 내게 하는 곳을 '병이 다스려지는 곳'이라 이름 한다. 이 '병이 다스려지는 곳' 때문에 성스러운 가르침의 약이 있게 되니, 이런 까닭에 오로지 '가르침은 상황에 따라 있는 것이지 법에 있는 것은 아니다'고 말하는 것이다.

묻습니다. 그 법이라는 것은 무엇입니까? 답하겠다. 이것은 곧 모든 존재의 참다운 본성으로서 머무름이 없는 본래의 도리이다. 머무름이 없는 본래의 도리이기 때문에 곧 가히 의존함이 없는 법이며, 가히 의존함이 없는 법이기 때문에 곧 分別相이 없고, 분별상이 없기 때문에 곧 마음이 움직인 곳이 아니니다. 이것은 오직 증득한 자의 경지이고 아직 증득치 못한 자가 알바는 아니니, 이것을 존재의 實相이라 부른다. 모든 존재가 그러하니, 여기가 十佛의 普賢境界이다.

묻습니다. 이미 普賢의 경계라 한다면, 보현은 곧 상황(機緣)을 대함에 있어서 남기는 바가 없습니다. 이러한데도 또한 모든 존재의 實相이 곧 다른 사람들의 경계일 수 있습니까? 답하겠다. 또한 그럴 수 있다. 보현은 자신이 증득한 법과 같이 상황에 남기는 바가 없기 때문이다. <正義 가운데는 뜻을 따르는 말을 두고, 正說 가운데는 말을 따르는 뜻을 둔다.>고 하는 경전의 말이 그 뜻을 말하는 것이다.

묻습니다. 무슨 뜻인지 모르겠습니다. 답하겠다. 正義라 하는 것은 一乘의 뜻이고, 正說이라 하는 것은 三乘의 뜻이다. 삼승의 뜻에서는 情識에 따라 安立하기 때문에 그 뜻이 단지 말 가운데 있을 뿐이다. 말로써 뜻을 포섭하기 때문에, 뜻이 곧 말에 있다. 일승에서는 언이기 곧 '뜻의 언이(義語)'이기 때문에 모든 언어가 '뜻의 언어(義語)'이고, 뜻이 곧 '언어의 뜻(語義)'이기 때문에 모든 뜻이 '언어의 뜻(語義)'이다. 언어가 곧 뜻이기 때문에 뜻치고 언어가 이르지 못하는 것이 없고, 뜻이 곧 언어이기 때문에 언어치고 뜻이 이르지 못하는 것이 없다. 뜻과 언어, 언어와 뜻이 無碍自在하고 圓融無碍하기 때문이다. 이런 까닭에 그 緣起의 머무름 없음을 나타낼 수 있게 말을 함에 있어, 종일토록 말하여도 말한 것이 없다. 말한 것이 없으므로 '말하지 않는 것(不說)'과 다름이 없는 말이다. 말이 이미 이러하니, 능히 듣는 것도 또한 이러하다. 하나를 듣는 것이 곧 일체를 듣는 것이니, 생각해 보면 알 수 있을 것이다.

묻습니다. 이와 같이 들을 수 있는 사람이라면, 하나를 듣는 것이 곧 일체를 듣는 것이고 일체를 듣는 것이 곧 하나를 듣는 것입니다. 그런데 만약 三乘의 법이 단지 언어만 있는 것이라면, 곧 나타내는 뜻이 없는 것입니까? 답하겠다. 나타내는 뜻이 없는 것은 아니다. 그러나 그 나타내는 뜻은 단지 언어로 나누어 놓은 것에만 있다. (삼승의) 一相法門이 말하는 '있음

(有)'이란 것은 단지 있음 가운데 끝나니 '있지 않음(不有)'은 아니며, '있지 않음(不有)'이란 것은 곧 있지 않음 가운데 끝나니 '있음'의 뜻은 아니다. 이와 같은 一相法門은 비록 二諦가 없고 相卽相融하지만 그 事法에 卽하여 서로 圓融自在하지는 않기 때문이다. 따라서 언어와 뜻의 나타내는 것과 나타내지는 것이 나뉘어 섞이질 못한다. 그런데 一乘의 正義에서는 이와 같지 않다. 一法을 거론함에 따라 일체법을 남김없이 포섭하기 때문이며, 卽과 中의 관계 속에 自在롭기 때문이니, 생각해 보면 알 수 있을 것이다.

묻습니다. 그처럼 일승의 법은 오로지 언어를 끝까지 설하는 것이라면, 무슨 이유로 '연기의 궁극은 말로 할 수 없고 오직 증득한 자라야 안다'고 합니까? 답하겠다. 이것은 그대가 그렇게 보는 것일 뿐이다. 단지 그대가 法語 가운데서 다한다고 보기 때문에 이와 같은 문제를 제기하는 것일 뿐이다. 그 법은 머무르는 곳이 없는데, 어찌 단지 말하는 것이나 듣는 것에만 있겠는가. 듣는 곳에서는 듣는 것에 있게 하고, 들을 수 없는 곳에서는 듣지 않는 것에 있게 할뿐이다. 언어 가운데 (말로 다하지 못해) 남는 것이 없으며 법은 다함이 없으니, 그러므로 증득한 자라야 안다고 하는 것이다."[83)]

여기서 의상이 개진하고 있는 언어 이해의 요점은 두 가지로 압축될 수 있다. 첫째, 불교의 언어(敎)는 그 실용주의적 성격 때문에 상황에 따라 그 형식과 내용이 제약 없이 결정되는 것이지, 존재의 본성을 언어로 記述(表現)하려는 것이 아니다(즉 존재의 본성에 의존하는 것이 아니다)는 점이다(敎有於機緣所由 不有於法). 불교의 언어, 즉 敎는 중생의 병을 다스리기 위한 약으로 작용하기 위해 시설된다. 존재에 대한 중생의 오해를 반성, 교정시켜 올바른 이해로 유도하기 위한 수단(방편)이 언어이다(의상은, '이해하지 못하는

83) 같은 책, p.609상-하.

마음으로 하여금 이해를 내게 하는 곳을 <병이 다스려지는 곳>이라 한다.'고 말한다).

따라서 오해를 바로 잡는 교정 효과만 있다면 언어의 형식이나 내용은 어떤 것이라도 무방하다. 교정에 유효한 언어 형식이나 내용은, 불교 언어(敎)를 듣는 중생의 이해 능력과 관련된 상황과 맥락에 따라 결정될 뿐이다. 말을 하는 것이 오해 교정과 이해 증진에 효과적이면 말을 하는 것이 옳고, 말을 안해야 그런 효과가 생긴다면 말을 하지 않는 것이 옳다.

만일 언어의 사용 방식과 내용을 존재의 본성에 따라 결정한다면, 일정한 언어 형식과 내용만이 항상 옳다. 이 경우 언어의 사용은 제한 받게 된다. 예컨대 존재의 空性에 관한 敎를 존재의 본성에 따라 시설할 경우, '존재는 空하다'와 같이 존재의 空性을 기술하는 언어 형식과 내용에 제한된다.

그러나 불교 언어(敎)의 목표는 존재를 實相대로 표현하는 것이 아니라 중생의 오해 교정에 있다. 즉 '존재의 空性'을 언어로 기술하는 것이 목표가 아니라, 존재를 실체로 오해하는 중생으로 하여금 존재의 空性에 대한 이해가 생기게 하려는 실용주의적 목적에서 언어를 사용한다. 따라서 이 실용주의적 의도를 달성할 수만 있다면, 어떤 방식의 언어사용도 의미가 있으며 옳다. 중생의 상황에 따라서는 '존재가 공하다'는 말을 하지 않음으로써 존재의 空性을 깨우치게 할 수 있으며, 경우에 따라서는 '존재가 공하지 않다'는 말로써 바른 이해를 유도할 수 있다. 따라서 불교 언어(敎)는 그 실용주의적 성격 때문에 형식이나 내용에 아무런 제약 없이 활용될 수 있다.

둘째, 언어는 사용자의 경지에 따라 두 종류로 구분된다. 존재의 實相에 계합된 사람의 언어(一乘의 正義)와 아직 계합되지 못한 사람의 언어(三乘의 正說)가 그것이다.

존재의 실상은 일체의 실체성이나 분별성을 여읜 경지로서 존재에 대한 오해(無明)에 의거하는 일상 인식(情識, 分別心)으로는 성취할 수 없다. 사물에 대한 이해 방식을 철저히 교정하여 體化시킬 때 증득되는 경지이다.

이러한 실상을 증득한 사람에게는 언어로 지칭되는 모든 것, 즉 모든 언어적 존재가 實相대로 이해되고 경험된다. 그리하여 존재의 實相에 계합된 사람에게는 그가 사용하는 모든 언어가 곧 존재의 실상 그 자체이다. 이 점을 의상은 "一乘에서는 언어가 곧 '뜻의 언어(義語)'이기 때문에 모든 언어가 '뜻의 언어'이고, 뜻이 곧 '언어의 뜻(語義)'이기 때문에 모든 뜻이 '언어의 뜻'이다"고 표현한다.

이 경지(一乘)의 사람에게는 언어가 존재의 실상을 배제하거나 왜곡하지 않는다. 언어와 그 의미가 실상에서 하나로 결합된 채 상호 圓融無碍, 無碍自在하다. 말할 때나 말하지 않을 때나 실상을 여의지 않고 있으므로, 이런 점에서는 '종일토록 말하는 것'이나 '아예 말하지 않는 것'이 동일하다. 하나의 말이나 일체의 말이 모두 동일한 실상일 뿐이니, '하나의 말이 곧 일체의 말이고, 일체의 말이 곧 하나의 말'이다. 마찬가지로 '하나를 듣는 것이 곧 일체를 듣는 것이고, 일체를 듣는 것이 곧 하나를 듣는 것'이기도 하다.

이에 비해 아직 존재의 실상에 계합되지 못한 사람은 언어적 존재를 실상대로 이해하거나 경험하지 못한다. 그러나 그는 언어를 통해 존재의 실상에 접근하고자 한다. 언어의 뜻에 의지하여 사물에 대한 오해(無明)와 그에 따른 혼란(번뇌, 고)을 수습하고자 한다. 따라서 이 단계에 처한 자의 언어(三乘의 正說)는 존재의 실상을 밝히는 뜻을 담기는 하나, 언어와 실상이 하나로 결합되지는 못하고 있다. "삼승의 뜻에서는 情識에 따라 安立하기 때문에 그 뜻이 단지 말 가운데 있을 뿐이다. 말로써 뜻을 포섭하기 때문에 뜻이 곧 말에 있다"라는 의상의 말은 이러한 국면을 지칭하고 있는 것으로 볼 수 있다.

이처럼 삼승의 언어는 존재의 실상을 밝히거나 지향하는 뜻을 담고는 있으나 아직 언어와 실상이 하나가 된 경지는 아니기 때문에, 각 언어에 담긴 뜻은 그 언어의 개별적 용법 안에 국한된다. 예컨대, '그것은 있지 않다'라는 말로 존재의 실상을 지향할 경우, 이 말의 뜻은 이 말의 일상 용법 안에서만 의미가 있다. '그것은 있다'라는 말의 뜻과는 상통하지 않고 隔別되어 있다.<의상; "(삼승의 언어가) 나타내는 뜻은 단지 언어로 나누어 놓은 것에만 있다. (삼승의) 一相法門이 말하는 '있음(有)'이란 것은 단지 있음 가운데 끝나니 '있지 않음(不有)'은 아니며, '있지 않음'이란 것은 곧 있지 않음 가운데 끝나니 '있음'의 뜻은 아니다.">

이에 비해 존재의 실상에 계합하여 모든 것을 실상대로 이해하고 경험할 수 있게 된 자의 언어(一乘의 正義)는, 각 언어의 뜻이 실상과 하나 된 채 자유롭게 상통한다. 이 경우 '그것은 있다'라는 말은 그 뜻이 '그것은 없다'라는 말의 뜻과도 상통할 수 있다. 언어와 그에 담긴 뜻들이 개별적 구획을 넘어 相卽相融한다.

삼승의 언어에서 개개 언어(事)와 그 뜻(理)은 개개 언어 內에서 상통하여 相卽相融할 수 있다. 그러나 개개 언어들 상호 간에는 隔別되어 있다. 나타내는 것(언어)과 나타내지는 것(뜻)이 개개 언어들 상호 간에는 '나누어진 채 섞이질 못하는' 것이다. 이런 점에서 삼승은 '一相法門'이다. 이에 비해 일승의 언어에서는 개개 언어들이 실상(理)에서 하나 된 채 서로 막힘없이 融攝한다. 事(개별 존재, 개별 언어)와 事가 상호 '卽'과 '中'의 관계 속에서 圓融自在하게 包攝하고 상통한다.<의상; "一相法門은 비록 二諦가 없고 相卽相融하

지만 그 事法에 卽하여 서로 圓融自在하지는 않기 때문이다. 따라서 언어와 뜻의 나타내는 것과 나타내지는 것이 나뉘어 섞이질 못한다. 그런데 일승의 正義에서는 이와 같지 않다. 一法을 거론함에 따라 일체법을 남김없이 포섭하기 때문이며, 卽과 中의 관계 속에서 자재롭기 때문이다.”>

### 4) 『화엄경 문답』의 一乘·三乘論과 의상의 화엄사상

의상은 당시의 신라 사회에 유포된 불교 이론들의 다양성과 상이성을 상호 충돌이나 모순 없이 통섭적으로 처리할 수 있는 하나의 체계를 구축하려 하였다. 그리고 그 통섭 체계를 가능케 하는 상위 이론을 화엄사상에서 마련하였다. 그리하여 의상은 일승·삼승론을 통해 화엄사상을 상위 이론으로 삼아 여타의 불교 이론들을 통섭하는 동시에, 화엄사상의 내용과 특징을 비교사상적으로 천명한다.

『화엄경 문답』에 전개되고 있는 의상의 일승·삼승론은 주로 일승과 삼승의 차이를 비교사상적으로 밝혀 화엄사상의 특성과 우월성을 규명함으로써, 화엄(一乘)으로 대승의 모든 불교이론들(三乘)을 통섭하려는 구상의 토대를 마련하고 있다.

의상은 모든 불교 이론을 5種으로 계층화시켜 『화엄경』의 十地에 배당하는데, 그에 의하면 三乘인 대승의 가르침으로는 7地의 경지를 넘지 못하고 一乘인 화엄에 의해서야 8地에서 10地까지의 경지로 나아가 궁극적 깨달음을 성취하게 된다.

또 緣起에 대한 삼승과 일승의 관점에 대해 의상은, 삼승의 입장(三乘緣起)을 ‘緣이 모이면 있고 緣이 흩어지면 없다’는 관점으로 대변시키는 한편, 일승의 입장(一乘緣起)을 ‘緣이 모여도 있지 않고 緣

이 흩어져도 없지 않다'는 관점으로 요약한다. 삼승의 관점은 사물을 緣의 合散으로 본다는 점에서 緣起的으로 이해하는 것 같지만 결국은 있음(有)과 없음(無)의 두 치우친 오해(常見과 斷見의 二見)에 빠져 空의 중도적 진실에서 이탈해 버리는 위험성을 지니는 반면, 일승의 관점은 緣의 合散에 상관없이 항상 空으로 봄으로 연기론의 근본 취지에 철저히 부합한다는 것이다. 아울러 의상은 이 一乘緣起를 증득할 수 있는 구체적 수행법으로 '返情論'을 제시하고 있다.

화엄사상은 事와 理의 관계를 처리하는 방식을 기준 삼아 불교 이론의 深淺을 평가하는데, 의상 역시 理·事의 처리 방식에 따라 삼승과 일승의 차이를 구별해 내며 화엄의 관점을 천명한다. 일승은 事와 理를 '卽'과 '中'의 관계로 엮어, 事 자체가 그대로 理로서 결국은 事와 事가 상호 진실성의 관계 그물로 무애자재하게 엮어진다. 반면 삼승은 理에 대한 이해가 아직 완전하지 못하여, 事와 理 관계의 처리 방식이 일승에 비해 미흡하고 불철저하다는 것이다.

불교사상의 궁극 이념인 成佛에 대해서도 의상은 삼승과 일승의 차이를 구별하면서 화엄의 입장을 부각시킨다. 三身佛을 성취하는 삼승의 성불은 자칫 상호 관계성(연기성)이 퇴색된 개인적 사건으로 이해될 위험이 있는 반면, 十佛의 성취인 일승의 성불은 성불을 철저히 존재의 상호 관계성 속에서 이해하고 설명하여 불교의 진리에 철저히 부합되고 있다는 것이다.

그리고 의상은 언어에 관한 삼승과 일승의 입장을 논하면서 흥미로운 언어관을 개진한다. 그에 의하면 불교 언어(敎)는 일종의 실용주의적 성격을 지닌 것으로서 중생의 이해 능력과 관련된 상황에 따라 그 형식과 내용이 제약 없이 결정되는 것이지, 존재의 본성을 언어로 記述하려는 것이 아니다. 또한 언어는 그 사용자의 경지에 따라, 존재의 實相에 계합된 사람의 언어(一乘의 正義)와 아직 계합되지 못한 사람의 언어(三乘의 正說)로 구분된다. 일승의 언어는 언어와 실상이 하나가 되어 각 언어들이 무애하게 상통한다. 개개 언어들이 실상(理)에서 하나 된 채 서로 막힘없이 融攝하니, 언어와 그에 담긴 뜻들이 개별적 구획을 넘어 相卽相融한다. 事(개별 존재, 개별 언어)와 事가 상호 '卽'과 '中'의 관계 속에서 圓融自在하게 포섭하고 상통한다. 반면 삼승의 언어는 존재의 실상을 밝히거나 지향하는 뜻을 담고는 있으나 아직 언어와 실상이 하나가 된 경지는 아니기 때문에, 각 언어에 담긴 뜻은 그 언어의 개별적 용법 안에서만 유효하다. 개개 언어(事)와 그 뜻(理)이 개개 언어 內에서는 상통할 수 있으나 개개 언어들 상호 간에는 隔別되어 있다.

이 밖에도 의상은 淨土[84], 唯識門[85], 回向[86], 三位[87], 實行[88], 行佛 및 滿佛[89] 등의 문제를 들어 삼승과 일승의 차이를 논하면서 그의 화엄사상을 펼치고 있다. 『화엄경문답』에서 전개되는 의상의 以上과 같은 일승·삼승론을 통해, 이제 의상 화엄사상의 구체적 면모를 주제별로 확인, 탐구할 수 있게 되었다. 아울러 『화엄일승법계도』의 해설인 『법계도기』는, 법계도가 일승과 삼승의 관계를 반영하여 구성된 것이라는 점, 다시 말해 일승·삼승론을 반영하여 마련된 것이라는 점을 밝히고 있다는 점에서, 종래 작자가 明記되어 있지 않아 다만 추정에 의해 의상의 것으로 간주해 왔던 『법계도기』가 실제 의상의 撰述일 확률이 더욱 높아진다.

---

84) 같은 책, p.601중-하.
85) 같은 책, p.602상.
86) 같은 책, p.602상.
87) 같은 책, p.607중.
88) 같은 책, p.607중-하.
89) 같은 책, p.612상-중.

## 3.통섭의 존재론적 근거 - 성기사상(性起思想)

### 의상의 성기사상

#### 1) 새로 발굴된 의상의 『화엄경문답(華嚴經問答)』

의상은 원효와 더불어 고대 한국불교 사상사의 우뚝한 거봉이다. 화엄철학의 이론적 체계화에 결정적 초석을 마련하여 法藏(643-712)에 의한 화엄철학 大成의 길을 열어준 중국 화엄종 二祖 智儼(602-668) 문하에서 법장과 함께 화엄사상을 수학, 계승한 의상은, 귀국 후 한국 화엄종의 첫 장을 연다. 의상과 법장은 지엄으로부터 각각 義持와 文持라는 호를 받을 정도로 지엄 화엄사상의 대표적 계승자이다. 동시에 의상과 법장은, 義持와 文持라는 호에서도 드러나듯이, 화엄사상의 소화방식에서 각각 '실천적 성향'과 '이론적 성향'이라는 대조적인 모습을 보여 준다.

화엄사상의 핵심을 정확히 파악하고 그 내용과 의미를 인격으로 體化하여 실천하는 데 주력한 의상은, 자신의 그러한 개성에 걸맞게 저술에는 별로 관심이 없었던 것 같다. 그의 화엄가로서의 위상이나 비중에 비추어 볼 때 의아할 정도로 저술을 별로 남기지 않은 것은, 그가 화엄사상의 이론적 체계화나 표현 보다는 '뜻의 체득과 실천'에 몰두하였기 때문이다. 이러한 사정으로 인해 의상의 화엄사상 탐구에서 가장 큰 애로가 되는 것은 다름 아닌 빈약한 문헌자료이다. 의상의 저술로 알려지고 있는 것은 『華嚴一乘法界圖』(存), 『華嚴一乘發願文』(存), 『投師禮』(存), 『白花道場發源文』(斷簡存), 『入法界品抄記』(失), 『十門看法觀』(失), 『小阿彌陀經義記』(失), 『諸般請文』(失) 등 여덟 가지 정도인데, 그나마 현존하는 것은 하나같이 간략하고 적은 분량이다. 그 중에서도 특히 화엄사상의 핵심을 훌륭하게 압축하고 있는 『華嚴一乘法界圖』가 의상 화엄사상 연구의 거의 유일한 자료로 활용되어 왔다.

그런데 최근 이러한 자료상의 갈증을 획기적으로 달래주는 문헌이 발굴되었다. 『華嚴經問答』[90]이 바로 그것이다. 『화엄경문답』은 지금까지 그 저자가 唐 法藏으로 明記되어 전해져 왔다. 그러나 법장의 다른 저술과는 현저하게 다른 筆格 등을 근거로 법장의 저술이 아닐 가능성을 주장하는 僞作說이 이미 10세기 중반 이전부터 제기되어 왔는데, 최근 일본학계에서는 『화엄경문답』의 新羅成立說까지 대두되었다. 즉 吉津宜英은 『화엄경문답』이 智儼敎學의 강한 영향 아래 신라에서 편집되었을 가능성을 추측했고[91], 石井公成은 『화엄경문답』의 문체나 인용, 사상 등을 검토하여 이 책이 법장의 저작이 아니라 『道身章』이나 『錐洞記』처럼 의상의 강의를 그 직제자가 筆錄한 것 중의 하나이거나 그것들의 편찬일 가능성이 크다고 추측한다.[92]

『화엄경문답』의 저자를 둘러싼 이러한 문제 제기들을 주목하여 최근 金相鉉은 이 책이 의상의 강의를 제자인 智通이 筆錄한 『錐洞記』의 異本임을 밝혀내었다.[93] 의상은 小伯山 錐洞에서 90일 동안 『화엄경』을 강의한 적이 있는데, 이 錐洞九十日會에 참석했던 門人 智通이 의상 강의의 요지를 筆錄하여 『錐洞記』2권을 저술하였다. 이 『추동기』는 고려 후기까지는 그 유통이 확인되지만 지금은 逸書로 알려져 있고, 다만 고려 均如의 저서 및 『法界圖記叢髓錄』에

90) 『대정신수대장경』 권45, pp.598중-612하.

91) 吉津宜英, 「舊來成佛について」, 『印度學佛敎學硏究』32-1,

92) 石井公成, 「華嚴經問答の著者」(『印度學佛敎學硏究』33-2, pp.593-596, 1985. 3.) 및 『華嚴思想の硏究』(春秋社,1996),pp.270-289.

93) 金相鉉,「『錐洞記』와 그 異本 『華嚴經問答』」(『韓國學報』84집,1996.가을호, pp.28-45.).

그 逸文이 인용되어 전하고 있다. 石井公成은 이 『추동기』와 『화엄경문답』이 깊은 관계에 있지만 『법계도기총수록』이나 균여의 저작 가운데 인용된 『추동기』의 逸文은 극히 일부분을 제외하고는 『화엄경문답』과 일치하지 않으므로, 『화엄경문답』과 『추동기』를 단순한 異本이라 할 수는 없다고 하였다.[94] 그러나 金相鉉은 현재 확인할 수 있는 『추동기』의 모든 逸文을 『화엄경문답』과 일일이 대조해 본 결과, 石井公成의 주장과는 달리, 약간의 相異字를 제외하고는 그 문장과 내용이 완전히 일치하고 있음을 밝혀내었다. 『화엄경문답』은 『추동기』의 異本이라는 놀라운 사실이 확인된 것이다.

이제 『화엄경문답』은 법장의 저술이 아니라 의상의 사상을 고스란히 전하는 『추동기』의 異本으로 확정할 수 있게 되었다. 『화엄경문답』의 저자가 법장으로 明記되게 된 사정은 알 수 없지만, 『화엄경문답』이 『추동기』의 異本으로 밝혀짐에 따라 逸書로 되어 있던 『추동기』의 온전한 내용이 모습을 드러내게 되어 의상 화엄사상 연구에 획기적 계기를 마련하게 되었다. 필자는 『화엄경문답』을 읽으면서 종래 추측했던 의상의 면모를 더욱 確然하게 이해할 수 있었고, 의상의 화엄사상 탐구에 요긴한 많은 정보들을 얻을 수 있었다. 이제 『화엄경문답』에서 새롭게 확인되는 의상의 性起思想을 음미해 보고자 한다.

성기사상은 화엄사상의 특징을 대변하는 것으로 평가받곤 한다. 실제로 화엄의 法界緣起思想 역시 성기사상에 입각하여 전개된다. 화엄에서 차지하는 성기사상의 지위를 고려할 때, 의상의 화엄사상을 성기론의 맥락에서 파악하려는 시도는 자연스럽다.[95] 그런데

94) 石井公成, 『華嚴思想の研究』, p.274.
95) 全海住의 『의상 화엄사상사 연구』(민족사,1993)는 그 대표적 사례이며, 그 밖에

기존의 그와 같은 탐구는 우회적이고 간접적인 방식으로 이루어질 수밖에 없었다는 아쉬움을 지닌다. 의상 화엄의 성기론적 측면을 확인하는 것은 의상의 화엄사상 이해를 위해 필수적인 작업이기는 하지만, 아쉽게도 기존의 문헌에서는 성기론에 관한 의상의 직접적 언명을 찾아볼 수가 없었다. 따라서 의상의 성기사상 탐구는 어쩔 수 없이 성기론의 연장선 위에서 이해될 수 있거나 성기론과 밀접한 상관성을 부여할 수 있는 문구들(주로 『화엄일승법계도』)에 의거하여 간접적이고 우회적으로 진행될 수밖에 없었던 것이다.

이런 점에서 『화엄경 문답』은 획기적 의의를 지닌다. 의상은 여기서 성기론에 관해 직접적으로, 그것도 단편적 언급이 아니라 성기론에 대한 그의 관점의 전모를 확인할 수 있을 정도의 충분한 분량과 체계로써, 자신의 견해를 밝히고 있기 때문이다.

### 2) 성기사상의 불교사상사적 배경

12연기설의 형태로 출발한 불교의 연기론은 세계의 경험과 관련하여 두 가지 상이한 경험 체계를 제기한다. 사물에 대한 왜곡된 이해(無明)를 기반으로 구성되는 苦의 경험 체계가 그 하나요, 사실대로의 이해(如實正見)에 입각하여 구성되는 解脫의 경험 체계가 다른 하나이다. 연기론의 지향이 후자에 있음은 물론이다.

연기론에 내재한 이러한 전제는 인간이 본질적으로 상이한 두

---

도 金杜珍의 「의상의 橫盡法界觀」(『한국사학논총』,1992), 「法界圖의 中·卽門과 그 이해방향」(『신라불교사의 재조명』,1993) 등의 논문이 그러한 시도를 하고 있다. 전해주는 『법계도』에 나타나는 法性觀이나 舊來成佛說 및 海印三昧論 등을 모두 의상의 성기사상으로 파악하고 있으며, 김두진 역시 의상의 화엄사상을 성기론적 맥락에서 접근하고 있다.

가지 가능성의 주체임을 의미한다. 인간은 존재론적으로 무명의 주체이기도 하고 해탈의 주체이기도 하다. 그런데 붇다 자신은 연기설을 구성하면서 인간이 지닌 이 두 가능성의 궁극적 분기점에 무명을 설정하는 데 그치고 있다. 12연기를 무명에서 출발시키면서 그 무명의 소멸을 말할 뿐이다. 자신의 무아 체험이 차원을 달리하는 새로운 존재 이해임을 알리는 작업이 성공하려면 언어적 표현에 매우 세심한 배려가 필요하다는 점을 충분히 의식했을 붇다로서는, 통념적인 허구적 자아 관념이나 실체적 존재 이해와 결합하여 그것을 고착, 강화, 확대시킬 위험성이 있는 언어의 사용이나 선택을 의도적으로 자제, 회피하고 있다.

언어 선택에 관한 붇다의 이와 같은 신중한 태도는 후기 불교에 이르러 새로운 양상으로 변모한다. 인간이 지닌 깨달음의 가능성이나 능력 및 깨달은 상태, 해탈의 경지에 관한 언어적 표현에 적극적이고 긍정적이고자 하는 태도가 점증하는 경향이 자리 잡게 되는 것이다. 佛性, 如來藏, 法性, 眞如, 眞心, 一心, 自性淸淨心 등의 등장도 그러한 경향의 산물이다. 특히 중국, 한국, 일본을 그 영역으로 하는 불교의 극동 아시아적 전개 과정에서 이러한 경향이 두드러지며, 급기야는 敎判論 등에서 나타나는 불교 이론의 평가 기준도 이 맥락에서 마련된다. 불교의 중국적 결실을 대표하는 華嚴과 禪 모두를 아우르며 巨峯으로 선 宗密(780-841)의 말에서 그 단적인 사례를 확인할 수 있다. 종밀은 불교 이론의 深淺을 人天敎, 小乘敎, 大乘法相敎, 大乘破相敎, 一乘顯性敎의 五等級으로 구분하는 한편, 人天敎에서 大乘破相敎까지 그 핵심 사상을 비판적으로 정리함으로써 一乘顯性敎가 최고의 궁극적 이론임을 밝히는 과정에서 다음과 같이 주장하고 있다.

"만약 大乘破相教의 이론에 입각하여 몸의 근본을 궁구한다면 몸은 원래 공한 것이니 공이 곧 몸의 근본이 된다. 이제 다시 이 대승파상교 이론을 비판해 보겠다. 만일 마음과 대상이 모두 없는 것이라 한다면, 없는 줄 아는 자는 누구인가? 또 만일 진실한 법이 전혀 없다면, 무엇에 의하여 갖가지 虛妄이 나타나는가? 그리고 세간에 나타난 허망한 사물치고 진실법에 의지하지 않고 능히 생긴 것은 하나도 없다. 만일 물에 변하지 않는 습성이 없다면 어떻게 허망한 假相의 파도가 있을 수 있으며, 만일 거울에 변하지 않는 맑고 밝음이 없다면 어떻게 갖가지 허망한 假相의 그림자가 있을 수 있겠는가? (...) 그러므로 이 대승파상교의 이론은 단지 집착하는 妄情을 깨뜨리는 것이지 아직 진실된 신령한 성품을 분명하게 드러내지는 못하고 있음을 알 수 있다. (...) 다섯 번째인 一乘顯性教에서는 이렇게 말한다; <일체 중생은 모두 本覺眞心을 지니고 있으니, 그것은 비롯함이 없는 때부터 항상 청정하며, 밝고 밝아 어둡지 않고, 또렷또렷하여 항상 아나니, 佛性이라고도 부르고 如來藏이라고도 부른다. 그런데 끝없는 옛적부터 망상이 그것을 가려 스스로 깨달아 알지 못하고 단지 미혹한 범부의 소질만을 인정하기 때문에 탐착하고 업을 지어 생사윤회의 괴로움을 받는다. 부처님은 이를 가엾게 여겨 '모든 것이 공하다' 하시고, 또 '신령하게 깨닫는 眞心은 그 청정하기가 모든 부처님들과 완전히 같다'는 것을 알려 주셨다. (...) 미혹과 깨달음이 동일한 眞心임을 알아야만 한다. 위대하도다! 이 묘한 법문이여, 사람의 근원을 궁구하는 것이 여기까지 이르는구나!"[96]

깨달음과 관련하여 등장하는 眞心 등의 긍정적 표현은 크게 보아 두 가지 맥락에서 등장한다고 생각된다. 해탈의 근거를 분명히 하려는 것이 그 하나요, 연기론을 지혜에 입각한 해탈 그 자체의 체계로 이해하려는 것이 다른 하나라 할 수 있다. 그리고 결과적

96) 『原人論』(大正藏45, p.709하-710상).

으로 이 두 맥락은 하나로 결합하여 후기 대승불교, 특히 극동아시아 불교사상의 뚜렷한 개성을 형성하게 된다.

이 두 맥락은 사실상 이미 붇다 자신이 마련하고 있다. 붇다 자신이 깨달음을 실현하고 그 깨달음의 길을 제시하여 모든 사람들에게 권하였다는 사실은, 인간에게는 깨달음의 가능성과 능력이 구비되어 있다는 것을 전제로 한다. 다만 붇다는, 무아설의 진의를 제대로 전하기 위해 아마도 의도적으로, 인간이 지닌 해탈의 근거를 명사적으로 표현하길 피한 것으로 추정된다. 그러나 붇다 이후에는 나름대로의 이론적, 현실적 요청이 반영되어 마침내 佛性, 如來藏 등의 용어가 등장하여 적극적으로 기능하게 된다.

또한 붇다가 설한 12연기에는 이미 언급한 대로 세계에 대한 두 가지 상이한 경험 체계가 설정되어 있다. 그리고 사물에 대한 근본 무지(無明)로 인해 경험하는 苦의 체계는, 근본 무지가 해소될 때 곧바로 해탈의 경험 체계로 전환된다. 후기 불교에서는 바로 이러한 전환과 그 전환의 결과를 보다 적극적으로 부각시키려는 경향을 보인다. 그리하여 무아/공의 인식으로 경험하게 된 세계(第一義諦로서의 緣起)를 眞如, 眞心, 法性, 一心 등의 용어를 활용하여 서술해 보려는 시도가 자리 잡는다. 무아/공의 관점에서 파악되는 第一義諦로서의 연기를 '연기'와 구별하여 '성기(性起)'라는 말로 표현하려는 입장은 바로 이와 같은 사상적 맥락을 그 배경으로 한다.

### 3) 성기사상의 출발 - 지엄(智儼)의 성기론

60『華嚴經』「性起品」의 '性起'라는 용어를 주목하여 성기론을 출발시킨 사람은 智儼이다. 그리고 의상은 지엄의 제자로서 그의 성기사상을 충실히 계승하고 있다. 의상의 성기사상을 탐구함에 있

어 지엄의 성기사상에 대한 이해가 요구되는 것은 이러한 사정 때문이다.

12연기설을 계승하면서 깨달음의 근거와 연기설의 궁극적 지향(第一義諦로서의 연기)을 보다 적극적으로 표명하려는 경향은 마침내『華嚴經』「十地品」第6現前地에서, 12연기를 一心으로 포섭하는 그 유명한 '三界唯心說'로 공식화되어 이후의 연기론 전개에 중요한 典據를 제공하게 된다. 지엄은『화엄경』을 주석하면서 이 부분에 이르러 자신의 법계연기론을 표명하고 있다. 또한 그는『화엄경』「性起品」의 '性起'라는 용어를 주목하여 성기론을 전개하는 동시에,「성기품」에 대한 이해를 그의 법계연기론 구성에 결합시키고 있다. 그는 법계연기에 대해 이렇게 말한다.

> "법계연기에는 여러 가지가 있으나 지금 그 핵심으로 간추리자면 두 가지가 된다. 첫째는 凡夫染法에 의거하여 연기를 변별하는 것이요, 둘째는 菩提淨分에 의거하여 연기를 밝히는 것이다. 淨門에 의거하는 것은 그 요점이 네 가지로 간추려진다. 첫째는 本有, 둘째는 本有修生, 세 째는 修生, 네 째는 修生本有이다. 本有라 하는 것은 연기의 본질인 實다움으로서, 그 體가 謂情을 여의었고 법계에 고스란히 드러나며 三世에 걸쳐 움직이지 않는다. (…) 本有修生이라 하는 것은, 모든 淨品에 본래 다른 性이 없는 것이지만 지금은 모든 인연에 의거하여 새로운 善을 발생함이니, 그 모든 인연에 의거하는 것은 妄法이나 생겨난 眞智는 普賢의 지혜에 합치한다. 性體는 본래 분별이 없으니 수행하여 생겨난 智에도 분별이 없다. 따라서 智는 理를 따르지 갖가지 인연을 따르지는 않는다. 그러므로 修生은 곧 本有를 따르며, 性과 동일하면서 發하는 것임을 알 수 있다. 이런 까닭에「성기품」에서는 '菩提心이라는 것이 性起가 되기 때문이다'고 말한다. (…) 세 번째인 修生이라 하는 것은, 믿음 등의 善根이 아직 드러나지 않다가 이제 淨敎를 대함에 緣에 의

지하여 비로소 發하는 것이니, 이런 까닭에 '새롭게 생겨난다(新生).'고 말하는 것이다. (…) 네 번째인 修生本有라 하는 것은, 그 여래장의 성품이 갖가지 얽힘 속에 있는데 범부일 때는 미혹하여 그런 줄 깨닫지 못하니 이 미혹한 때에 대해서는 (本)有라 하지 못한다. (…) 이제 無分別智를 얻어서 비로소 법신을 드러내어 얽힘에서 淨을 이루니, 이전에는 힘이 없어 저 법이 없는 상태와 같았지만 이제는 用을 이루게 되어 이전의 없었던 상태와는 다르게 되었다. 이런 까닭에 本有라 이름 할 수는 없고 修淨이라 말하는 것이다. (…) 이 十番緣生에는 오직 두 가지가 있으니, 첫째는 修生이고 둘째는 修生本有이다. 나머지 둘(本有와 本有修生)은 性起品에 있다. (…) 染法으로 분별하는 緣生에는 두 가지 뜻이 있으니, 첫째는 緣起一心門이고 둘째는 依持一心門이다. 다시 緣起(一心)門은 크게 세 가지로 구분되니, 첫째는 眞妄緣集門이고 둘째는 攝本從末門이며 세째는 攝末從本門이다. (…) 무릇 淨品緣起를 논하자면 누 송류가 있다. 첫째는 染에 대하여 그것이 妄法임을 드러내는 것이니, 經에서 '第一義諦를 여실히 알지 못하기 때문이다'라고 하는 것이 이러한 까닭에서이다. 둘째는 단지 淨品緣起만을 드러내는 것이니, 이것은 바로 理를 드러내는 門이요 「보현보살행품」 및 「성기품」과 같은 것이 이것이다."[97]

지엄은 법계연기를 淨門(菩提淨分)과 染門(凡夫染法)의 두 체계로 구분한 후, 淨門은 다시 本有/本有修生/修生/修生本有으로, 染門은 緣起一心門과 依持一心門으로 나눈다. 아울러 緣起一心門을 眞妄緣集門/攝本從末門/攝末從本門으로 세분한다.

지엄의 논의에 따르면 淨門은 깨달음으로 실현되는 본래의 진실성에 초점을 맞추어 연기를 파악하는 체계이고, 染門은 무명에 의해 전개되는 顚倒妄法이라는 맥락에서 연기를 이해하는 체계이다.

97) 智儼, 『搜玄記』(大正藏 35, pp.62하-63중).

비록 染門의 攝末從本門이 12인연을 '오직 眞心의 作'으로 보는 것이기는 해도, 지엄에 의하면 이것은 어디까지나 染法으로서의 인연법은 顚倒된 妄法임을 확인시켜 주기 위한 배려이다.[98] 그리고 淨門에서 本有는 본래의 진실성 그 자체를, 本有修生은 인연에 의거하여 생겨난 깨달음의 지혜(인연 속에서 수행하여 생겨났다는 의미에서 '修生') 가 그 본질에 있어서 본래의 진실성(本有)과 다름이 없음을 나타내는 개념이다. 本有와 本有修生이 '본래의 진실성'이라는 점에 초점을 둔 구성인데 비해, 修生과 修生本有는 '수행을 통해 실현되는 진실성'이라는 점에 초점을 둔 구성이라 할 수 있다. 즉 修生은 가르침 등의 인연에 의거하여 깨달음을 향한 조건들을 비로소 확보해 가는 것이고, 修生本有는 그 결과 성취한 無分別智에 의해 본래의 진실성에 계합하는 것을 지칭한다.

지엄은 이처럼 淨門을 本有와 本有修生, 修生과 修生本有의 두 종류로 구분하면서 『화엄경』「보현보살행품」과 「성기품」을 '本有와 本有修生'의 계열에 배속시킨다. 그리고 이 '本有와 本有修生' 설정의 취지를 性起라는 개념을 활용하여 분명히 한다. 「성기품」에서 지엄은 이렇게 말한다.

> "性이란 것은 體이고, 起라는 것은 心地에 드러남이다. 이것은 起相을 모아 實다움에 들어가는 것이다."[99]

지엄의 만년저술로서 지엄 사상의 완숙한 형태를 보여주는 『孔目章』에서는 性起에 대해 다음과 같이 정의하기도 한다.

> "性起란 것은 一乘法界를 밝히는 것이니 緣起의 극치이다. 본

98) 『搜玄記』, p.63중.
99) 『搜玄記』, p.79중-하.

래의 궁극적 경지이니 수행한다든가 만든다는 범주에 놓이는 것이 아니다. 어째서 그러한가? 相을 여의었기 때문이다. 起라는 것은 大解·大行에 있는 것이니, 분별을 떠난 菩提心 안에 있음을 起라고 부른다. 緣起性으로 인해 起라는 말을 붙이지만, 起는 곧 不起이며, 不起는 바로 性起이다."[100]

지엄의 성기사상은 그가 법계연기를 구성하면서 설정한 淨門의 本有와 本有修生에 상응하는 것임을 알 수 있다. 性은 本有에, 起는 本有修生에 각각 상응하고 있는 것이다. 화엄의 연기사상을 淨門과 染門의 법계연기로 망라하는 지엄은 특히 淨門, 그 중에서도 '본래의 진실성'에 초점을 맞추는 本有와 本有修生에 의해 화엄의 사상적 개성을 드러내려고 한다. 그리고 그러한 자신의 의도를 性起論을 통해 분명히 하고 있는 것이다.

그런데 지엄의 '本有·本有修生論'이나 성기론이 연기의 세계가 지니는 '본래의 진실성'을 중시하고 그러한 관점에서 연기의 세계를 이해/경험하는 것이지만, 동시에 그것은 어디까지나 『화엄경』이 강조하는 보살의 수행 맥락에서 논의되는 것임을 유의해야 한다. 성기적 관점에 의해 세계를 '본래의 진실성만이 현현하는 장엄한 진리의 현장'으로 해석하는 것은, 자신과 중생을 구제하려는 보살 수행의 맥락에서 비로소 의미 있게 되는 것이다. "起라는 것은 心地에 드러남이다" "起라는 것은 大解·大行에 있는 것이니, 분별을 떠난 보리심 안에 있음을 起라고 부른다."라는 말은 지엄의 성기론이 차지하는 좌표의 이러한 의미를 드러내고 있다.

자기 구원과 아울러 타인의 고통 해소에 헌신할 것을 삶의 유일한 지향으로 삼은 보살이라는 인간형이, 자신의 그 지향을 완전하게 현실화하려면 세계를 철저히 성기적 관점으로 해석하고 경험

100) 『孔目章』「性起品明性起章」(大正藏 45, p.580하).

할 수 있어야 한다는 것이 지엄의 화엄 이해이고, 그 이해의 이론적 표현이 법계연기론이며 성기사상이다.

### 4) 의상의 성기사상

『화엄경 문답』에 나타나는 의상의 성기사상은 크게 보아 네 주제를 중심으로 전개되고 있다. 性起와 緣起, 緣修因果와 性起因果, 本有와 新生 및 性起와 衆生救濟의 문제가 그것이다.

#### (1) 성기(性起)와 연기(緣起)

성기와 연기의 문제에 관해 의상은 제자들과 다음과 같은 문답을 주고받고 있다.

> "묻습니다. 성기와 연기라는 두 말에는 어떤 차이가 있습니까?
> 답하겠다. 성기란 것은 곧 자체이니 緣을 따르지 않는 것을 일컫는다. 연기라고 하는 것은 여기(성기)에 들어가는 가까운 방편이니, 모든 것은 自性이 없기 때문에 緣을 따라 생겨나는데, (생겨난다고 할지라도 본래 자성이 없다는 관점에서 보아) 이 생겨남이 아닌 차원으로 들어가 깨닫게 하는 것을 말한다. 성기라고 하는 것은 곧 그 法性이니, '생겨남이 없음'을 본성으로 삼기 때문이다. 즉 '생겨남이 아님'을 가지고 생겨남으로 삼는 것이다.
> 묻습니다. 그렇다면 곧 생겨남이 아니라는 것인데, 무슨 이유로 생겨난다(起)는 말을 하는 것입니까?
> 답하겠다. '생겨난다'는 것은 곧 그 법성이 분별을 떠난 보리심 안에 나타나 있기 때문에 '생겨난다'고 말하는 것이다. 이는 곧 '생겨남이 아님(不起)'을 가지고 생겨남(起)으로 삼는 것이니, 그 법의 본성과 같기 때문에 '생겨난다'고 이름 할 뿐이지 '생겨나는 모습이 있는 생겨남(有起相之起)'은 아니다.

묻습니다. 그렇다면 분별을 떠난 마음이 있고나서야 생겨난다는 것은, '본래 생겨남이 아니다'는 것과는 다른데, 어째서 '본래 생겨남이 아님(本不起)'을 가지고 '생겨남(起)'으로 삼습니까?

답하겠다. 비록 분별이 없는 마음이 있고나서야 생겨나는 것이긴 해도 '본래 생겨남이 아님'과 별개의 것은 아니다. '생겨남'과 '생겨나지 않음'은 같은 것으로서 다름이 없기 때문이며, 증감이 없기 때문이다. 이런 까닭에 經에서는 '허공 가운데 새가 움직인 것과 움직이지 않은 것은 모두 허공과 다름이 없다'는 것을 비유로 삼아 설하고 있는 것이다.

묻습니다. 비록 허공임에는 다름이 없지만 움직임과 움직이지 않음은 같지 않은 것인데, 어째서 다름이 없다고 하십니까? 만약 다름이 없다면 가지 않은 곳도 갔다고 할 것이고, 간 곳도 가지 않았다고 할 것이 아닙니까?

답하겠다. 단지 새라는 인연을 본다면 다름이 될 뿐이나, 만약 그 새라는 인연을 보지 않는다면 곧 그윽하게 다름이 없다. 이와 같이 단지 그 보리심만을 본다면 緣이 다르게 될 뿐이다. 그러나 보리심이 논하는 법에는 무슨 다름이 있겠는가. 성기법이 그러한 것임을 이해할 수 있을 것이다.

묻습니다. 만약 緣을 보지 않는다면 어째서 법 가운데 생겨남과 생겨나지 않음을 두는 것입니까?

답하겠다. 실로 그러하다. 그 緣을 보지 않으면 곧 '생겨남'과 '생겨나지 않음'을 논하지 않는다. 그러나 그 緣 가운데서 곧 '緣을 떠난 본성'에 의거하여 '性起'를 논하는 것이다. 이것은 모두 機緣을 따라 설하는 것이니, 그 법 가운데 이러한 '생겨남'이라든가 '생겨나지 않음' 등의 모습이 있다고 보지는 말아라."[101]

의상에 의하면 성기란 '緣을 따르지 않음(不從緣)'이다. 불교의

101) 『華嚴經 問答』(大正藏 45, p.610중-하).

연기설에 비추어 볼 때, 무지(無明)를 조건으로 하여 사물을 정신적 실체와 물질적 실체(名色)로 간주하여 존재와 비존재로의 변화(生滅)를 소유와 집착으로 경험해 가는 것은 '緣을 따르는 것'이다. 반면 사물을 사실대로 이해하는 지혜에 의해 無我/空의 관점으로 세계를 無所有的, 無執着的으로 경험하는 것은 '緣을 따르지 않는 것'이다.

사실대로 파악하는 올바른 이해(如實正見)에 의해 실재대로 드러난 세계에는 더 이상 소유하거나 집착해야 할 실체적 존재들이 있지 않으며, 따라서 如實正見을 성취한 사람은 더 이상 실체 관념에 입각한 왜곡된 관계에 이끌리지 않는다. 그에게는 실체적 사물이나 경험이 '생겨나지 않는다'. 본래 생겨날 것이 없음(本不起)을 알게 된다. 무지(痴)가 구축했던 실체적 존재의 세계, 그리고 그 속에서 형성된 소유와 집착(貪), 부정(瞋)의 관계를 무아/공의 지혜로써 원천적으로 해체한 채, 그는 그 어떤 얽매임과 동요도 없이 세계와 만난다. 존재의 본성(法性)에 계합한다. 의상에게 성기, 즉 '緣을 따르지 않음'은 이런 것이다. "성기라고 하는 것은 곧 그 법성이니, '생겨남이 없음'을 본성으로 삼기 때문이다. 즉 '생겨남이 아님'을 가지고 생겨남으로 삼는 것이다."라는 말은 이런 맥락에 놓여 있다.

연기라는 것은 바로 이러한 성기의 경지에 들어가게 하는 계기요 방편이라는 것이 의상의 설명이다. 연기는 세계에 대한 객관적 해명 체계에 그치는 것이 아니라, '성기에로의 지향'이라는 기능과 관련될 때라야 비로소 의미를 지니게 된다는 것이다. 이러한 의상의 연기 이해는 지엄이 구성한 법계연기 중, 淨門인 '本有와 本有修生 및 修生과 修生本有', 그 중에서도 특히 '수생과 수생본유'에 관련되어 있는 것 같다.

지엄이 설정한 本有는 '연기의 본질인 實다움', 즉 본래의 진실성이다. 그리고 本有修生이란, 인연에 의거하여 생겨난 眞智가 本有와 본질적으로 동일하다는 점을 강조한다. 본유가 '본래의 진실성' 그 자체를 주목하는 것이라면, 본유수생은 연기를 매개로 한 본래의 진실성을 언급하는 것이다. 따라서 본유수생에서의 연기는 '본래의 진실성'과의 연관에서 이해되는 연기이다. 또한 修生과 修生本有는 인연에 의거하여 깨달음의 조건을 확보하고 마침내 無分別智의 성취로 본래의 진실성에 계합함을 말하고 있어, '연기에 의거한 수행'을 통해 진실성을 실현하는 측면을 밝히고 있다. 따라서 수생과 수생본유에서의 연기는 '본래의 진실성(성기)의 지향'이라는 맥락에 놓여 있다. 이렇게 볼 때 의상의 연기 이해는 지엄이 설정한 淨門, 그 중에서도 '수생과 수생본유'의 체계에서 이해되는 緣起觀이라 할 수 있다.

지엄은 本有와 本有修生의 의미를 '성기'라는 한 단어에 모두 담고 있다. 이때 본유는 '性'에, 본유수생은 '起'에 각각 대응한다. 성기는 단지 '본래의 진실성'만을 지칭하지 않는다. '性'만으로도 그러한 의미는 충분히 전달된다. 성기사상의 특징은 '起'에 담겨 있다고 할 수 있다.

지엄이 '起는 곧 不起이며 不起가 바로 性起'라 한 것처럼, 의상도 '성기란 不起를 가지고 起로 삼는다'고 말한다. 이에 대해 제자는 날카롭게 파고든다. '그렇다면 성기란 결국 不起란 말인데 무엇 때문에 起라는 말을 사용하는가?'라고.

이에 대한 의상의 해명은 지엄의 입장을 충실히 계승하고 있다. 지엄은 '起라는 것은 心地에 드러남이다' 하고 또 '起라는 것은 大解·大行에 있는 것이니, 분별을 떠난 菩提心 안에 있음을 起라고 부른다'고 했다. 의상 역시 '그 법성이 분별을 떠난 보리심 안에 나타나 있기 때문에 起라고 한다.'고 대답하면서, 아울러 '起라는 말을 사용하지만 起相이 있는 起는 아니다'고 덧붙이고 있다.

본래의 진실성을 등지고 있는 것이 중생의 엄연한 현실이다. 따라서 중생은 깨닫고자 하는 마음(보리심) 속에서 비로소 본래의 진실성과의 통로를 마련한다. 이런 의미에서 본래의 진실성(性)은 중생의 보리심 안에서 '생겨난다'고 말할 수 있다. 그러나 보리심의 無分別智가 성취한 진실성은 본래의 진실성과 하등의 차이도 없다. 그 어떤 실체적 존재나 실체적 현상의 起滅이나 增減도 없다. 중생의 입장에서 볼 때는 보리심 안에서 비로소 그 진실성과 연결되므로 '생겨난다.'는 말을 쓰게 되나, 실현된 진실성 위에서 볼 때는 '본래 생겨남이 없고' '起相이 있는 起는 없다'. 생겨났다고 말하지만, 실체적으로 생겨난 것은 원래 없다. 연기에 의거하면서 보리심을 통해 일단 본래의 진실성에 눈뜨고 나면, 이제 모든 사물, 세계 전체는 진실성의 드러남이 된다. 그는 모든 것을 무아/공에 입각하여 경험하기 때문이다. 그에게 연기의 세계는 그대로 성기의 세계로 전환된다.

결국 무명연기의 세계를 진실성 그 자체(性)로 전환시키는 역할은 '起'가 담당한다. 중생의 보리심 안에 나타난 법성(이것을 起라 한다)으로 본래의 진실성에 계합하기 때문이다. 의상은 성기사상이 지니는 이러한 실천적 의미를 정확히 파악하고 있다. 그리하여 의상이 이해하는 성기사상은 어디까지나 깨달음의 체득에 초점을 맞춘 실천적 맥락에 있는 것이며, 이것은 지엄의 입장과 그 궤를 같이 한다.

#### (2) 연수인과(緣修因果)와 성기인과(性起因果)

의상은 성기론과 관련하여 다음과 같이 緣修因果와 性起因果에 관한 문답을 진행하고 있다.

"묻습니다. 이 『화엄경』에서는 「名號品」부터 「小相光明品」까지 緣修因果를 밝히고 있고, 「보현보살행품」과 「성기품」부터는 性起因果를 밝히고 있는데, 무엇이 연수인과이고 무엇이 성기인과인지 모르겠습니다.

답하겠다. 聞熏習 등 三慧 방편의 緣을 따라 수행하여 나타나는 것을 緣修因果라 부른다. 이 연수인과는 법에 따르는 것이나 스스로 實性에 머무는 것은 아니기 때문이다. 비록 緣을 따라 나타나는 것이긴 해도 본래 생겨나지 않는 것이니, 생겨나지 않는 것이기 때문에 '생겨남이 곧 생겨나지 않음'이다. 이 생겨나지 않는 모습(不生相)은 가히 얻을 수 없다는 뜻을 성기인과라 부른다. 비유하건대 無我報心이 수면을 인연으로 하여 호랑이를 나타내는 뜻을 연수인과라 한다. 그 호랑이는 無我報心이 만든 것이기 때문에, 비록 호랑이를 만들었으나 그 마음이 헤아린 것에 불과하다는 뜻을 성기인과라 한다.

묻습니다. 그렇다면 그 호랑이는 수면이라는 緣이 없나면 없는 것으로서 본래 스스로 있는 것이 아닌데, 어찌하여 성기인과와 修生因果(연수인과)가 다르다고 하는 것입니까?

답하겠다. 실로 그러하다. 緣修가 없다면 곧 性起가 없고, 성기가 없으면 곧 연수가 성립하지 않는다. 이러한 즉 연수는 相을 떠나 體를 따르는 것이기 때문에 성기가 되고, 성기는 곧 緣을 따르는 것이기 때문에 연수가 된다. 비록 별개의 體는 아니지만 두 뜻은 각기 성립한다.

묻습니다. 그 緣修의 德은 곧 性相을 떠난 것이기 때문에 體와는 차별이 없는데, 性起가 相을 떠난 것과는 어떤 차이가 있습니까?

답하겠다. 비록 둘이 모두 性相을 떠난 것이지만, 연수는 緣을 떠나면 성립할 수 없고 성기는 緣을 떠나도 손상되지 않는다. 따라서 차이가 있다.

묻습니다. 만약 성기는 緣을 떠나도 손상되지 않는다면, 연수를 기다리지 않고도 (성기가) 성립할 수 있습니까?

답하겠다. 손상되지 않는다는 말은, 緣이 모일 때라도 증가

하지 않으니 스스로 '我라는 헤아림'이 없기 때문이요, 緣이 흩어질 때라도 역시 줄지 않으니 스스로 我性이 없기 때문이다. 이런 까닭에 '손상되지 않는다'고 한 것이지 緣이 없이 自體만 있음을 말하는 것은 아니다."[102]

여기서 논의되고 있는 緣修因果와 性起因果의 문제에서 우선 주목되는 것이 '緣修'라는 용어이다. 緣修는 '緣에 의거하여 수행한다'는 뜻으로 쓰인 것 같은데, 지엄이 법계연기의 淨門에서 말하는 '修生(緣에 의거하여 수행해 생겨남)'과 緣起의 결합으로 보인다. 성기사상의 지향은 어디까지나 인연에 의거한 보리심을 매개로 하여 본래의 진실성에 계합하는 것이므로, 지엄은 淨門에서 '修生'이라는 용어를 사용한다. 그리고 성기와 대응되는 용어는 '연기'이지만, 성기사상에서 논해지는 연기는 성기사상의 실천적(종교적) 의도가 담긴 것이어야 하므로 緣起와 修生을 결합시킨 '緣修'라는 용어를 사용하게 된 것이라 추정된다. 지엄은 성기인과와 연수에 관해 다음과 같이 말하고 있다.

"묻기를, 성기는 말을 초월하고 형상을 떠난 것인데 어찌하여 因果가 있다고 하는가? 답하기를, 두 가지 의미에서 그러한 것이다. 첫째는 經에서 因 가운데서는 성기를 변별하고 果 가운데서는 성기를 밝히고 있으니 이런 까닭에 인과를 말한다. 둘째는 性은 머물지 않으므로 起하고, 起한 때는 相을 떠나 법에 따르니, 이런 까닭에 인과를 말하는 것이다.

묻기를, 起한 때에 (성기의) 떠남(離)과 緣修는 어떤 차이가 있는가?

답하기를, 緣修는 緣을 떠나서는 성립되지 않지만 성기는 緣이 없어도 손상되지 않는다. 따라서 차이가 있다."[103]

---

102) 『華嚴經問答』, pp.609하 - 610상.

103) 『搜玄記』, p.78하.

無明緣起를 如實正見을 통해 본래의 진실성으로 전환시킨 사람은 인과에 얽매이지 않는다. 존재의 생겨남과 소멸에 얽매이게 하는 충동과 성향에서 벗어났기 때문이다. 그는 인과적 굴레를 훌쩍 벗어 던졌다. 따라서 성기에 인과라는 말을 붙이는 것은 불합리하지 않느냐는 의문이 제기될 수 있다. 이에 대해 지엄은 두 가지 근거를 들어 성기인과라는 말이 성립할 수 있다고 해명한다. 『화엄경』이 因과 果의 두 체계를 통해 성기를 밝히고 있다는 것이 그 하나요, 性은 머물지 않는 것이므로 緣起하게 되지만 그 연기는 곧 相을 떠난 것이라는 점이 다른 하나의 근거이다.

성기는, 연기 속에서 연기에 의거하여 性을 체득케 하려는 의도에서 마련된 개념이다. 그리고 緣修란, 연기에 의거하여 연기가 바로 성기라는 것을 알게 해 주는 일종의 매개 역할을 지닌 개념이라 할 수 있다. 연수와 성기는 이처럼 밀접한 상관관계를 맺고 있지만 동일한 개념은 아니다. 따라서 연수와 성기의 차이를 분명히 할 필요가 있다. 이에 대해 지엄은 "연수는 연을 떠나서는 성립되지 않지만 성기는 연이 없어도 손상되지 않는다."고 구별한다. 연수는 연을 조건으로 성립되는 개념이지만, 성기라는 개념은 연이 없어도 성립한다는 것이다.

연수인과와 성기인과의 문제에 대해 의상과 그의 제자 사이에 전개되는 문답은 지엄이 마련한 문제를 계승하고 있다. 그런데 의상은 특히 연수와 성기의 밀접한 상관관계를 더욱 분명히 논하고 있다. 연수를 통해 비로소 성기가 체득되니 '연수가 없다면 곧 성기가 없고', 연수의 토대인 보리심은 성기 때문에 있게 되는 것이니 '성기가 없으면 곧 연수가 성립하지 않는다'. 연수를 통해 相을 떠나 性에 계합하면 연기가 곧 성기로 되며, 또한 성기는 不住이므로 緣起性을 따르는데 연기 속에서 보리심을 통해 연수를 가능하게 한다. 연수와 성기의 이러한 관계를 의상은 "雖無二體二義不相是耶"라고 말한다.

그런데 연수의 德(緣에 의거하여 보리심이 성취한 無分別智)은 연기 속에서 相을 초월한 것이다. 또한 성기 역시 일체의 相을 초월한 것이다. 그러나 양자가 모두 相을 초월(離相)하지만 차이가 없는 것은 아니다. 이 차이에 대해 의상은, 지엄과 마찬가지로, "연수는 연을 떠나면 성립할 수 없고 성기는 연을 떠나도 손상되지 않는다."고 대답한다.

그런데 의상의 이러한 대답에 대해 곧 '성기는 緣을 떠나도 손상되지 않는다고 한다면, 연수와 무관하게 성기가 성립될 수 있다는 말인가'라는 질문이 제기된다. 이 질문에 대해 의상은 '손상되지 않는다(不損)'는 말의 뜻을 분명히 하는 것으로써 응답한다. 성기란 것은 실체적 관념이 해소된 채 연기를 대하는 것이기 때문에, 緣의 集散 현상을 증감으로서 이해 및 경험하지 않는다. '손상되지 않는다'는 말은 이런 의미를 전달하려고 하는 것이지, 緣의 不在에도 불구하고 존재하는 어떤 것을 말하는 것은 아니라는 대답이다.

의상은 연수와 성기가 맺고 있는 불가분의 관계를 거듭 강조하고 있음이 주목된다. 성기는 연수와의 관계 속에서 비로소 의미가 있게 된다는 점을 부각시키고 있는 것이다. 이것은 의상이 성기사상의 의의를 철저히 수행과 관련하여 파악하고 있음을 보여 준다. 성기사상의 출발과 지향이 어디까지나 연기 속에서 연에 의거한 수행을 통해 본래의 진실성에 계합하려는 실천적인 것이라는 점을 의상은 분명히 의식하고 있다. 이것은 지엄이 제기한 성기론의 취지가 의상을 통해 분명해졌다는 의미도 된다.

### (3) 본유(本有)와 신생(新生)

지엄이 제기한 성기론은, 그의 法界緣起의 淨門에서 설정된 本有 및 本有修生에 상응하여 구성된 것이다. 특히 성기론이 지니는 실천적 의도를 고려한다면 性起에서도 특히 '起'에 성기사상의 특징과 무게가 실리게 된다. 따라서 起와 상응하는 본유수생을 특히 주목하게 된다. 의상은 이에 대한 관심을 '本有와 新生'의 문제로 표현하고 있다. 이 문제를 둘러싸고 의상과 제자는 다음과 같은 문답을 전개하고 있다.

> "묻습니다. 經에서, <雪山의 나무에 싹들이 생겨날 때 閻浮提의 모든 나무들에도 동시에 싹이 생겨나듯이, 佛과 菩薩의 나무에 싹이 생겨날 때 모든 보살의 싹도 생겨난다.>고 말하는데, 그 뜻이 무엇입니까?
>
> 답하겠다. 이 뜻은 本有와 新生이 다르지 않음을 드러내는 것이다. 오직 一心 가운데 있는 것이기 때문에 新生菩提心들이 생겨날 때는 반드시 本有菩提心들에서 비롯하며, 本有行德으로 말미암아 新生行德이 있게 된다는 것을 말하는 것이다.
>
> 묻습니다. 이 나무는 무엇으로 된 나무입니까?
>
> 답하겠다. 大緣起로 된 나무이다.
>
> 묻습니다. 먼저 大緣起樹를 말한다면 이것은 곧 일체 중생계를 모두 포섭하는 것이니, 만약 그렇다면 또한 한 중생이 發心할 때에 일체 중생도 發心하는 것입니까?
>
> 답하겠다. 이미 大緣起樹이니 어찌 일체 중생이 곧 한 중생이고 한 중생이 곧 일체 중생이 아니리요. 중생이 이미 그러할진대 起行이 어찌 그렇지 않겠는가. 그러나 이 곳에서 글이 나타내는 것은 단지 本有와 新生이 동시에 함께 생겨난다는 뜻을 보이는 것이니, 本은 곧 부처요 新은 곧 보살들이다.
>
> 묻습니다. 만약 大緣起樹라면 六道 가운데 두루 있을 것인데 무슨 이유로 지옥과 二乘의 열반 등에서는 생겨나지 않습니까?

답하겠다. 本에 의거해 보면 모두 있는 것이나 行用에 의거하기 때문에 簡別하는 것이다.

묻습니다. 만약 行用에 의거한다면, 二乘 등에도 行用이 있는데 어째서 생겨나지 않습니까?

답하겠다. 行用에 의거하는 데에는 向背가 있기 때문에 생겨남과 생겨나지 않음을 말하는 것이다. 大緣起樹 가운데야 무슨 행함이 있겠는가.

묻습니다. 向背라는 것이 무엇입니까?

답하겠다. 만약 능히 스스로 자신의 性起法을 안다면 이것을 '향함(向)'이라 부르고, 자신의 性起菩提를 모른다면 이것을 '등짐(背)'이라 부른다. 이러한 뜻에 의거한다면 단지 無上菩提心을 내는 것을 '싹이 남(芽生)'이라 부르고, 無上菩提心을 내지 않는 것은 등짐(背)이 되니 '싹이 남(芽生)'이라 부르지 않는다. 지옥이나 二乘의 열반 등은 영원히 자신의 性起法을 모르기 때문에 싹을 내지 못한다. 사람이나 천신들 가운데 능히 이와 같이 아는 자는 따름(順)이 되니 '싹을 낸다(生芽)' 등으로 부르고, 만약 이와 같이 알지 못하는 자는 싹을 내지 못한다. 또 비록 스스로 알지 못하면서도 果藥 등이 있는 자는 二乘人과 같은 것이 되니, 생겨났을 때의 行德 가운데 들어가 마음을 돌이키지 못한다.

묻습니다. 돌이키지 못하면서도 어떻게 性起의 果藥을 얻는다고 말합니까?

답하겠다. 비록 스스로 돌이키지는 못하였지만 법에 의거해 볼 때는 性起의 일어남이 없다고 할 수 없기 때문에 '얻는다'고 말하는 것이다.

묻습니다. 만약 그렇다면 일체의 악업 및 지옥 등에도 果가 모두 있어야 할 텐데, 어째서 지옥 등에는 果가 없습니까?

답하겠다. 진실에 의거한다면 일체 逆順의 존재가 性起法을 따르지 않는 것이 없으나, 善한 行相에 의거하여 드러내는 것이기 때문에 이와 같이 말하는 것이다. 지옥 등에서는 선한 행상이 나타나지 않기 때문이다."[104]

이 문답은 그 내용으로 볼 때 아마도 지엄의 법계연기 중 淨門의 本有修生의 의미를 거론하는 것으로 보인다. 本有修生를 구성하는 本有와 修生의 관계를 논하고 있는 것이다. 특히 의상은 '修生(緣에 의거하여 수행해서 생겨남)'을 '新生(새로 생겨남)'이란 말로 그 의미를 더욱 선명하게 드러내고 있다.

지엄은 本有修生을 설명하면서 '인연에 의거하여 새롭게 생겨난 智는 본래의 진실성(理)을 따르는 것이기 때문에 수생은 곧 본유를 따르며 性과 동일하면서 發하는 것'105)이라 했다. 본유와 수생은 본래의 진실성으로 상통해 있다는 것이다. 의상은 본유와 수생의 이러한 관계를 '다르지 않음(不異)'이라 표현한다. 그런데 이 不異의 근거를 一心에서 구하고 있어 눈길을 끈다. 본유와 신생 모두가 一心 안에 있으면서 관계를 맺고 있다는 것이다. 그리고 본유와 신생의 不異 관계를 이론적으로 밝히기 위해 本有菩提心과 新生菩提心, 本有行德과 新生行德 등의 용어를 동원하여 양자를 '비롯됨(由)'의 관계로 규정한다. 또한 '本卽佛 新卽菩薩'이라 하여 본유와 신생의 실천적(종교적) 맥락을 환기시키고 있다.

또 하나 주목되는 것은 이른바 '向背論'이다. 궁극적 깨달음을 성취하고자 하는 마음(無上菩提心)을 내어 마침내 스스로 자신 안에서 본래의 진실성(性起法)에 눈뜨는 것은 성기를 향해 나아가는 것이므로 '향함(向)'이라 하고, 반대로 궁극적 깨달음을 구하려는 마음을 내지 않아 자신이 본래 갖추고 있는 진실성에 눈뜨지 못하는 것은 성기를 등지는 것이므로 '등짐(背)'이라 부른다. 그리고 이 '등짐'의 길에 속하는 자로서 二乘의 열반과 지옥을 거론하고 있는 것도 주목되는 대목이다.

---

104) 『華嚴經問答』, pp.610하-611상.
105) 智儼, 『搜玄記』, p.63상.

의상이 본유와 신생의 관계와 의미를 '本有菩提心·新生菩提心', '本有行德·新生行德', '本卽佛 新卽菩薩', '向背論' 등을 통해 거론하고 있다는 것 역시, 그가 성기사상을 철저히 실천적 범주에서 이해하여 전개하고 있음을 보여 준다. 그에게 성기사상은 어디까지나 보리심을 매개로 한 수행을 통해 본래의 진실성에 계합하려는 실천적 맥락에서만 의미 있는 것이었다.

### (4) 성기(性起)와 중생 구제

『화엄경(華嚴經)』이 이상적 수행자로 제시하는 보살은 자기의 구제와 중생의 구제를 동시에 진행하는 자이다. 특히 그 어느 경전보다도 간절하고 장대한 중생 구제의 願을 실천하는 보살행을 부각하고 있는 『화엄경』에 있어서, 보살의 자기 구제는 곧 大悲의 利他行과 직결되고 있다. 자기 구제와 중생 구제의 본질적 결합(自利卽利他)을 현란할 정도로 장엄하게 구현하는 것이 화엄 보살이다. 따라서 성기론 역시 중생 구제의 문제와 연결될 수밖에 없다. 연기를 성기로 파악하게 된 자, 緣에 의거하여 보리심을 통해 본래의 진실성에 계합하게 된 자, 그리하여 如來가 된 자는, 性起的 진실을 중생 구제와 관련시킨다. 성기론의 취지를 이렇게 파악하고 있던 의상은 이 문제와 관련하여 다음과 같은 문답을 전개하고 있다.

> "묻습니다. 潛用資成門 가운데서 經은, <여래의 性起光明이 邪見을 지닌 중생을 이익 되게 하는 것이 마치 日光이 중생을 이익 되게 하나 눈 먼 중생은 그것을 모르는 것과도 같다.>고 말합니다. 그 邪見을 지닌 중생은 진리를 크게 위배하고 있는데 어떻게 이익을 얻습니까? 그 당시에 이익을 얻는 것입니까, 후에 이익을 얻는 것입니까?
>
> 답하겠다. 두 때에 모두 이익을 얻는다.

묻습니다. 후에 이익을 얻는다는 것은 이해할 수 있습니다만, 당시에 이익을 얻는다는 것은 어떤 뜻입니까?

답하겠다. 비록 邪見의 성질로 진리를 위배한 중생이라도 곧 그 性起의 慈愛(性起慈)를 입기 때문에 몸과 마음의 과보를 얻게 된다. 그 과보는 성기의 자애가 아니면 곧 과보가 없기 때문이다. 이것은 바로 깊은 자애이니, 일체 중생이 알 수 없는 자애이다.

묻습니다. 중생의 괴로운 과보는 중생 자신의 악한 마음의 업에 따른 것인데 어찌하여 부처의 자비 때문에 얻어진 것이라 합니까?

답하겠다. 중생의 모든 괴로움은 단지 如來藏佛이 지은 것이니, 그 외에 중생의 괴로운 과보를 지을 수 있는 것은 없다. 이런 까닭에 經에서는 <법이 중생의 괴로움을 심었다.>고 말한 것이다.

묻습니다. 일체 중생은 단지 여래장이 지은 것이라면 어찌 자애롭다고 할 수 있습니까?

답하겠다. 體에 의거한 여래장이 지었기에 여래장의 熏習으로 인해 苦를 떠나 樂果을 얻기 때문이다. 그 자애의 깊고 깊음이 이보다 더한 것은 없다.

묻습니다. 이익이 된다는 뜻은 그럴 수 있다 하더라도, 중생이 苦를 받는 것은 어떻게 부처의 자애가 됩니까?

답하겠다. 만약 부처가 (중생으로 하여금) 苦를 받게 하지 않는다면, 그 중생은 苦를 싫어하고 樂을 구하는 일을 할 수 없다. 반드시 苦를 받게 하여야 苦를 싫어하는 마음을 낼 수 있는 것이다. 이러한 뜻으로 인해 중생의 苦는 곧 부처의 자비 때문에 받게 한 것이라고 할 수 있다. 이것은 如來藏 및 終教 등에 의거하여 말하는 것이고, 만약 一乘에 의거하여 말한다면 性起法이 지은 것이 된다."[106]

불교에서 말하는 열반의 경지는 뭇 생명에 대한 보편적 사랑(慈)

106) 『華嚴經問答』, p.610상-중.

이 완전하게 드러난 상태이기도 하다. 따라서 성기 역시 중생에 대한 보편적 사랑(慈)을 그 당연한 속성으로 한다. 깨달음을 구하려는 마음(보리심)을 일으켜 얻은 無分別智로써 본래의 진실성에 계합하여 연기를 성기로 보게 된 자는, 중생을 향한 자애의 마음을 끝없이 펼친다. 흡사 햇빛이 만물을 차별 없이 두루 이익 되게 하듯이, 성기의 자비광명은 중생이 진리를 외면하건 안하건 간에 차별 없이 두루 비춘다. 때로는 마음, 때로는 말과 행동으로, 갖가지 방식을 통해 자애심을 펼친다.

화엄의 연기적 세계관으로 볼 때 이 세계의 모든 존재, 모든 현상들은 예외 없이 서로 불가분의 관계를 맺고 있다. 세계는 相卽과 相入이라는 동질성과 상호 의존성(연기성)의 관계로 복잡하게 연결된 거대한 그물망이다. 한 순간 한 티끌의 존재는 그 순간의 다른 모든 존재와 관계 맺는다. 한 티끌이 세계의 모든 존재 성립에 개입하는 동시에, 세계의 모든 존재들은 한 티끌의 존재를 가능하게 한다. 의상은 이 화엄적 연기관의 핵심을 "하나 가운데 일체가 있고 일체 가운데 하나가 있으며, 하나가 곧 일체요 일체가 곧 하나이다. 한 티끌 속에 시방세계를 포함하고 있고, 일체의 티끌 속에서도 마찬가지이다."[107]라고 요약하고 있다.

이러한 화엄적 세계관으로 볼 때, 일체 중생을 향하여 펼치는 자애의 빛은 중생이 그것을 수용하건 외면하건 간에 그들에게 일정한 영향을 미친다. 성기의 광명이 빛나는 그 순간부터 그 빛은 중생에게 이익 되는 방향으로 작용한다. '두 때에 모두 이익을 얻는다' '비록 邪見으로 진리를 위배한 중생이라도 성기의 자애를 입어 과보를 얻는다'라는 의상의 말은 이러한 화엄적 세계관을 배경으로 하고 있다.

성기의 자애가 중생을 이익 되게 하는 것을 이처럼 화엄적 관계

107) 의상, 『華嚴一乘法界圖』(大正藏45, p.711.).

에 입각하여 설명하자, 이에 대해 중생의 괴로운 과보와 부처의 자비와의 관련을 묻는 질문이 제기된다. 중생 자신의 악업에 의한 괴로운 과보를 성기(부처)의 자애와 관련시킬 수 있느냐는 질문이다. 이에 대해 의상은 중생의 모든 괴로움도 자비의 연장선상에서 이해할 수 있다고 응답한다. 즉 중생의 괴로운 과보는 오직 如來藏佛[108] 이 지은 것이라는 전제 아래, 여래장이 지닌 진리 실현의 능력으로 인해 苦를 떠나 樂을 얻게 된다는 점, 그리고 苦의 존재 그 자체가 바로 樂을 지향하게 하는 계기로서의 적극적 의미를 지닌다는 점을 근거로, 중생의 苦를 일관되게 성기(佛) 자애와의 관계로 해석하고 있다.

### 5) 『화엄경문답』에 나타난 의상 성기사상의 특징과 의의

지엄이 출발시킨 성기사상은 그가 법계연기의 淨門에서 설정한 本有와 本有修生에 각각 性과 起를 상응시켜 마련한 것이다. 그리고 이 성기사상은 중생의 보리심이 緣에 의거하여 얻은 無分別智로써 본래의 진실성에 계합하여 연기를 곧 성기로 볼 수 있게 하려는 것, 또한 동시에 그 성기로의 지향과 성기적 성취를 곧 중생 구제로 연결시키는 것을 그 취지로 하고 있다.

의상은『화엄경문답』에서 '性起와 緣起' '緣修因果와 性起因果' '本有와 新生' '性起와 중생 구제' 등의 문제에 관한 문답을 통해 자신의 성기사상 이해를 구체적으로 드러내고 있는데, 그의 성기사상은

---

108) 의상은 이때 如來藏佛을 타자가 아닌 바로 중생 각자를 如來藏의 관점에서 지칭하고 있는 것으로 볼 수도 있다. 후기불교는 중생이 지닌 깨달음의 근거나 가능성 및 능력을 명시적으로 표현하기 위해 불성이나 여래장이라는 용어를 채택하고 있는데, 의상은 여기서 性起慈로써 중생 苦果의 성립이나 존재 의의를 일관되게 해명하기 위해 중생이 각자 지니고 있는 여래장불을 언급하는 것으로 해석할 수 있다. 그러나 화엄적 사유를 고려한다면 굳이 이렇게 해석해야 할 필요도 없다.

지엄이 마련한 성기사상의 기본 취지를 충실히 계승하고 있다. 그리하여 의상의 성기사상은 어디까지나 깨달음의 체득, 진실성의 구현에 초점을 둔 실천적 맥락에 전개되고 있다. 지금까지 의상의 개성으로 추정해 온 각별한 종교적, 실천적 태도를 다시 한 번 실증적으로 확인시켜 준다. 그의 이러한 태도와 함께 그가 지엄 성기사상의 의도와 핵심을 충실히 파악하여 계승하고 있음을 볼 때, 지엄이 그에게 '義持'라는 호를 준 이유를 납득하게 된다.

한편 의상은 지엄의 성기사상을 계승하면서도 나름대로의 논의를 부가하여 성기사상의 취지를 더욱 선명하게 해명하고 있다. 의상의 논의는 성기론에 관한 지엄의 간략한 논의를 크게 보완해 준다. 지엄의 성기사상은 의상을 통해 그 의도와 핵심이 분명해졌다고도 할 수 있다.

의상의 성기사상 논의에서 발견되는 의상 나름대로의 논의 방식과 내용은 의상의 불교사상을 이해하는 데 큰 도움을 준다.『화엄경문답』에서 확인되는 의상의 성기사상이 의상의 사상 전반을 이해하는 데 구체적으로 어떻게 작용할 수 있는가의 문제, 또한 지엄과는 상당히 다른 분위기로 성기사상을 전개한 법장의 성기사상을 면밀히 논구하여 비교함으로써 의상類 화엄과 법장類 화엄의 차이를 판별해 내는 일 등이 다음의 과제로 등장한다. 아울러 의상의 성기사상에 대한 기존 학계의 논구들 가운데 일부는 재검토할 필요가 있을 것 같다. 의상의 성기사상에 대한 생생한 직접적 자료가 등장한 이상, 직접적 언급을 확보하지 못한 상태에서 불가피했던 우회적, 간접적 접근이 잉태한 문제점은 없는지 점검할 필요가 있다. 의상의 성기사상은 어디까지나 그 고유의 맥락 안에서 이해되어야 할 것이다.

## 4. 통섭의 통로 - 무분별지(無分別智)

### 1) 의상 화엄의 실천적 기반 - 무분별지(無分別智)의 증득

#### (1) 의상의 실천적 화엄과 그 기반

의상의 화엄사상가로서의 면모는 그의 스승 智儼(602-668)이 그에게 내린 '義持'라는 호에서 단적으로 드러난다. 화엄사상의 이론적 체계화에 결정적 초석을 마련한 지엄은 제자 복이 있는 사람이었다. 그는 의상과 法藏(643-712)이라는 두 걸출한 인물을 문하에 두는 행운을 누렸다. 두 제자는 모두 출중한 자질을 지니고 있었는데, 의상의 자질이 '실천적 성향'이라면 법장의 그것은 '이론적 성향'이었다. 지엄은 두 제자의 상이한 개성을 주목하여 의상에게는 '義持', 법장에게는 '文持'라는 호를 내렸다.109) 실천적 자질과 이론적 자질이 출중한 두 제자를 두었기에, 지엄의 화엄사상은 동아시아 정신사에 그 풍요롭고 수승한 위상을 확보할 수 있었다. 의상과 법장은 스승 지엄의 사상을 각각 '실천'과 '이론'의 두 측면에서 만개 시켜 화엄사상이 그 절정을 구가할 수 있게 하였던 것이다.

수학 당시부터 부각된 의상의 '실천적 자질과 성향'은 화엄가로서의 그의 전 생애를 일관하고 있다. 화엄사상을 치밀하고 정교한 이론으로 집대성하여 현란한 화엄이론을 서술적으로 완성시키는데 주력한 同門 법장과는 대조적으로, 의상은 화엄사상을 몸으로 실천하는 데 전력을 기울인다. 화엄의 도리를 몸으로 체득하고 실천하는데 관심을 두었던 그였기에, 귀국한 후 의상은 화엄의 도리를 체득하기 위한 수행 도량을 전국적으로 마련하고(태백산 부석

---

109) 體元, 『白花道場發願文略解』(한국불교전서6-570하).

사 등 華嚴大刹의 건립) 그곳을 중심으로 제자들을 양성하고 대중들을 교화해 나갔다. 법장이 화엄 도리의 이론적 전개에 탁월한 성취를 보인데 비하여, 의상은 화엄 도리의 실천적 전개에 일관되고도 눈부신 행적을 남기고 있는 것이다. 한 스승 밑에서 동문수학한 이 두 천재는 그 대조적 행보로 인해 더욱 서로의 개성을 부각시켜 주고 있다. 이런 사정으로 인해 의상 화엄의 특징을 법장의 면모와 대비시켜 '실천적 화엄'이라고들 칭하고 있다. '화엄의 뜻을 몸에 지니는 사람'이라는 의미의 義持라는 호에는 의상의 실천적 화엄가로서의 면모가 잘 압축되어 있다.

의상은 자신의 실천적 관심 때문인지 극히 소량의 저술만을 남기고 있다. 그의 저술로서는 지금까지 9종이 알려지고 있다. 그 중 『華嚴一乘法界圖』·『華嚴經問答』·『白花道場發願文』·『華嚴一乘發願文』·『投師禮』는 현존하고(『백화도량발원문』은 단편만 전함), 『入法界品抄記』·『華嚴十門看法觀』·『阿彌陀經義記』·『諸般請文』은 失本이다. 현존하는 것들 가운데서도 의상의 화엄 사상을 본격적으로 전하는 것은 『화엄일승법계도』와 『화엄경문답』 정도이다. 법장이 자신의 저술을 의상에게 보내어 그 내용의 옳고 그름을 검토해 달라고 부탁하고 있는 것만을 보아도[110] 의상 화엄의 이론적 수준이 어느 정도인지를 짐작할 수 있는데, 그런 그가 저술에 그토록 소극적이었던 것은 아무래도 그의 각별한 실천적 관심에서 그 이유를 찾을 수밖에 없다.

최근까지 의상 화엄의 주된 연구 자료로 채택되어 온 『화엄일승법계도』 역시 극히 압축적이다. 화엄의 도리를 7言30句 총 210자로 압축시킨 후 간략하게 그 뜻을 풀어주고 있는 서술 방식은 방대한 체

110) 一然, 『三國遺事』 義湘傳敎: 法藏, 「賢首國師寄海東書」(『圓宗文類』권22, 한국불교전서4-635하-636상).

계적 서술을 지향하는 법장과는 대조적이다. 이런 사정으로 인해 의상 화엄사상의 연구는 자료의 결핍이 항상 아쉬움으로 남아 있었는데, 다행히 최근에 의상의 화엄 사상을 상당량 전하는 『화엄경문답』이 발굴되어 자료상의 갈증을 어느 정도 달래주고 있다.

의상 화엄의 특징이 실천성에 있다고 한다면, 그가 설하는 화엄 사상 가운데서도 그 실천적 면모를 뒷받침하는 부분이 있을 것이다. 그런데 의상과 같은 불교인에게 실천성의 문제는 기본적으로 수행론과 보살행에 그 초점을 두게 된다. 의상과 같이 실천적 관심이 우선하는 경우에는, 화엄적 인간관과 세계관의 이론적 서술보다는 그 화엄의 도리를 직접 증득할 수 있는 수행 방법론과, 화엄의 도리대로 중생 구제의 行(華嚴一乘의 보살행)을 펼치는 일에 무게를 두는 것이 자연스러울 것이다. 최근 발굴된 『화엄경문답』에서는 이 문제의 해답을 구하는데 유용한 내용들이 등장하고 있어 눈길을 끈다. 그 가운데서 수행론과 관련한 의상 화엄의 실천적 기반을, '무분별지(無分別智)의 증득'을 중심으로 살펴본다.

### (2) 화엄일승(華嚴一乘)의 경지와 수행론

의상의 사상적 주제는 화엄일승이다. 그가 평생 추구하고 성취했으며 펼쳐 보인 것은 화엄일승의 경지였다. 화엄일승에 관한 의상의 언급은 분명 깊은 사상과 이론과 수행의 온축 위에서 전개되고 있다. 우리는 이러한 言句들의 심오한 사상적 의미를 다양한 각도에서 음미해 볼 수 있을 것이다. 그러나 화엄일승의 경지를 설하는 『화엄일승법계도』나 『화엄경문답』의 언구들에서는 의상의 실천적 면모가 선명하게 드러나지 않는다. 『화엄일승법계도』는 화엄 도리의 정수를 압축하고 있는 만큼, 구절 하나하나에 함축되어 반영된 의상의 실천적 면모를 읽어 낼 수도 있을 것이다. 그러나

의상의 실천적 면모를 그의 수행 방법론을 통해 확인하고자 할 때는 난점에 봉착하게 된다.

화엄일승의 경지를 직접 증득하고 몸으로 실천하고자 하는 것이 의상의 주된 관심사라 할진대, 의상의 실천적 면모를 충분히 확인하기 위해서는 수행 방법과 보살행에 관한 그의 구체적 언급을 확보해야만 한다. 어떻게 해야 그와 같은 화엄일승의 경지를 증득할 수 있는지, 그리고 어떤 것이 화엄 행자의 보살행인지에 대해, 보다 직접적인 설명을 확보할 수 있어야 한다.

물론 『화엄일승법계도』의 글 뜻풀이 속에는 수행론이라 할 수 있는 내용이 등장한다. 법계도 詩句가 自利行·利他行·修行方便 및 得利益의 세 부분으로 구성된 것이라는, 의상의 구조 분석과 그 뜻풀이 내용을 볼 때, 넓게 보면 법계도 내용 전체가 강렬한 실천성의 맥락 속에 놓여 있다고 할 수 있다. 그러나 그렇게 볼 때라도 여전히 아쉬움은 남는다. 그 까닭은 무엇일까? 법계도의 시구나 그 글 뜻풀이의 내용이 사실상 난해한 이론성과 사상성을 지니고 있기 때문이다. 법계도 시구의 뜻풀이 가운데서 수행론과 직접 연결시킬 수 있는 내용 두 가지를 예로 들어보자. 먼저 수행방편으로 분류된 부분 가운데 나오는 斷惑에 관한 풀이이다.

> “<미혹에 얽매어 있는 중생으로서 아직 번뇌를 끊지 못했고 복덕과 지혜를 성취하지도 않았는데, 무슨 뜻으로 옛부터 成佛한 것이라고 하는가?> <번뇌를 아직 끊지 못했다면 성불이라 하지 않는다. 번뇌를 남김없이 끊고 복덕과 지혜를 다 성취한 이후를 ‘옛부터 성불하였다.’고 말한다.>
>
> <미혹이 끊어졌다는 것은 어떤 것인가?> <『十地經論』에서 설하는 것처럼, 처음도 아니고 중간이나 나중도 아니니, 前·中·後를 모두 취하기 때문이다.> <그렇다면 어떻게 ‘끊었다’는 말

을 하는가?> <마치 허공과도 같은 것이니, 이와 같은 '끊음'이므로 아직 끊기 이전에는 '끊었다'고 말하지 않지만 끊은 이후에는 '옛부터 끊었다.'고 하는 것이다. 마치 꿈에서 깨어나면 잠든 것과 깨어난 것이 같지 않은 것과도 같아서 복덕과 지혜를 성취했느니 못했느니 혹은 번뇌를 끊었느니 못 끊었느니 하는 구별을 하지마는, 실제 도리와 모든 것들의 實相은 늘어남도 없고 줄어듬도 없이 본래 不動하다. 따라서 經에서 "번뇌법 가운데일지라도 한 법도 줄어듬을 보지 못하고, 청정법 가운데일지라도 한 법도 늘어남을 보지 못한다."고 하는 것은 이 일을 말하는 것이다. 어떤 사람은 "이와 같은 경전 구절은 이치(理)에 입각하여 말하는 것이지 사물(事)에 입각하여 말하는 것이 아니다."고 말하는데, 만일 三乘方便敎門에 입각해 본다면 제대로 해석한 것이라 하겠지만 一乘如實敎門에 의거해 본다면 그 도리를 온전히 해석한 것이라 할 수 없다. 이치(理)와 사물(事)은 조금도 분별됨이 없고 體와 用이 圓融하여 항상 中道에 있는 것인데, 이 사물 이외에 그 어디에서 이치를 얻는다는 것인가?>"111)

여기서 다루고 있는 斷惑이라는 주제는 분명 수행론에 해당한다. 그러나 그 내용은 화엄일승의 도리라는 고도의 사상성을 드러내는 것이 목표로 되어 있다. '옛부터 성불해 있다(舊來成佛)'는 말과 '번뇌 끊었다'는 말이 화엄의 도리로 볼 때는 어떻게 연결되는가를 해명하는 동시에, 그것을 다시 理事論과 연결시켜 三乘과 華嚴一乘의 見處가 어떻게 다른지를 설하고 있는 것이다. 물론 斷惑의 이와 같은 화엄사상적 해명은 구체적 수행방편으로 기능하기도 한다. 斷惑을 이처럼 화엄의 도리로 이해해야 '진정한 斷惑'이 된다는 뜻을 담고 있기 때문이다.

그러나 무엇인가 아쉬움은 여전히 남는다. 강렬한 번뇌의 화염

111) 『화엄일승법계도』(한국불교전서2권 5하-6상).

에 불타고 있는 현실의 중생들에게 이러한 '華嚴的 斷惑說'을 설했을 때, 이것을 실천적 수행방편으로 수용할 수 있는 사람들이 과연 얼마나 될까? 사상적으로나 이론적으로는 완벽한 수준일지 몰라도, 중생의 현실과 관련하여 얼마나 실천적일 수 있을까? 중생들은 실제로 자신의 번뇌와 관련하여 이러한 斷惑說을 얼마나 실감할 수 있으며 또 자기 삶에 구체적으로 적용할 수 있을까? 이런 문제를 제기하게 하는 또 하나의 사례를 보자. 역시 수행방편으로 분류된 부분 속에서 다음과 같은 내용이 등장한다.

> "만약 緣起의 實相인 陀羅尼法을 觀하고자 한다면 먼저 '十錢을 세는 방법'을 깨달아야만 한다. 一錢에서부터 十錢까지 세는 것을 말하는데, 十을 설하는 것은 한량없음을 나타내고자 하기 때문이다. 여기에는 두 가지 방식이 있으니, 하나는 '一中十 十中一'의 中門이고 다른 하나는 '一卽十 十卽一'의 卽門이다. 처음의 中門에도 두 가지 방식이 있으니, 一부터 시작해서 十까지 세어 올라가는 법과 十에서 시작해서 一까지 세어 내려오는 법이 그것이다. '세어 올라가는 법'에는 열 가지 같지 않는 것이 있다. 첫째는 '一'이니, 緣으로 성립하기 때문이며 이것은 곧 本數이다. 이렇게 진행하여 그 마지막인 열 번째는 '一中十'이니, 만약 一이 없다면 十이 성립하지 않기 때문이며 또한 十은 一이 아니기 때문이다. 나머지도 이와 같으니 例에 준하여 알 수 있다. '세어 내려오는 법'에도 열 가지가 있다. 첫째는 十이니, 緣으로 성립하기 때문이다. 마지막 열 번째는 '十中一'이니, 만약 十이 없다면 一이 성립하지 못하기 때문이며 또한 一은 十이 아니기 때문이다. 나머지들도 이와 같다. 변화하는 것이 이와 같으니, 감당하면 곧 錢 하나하나에 열 가지가 갖추어져 있음을 알게 된다. 처음과 끝의 兩錢에 각기 열 가지가 갖추어져 있는 것과 마찬가지로, 나머지 八錢에도 그렇다는 것을 例에 준하여 이해할 수 있다. (...) 두 번째인 卽門에도 '세어

올라가는 법'과 '세어 내려오는 법'의 두 가지가 있다. '세어 올라가는 법'에는 열 가지 같지 않는 것이 있다. 첫째는 '一'이니, 緣으로 성립하기 때문이다. 마지막 열 번째는 '一卽十'이니, 만약 一이 없다면 十이 성립하지 못하기 때문이며 緣으로 성립하기 때문이다. '세어 내려오는 법'에도 열 가지가 있다. 첫째는 十이니, 緣으로 성립하기 때문이다. 마지막 열 번째는 '十卽一'이니, 만약 十이 없다면 一이 성립하지 못하기 때문이다. 나머지 경우들은 例에 준한다. 이와 같은 뜻이기 때문에 하나하나의 錢에 열 가지가 갖추어져 있음을 알아야 한다."112)

의상의 화엄사상을 논할 때 매번 거론되는 이른바 '십전을 헤아리는 법(數十錢法)'이다. 緣起의 實相을 觀하는 방법론으로 의상은 이 '數十錢法'을 제시하고 있다. 화엄 일승의 경지, 연기법의 실상을 보려면 모든 것을 '中'과 '卽'의 관계로 파악하는 '수십전법'의 도리를 깨달아야 한다는 것이다. 이 역시 분명 실천 수행법이다. 수십전법의 도리대로 사물을 이해하면 실체적 분리와 대립으로 초래되던 미혹과 번뇌의 혼란을 해체하고 수습할 수 있기 때문이다.

그러나 이 수십전법 역시 사실상 난해하다. 고도의 사상성과 이론성은 돋보이나, 구체적인 삶에 적용하고자 할 때는 그 효용성에 문제가 생긴다. 고도의 이론 수준을 지닌 이 정교하고 복잡한 수행법을 제대로 소화하여 자기 삶에 적용할 수 있는 사람이 과연 몇이나 될까? 그런 점에서는 앞서의 斷惑說이나 이 數十錢法은 실천성과 현실성에 간과하지 못할 한계를 지니고 있다. 대중성이 곧 진리성을 담보하는 것은 아니지만, 불교가 자기 변화의 실천체계라는 점을 고려할 때 이러한 수행법들은 실천상의 문제를 내포하고 있다.

112) 같은 책, 한국불교전서2-6상-하.

사실상 화엄사상은 이와 같은 실천성의 난관을 불가피한 한계로 안고 있다. 불교의 사상이나 수행법들을 이론적 수준의 극한 정점으로까지 발전시킨 것이 화엄사상이기 때문에, 화엄사상은 오히려 실천성과 현실성을 상당한 정도로 상실해 버리는 운명에 처하게 된다. 어느 영역을 불문하고 이론의 고도화는 실천성의 약화를 잉태하기 마련이다. 실천 수행을 떠나서는 생명력을 유지할 수 없는 불교에서, 수행법들마저 고도의 이론성과 사상성을 담은 언어로 재구성하고 재해석하는 화엄적 시도는, 불교 수행법의 생생한 현장성과 실천성을 오히려 약화시키는 후유증을 초래하고 말았다. 화엄에서 설하는 수행법들은 비록 현란할 정도로 깊고 수준 높은 사상성과 이론성을 자랑하지만, 자칫 수행의 문제를 사변이나 이론에 치우쳐 처리해 버릴 수 있는 소지를 안게 되었던 것이다.

중국 불교에서 禪宗의 등장은 바로 화엄종의 이와 같은 실천성 약화를 극복하려는 새로운 실천 불교 운동이기도 하였다. 불교 사상의 언어적 표현을 극한까지 발전시킨 화엄이 그 후유증으로 실천성의 약화라는 문제를 노출하게 되자, 선종은 '不立文字'를 표방하면서 불교 고유의 수행적 실천성을 회복하려 했던 것이다.

『화엄일승법계도』에서 나타나는 수행론은 의상의 실천적 관심을 반영하기는 하나, 그의 실천적 면모를 뒷받침하는 기반으로는 불충분하다. 그렇다면 의상 역시 기본적으로 화엄사상의 한계에서 벗어나지 못한 것일까? 그의 강렬한 실천적 관심에도 불구하고, 의상은 화엄사상가로서 고도의 이론성과 사상성으로 인한 실천성의 결핍을 극복하지 못하고 있는 것일까? 그의 행적에 보이는 관음신앙이나 미타신앙이 그 극복의 대안이었을까? 그가 펼치는 화엄일승의 경지를 그는 과연 어떤 수행법으로 체득한 것일까? 화엄적 언어로 粉飾되지 않은 수행법, 현장감 있고 실천성 있는 전통적 불교 수행법과 의상의 수행은 어떤 관련이 있을까? 이런 물음들에 대한 해답의 실마리가 『화엄경문답』에 등장한다. 無分別智와 그 증득 방법에 관한 의상의 설명이 그것이다.

### 2) 무분별지(無分別智)와 그 증득 방법

#### (1) 의상의 화엄사상과 무분별(無分別)

無分別은 불교 사상의 핵심을 나타내는 일반적이고도 전통적인 용어이다. 그런데 의상의 화엄사상에서는 無分別이라는 용어가 특히 중요한 위상을 지니고 등장한다. 몇 가지 사례를 통해 확인해 보자.

의상은 화엄일승의 도리를 통해 緣起의 實相을 드러내고자 한다. 그리고 中道인 연기의 실상을 드러내고자 의상은 世親의 『十地經論』에서 유래하고 지엄이 해설하고 있는 이른바 六相說을 활용한다. 의상에 의하면 緣生法인 모든 존재는 總相·別相·同相·異相·成相·壞相의 六相으로 성립된다. 그리고 이 六相은 不卽不離하고 不一不異한 관계로서 항상 中道이다.[113] 그런데 이 六相이 드러내는 뜻은 다름 아닌 緣起의 無分別 도리이다.[114] 결국 의상은 연기의 실상을 無分別로 귀결하고 있는 것이다.

앞서 살펴 본 대로 의상은 연기의 실상인 다라니법을 觀하기 위해서는 數十錢法을 깨달아야 한다고 주장한다. 그런데 의상은 이 數十錢法이 드러내는 緣起·無自性·不住·中道의 도리 역시 결국은 無分別義로 귀착시키고 있다.[115] 뿐만 아니라 화엄의 一乘如實敎門이 三乘方便敎門과 다른 점 역시 理와 事의 無分別에 있다고 한다. 理·事가

---

113) 같은 책, 한국불교전서2-1하.
114) 같은 책, 한국불교전서2-2중.
115) 같은 책, 한국불교전서2-6중.

무분별하기에 體와 用이 圓融하여 항상 中道에 머무른다는 것이다.[116] 또한 의상은 因緣과 緣起를 '다름(別)'과 '같음(同)'의 두 측면에서 대비하면서 그 '다름'의 뜻을 다음과 같이 해명한다.

> "因緣과 緣起가 어떻게 다른가? 다르기도 하고 같기도 하다. 다르다고 하는 뜻은 다음과 같다. 因緣이라는 것은 相을 따라 俗을 차별하는 것이다. 因과 緣이 서로를 요구하여 독립된 실체가 없는 無自性의 뜻을 나타내니, 바로 俗諦의 바탕이다. 緣起라는 것은 性을 따라 분별이 없는 것이다. 相卽·相融하여 평등의 뜻을 나타내니, 바로 第一義諦의 바탕에 응하는 것이다."[117]

緣起라는 용어를 因緣과 다른 의미로 쓸 때는, 결국 연기라는 말로써 無分別의 뜻을 나타내고자 그렇게 한다는 것이다. 의상이 '무분별'을 얼마나 화엄 도리의 핵심적 개념으로 파악하고 있는지는 다음과 같은 논의에서도 드러난다.

의상은 三乘方便法과 화엄인 圓敎一乘法의 차이를 비유로 밝히고 있는데, 삼승방편법이 머리와 다리가 각기 다르고 아비와 자식이 나이가 같지 않은 경우라 한다면, 원교일승법은 머리와 다리가 모두 하나이고 아비와 자식의 나이가 모두 같은 경우라고 한다. 삼승방편법은 相에 의거하여 설하는 것이고 信心을 내게 하는 것이기 때문이며, 원교일승법은 緣으로 성립한 것이고 도리에 입각하여 설하는 것이기 때문이라는 것이다. 이어 의상은 다음과 같은 문답을 설정하여 자신의 뜻을 더욱 분명히 하고 있다.

> "묻기를, (원교일승법의 경우 머리와 다리가 모두 하나라고 하는데) 그 하나(一)의 뜻이 무엇인가? 답하기를, '하나'라고

116) 같은 책, 한국불교전서2-6상.
117) 같은 책, 한국불교전서2-7상.

하는 것은 無分別의 뜻이다. 또 묻기를, (아비와 자식의 나이가 모두 같다고 하는데) 같다는 말은 무슨 뜻인가? 답하길, '같다'는 것은 '머물지 않는다(不住)'는 뜻이다. 분별이 없고 머물지 않기 때문에 처음과 나중이 같은 곳이고 스승과 제자가 머리를 나란히 한다. 묻기를, 처음과 나중이 같은 곳이고 스승과 제자가 머리를 나란히 한다는 것이 무슨 뜻인가? 답하길, 그것은 서로를 알지 못한다(각자가 독립적 실체로 대립하지 않는다)는 뜻이다. 분별이 없기 때문이다. 또 묻기를, 분별이 없다는 것은 무슨 뜻인가? 답하길, 분별이 없다는 것은 緣으로 생겨났다는 뜻이니, 곧 처음과 나중 등이 별개의 독자적 실체가 아니다. 어째서 그런가 하면, 모든 것은 緣으로 생겨난 것이어서 만든 자도 없고 이룬 자도 없으며 아는 자도 없다(그 어떤 독자적 실체도 없다). 고요함과 작용함이 한 모습이요, 높고 낮음이 한 맛인 것이 마치 허공과도 같다. 모든 것들이 본래부터 이와 같다."[118)]

모든 존재들을 별개의 독립된 실체로 분리해 보거나(分別) 불변의 독립된 실체로 고정시켜 버리는(住) 사고방식에서 탈피하여, 無分別·不住의 관점에서 인간과 세상을 이해하고 경험하는 것이 圓敎인 화엄일승의 경지라는 것이다. 여기서도 의상은 '무분별'이라는 말로써 화엄일승이 펼치는 법계연기의 實相, 그 一相·一味의 평등성을 여는 키워드로 삼고 있다.

뿐만 아니라 의상은 法界圖 詩句 풀이 말미를 다음과 같은 문답으로 마무리함으로써, 詩句 전체의 뜻을 결국 '무분별' 한 마디로 압축하고 있다.

"무엇 때문에 편집자의 이름을 적지 않는가? 緣으로 생겨난 모든 것들은 주인이 따로 없다는 것을 드러내고자 하기 때문

118) 같은 책, 한국불교전서2-7중-하.

이다. 어째서 편집 시기인 年月은 표시하는가? 모든 것들이 緣에 의거하여 생겨난다는 것을 보이고자 하기 때문이다. 緣은 어디에서 오는가? 전도된 마음속에서 온다. 전도된 마음은 어디에서 오는가? 처음이 없는 무명(無始無明)에서 온다. 처음이 없는 무명은 어디에서 오는가? 여여(如如)함에서 온다. 여여함은 어디에 있는가? 여여함은 자체의 실상(自法性)에 있다. 실상(法性)은 무엇을 그 특성으로 하는가? 無分別을 그 특성으로 한다. 그러므로 모든 것이 그대로 中道이며 무분별 아닌 것이 없다. 이러한 뜻이기에 시구 첫머리에서 '존재의 참모습(法性)은 원융(圓融)하여 이상(二相)이 없고'라 했고, 마지막으로 '옛부터 움직이지 않음을 부처라 이름하노라'고 말한 뜻도 여기에 있는 것이다."119)

의상은 법계도의 수미일관하는 요점을 '무분별'이라는 말에 두고 있다. 의상에게 '무분별'이란 용어는 화엄일승의 세계를 여는 키워드이며, 법계의 진실·연기의 중도실상을 밝히는 핵심 개념이다.

### (2) 법계연기(法界緣起)·성기사상 (性起思想)과 무분별지(無分別智)

12연기설로 대변되는 불교의 전통적 緣起思想을 화엄은 法界緣起說이라는 독특한 해석 방식으로 계승하고 있다. 연기사상의 궁극적 의미를 제대로 밝혔다고 화엄가들이 자부하는 法界緣起 사상은, 緣起를 性起의 관점에서 처리함으로써 그 개성을 확보한다. 無我·空의 관점에서 파악되는 第一義諦로서의 緣起를 특별히 性起라는 말로 표현하면서, 화엄사상은 그 특유의 법계연기사상을 전개한다.

이러한 성기사상을 이론화시켜 출발시킨 사람은 의상의 스승인 智儼이다. 지엄은 60『華嚴經』「性起品」의 '성기'라는 말을 주목하여 성기론을 구성하면서 그것을 법계연기론과 결합시키고 있다. 그리

119) 같은 책, 한국불교전서2-8중.

고 의상은 지엄의 성기사상을 충실히 계승하여 자신의 화엄사상을 구성하고 있다. 그런데 의상이 강조하는 '무분별'을 가능하게 하는 지혜, 즉 無分別智는 이 성기사상에서 그 중요한 위상이 마련되고 있다.

앞서 확인한 바대로 지엄은 법계연기를, 존재의 참모습이 드러난 체계(淨門)와 實相이 왜곡되고 가려진 체계(染門)로 대별한 후, 다시 淨門은 本有·本有修生·修生·修生本有로 구분하고 染門은 緣起一心門과 依持一心門으로 나눈다. 그리고 淨門, 특히 本有와 本有修生에 상응하여 성기론을 구성한다.

지엄이 설정한 淨門의 내용에서 本有는 본래의 진실성 그 자체를, 本有修生은 인연에 의거하여 수행함으로써 생겨난 깨달음의 지혜가 그 본질에 있어서는 본래의 진실성(本有)과 다름이 없음을 나타내는 개념이다. 본유가 '본래의 진실성' 그 자체를 주목하는 것이라면, 본유수생은 연기를 매개로 한 본래의 진실성을 언급하는 것이다. 이에 비해 修生은 가르침 등의 인연에 의거하여 깨달음을 향한 조건들을 비로소 확보해 가는 것이고, 修生本有는 그 결과 성취한 無分別智에 의해 본래의 진실성에 계합하는 것을 지칭한다. 이렇게 볼 때 淨門을 구성하는 네 요소들은 그 내용상 다시 本有·本有修生과 修生·修生本有의 두 유형으로 구분된다. 本有와 本有修生은 '본래의 진실성'이라는 측면에 초점을 둔 개념들인데 비해, 修生과 修生本有는 '수행을 통해 실현되는 진실성'이라는 측면에 초점을 맞춘 구성이라 할 수 있기 때문이다.

지엄은 법계연기의 淨門을 이렇게 구성한 후 『화엄경』「성기품」을 本有·本有修生에 배속시키는 한편, 性起라는 용어를 本有·本有修生의 뜻과 결합시킨다. 性은 本有에, 起는 本有修生에 각각 상응시키고 있는 것이다. 지엄은 법계연기의 淨門, 그 중에서도 '본래의 진실성'에 초점을 맞추는 本有·本有修生에 의해 화엄의 사상적 개성을 확보하고자 하며, 性起論을 통해 그 이론적 근거를 보강하고 있다.

그런데 지엄의 '本有·本有修生論'이나 성기론이, 연기의 세계가 지니는 '본래의 진실성'을 중시하고 그러한 관점에서 연기의 세계를 이해/경험하는 것이지만, 동시에 그것은『화엄경』이 강조하는 보살 수행의 맥락에서 놓여 있다. 성기적 관점에 의해 세계를 '본래의 진실성이 현현하는 장엄한 진리의 현장'으로 해석하는 것은, 자신과 중생을 동시에 구제하려는 보살 수행의 맥락에서 비로소 충분히 의미 있게 되는 것이다. 그리고 바로 여기에 성기론의 실천적 의미가 있게 된다. '본래의 진실성'에 초점을 둔 本有·本有修生과 더불어, '수행을 통해 실현되는 진실성'에 무게를 둔 修生·修生本有를 설정한 취지도 여기에 있다.

그렇다면 본래의 진실성으로 돌아가게 해 주는 수행의 핵심은 무엇일까? 법계연기의 실상, 그 性起의 세계를 여는 결정적 열쇠는 무엇일까? 지엄은 그것을 '無分別智'라 한다. 지엄은 수생과 수생본유에 대해 이렇게 말한다.

> "세 번째인 修生이라 하는 것은, 믿음 등의 善根이 아직 드러나지 않다가 이제 청정한 가르침을 대함에 緣에 의지하여 비로소 發하는 것이니, 이런 까닭에 '새롭게 생겨난다(新生)'고 말하는 것이다. (...) 네 번째인 修生本有라 하는 것은, 그 여래장의 성품이 갖가지 얽힘 속에 있는데 범부일 때는 미혹하여 그런 줄 깨닫지 못하니 이 미혹한 때에 대해서는 (本)有라 하지 못한다. (...) 이제 無分別智를 얻어서 비로소 법신을 드러내어 얽힘에서 청정함을 이루니, 이전에는 힘이 없어 저 법이 없는 상태와 같았지만 이제는 用을 이루게 되어 이전의 없었던 상태와는 다르게 되었다. 이런 까닭에 本有라 이름 할 수는 없고 修淨이라 말하는 것이다."120)

修生은 新生이기도 하다. 존재의 실상을 왜곡하고 은폐시키는 무지와 그로 인해 초래된 번뇌로 오염된 삶을 새로운 삶으로 전환시키는 전환점이기 때문이다. 깨달음을 구하려는 마음을 내어 깨달음에 필요한 조건들을 확보해 감으로써, 이때부터 전혀 새로운 삶으로의 여정이 시작된다. 수행함으로써 생겨난 삶의 새로운 국면이 修生이요 新生이다.

이 '수행하여 새 삶 만들기'가 존재의 실상, 법계 연기의 참 모습과 만나기 위해서는, 사물에 대한 새로운 이해 능력을 요구한다. 그 새로운 이해 능력이 바로 '무분별지'이다. 중생은 무분별지에 의해 비로소 '본래의 진실성', 법계 연기의 실상에 歸入하게 된다. '수행하여 새 삶 만들기(修生)'가 마침내 '본래의 진실성(本有)'과 결합하게 되는 것이다(修生本有). 무분별지는 이처럼 화엄 법계연기 및 성기사상이 전제로 하는 실천성의 핵심적 지위를 차지한다.

의상은 이와 같은 지엄의 법계연기 및 성기사상을 그 실천적 의미에 초점을 두면서 계승하고 있다. 즉 의상은 修生·修生本有에 중심을 둔 緣起觀을 펼쳐 실천성을 중시하고 있고, '緣에 의거한 수행'이라는 뜻을 緣修라는 말에 담아 그 緣修와 性起가 불가분의 관계를 맺고 있음을 강조하여 성기사상을 철저히 수행과 관련하여 파악하고 있다. 법계연기나 성기사상의 本意는, 연기 속에서 緣에 의거한 수행으로 얻은 무분별지를 통해 본래의 진실성에 귀입하려는 실천적 맥락에 있는 것임을 분명히 하고 있는 것이다. 또한 그는 本有와 新生(修生)의 관계와 의미를, '本有菩提心·新生菩提心' '本有行德·新生行德' '本卽佛·新卽菩薩' '向背論' 등을 통해 거론함으로써, 성기사상은 보리심을 매개로 한 수행으로 증득한 무분별지를 통해 본래의 진실성에 계합하는 실천성을 전제로 한 것임을 밝

120) 『搜玄記』(大正藏35, p.63상).

히고 있다. 아울러 그렇게 본래의 진실성과 하나가 되어 연기를 성기로 볼 수 있게 된 사람(부처)이 그 性起的 체득을 어떻게 중생 구제와 결합시키는지를 설하고 있다.[121)]

이처럼 의상은 지엄으로부터 계승한 법계연기 및 성기사상을 철저히 깨달음의 증득과 그 사회적 구현이라는 실천적 의미로 소화하여 전개하고 있다. 따라서 그런 그에게 無分別智는, 스승인 지엄의 경우에서처럼, 그 실천성의 결정적 관건으로 간주되었을 것이다. 이렇게 보면 의상이 법계도 화엄사상의 수미일관하는 요점을 '무분별'이라는 말에 두고 있는 점이 이해된다. 의상에게 '무분별'은 화엄일승의 세계를 여는 사상적 열쇠이며, '무분별지'는 법계연기의 실상인 性起의 경지로 들어가는 수행상의 실천적 열쇠라 할 수 있다. 결국 무분별과 무분별지는 의상 화엄의 실천적 기반인 셈이다.

### (3) 무분별지(無分別智)의 증득

『화엄경문답』은 小伯山 錐洞에서 90일 동안 행해진 의상의 『화엄경』 강의 내용을 전하고 있다. 여기서 의상은 화엄일승의 도리를 문답식으로 풀어가고 있는데, 그 말미에서 다음과 같은 문답을 나누고 있다.

> "묻기를, 이미 <머무는 것이 없음(無住)>에 대한 교설을 듣고 <머무는 것이 없음>의 이치를 믿어 이해할 수 있게 되었는데, 어찌 미혹하다는 것입니까?
>
> 답하길, 분별하는 이해이기 때문이다. 만일 <머무는 것이 없음>에 대한 교설을 듣고 그 마음의 견해가 <머무는 것이 없음>의 이치로 되었다고 한다면, 이것은 단지 자기 마음이 지

121) 의상 성기사상의 이와 같은 실천적 성격에 대한 구체적 논의는 앞서 논의한 바 있다.

어낸 <머무는 것이 없음>일 뿐이지 부처가 말한 <머무는 것이 없는 도리>는 아니다. 어찌하여 그러한가? 자기 마음으로 無分別智를 얻지 못했기 때문이니, 어찌 저 <머무는 것이 없음>의 도리를 볼 수 있겠는가? 만약 그 도리를 보지 못했으면서도 보았다고 한다면 어찌 올바른 믿음이 되겠는가? 자기 안에 바른 믿음이 없으면서도 다른 사람에게 설법한다면 이는 남을 속이는 일이요, 또 아직 부처의 경지를 증득하지 못했으면서도 '부처는 이렇게 말하였다'면서 설하는 것은 부처를 비방하는 일이다. 또한 부처의 경지를 보지 못했으면서도 보았다고 하는 것은 법을 얻지 못했으면서도 얻었다고 하는 아만(增上慢)이기 때문에 勇猛精進에서 물러나게 된다. 그리고 이와 같은 사람이 만일 자기와 소견을 달리하는 사람을 만나면 곧 있는 대로 성을 내어 갖가지 악업을 짓기 때문에 모든 善根을 끊는 길(闡提道)로 들어가게 된다. 조심해야만 하니, 이것이 수행인이 크게 중시해야 할 점이다."[122]

의상의 실천적이고도 종교적인 풍모가 잘 나타나고 있다. 의상은 당시 신라 사회에 유행하던 대승불교 이론들, 특히 고도의 이론성과 사상성을 자랑하는 화엄사상에 매료되던 사람들에게서 불교 이론의 사변적 이해에 그치는 문제점을 발견하는 동시에, 그것이 올바른 수행과 실천을 가로막는 결정적 장애물이라 의식하였던 것 같다. 그리하여 분별의 사변적 범주에서 탈피하지 못하였으면서도 바른 믿음(正信)과 깨달음을 지닌 것처럼 주장하는 사이비 수행인들의 한계와 행태를 의상은 예리하게 분석, 경고하고 있다.

그런데 의상은, 부처가 설한 <머무름이 없음(無住)>의 도리를 증득하지 못하는 이유 역시 無分別智를 얻지 못함에서 찾고 있다. 의상에 의하면, 단지 듣고 이해하는 것에 그치고 무분별지를 증득하

122) 『화엄경 문답』(大正藏 45, p.612중-하).

지 못하면 거짓 믿음과 깨달음을 바른 것으로 위장하여 결과적으로 대중을 기만하고 부처를 비방하게 된다. 더욱이 무분별지의 증득 없이 믿음과 깨달음을 주장하면서 我慢에 빠진 사람들은, 자기와 견해를 달리하는 사람들을 부정과 적대감으로 대하면서 악행을 범하여 깨달음의 조건들을 모두 저버리게 된다. 무분별지의 증득이야말로 올바른 믿음과 진정한 깨달음을 가능하게 한다는 것이다. 화엄의 도리를 몸에 익혀 실천하려면 무분별지를 증득해야만 한다. 화엄 행자의 실천성은 무분별지를 그 토대로 하는 것이다. 이어지는 다음과 같은 문답은 그 점을 다시 한 번 확인시킨다.

> "묻기를, 그렇다면 어떻게 그 도리를 봅니까?
> 답하길, 이미 無分別의 도리를 들었다면 단지 無分別智로써 곧 증득하는 것이니, 생각 생각마다 無分別智를 닦는 것 이외에는 다른 방편이 없다.
> 묻기를, 어떻게 해야 부처의 말을 올바로 믿습니까?
> 답하길, 부처 말 가운데의 말을 이해해야만 한다. 불법은 말로 드러낸 것과 같지 않기 때문에 이처럼 말하는 것이다. 만일 이와 같이 이해할 수 있어서 견해가 어디에도 붙들려 매이지 않는다면 곧 믿고자 하는 것이 이해되고, 이해되지 않던 것을 증득하여 알게 된다. 그러므로 無分別智를 속히 닦아라. 성인의 뜻이 어찌 이처럼 닦는 데로 나아가게 하는 것이 아니겠는가. 여태까지 지어 온 갖가지 문장의 뜻들은 모두 이와 같이 이해해야 하니, 말 그대로는 이해하지 말아야 한다."[123]

앞서 확인한 것처럼, 의상에 의하면 모든 존재들을 별개의 독립된 실체로 분리해 보거나(分別) 불변의 독립된 실체로 고정시켜 버리는(住) 사고방식에서 탈피하여, 無分別·不住의 관점에서 인간과

---

123) 같은 책. p.612하.

세상을 이해하고 경험하는 것이 圓敎인 화엄일승의 경지이다. 그리고 이 無分別·不住의 관점을 체득케 하는 것이 바로 無分別智이다. 無分別·不住의 도리를 볼 수 있으려면, 그리하여 그 도리대로 세상을 살아갈 수 있으려면, 생각 생각마다 無分別智를 닦아야 한다. 무분별지를 얻지 못하면 無分別이나 不住에 관한 이해는 실체적 분리와 고정을 일삼는 분별지의 범주에서 벗어날 수가 없다. 無分別·不住의 경지가 사변적 지식의 대상으로 머물고 만다. 화엄 행자의 공부가 마음과 몸 모두의 변화를 초래하는 실천으로 연결되지 않고, 화려하지만 공허한 관념의 유희로 전락하고 만다.

부처의 말을 올바로 믿고 제대로 이해하기 위해서도 무분별지의 증득이 필수적이다. 말이 전하고자 하는 속뜻은 놓치고 말에만 매달려 집착하면 부처의 말을 제대로 이해할 수가 없다. 언어로 지시되는 것을 고정 불변의 실체로 간주하여 실체적 분리와 고정의 사유 범주에 머물면, 부처의 말은 올바로 믿을 수도 없고 제대로 이해할 수도 없다. 언어로 지시되는 그 무엇도 실체적 분리나 고정의 대상으로 간주하지 않을 수 있는 無分別智를 얻어야 비로소 부처의 말을 正信하게 된다.

이처럼 무분별지의 증득은 화엄 행자의 진정한 수행, 그 실천적 삶을 위한 토대이다. 화엄 일승의 도리와 화엄 행자의 삶을 하나로 만들어 가는 실천적 기반이 무분별지의 증득이다. 그렇다면 이 무분별지를 증득할 수 있는 구체적 수행 방법은 무엇일까? 어떻게 하는 것이 생각 생각마다 무분별지를 닦는 것일까?

아마도 의상은 제자들의 수행을 직접 지도할 때는, 무분별지를 증득한 자신의 수행 경험에 입각하여 무분별지 증득의 구체적 방법을 친절하게 지도했을 것이다. 실제로 불교 수행법은 일반화된 이론적 서술에 의해서가 아니라, 스승과 제자가 만나는 생생한 현장 중심으로 개별적으로 지도될 때 그 효과가 극대화되며, 또 그런 방식으로 지도된다. 스승은 제자의 이해 능력, 변화 상태, 정서, 인격, 경력 등 현장 상황을 구성하는 요소들을 종합적으로 고려하여 그 때 그 때 가장 적절한 방식과 내용의 가르침을 던진다. 그러므로 화엄 일승의 도리를 이론적으로 천명하는 설법이나 저술에서는 무분별지 증득의 구체적 방법이 드러나기 어렵다. 실제로『화엄일승법계도』와 같은 의상의 기존 저술에서는 이 문제에 대한 적절한 내용을 발견할 수 없다. 그렇다면 무분별지의 증득이 의상 화엄의 실천적 요체라는 점을 확인하는 정도에서 그쳐야 하는 것일까?

그렇지 않다. 의상의 화엄 강의 내용을 기록한『화엄경문답』을 유심히 보면 이 문제에 대한 해답의 실마리가 등장하고 있어 눈길을 끈다. 의상은 緣起에 대한 三乘과 華嚴一乘의 관점 차이를 밝히면서 다음과 같이 설하고 있다.

> "묻습니다. 그렇다면 또한 '緣이 모이면 있고 緣이 흩어지면 없다'고도 할 수 있는 것입니까?
>
> 답하겠다. 緣에 따라 있다거나 없다고도 할 수 있다. 그러나 비록 있다거나 없다고 말할지라도 이미 緣에 따라 말하는 것이다. 따라서 있다는 것이 꼭 있는 것이 아니요, 없다는 것이 꼭 없다는 것이 아니라는 점을 곧 알 수 있다. 또 그러므로 '꼭 있거나 꼭 없는 것이 아닌 것'도 아니라는 점을 알 수 있다. 있거나 없는 것이 아니기 때문에 緣을 따를 때라도 늘거나 주는 것이 아니고, 꼭 있거나 꼭 없는 것이 아닌 것도 아니기 때문에 緣을 따를 때라도 곧 있거나 없는 것이 아니다. 이와 같은 여러 뜻을 緣에 따라 말할 수 있으니, 맞지 않음이 없으며 또한 맞는 바도 없다. 맞는 바가 없기 때문에 곧 자기 입장이라 할 것도 없고, 자기 입장이라 할 것이 없기 때문에 옳다거나 그르다고 할 것도 없다. 이러한 일승연기의 법은 情識으

로 헤아려서 이해할 수 있는 것이 아니다. 그러나 비록 情識으로 헤아려 이해할 수 있는 것이 아니지만, 그렇다고 멀리서 구하지는 말아라. 情識을 돌이키기만 하면 된다.

묻습니다. 情識을 돌이키라는 것은 그 방편을 모르겠습니다. 어떻게 하는 것입니까?

답하겠다. 비록 방편이 무수하지만 그 요점을 말하겠다. 보이는 것을 따라 가면서 마음을 집착하지 않는 것이 바로 그것이다. 들리는 것을 따라 가면서 들리는 대로 取着하지 말아라. 그러면 곧 그것이 말미암은 바를 이해할 수 있고, 또 존재의 참다운 본성을 이해할 수 있다."124)

화엄 일승연기의 경지를 情識으로는 이해할 수 없다. 그렇다고 情識을 버리고 해결할 수 있는 문제도 아니다. 情識으로도 안되고 情識을 떠나서도 안 된다면 어떻게 해야 하는가? '情識을 돌이켜 살펴라'는 것이 의상의 대답이다. 그렇다면 구체적으로 어떻게 하는 것이 '情識을 돌이키는 것'인가? 의상이 제시하는 요점은 이렇다; **'보이는 것을 따라가면서 마음을 집착하지 말고, 들리는 것을 따라 가면서 들리는 대로 취하여 집착하지 말라.'**

의상이 그토록 강조하는 無分別智의 증득을 위한 수행론의 핵심 내용이 바로 이것이라고 필자는 생각한다. 의상 자신이 무분별지를 증득하기 위해 활용했을 이 수행법을 앞으로 <返情法>이라 부르고자 한다. 返情法의 내용을 이해하기 위해서는 우선 '情識'의 의미를 음미해야 한다. 情識은 근본 무지(無明)에 오염된 인식 활동이다. 감각 기관(六根)을 통해 접하는 감각 대상들을 정신적·물질적 실체로 간주하여 분별하는 인식 활동이 情識이다.

불교 인식론에 의하면 중생의 인식에는 모든 사물을 실체성과

---

124) 같은 책, p.609상.

고정성에 입각하여 파악하는 뿌리 깊은 성향이 자리 잡고 있다. '세계 이해와 경험의 선입 범주'라고도 할 만한 이 인식적 습벽으로 인해, 중생은 세계를 분리와 집착으로 경험하게 되며 그로 인한 갖가지 불안·혼란·고통을 그 필연적 후유증으로 겪는다. 이 인식적 오해와 혼란을 교정하여 세상을 무집착의 자유와 평안으로 경험하려는 것이 불교 수행의 목표이다. 불교 수행의 목표를 지혜와 자비라는 말로 요약할 때, 지혜는 인식적 오류가 교정됨으로써 생겨나는 '정확한 사물 이해'요, 자비는 그로 인한 무집착의 삶에서 자연 발생하는 우애·사랑·동정·포용·관용의 정서이다.

불교에서는 실체성과 고정성을 그 대표적 속성으로 갖는 인식적 오류를 근본적으로 교정하기 위한 방법으로 참선이라는 특별한 장치를 마련하여 가동한다. 팔정도의 正念 수행이 그것이다. 정념 수행은 인간의 경험 내용을 네 부류로 구분하여 총괄한 후(四念處) 그것들을 '지켜 봄'으로써 사물의 無實體性(無我性)과 變化性(無常)을 체득해 내게 한다. 이 정념 수행의 의미와 내용은 의상의 返情法을 이해하기 위해 요긴한 것이므로 論究에 필요한 정도로만 음미해 본다.

불교 인식론에 의하면 인간은 여섯 가지 감관(마음도 하나의 감관으로 간주된다)을 통해 소리나 냄새, 생각 등의 다양한 현상들을 접한 후, 그에 입각하여 善惡·好惡 등의 경험 내용을 구성한다. 눈으로 한 사람을 보았다고 하자. 그 사람은 얼마 전 자신과 크게 다툰 적이 있다. 그래서 그 사람의 형상이 눈에 들어오자 곧 불쾌해진다. 눈과 한 사람의 형상이 접촉하여 불쾌한 경험을 불러일으킨 것이다. 그런데 사실상 눈에 들어온 한 인간의 모습 자체는 유쾌한 것도 아니고 불쾌한 것도 아니다. 좋다거나 나쁘다는 판단은 후에 생겨난 것이다. 그 사람에 대해 이미 지니고 있던 선입견이나 기억들이 자기 利害와 결합하면서 善惡·好惡의 평가가 생겨난 것이다. 한 사물을 이처럼 善惡·好惡 등의 가치 판단으로 경험하게 되면, 곧 이어 그에 따른 행동이 뒤를 잇는다. 좋다는 사물에 대해서는 우호나 애착이, 싫다는 사물에 대해서는 혐오나 증오의 반응이 수반된다. 인간사 희로애락 부침은 이렇게 진행된다.

이렇게 볼 때 어떤 현상이나 사물에 대해 善惡·好惡의 주관적 해석과 평가를 내리는 과정에는 다양한 선입견들이 개입하고 있다. 그리하여 불교 인식론은 다음과 같은 관점을 수립한다. '인간의 내면에는, 언제부터인가 여러 경로를 통해 형성된, 사물을 해석하고 평가하는 어떤 방식이나 틀이 자리 잡고 있다. 그 방식이나 틀은 인간이 어떤 현상이나 사물을 대할 때 순간적으로 작동한다. 그리하여 인간은 사물이나 현상을 사실 그대로의 모습으로 경험하지를 않는다. 이미 지니고 있는 그 어떤 해석의 틀로 요리되어진 모습을 경험할 뿐이다. 그런데 이 해석의 틀에는 근본적으로 심각한 결점이 자리 잡고 있다. 그 결점은 근본 오해, 즉 근본 어리석음(無明)이니, <영원불변한 실체로서의 자아 관념>과 같은 것이 그것이다. 인간은 이 근본 무지에 입각한 해석의 틀을 가동하여 사물을 끝없이 오해하며 곡해하여 받아들이고 있다. 그 오해와 곡해의 산물을 고(苦)라 부른다.'

인간은 사물을 온전한 모습대로 경험하는 것이 아니다. 무지가 개입하고 있는 선입견이나 해석의 틀로 각색하여 받아들이고 있다. 그리고 이 각색은 곧 왜곡과 오해의 과정이기도 하다. 한 사물을 대하면서 우리는 이 왜곡과 오해의 해석 틀을 작동하면서, 好惡·善惡 등으로 평가한 후 취사선택한다. 그것은 곧 집착과 번뇌로 이어지고, 그 결과는 고통이라는 불만족과 혼란이다. 이처럼 한 현상이나 사물을 왜곡해 가는 것을 불교에서는 희론(戱論)이라 한다.

인간의 마음속에 뿌리내리고 있는 근본 무지와 그에 입각한 사물의 왜곡 과정을 확인하는 동시에 인간 고통의 원천이 바로 여기에 있다는 것을 알게 된 붇다는 그 해결책을 마련하는데, 그것이 바로 정념(正念)이라는 독특한 수행법이었다. 정념이라는 참선법은 마음 깊숙한 곳에서 작동하고 있는 '무지와 그에 입각한 사물의 해석 틀'을 교정하기 위한 수행법으로서 마련된 것이다. 實相을 왜곡하는 선입 이해 방식이 더 이상 힘을 발휘하지 못하게 하고, 더 나아가 그 틀을 해체시켜 버리는 장치가 바로 정념이라는 참선이다. 다시 말해 정념은 경험하는 모든 것들을 사실 그대로 파악할 수 있게 하는 교정 장치인 셈이다.

그리하여 정념 수행은 지금 자신에게 일어나고 있는 현상들을 습관적으로 각색하지 말고 그저 '지켜 볼 것'을 요구한다. 지금 내 몸에 일어나고 있는 모든 현상, 모든 경험들을 쫓아 나가지 말고 '지켜보라'는 것이 그 핵심이다. 경험하는 모든 것들을 '지켜보기'의 대상으로 삼으라는 것이다. 사물의 진실을 알기 위해서는 우선 그 사물에 대한 기존의 선입관으로부터 자유로워야 한다. 선입견과 기존의 이해 방식들에 얽매이지 말고 사물을 볼 수 있어야 그 진실이 드러나게 된다.

중생의 삶을 고통으로 물들이는 이 '선입 이해 방식'을 해체하려면, 무엇보다도 우선 그 '선입 이해 방식'에 휘말리지 말아야 한다. 그 '선입 이해 방식'의 지배에서 벗어나야 한다. 사물을 대할 때 과거의 버릇대로 무자각하게 '그릇된 이해 방식'에 휘말려 들어가지 말고, 사물을 그저 '지켜보아야' 한다. <몸(身)과 느낌(受)과 마음 상태(心)와 마음으로 알 수 있는 것들(法)>과 관련된 모든 현상과 경험들을 '이미 내 마음에 도사리고 있는 습관적 이해 방식'의 그물을 던져 파악하려 들지 말고, 멈추어 '지켜보라'는 것이다.

<선입 이해 방식으로부터 '거리를 두고 보라'. 그러다 보면 어느 때인가 사물의 진상이 고스란히 드러나게 된다. '사실대로 파악하는 지혜(如實知)'가 생겨나게 된다.> - 아마도 이것이 정념 수행의 놓칠 수 없는 메시지가 아닌가 생각한다.

이와 같은 정념의 의미와 내용을 염두에 두고 의상의 返情法을 새겨 보자. 의상이 말하는 情識은 '선입 이해 방식'에 지배받는 중생의 인식 활동이다. 보고 들리는 대상들을 향해 던져지는 '이해의 선입 틀과 버릇'을 그대로 방치하며 그 속으로 휘말려 들어가는 인식 과정이 情識이다. 그러므로 情識은 '보이는 것과 들리는 것을 그대로 따라가 집착한다.' 실체성과 고정성을 부여하는 '선입 이해 방식'에 지배된 채 사물을 따라가기 때문이다. 따라서 情識으로 사물을 파악하는 한, 사물의 진실은 드러나지 않는다. 화엄일승이 전하고자 하는 緣起의 實相은 왜곡되고 만다. 無分別·不住라는 사물의 참모습은 分別과 固定으로 일그러진다.

그렇다면 사물을 無分別·不住로 파악할 수 있는 無分別智를 증득하려면 어찌해야 하는가? 의상은 '情識을 돌이켜라. 그리하여 보고 들리는 대로 따라가지 말라'고 한다. '情識을 돌이키라' 함은 <선입 이해 방식>에 휘말려 들어가지 말라는 것이다. '보고 들리는 대로 쫓아가 집착한다'는 것은 그 <선입 이해 방식>에 지배되어 사물을 실체와 고정의 관점에서 왜곡하여 이해하고 관계 맺는 과정을 지칭한다. 그리고 '보고 들리는 대로 따라가 집착하지 않는 것'은 이해의 선입 틀에 휘말려 들어가지 않고, 보고 들리는 사물을 '지켜보는 것'이다. 無分別智를 증득하기 위해서는 '말 그대로 이해하지 말라(莫如言取解)'[125]고 하는 의상의 말도 그 의미가 비로소 분명해진다. 언어로 지칭되는 사물을 <선입 이해 방식>에 지배된

125) 주122)의 인용문

채 받아들이는 것이 '말 그대로 이해하는 것'이기 때문이다.

이렇게 볼 때 의상이 그토록 강조한 무분별지의 증득 방법은 결국 붇다 이래 계승되어 온 불교 고유의 전통적 참선 수행과 연결되고 있다. 의상은 화엄일승의 경지를 확인하는 실천적 기반을 無分別智로 압축시킨 후, 무분별지의 구체적 증득 방법으로서 불교의 전통적 참선법의 핵심을 계승한 返情法을 제시하고 있는 것이다.

### 3) 의상 화엄의 실천적 기반

의상의 화엄은 현저하게 실천적이다. 이 글에서는 의상 화엄의 실천적 기반을 수행론을 중심으로 추적해 보았다. 그 결과 의상 화엄의 실천성은 '無分別'과 '無分別智' 및 무분별지의 증득 방법인 '返情法'을 그 기반으로 하고 있다는 점을 확인할 수 있었다.

의상에게 '무분별'은 화엄일승의 세계를 여는 사상적 열쇠이며, '무분별지'는 법계연기의 실상인 性起의 경지로 들어가는 수행상의 실천적 열쇠이다. 지엄으로부터 계승한 법계연기 및 성기사상을 철저히 깨달음의 증득과 그 사회적 구현이라는 실천적 의미로 소화하여 전개하고 있는 의상은, 法界圖 화엄사상의 수미일관하는 요점을 '무분별'이라는 말로 압축하고, 無分別智를 그 실천성의 결정적 관건으로 간주하는 동시에, 무분별지의 증득 방법으로 초기불교 이래의 참선법을 계승한 返情法을 제시하고 있다.

의상에 의하면, 모든 존재들을 별개의 독립된 실체로 분리해 보거나(分別) 불변의 독립된 실체로 고정시켜 버리는(住) 사고방식에서 탈피하여, 無分別·不住의 관점에서 인간과 세상을 이해하고 경험하는 것이 圓敎인 화엄일승의 경지이다. 그리고 이 無分別·不住의 관점을 체득케 하는 것이 바로 無分別智이다. 無分別·不住의 도리를 볼 수 있으려면, 그리하여 그 도리대로 세상을 살아갈 수 있으려면, 생각 생각마다 無分別智를 닦아야 한다. 그리고 생각 생각마다 무분별지를 닦는 방법으로서 返情法을 설하고 있는데, 返情法은 붇다 이래 계승되어 온 불교 고유의 전통적 참선 수행의 핵심 내용과 상통하고 있다.

이처럼 의상 화엄은 無分別 → 無分別智 → 返情法으로 연결되는 실천적 기반을 완비함으로써 화엄 행자의 진정한 수행, 그 실천적 삶을 위한 토대를 제공하는 동시에, 화엄사상이 그 고도의 이론성과 사상성으로 인해 잉태하고 있는 실천성의 결핍 문제를 극복하고 있다. 그리하여 의상은 당시 신라 사회에 유행하던 대승불교 이론들, 특히 화엄사상에 매료되던 사람들이 불교 이론의 사변적 이해에 함몰되지 않도록 함으로써 올바른 믿음과 진정한 깨달음으로 이끌고 있다.

## 5. 통섭을 위한 언어의 화쟁

### 1) 일승(一乘)의 정의(正義)에 의한 화쟁

의상과 원효 시대의 한반도에는 층을 달리하는 다양한 불교이론들이 본격적으로 소개되고 있었다. 대승불교 이론의 두 축인 中觀과 唯識을 비롯하여, 반야·열반·법화·화엄 등의 후기 고급 불교이론은 물론 초기불교의 다양한 經論들도 탐구의 대상이 되고 있었음은 원효의 저술 목록을 통해서도 확인할 수 있다.

다양한 불교이론들의 도입은 사상계의 혼란을 초래하였다. 당시 중국이나 한반도에 소개된 불교 이론들은 초기불교와 후기불교의 이론 유형들을 망라하는 것이었는데, 모든 佛經들을 붇다 一人의 金口直說로 간주했던 사람들은 그 다양한 불교 전적들이 제공하는 이론의 다양성에 곤혹스러워 했다. 동일한 내용일지라도 경전마다 이론적, 사상적 수준이 달랐기에 혼란스러웠고, 각 경전의 다양한 내용이나 표현 방식은 곧잘 화해시키기 어려운 異質性으로 보여 이해가 충돌하기도 했다. 하나의 이론에 대해서도 사람들의 이해력이나 취향에 따라 다양한 이해가 등장하기 마련인데, 하물며 이론의 내용과 수준, 형식들마저 다양하였으니, 그로 인한 사상계의 혼란을 쉽게 짐작할 수 있다. 같은 불교 이론을 놓고 저마다 자기 이해가 옳다며 다투는 사람들, 자기가 선호하는 불교 이론이 최고라며 쟁론하는 사람들로 인해 사상계는 분열의 혼란을 겪고 있었다.

당시의 사상계에서는 특히 唯識思想이 爭論 생산의 주역이었다. 玄奘(602-664)이 17년간의 인도 유학을 마치고 귀국하면서 가져온 불전들의 번역으로 출발시킨 新譯佛敎, 그 가운데서도 특히 護法의 학설을 중심으로 하는 新唯識의 등장은 기존의 舊譯佛敎 및 그에 입각한 攝論學 중심의 舊唯識과의 사상적 갈등을 유발시켰고, 곧이어 窺基(632-682)가 현장을 계승하여 法相宗을 개창하면서 장안을 중심으로 한 중국사상계에 唯識學이 관심의 초점으로 부상하게 됨에 따라, 유식과 더불어 대승불교의 다른 한 축인 中觀사상과의 이른바 空·有 논쟁이 불교사상계의 중요한 테마로 부각되었다. 舊譯에 의한 舊唯識을 비판하는 法相 新唯識, 一乘眞實·三乘方便과 佛性의 一性說을 취하는 舊譯 一乘家의 입장을 三乘眞實·一乘方便과 五性說로써 비판하는 新譯 新唯識 진영, 그리고 유식사상의 번성으로 인해 상대적으로 부각된 중관사상의 대조적 개성을 둘러싸고 촉발된 중관·유식의 空·有 논쟁 등이 사상계의 격렬한 논쟁거리로 등장하였던 것이다.

현장의 譯經에 의해 막을 연 新譯佛教 및 法相 新唯識이 촉발시킨 사상계의 쟁론들은 중국과 보조를 맞추며 발전하고 있던 한반도의 사상계에도 곧바로 이식되었다. 원효가 의상과 함께 중국 유학을 시도하게 된 사상적 계기도 다름 아닌 新唯識을 현장 문하에서 직접 배우고자 함이었다고 한다. 현장에 의해 번역된 『유가사지론』이 1년 후에 신라에서 유통되고 있었을 정도였으니, "일찍이 자은사 현장삼장 문하를 사모하여 의상법사와 더불어 당에 들어가려 했으나 그 인연이 어긋났다."[126]고 하는 『송고승전』의 기록은 역사적 진실을 충분히 전달하고 있다. 현장의 신역불교가 점화시킨 중국 사상계의 쟁론은 곧장 한반도 사상계에도 이전 되어, 가히 동북아시아 지성계 전체가 유식사상이 주역이 된 사상논쟁에 휘말리고 있었다고 하겠다.

사유와 언어의 불가분리성을 염두에 둔다면, 사상적 쟁론은 곧 언어의 다툼이기도 하다. 다양한 불교 이론들에 대한 教判論的 언

126) 『송고승전』 권4, 황룡사 원효전(신수대장경50, p.770)

어 분열, 舊譯·新譯 및 中觀·唯識 언어의 비판적 대립 - 이것이 당시의 한반도 및 동북아시아 사상계의 정황이었다. 삼국 전쟁으로 그 절정에 이른 존재 분열과 함께 사상 분열, 즉 언어 분열이라는 또 하나의 심각한 인간 분열이 펼쳐지고 있었던 것이다.

一心사상에 입각한 和諍思想으로 이 언어분열을 수습하고자 한 원효에 비해, 의상은 화엄 일승의 언어관에 의해 그 화쟁을 시도한다.127)

의상은 우선 불교 언어(敎)의 실용주의적 성격을 강조한다. 그에 의하면, 언어는 상황과 맥락에 따라 그 형식과 내용이 제약 없이 결정되는 것이지, 존재의 본성을 언어로 記述(表現)하려는 것이 아니다. 중생의 오해를 반성, 교정시켜 올바른 이해로 유도하기 위한 수단(방편)이 언어이므로, 오해를 바로 잡는 교정 효과만 있다면 언어의 형식이나 내용은 어떤 것이라도 무방하다. 교정에 유효한 언어 형식이나 내용은, 불교 언어(敎)를 듣는 중생의 이해 능력과 관련된 상황에 따라 결정될 뿐이다. 말을 하는 것이 오해 교정과 이해 증진에 효과적이면 말을 하는 것이 옳고, 말을 안 해야 그런 효과가 생긴다면 말을 하지 않는 것이 옳다.

만일 언어의 사용 방식과 내용을 존재의 본성에 따라 결정한다면, 일정한 언어 형식과 내용만이 항상 옳다. 이 경우 언어의 사용은 제한 받게 된다. 예컨대 존재의 空性에 관한 敎를 존재의 본성에 따라 시설할 경우, '존재는 空하다'와 같이 존재의 空性을 기술하는 언어 형식과 내용에 제한된다. 그러나 불교 언어(敎)의 목표는 존재를 實相대로 표현하는 것이 아니라 중생의 오해 교정에 있다. 즉 '존재의 空性'을 언어로 기술하는 것이 목표가 아니라, 존재

127) 이 부분은 앞서 살펴본 의상의 일승·삼승론 가운데 등장하는 의상의 언어관에 관한 내용을 재구성한 것이다.

를 실체로 오해하는 중생으로 하여금 존재의 空性에 대한 이해가 생기게 하려는 실용주의적 목적에서 언어를 사용한다. 따라서 이 실용주의적 의도를 달성할 수만 있다면, 어떤 방식의 언어사용도 의미가 있으며 옳다. 중생의 상황에 따라서는 '존재가 공하다'는 말을 하지 않음으로써 존재의 空性을 깨우치게 할 수 있으며, 경우에 따라서는 '존재가 공하지 않다'는 말로써 바른 이해를 유도할 수 있다. 따라서 불교 언어(教)는 그 실용주의적 성격 때문에 형식이나 내용에 아무런 제약 없이 활용될 수 있다.

불교 언어의 실용주의적 성격을 거론하여 불필요한 언어 다툼을 화해시키는 의상은, 다시 언어 사용자의 경지에 따라 두 가지의 언어를 구분한다. 존재의 實相에 계합된 사람의 언어(一乘의 正義)와 아직 계합되지 못한 사람의 언어(三乘의 正說)가 그것이다.

존재의 실상은 일체의 실체성이나 종속적 의존성 및 분별성을 여읜 경지이기에, 존재 오해(無明)에 물든 일상 인식(情識, 分別心)으로는 파악할 수 없다. 그것은 사물의 이해 방식을 철저히 교정하여 體化시킬 때 증득되는 경지이다. 이러한 실상을 증득한 사람에게는 언어로 지칭되는 모든 것, 즉 모든 언어적 존재가 實相대로 이해되고 경험된다. 그리하여 존재의 實相에 계합된 사람에게는 그가 사용하는 모든 언어가 곧 존재의 실상 그 자체이다. 이 경지(一乘)의 사람에게는 언어가 존재의 실상을 배제하거나 왜곡하지 않는다. 언어와 그 의미가 실상에서 하나로 결합된 채 상호 圓融無碍, 無碍自在하다. 말할 때나 말하지 않을 때나 실상을 여의지 않고 있으므로, 이런 점에서는 '종일토록 말하는 것'이나 '아예 말하지 않는 것'이 동일하다. 하나의 말이나 일체의 말이 모두 동일한 실상일 뿐이니, '하나의 말이 곧 일체의 말이고, 일체의 말이 곧 하나의 말'이다. 마찬가지로 '하나를 듣는 것이 곧 일체를 듣는 것이고,

일체를 듣는 것이 곧 하나를 듣는 것'이기도 하다.

이에 비해 아직 존재의 실상에 계합되지 못한 사람은 언어적 존재를 실상대로 이해하거나 경험하지 못한다. 그러나 그는 언어를 통해 존재의 실상에 접근하고자 한다. 언어의 뜻에 의지하여 사물에 대한 오해(無明)와 그에 따른 혼란(번뇌, 苦)을 수습하고자 한다. 따라서 이 단계에 처한 자의 언어(三乘의 正說)는 존재의 실상을 밝히는 뜻을 담기는 하나, 언어와 실상이 아직 하나로 결합되지는 못하고 있다. 이와는 달리 존재의 실상에 계합하여 모든 것을 실상대로 이해하고 경험할 수 있게 된 자의 언어(一乘의 正義)는, 각 언어의 뜻이 실상과 하나 된 채 자유롭게 상통한다.

결국 의상은 언어 화쟁의 두 가지 방식을 제시하고 있다. '불교 언어의 실용주의적 성격에 대한 자각'과 '화엄 일승의 경지에서 본 언어'를 통해 언어 분열을 수습하는 것이다.

### 2) 의상 언어관의 현대적 의의

#### (1) 불교와 언어 그리고 의상

언어는 사물에 대한 해석 체계로 작용한다. 모든 언어에는 사물을 일정한 각도에서 해석하고 가공하며 파악하는 방식이 내재되어 있다. 언어의 이러한 해석과 가공 기능은 인간 인식의 깊숙한 곳에서 이미 작동하고 있기 때문에, 언어적 사유를 떠난 순수 사유의 존재도 의심받고 있다. 인간은 언어라는 해석 틀로 세계를 포착하고 내면의 경험을 이해, 판단한다. 인간에게 출몰하는 모든 현상은 언어로부터 자유롭기가 어렵다. 이런 까닭에 언어는 삶에 대한 인간의 태도와 방식 및 내용에 깊숙이 관여한다. 언어가 어떤 내용의 해석 체계로 기능하는가에 따라, 인간 삶의 내용이 결정되곤 한다.

불교는 궁극적으로 사물에 대한 인간의 이해를 문제 삼는다. 사물에 대한 무지와 이해의 결핍 때문에 힘겨운 삶이 전개된다고 말한다. 그리하여 불교는 그 오해의 내용 규명과 극복에 모든 관심과 노력을 경주한다. 그러다 보니 불교는 사물에 대한 인간의 이해에 깊이 관여하는 언어의 속성과 기능에 각별한 관심을 갖는다. 그 결과 사물에 대한 언어적 이해가 인간의 삶에 어떤 영향을 초래하며, 인간과 언어의 바람직한 관계는 어떤 것이고 또 그것이 어떻게 수립될 수 있는가에 대해 나름대로의 대답을 마련한다.

의상의 화엄적 언어관을 음미하다 보면, 불입문자(不立文字)를 표방하는 선종의 언어관과 관련하여 중요한 시사를 받게 되기도 한다. 의상의 언어 이해는 현대 한국불교의 전개와 관련하여 어떤 의의를 지닐 수 있을 것인가?

### (2) 불교 언어관의 형성과 전개

불교 언어관의 형성과 전개 과정에서 일관된 초점으로 작용하는 것은 이른바 '희론(戱論, papañca)'이다. 초기불교에서 희론은 인식의 과정에서 언어적 사유를 통해 개념이 확산되는 것을 지칭한다고 할 수 있다. 이때의 인식 과정은 사물에 관한 올바른 이해가 결핍된 일상 인식, 즉 '중생적' 인식이다. 따라서 희론은 언어를 매개로 한 '오해의 다양한 전개 및 증폭'을 뜻한다. 이 희론은 '실체로서의 자아 관념'에 입각하고 있다. 그리고 이 실체 관념은 언어에 의해 유지, 전파, 강화되곤 한다. 고정성과 동일성을 부여하는 통상적 언어 관념에 의존하면서, 희론은 실체적 자아 관념을 다양한 형태로 투사/전개시키며 사물에 대한 오해와 그로 인한 삶의 후유증들을 심화시켜 간다. 갈애와 자만, 고착된 자아 관념 등도 희론의 산물임은 물론이다. 희론은 실체적 언어 관념의 전개 과정이라 해도 무방할 것이다.

희론의 이와 같은 속성과 기능을 간파한 불교는 희론의 극복에 힘을 기울인다. 희론의 극복이 해탈의 관건이 되기 때문이다. 특히 무아설은, 언어란 그에 해당하는 실체가 존재하지 않는 일상 용법에 불과하다는 점을 해명하고 있다. 깨달은 자, 해탈한 자는 희론에 물들지 않게 된 자이기도 하다. 희론에 지배되지 않을 수 있는 능력을 계발하여 완전하게 실현한 자가 해탈한 성인(muni)이고 아라한이다.

그런데 희론에서의 언어가 비록 부정적 기능을 수행하지만, 그 희론의 극복에 기여하는 법(dhamma)의 언어는 해탈의 실현에 긍정적으로 작용한다. 언어 자체가 문제가 아니라 언어를 수용하는 주체의 태도 여하가 문제인 것이다. 희론에 지배받지 않게 된 자는 언어 세계를 무아적으로 이해하고 경험한다. 그는 관행에 따른 일상 언어용법에 따르면서도 언어가 구축하는 세계에 실체를 상정하지 않는다. 언어를 사용하면서도 허구적 언어 관념에 예속되지 않는다. 붇다가 자신 있게 말하는 것처럼, '자기는 세상과 다투지 않는데 세상이 나와 다툴 뿐'인 그런 사람이 된다. 언어를 사용하여 활발하게 논쟁하면서도, ego에 기인하는 그 어떤 집착이나 자만심, 승부욕, 독선에 함몰되지 않는다. 그리고 붇다의 가르침에 따라 그런 능력을 성취하게 된 사람들(아라한)은 그 결정적 계기를 법의 언어를 통해 마련한다.

초기불교에서 목격되는 언어를 둘러싼 이와 같은 상황들은 언어와 관련하여 두 가지 관점을 수립하게 된다. 언어에 상응하는 실체를 상정하면서 희론에 매몰되는 범부 중생과, 언어 세계를 무아적으로 이해/경험하여 희론에 빠져들지 않는 성자라는, 상이한 두 언어 주체가 존재한다는 것이 그 하나요, 언어는 그 상이한 두 언어 주체 모두에게 실용적 도구로서의 의미와 가치를 지닌다는 것이 다른 하나이다. 붇다의 언어관에는 질적으로 상이한 두 가지 언어 수용방식(이것을 '世俗的 언어형식' 및 '勝義的 언어형식'이라 칭해 본다[128])의 설정과, 실용주의적 언어관이라는 두 특징이 자리잡고 있는 것이다. 세속적 언어형식의 주체들은 법(dhamma)의 언어를 통해 희론에서 벗어나 해탈의 삶을 일구고, 승의적 언어형식의 주체들은 역시 법의 언어를 수단으로 하여 중생들의 향상을 돕는다. 특히 후자에게 언어란, 실체와 무관한 세속적 관행에 불과한 동시에, 그 일상 용법을 적절히 활용하여 중생에 대한 사랑과 연민을 실현한다. 그는 '세상에서 통용되는 언어를 취하여 쓰되, 착각하거나 집착하지 않고 쓰는' 자이다.

붇다의 언어관은 그 핵심이 중관파의 시조 나가르쥬나(Nāgaārjuna)에게 계승되어 이론적으로 확립된다. 나가르쥬나는 붇다의 관점을 계승하여 중생의 사유(vikalpa, 分別)가 언어적 허구(prapañca, 戲論)를 기반으로 한다는 점을 분명히 하면서, 언어 세계의 허구적 실체를 깨뜨려 공성(空性)인 진실을 드러내고자 한다. '희론을 寂滅시켜', 언어 세계에 대응하는 실체란 존재하지 않으며 언어 세계는 그대로 공성의 존재임을 밝히고자 한다.

동시에 그는 언어의 가치에 대한 실용주의적 관점도 간과하지 않는다. 그리하여 그는 '두 가지 진리의 구별에 관한 이론(二諦說)'을 수립하여 불교의 언어관을 망라하려 한다. 일반인들에게 관습적인 일상 언어로 통용되는 세속의 진리(世俗諦)와, 궁극적이고 본질적인 최고 진실로서의 진리(勝義諦)를 구별할 줄 알아야 하며, 동시에 세

128) 이와 관련한 상세한 논의는 필자의 拙稿 「불교의 언어이해와 불립문자」 (고려대 대학원 석사학위 논문, 1984)에 있다.

속의 언어 관습(세속제)에 의거하지 않으면 최고의 진실(승의제)은 설해질 수가 없다는 점도 알아야 한다는 것이다.129)

중관과 더불어 후기 불교의 한 축을 이루는 유식사상 역시 초기 불교나 중관사상 못지않게 언어에 대해 각별한 관심을 기울인다. 유식사상의 개성을 대변하는 삼성설(三性說)에서는 편계소집성(遍計所執性)을 '명칭과 언어에 의해 수립된 것(名言所立)'으로 간주한다. 연기적(緣起的) 현상세계(依他起性)를 언어에 의해 분별/망상하여 허구적으로 실체화하고 두루 헤아리며 집착하는 것, 그것이 바로 중생의 세속이라는 것이다. 그리고 그 언어적 허구의 성립과정을 유식(唯識)의 논리로 세밀하게 해명해 간다. 상(想)과 심(尋)과 사(伺)가 언어 세계의 전개에 주도적으로 관여하는 동시에, 언어 역시 그러한 인식의 내용을 규정하는, 언어와 인식의 복잡하게 얽힌 불가분의 상관성과 그 순환(名言熏習) 및 그로 인해 실체로서 가설(假設)되는 허구적 세계를 자세히 규명해 간다.

이와 동시에 유식은 언어의 실용주의적 가치 또한 자신의 이론 체계 내에 고스란히 담아낸다. 편계소집의 허구를 구축하는 언어의 부정적 기능을 극복하는 계기 역시 언어에서 마련하고 있는 것이다. 법의 언어를 단초(端初)로 하여 세속적 언어형식을 승의적 언어형식으로 전환시키며 유식실성(唯識實性)인 승의승의제(勝義勝義諦)에 도달할 수 있음을, 즉 언어의 오염을 언어를 통해 정화시킬 수 있음을 이론적으로 명시한다(正聞熏習, 多聞熏習, 加行位 唯識觀의 四尋伺와 四如實智).

---

129) 이 이제설은 나가르쥬나 이후 귀류논증파(歸謬論證派)의 찬드라키르티(Candrakīrti, 月稱)와 자립논증파(自立論證派)의 바바비베카(Bhāvaviveka, 淸辯)에 이르러 그 이해의 초점을 약간 달리 하면서, 언어에 대한 의미나 가치 부여의 문제에 대해서도 견해 차이를 보이게 된다. 그러나 이 경우에도 불교 언어관의 핵심 맥락을 일탈하지는 않는다.

### (3) 의상 언어관의 특징과 현대적 의의

의상은 붇다 이래 누적되어 온 언어관의 핵심을 망라하여 소화하고 있다. 그에게는 상이한 두 가지 언어형식 및 실용주의적 언어관, 그리고 그에 관한 중관과 유식의 이해 방식이 융합되어 나타난다. 그의 실용주의적 언어관은 불교 언어관의 전통에 충실한 것이며, 특히 승의적(勝義的) 언어형식에 대한 화엄적 이해(一乘의 正義)는 눈길을 끈다. 그는 實相에 계합된 사람의 언어가 지니는 특징과 좌표를 화엄적 사유를 활용하여 부각시키고 있다. 세속인들이 구축하는 언어세계의 허구성 규명과, 언어를 매개로 한 허구적 언어세계의 해체가, 붇다 이래 중관 및 유식까지의 불교 언어관의 일관된 기조였다. 그런데 의상은 그러한 전통에 입각하는 동시에, 허구적 언어세계를 해체시킨 주체의 경지를 적극적으로 천명하고 있는 것이다.

인간의 삶은 곧 언어적 전개라고 할 수 있을 정도로, 언어는 인간 내면의 깊숙한 곳에서부터 엄청난 영향력을 행사하고 있다. 자신을 포함한 세계에 대한 인식과 언어는 불가분의 밀접한 관계를 맺고 있으며, 나아가 인간 존재에 대한 규정력마저 언어는 행사하고 있다. 특정 시간과 공간에 존재하게 된 한 인간이, 이미 통용되고 있는 언어에 담긴 역사적, 문화적, 사상적 규정력으로부터 얼마나 자유로울 수 있을까? 그 사회의 언어에 누적되어 있는 정신적, 문화적 해석체계와 관행으로부터 과연 얼마나 자유로울 수 있을까? 언어의 개입을 허락하지 않는 순수 사유의 존재마저 회의적이라면, 인간은 결국 언어에 예속될 수밖에 없는 것일까?

또한 인간은 일반적으로 자신의 언어(견해나 주장)에 집착하며 연연한다. 그리하여 다른 언어의 이해나 수용에 인색하며, 자기 언어의 수정이나 변화에 소극적이다. 이 고착성과 경직성은 불필요한 다툼과 갈등의 원천이다. 담론을 통한 이론과 지식의 변화와 향상은 담론자의 인격 변화와 무관하게 진행되기도 한다. 승부심, 아만, 패배감, 경멸, 원한과 복수심은, 담론의 발전에도 불구하고 인간끼리 서로 할퀴어 깊은 상처를 남기곤 한다. 성숙한 담론자가 된다는 것은 사실상 갈등과 다툼을 내면화하는 과정이요 현실적 타협이지 본질적 해체는 아니다. 미워하거나 다투지 않고 담론을 진행할 수 있는 길은 무엇일까? 언어(담론)를 포기하지 않고서도 언어의 갈등과 배타적 다툼, 그 후유증을 원천적으로 해소할 수 있는 길은 없을까?

이러한 물음들과 관련하여 불교 및 의상의 언어관은 주목할 만한 관점을 제공한다. 인간의 현실(세속)은 곧 언어세계라 할 만큼 언어와 인간은 불가분리의 관계에 놓여 있음을 인정하는 동시에, 인간은 허구적 언어세계로부터 탈출할 수 있다고 한다. 세계에 대한 이해와 경험을 왜곡시키는 언어의 부정적 작용을 극복할 수 있다고 한다. 현실을 압도적으로 지배하고 있는 허구적 언어체계의 예속에서 벗어난, 자유로운 언어 주체로 변신할 수 있다는 것이다. 그리고 그러한 변신의 중요한 수단은 다름 아닌 바로 언어라 한다. 언어를 이용해 언어의 질곡에서 탈출할 수 있다는 것이다(언어의 전면적 부정도 긍정도 아닌, 부정과 긍정을 모두 아우르면서 자유를 지향하는 불교 특유의 중도적 태도가 여기서도 확인된다).

이러한 자유로운 언어 주체로의 변신에 의상은 더욱 적극적인 관심을 기울이고 있다. 언어를 수단 삼아 희론에서 벗어나 實相과 하나 되고, 다시 생명에 대한 사랑과 연민을 위해 언어를 사용하는 주체와 그 경지(一乘의 正義)를 화엄적 논의로 부각시키고 있다. 의상은 불교적 언어관의 이해나 이론적 서술에 그치지 않고, 한 주체나 이론이 승의적 언어형식에 얼마나 철저히 부합하고 있는

가를 중시한다. 그리고 바로 그러한 기준에서 다양한 불교 이론들을 평가하고 통섭하려고 한다.

또한 의상이 충실히 계승하고 있는 실용주의적 언어관은 실체적 언어관이 초래하는 독단과 독선의 완고함과 경직성에서 벗어나, 불필요한 심리적 갈등 없이 담론을 진행하는 '다툼 없는(無諍) 삶', 혹은 원효가 강조하는 '배타적 다툼을 화해시키는(和諍) 언어생활'을 가능하게 한다. 언어 세계를 무아적(무실체적)으로 이해/경험하면서 실용적 가치를 기준으로 상황과 맥락에 따라 언어를 융통성 있게 사용 및 수용하기 때문이다. 그럴 때 불안이나 불만에 동요하지 않고, 변화에 적극적이고 탄력적이며 유연한 태도로 담론에 임할 수 있다. 미워하지 않고 비판할 수 있으며, 또 흔쾌히 비판받을 수 있다.

불교는 언어에 대해 부정(허구적 언어체계의 해체)과 긍정(언어의 허구를 해체하는 수단으로서의 실용주의적 가치)을 아우르면서, 희론 없이 진실대로 이해/경험하며 자비의 수단이 되는 언어세계(대긍정)를 지향한다. 이런 의미에서 불교 언어관의 이면에는 궁극적으로는 낙관적이고 긍정적이며 적극적인 태도가 자리 잡고 있다고 할 수 있다. 의상은 그 점을 화엄적 사유를 통해 화려하게 부각시키고 있는데, 이는 현대 한국불교에 교훈적으로 시사하는 바가 크다.

현대 한국불교의 이념적, 현실적 주체는 여전히 선종이다. 불교 이론성과 체계성의 중국적 절정인 화엄이나 천태사상이, 그 고도의 이론성과 정교한 사상 체계로 인해 자칫 불교 특유의 실천성이 결핍될 수 있다는 우려 및 그러한 현실에 대한 반발이, 선종 등장의 한 요인이다. 그러다 보니 선종은 출발부터 다분히 언어 부정적 태도로 기울게 된다. '불립문자(不立文字)' '교외별전(敎外別傳)'

은 그러한 정황을 반영하기도 한다. 그런데 언어의 실용주의적 가치에 대한 인식은 부정될 수 없는 것이어서, '교시불어(教是佛語) 선시불심(禪是佛心)' '사교입선(捨教入禪)'의 선교융화론(禪教融和論)은 예견된 산물이었다.

그러나 선종은 아무래도 언어에 대해서는 소극적, 부정적 체질이다. 독특한 형식으로 계발되어 남겨진 그 엄청난 분량의 선구(禪句)는 언어에 대한 선종 나름대로의 독특하고 예민한 관심과 인식을 입증하고 있지만(이 점에 관한 보다 깊이 있는 탐구는 선종 이해의 중요한 과제임이 분명하다), 그럼에도 불구하고 중관이나 유식, 화엄이나 천태가 언어에 대해 보여주는 태도에 비교할 때, 현저하게 소극적이요 부정적이다(이 말은 개성적이라는 의미도 함축한다).

한국불교의 이념적, 현실적 주체인 선종의 구성원들 다수에게는, 아마도 알게 모르게 언어에 대해 소극/부정적인 선종의 태도가 체질화되어 있을지도 모른다. 그리하여 선종의 역사적 후유증인 이론성의 결핍(이것 역시 선종 특유의 개성이고 장점이라 할 수 있는 측면이 있기도 하다)을 보완하는 데 있어서 아직도 전반적으로 소극적인 태도가 아닌가 추측해 본다.

선종 특유의 언어들이 독특한 기여를 할 수 있는 상황과 맥락은 그리 만만하거나 일시적인 것이 아니기 때문에 여전히 유효하다고는 해도, 그 어느 때보다 개방되고 역동적이며 총체적인 현시대인들의 담론 과정에 적극적으로 동참하여 진리 탐구와 실현에 적절히 기여할 수 있으려면, 언어에 대해 더욱 적극적일 필요가 있다. 한국 선종의 구성원들은 이해와 평가가 용이한 지적(知的)이고 합리적인 대화, 서로를 향상시키는 의사소통 가능한 담론에 응할 수 있는 언어로 자신을 보완 및 충전할 필요가 있다. 오늘의 세속에 통용되는 언어들(世俗諦)에 밝아야 법의 언어가 갖는 가치와 의

의를 온전하게 파악하여 법을 진리 실현의 매개로 삼을 수 있으며, 궁극적 진실(勝義諦)로 이끄는 자비의 수단을 적절히 확보할 수 있기 때문이다.

한국 불교 역사상 가장 풍요로운 이론성과 사상성을 구가하는 동시에 실천성도 구비했던 통일신라 불교계의 거목 의상의 언어관은, 현대인의 언어생활과 한국불교의 현실을 비판적으로 점검하고 향상적 대안을 모색케 하는 중요한 단서를 제공한다. 어쩌면, 적어도 이론성이나 사상성에 있어서는, 한국불교 역사상 최고의 시대를 가꿀 수 있는 시절인연이 지금 전개되고 있는지도 모른다. 그리고 그 시절인연의 중심부에 혹시 '언어에 대한 태도'가 자리잡고 있는 것은 아닐까. 의상의 언어관은 그 태도의 정립과 관련한 소중한 통찰을 제공하고 있다.

## 6. 원효와 의상 그리고 통섭

현상의 차이들을 배타적 분열과 다툼이 아닌 평화적 공존으로 가꾸어 가려는 원효와 의상의 통섭 사상은 공통적으로 두 가지 원칙을 전제로 구성되고 있다. 하나는 모든 존재와 현상들을 실체적으로 분리시키지 않는 '둘 아님(不二)'의 원리이고, 다른 하나는 자기완성의 통로인 그 원리가 타자 존중과 적극적 배려를 그 당위로서 전개할 수 있어야 한다는 것이다. 그리하여 원효와 의상은 각각 일심과 화엄일승의 경지에서 '둘 아님'의 통섭 원천을 확보한다. 또한 원효는 각(覺) 사상을 통해, 의상은 성기(性起) 사상과 무분별지(無分別智)를 통해 '둘 아닌' 통섭의 통로를 마련하고 있다. 특히 원효의 경우 화쟁의 의지 역시 본각의 이익에 의거하여 구현하고 있다. 원효는 일심과 각 사상에서 통섭의 원천과 통로를 확보하여 존재의 해방적 통섭과 다툼의 화해를 추구하고 있고, 의상은 화엄일승의 도리에서 '공존공생의 포용 및 상호 존중'과 '하나됨'이 결합하는 통섭의 원천과 원리를 마련하는 동시에 성기사상과 무분별지를 화엄일승으로 나아가는 통로로 삼아 존재의 화엄적 통섭을 꾀하고 있는 것이다.

상호 배타적 존재 분열과 그 다툼이 해소되려면 실체적 분리를 극복할 수 있는 존재론적 원리가 확보되어야 하며, 그 원리에 의해 타자들에 대한 존중과 우호적 배려를 필연적으로 실천할 수 있어야 한다는 것이, 원효와 의상이 제시하는 존재 통섭의 조건이다. 인간과 인간이 본질적으로 평등한 존재로 만나면서 현상의 차이를 공존과 화해, 포용으로 안을 수 있는 존재 이해, 그리고 그 어떤 인위적 가치 판단에도 갇혀버리지 않는 무집착의 정신으로 세계 내에서 진실과 사랑을 향해 자신을 무한히 개방시켜 갈 수 있는 사상과 수행의 통로가 확보되어야 세상의 평화가 가능하다는 것이 그들의 통섭 사상이다. 이념 분열을 비롯하여 인간이 겪을 수 있는 분열의 거의 모든 형태가 마치 표본 전시장처럼 압축되어 있는 한반도의 오늘을 살아가는 우리에게, 원효와 의상의 통섭사상은 반드시 소화해 내야 할 지혜의 사자후라 하겠다.

# 5장

# 원효의 화쟁사상

## 1. 화쟁(和諍)은 논리의 문제인가
- 화쟁 논리의 연구사 검토* -

원효(617-686)는 '배타적 언어다툼의 화해(和諍)'를 위한 사상의 구성과 실천에 진력했던 것으로 보인다. 비록 잔간(殘簡)이기는 하나 아예 화쟁을 주제로 삼은 『십문화쟁론(十門和諍論)』이 남아 있는데, 신라 애장왕(재위 800-809) 때에 만들어진 서당화상비문(誓幢和上碑文)에서는 원효의 저술 가운데 특히 이 『십문화쟁론』을 부각시키며 이에 대한 세인들의 찬탄을 전하고 있고, 고려 시대에는 의천(1055-1101)이 원효를 "백가(百家) 이쟁(異諍)의 실마리를 화해시켜 일대의 지극히 공정한 이론을 얻었다."[1]고 평가하였으며, 원효에게 화쟁국사(和諍國師)라는 시호(諡號)가 추증되는 한편(숙종6

1) '和百家異諍之端 得一代至公之論'(「제분황사효성문」, 『대국국사문집』 권16.)

년, 1101), 명종(재위 1170-1197) 때에는 분황사에 화쟁국사비가 건립되어 조선시대 초기까지 전해지고 있었다.[2] 신라와 고려시대에도 원효 사상의 특징은 화쟁이라는 코드를 통해 인식되고 있었던 것이다.

오늘 날 원효를 연구하는 학자들 역시 예외 없이 화쟁 사상을 주목하고 있다. **화쟁은 원효 사상의 돋보이는 개성이며 원효 사상의 중심축을 형성하는 요소**라는 점에는 하나같이 공감하고 있는데, 충분히 수긍할만할 인식이라 하겠다.

화쟁은 '언어로 드러나는 다툼'을 대상으로 하는 문제의식이다. 언어적 쟁론을 화해 내지 해소시키려는 의지와 노력과 실천이 담긴 말이 화쟁이다. 사실상 인간의 모든 다툼은 언어적이다. 인간은 언어로써 타인과 다른 자기 관점을 표현하고, 자기주장을 정당화하며, 옹호하고 합리화시키면서 다툰다. 지구상의 생명체들 가운데서는 오직 인간만이 언어를 통해 다툰다. 언어에 자신을 담아 싸울 줄 아는 존재가 인간이다. 그런 점에서 쟁론은 언어적 존재인 인간의 '인간적 다툼 방식'이요 인간세의 특징적 면모이기도 하다.

쟁론은 진리 탐구의 통로가 되고, 상생적 성숙과 발전의 계기로 기능하기도 한다. 서로 다른 견해가 자기주장을 활발히 개진하는 과정에서 사물이나 사태의 보다 온전한 면모가 드러나며, 편견이나 단견, 무지나 선입견 등이 논쟁 과정에서 수정되거나 보완되어 서로를 성숙시켜 간다. 그러나 화쟁은 쟁론의 이와 같은 담론적 순기능을 대상으로 삼는 것이 아니다.

---

2) 金時習(1435-1493)은 분황사의 화쟁국사비를 보고 「無諍碑」라는 시를 남기고 있다(매월당시집 권12). 秋史 金正喜(1786-1856)가 분황사를 찾았을 때에는 이미 비신은 없어지고 대좌만 남아 추사는 그 대좌에 '此和諍國師之碑跡'이라 기록하였는데 이는 현재까지 전하고 있다. 정유재란(1597)의 병화로 소실된 것으로 추정되는 화쟁국사비의 탁본 단편이 『大東金石書』에 수록되어 있다.<김상현, 『원효연구』(민족사, 2000), 292-293쪽 참조.>

쟁론은 상호 발전과 진리 구현의 통로가 되기도 하지만, 상호 파멸과 타락의 매개가 되기도 한다. 모든 파멸적 공격과 폭력은 쟁론 충돌의 산물이기도 하다. 견해의 대립과 충돌은 상호 불신과 오해, 부정과 증오, 폭력으로 이어지곤 한다. 세상의 오염과 고통은 쟁론의 그늘이기도 하다. 20세기의 인류를 절망의 나락에 빠트린 것은 배타적인 이데올로기적 쟁론의 추한 얼굴이었고, 현재도 개인의 일상과 시대를 신음케 하고 있는 것은 편견과 선입견에 물든 갖가지 상호 부정적 쟁론들이다. 상대를 밀어내고 섬멸하려는 이 배타적 '견해의 다툼들'은 그 오래된 암흑의 맹위를 여전히 과시하고 있다. **화쟁은 이 상호 부정적 쟁론의 해악성을 극복하려는 노력이다.**

그런데 모든 쟁론은 논리를 구사한다. 인간의 말싸움에는 논리가 개입한다. 모든 쟁론은 자기 견해의 승리를 위해 다양한 형태의 논리를 동원한다. 따라서 쟁론을 관심의 대상으로 삼을 때, 우리는 자연스럽게 논리의 문제에 초점을 두게 마련이다. 원효의 화쟁 사상에 관한 그간의 연구들 역시 쟁론에 관한 이와 같은 관행적 인식을 반영하고 있다. '쟁론의 그늘을 밝히기 위한 원효의 화쟁 사상은 어떤 논리 위에서 전개되고 있는가?'하는 것이 화쟁 사상 연구자들의 관심을 자연스럽게 지배해 온 것으로 보인다. '화쟁의 논리'를 규명하는 것이 화쟁 사상 연구의 핵심 과제라고 인식되어 온 것이다.

아직은 일천한 화쟁 사상 연구사에서 원효의 화쟁 논리를 밝히려는 노력의 단초는 박종홍 선생에 의해 마련된다. 박종홍은 원효의 철학사상을 탐구하면서 화쟁의 논리를 '개합(開合)과 종요(宗要)·입파(立破)와 여탈(與奪)·동이(同異)와 유무(有無)·이변비중(離邊非中)·일미(一味)와 절언(切言)'으로 파악하고, 이 화쟁의 논리가 원효

의 철학을 일관하고 있는 방법이라고 말한다.[3)]

원효 화쟁 사상의 논리 형식을 밝히려고 한 최초의 시도라 할 수 있는 박종홍의 노력은, 비록 그 선구적 의의에도 불구하고 원전 해석이나 논의 내용상 많은 문제점을 안고 있는 것이었다. 그 문제점을 세세히 밝히려고 한 것이 박성배의 「원효사상 전개의 문제점」[4)]이다. 박성배는 박종홍의 논의를 비판적으로 검토한 후, 화쟁 사상을 화쟁의 논리 형식을 통해 파악하려는 시도에 내재된 문제점을 이렇게 지적하고 있다.

> "우리는 진리 탐구의 방법이라는 말을 들을 때 그 방법에 의해서 그 진리에 도달한다고 생각하는 것이 보통이다. 그러나 원효의 화쟁 사상에 관한 한, 개합(開合)이라는 방법에 의하여 화쟁이 이루어진다는 보장은 되어 있지 않다고 생각한다. 왜냐 하면 원효의 화쟁은 앞에서도 우리가 누누히 지적한 바와 같이 화쟁자(和諍者)의 세계에 무애자재가 구현된다는 점을 항상 전제하고 있기 때문이다."[5)]

아울러 그는 자신의 이러한 입장이 '따라서 먼저 도통해야 한다'고 하는 근본주의자의 태도는 아니라고 하면서, 그러나 무분별지(無分別知)의 소산인 비논리(非論理)의 논리를 올바로 이해하기 위해 원효 사상 연구자들은 '전통적 학문의 길인 학어자(學語者)의 길'과 원효가 체험한 경지를 문제 삼는 '수도자의 길'의 사이에 서려고 노력해야 할 것이라 제안하고 있다.[6)]

---

3) 박종홍, 『한국사상사』(서문당, 1977), pp.85-106.(이 책은 원래 1966년에 일신사에서 간행한 『한국사상사-고대편』을 다시 1972년에 서문당에서 서문문고로 발간한 것이다)

4) 박성배, 『동서철학의 제문제』(金奎榮博士 華甲紀念論文集, 1979).

5) 위의 책, p.94.

6) 같은 책, pp.94-96.

사실 쟁론을 화해 내지 해소시키려는 원효의 화쟁 사상을 논리 형식의 파악을 통해 이해하려는 시도는 근원적 문제점을 잉태하고 있다. **원효는 배타적 쟁론의 논리들과 차별되는 또 다른 탁월한 논리 형식으로써 쟁론들을 극복하고 있을 것이라는 기대는 적절치 않다.** 분명 원효의 화쟁 사상은 독특한 논리 형식을 구사하고 있지만, 그 논리 형식을 추출하여 쟁론의 문제 상황에 적용한다고 해서 화쟁이 이루어진다고 보아서는 안 된다. **정작 주시해야 할 것은 화쟁의 논리 형식이 산출되는 토대이고 원천이다. 화쟁의 논리를 구사하는 자의 내면세계에 대한 탐구가 간과되어서는 안 되는 이유가 여기에 있다.** 그런 점에서 박성배의 문제 제기는 적절하다.

잔간(殘簡)만이 전하는 『십문화쟁론』의 복원까지 시도하며 원효의 화쟁 사상을 정리하고자 한 것은 이종익이다.[7] 그는 '일체언교(一切言教)가 다 일승교(一乘教)이며 무량승(無量乘)이 곧 일승(一乘)이라고 하는 일승관에 입각하여, 대승과 소승의 삼장은 모두 그 일승에 이르게 하는 방편이며 각 방편에는 나름대로의 이유가 있으므로 그 이유를 제대로 이해하면 시비쟁론이 있을 수 없다는 것이 화쟁론의 기점(基點)'이고, '유(有)와 무(無)·진(眞)·속(俗)·성(性)·상(相)·중(中)·변(邊) 등을 다 초월하는 동시에 융통무애(融通無碍)하다고 하는 법체관(法體觀)이 화쟁사상의 원리'이니, '제가(諸家)의 이설(異說)에는 각기 이유가 있으니, 일설(一說)에만 편집(偏執)하면 다 그릇되고 서로 통해 알고 보면 다 옳다는 것이 화쟁론의 근본원칙'[8]이라 하는 동시에, 십문(十門)을 화쟁의 열 가지 주제로 보아 현존 원효 저술에 산재해 있는 화쟁 논의에 입각하여 그 명목(名目)의 복원을 시도하고 있다.[9] 이종익의 연구는 화쟁의 논리 형식을 탐구한 것은

7) 이종익, 「원효의 십문화쟁론 연구」, 『원효의 근본사상』, 동방사상연구원, 1977.
8) 같은 책, pp.15-21.

아니나, 화쟁에 관한 원효 저술의 현존 자료를 종합하여 정리하는 동시에 십문의 복원까지 시도한 점에서 주목할 만하다.

원효의 화쟁 사상을 집중적으로 연구한 최유진은 화쟁과 일심의 관계 및 화쟁과 언어의 문제를 탐구하면서, 화쟁의 방법을 '극단을 떠남 · 여러 이론에 대한 긍정과 부정의 자재 · 동의도 않고 이의도 제기 않으며 설함 · 경전 내용에 대한 폭넓은 이해'로 정리하고 있다.[10] 원효 저술에 등장하는 화쟁의 방법론을 정리하고 있는 과정에서 화쟁의 논리들을 음미하고 있는 점이 돋보인다.

화쟁 사상을 비롯하여 원효 사상 전반을 데리다 등이 대표하는 텍스트 이론에 의거하여 파악하려는 김형효의 시도는 비교철학적 접근이 돋보인다. 김형효는 원효 사상뿐만 아니라 노장 사상까지도 일관되게 텍스트 이론에 의해 독해하고 있어 주목된다.[11] 그런데 노자 사상은 상반상성(相反相成)의 통찰을 그 세계관적 토대로 삼고 있는 것이 분명해 보이므로 데리다 류(類)의 텍스트 이론으로 독해해 보는 작업이 그다지 무리가 없어 보이지만, 원효 사상을 텍스트 이론으로 독해해 버리는 것이 과연 김형효의 확신처럼 충분히 적절한 것인지 의문을 품게 된다.

김형효는 원효를 '동양의 불교사상사에서 가장 탁월한 불교학의 텍스트 이론가였고 화쟁의 바른 뜻은 현대적 의미에서 텍스트 이론에 다름 아니다'[12]고 하면서, 텍스트 이론과 원효 사상과의 일치성에 확신을 보이고 있다. 원효가 유(有)무(無) · 공(空)불공(不空) · 진(眞)속(俗) · 염(染)정(淨) · 시(是)비(非) 등의 한 쌍의 이항(異項)들을

9) 같은 책, pp.21-24.
10) 최유진, 「원효의 화쟁사상 연구」(서울대대학원박사학위논문, 1988)
11) 김형효, 「원효사상의 텍스트 이론적 독법」(『원효에서 다산까지』, 청계, 2000), 『노장사상의 해체적 독법』(청계, 1999)
12) 「원효사상의 텍스트 이론적 독법」, 『원효에서 다산까지』, p.16.

수사학상의 교차배어법처럼 교차반복적인 새끼꼬기를 통해 엮고 있는 것은 차이가 대립이 아니라 상호간의 상감(象嵌)이나 접목으로서 서로 상대방에 연루되어 있음을 드러내려는 것이며, 이것은 부정과 긍정의 보충대리적 동거 양식이나 동봉 법칙을 설하는 것이어서, 연좌(連坐) 혹은 연루(連累)의 법을 말하는 데리다 류(類)의 얽힘의 문자학적 사유와 같은 것이라는 것이 김형효의 일관된 관점이다. 서로 상반된 것의 동시성이나 공존 불가능한 것의 공존 가능성을 설하는 것이 원효가 말하는 불일이불이(不一而不二) 융이이불일(融二而不一)의 의미이며, 따라서 이 세상이 새끼꼬기의 관계를 맺고 있기에 자기 것이라 우길 것이 없고, 자기 것이라 집착했던 것도 사실은 다른 것과의 차이 속에서 이루어지는 접목 현상에 불과하다는 것이 다름 아닌 원효의 화쟁 논리라는 것이다. 그는 이러한 관점으로 일심지원(一心之源)·일심이문(一心二門)의 염이불염(染而不染)불염이염(不染而染)·삼공지해(三空之海)·무리지지리(無理之至理)·불연지대연(不然之大然)·진속무이이불수일(眞俗無二而不守一)·리언절려(離言絶慮)·불가사의(不可思議) 등 원효사상 및 원효의 『금강삼매경론』에 등장하는 주요 개념들을 일관되게 문자학과 텍스트 이론의 논리로 독해하고 있다.

원효 및 불교사상이 설하는 무실체의 존재론이 데리다 류(類)의 텍스트 이론적 사유 및 논리와 상응하는 면모가 있음은 분명하다. 불교의 연기론적 통찰이나 노장사상의 상반상성(相反相成)적 사유는 실체적 존재론의 산물인 대립이나 동일성의 논리가 아니라 차이와 접목, 이중적인 것의 얽힘과 반(反)개념적 산종(散種)의 차연(差延) 관계를 설하고 있다는 점에서 문자학적 사유와 통하고 있다. 그런 점에서 원효사상과 노장사상을 텍스트 이론으로 독해하려는 김형효의 시도는 유효하며 의미 있는 비교철학적 작업이라 할만

하다.

그러나 원효사상을 텍스트 이론으로 독해하는 김형효의 작업에는 간과할 수 없는 문제점이 내재하고 있다고 생각한다. 원효 언어의 궁극적 귀결이며 원효의 삶과 언어의 그 특별한 수준의 가능 근거인 일심의 경지를, 텍스트 이론적 얽힘의 통찰에 의거하여 독해하는 것이 과연 얼마나 충분할 것인가? 이 점에 관해 김형효는 과다한 확신을 보여주는 것 같다.

**원효사상이나 불교 사상을 텍스트 이론으로 독해할 경우, 그 무실체의 연기적 사유가 안고 있는 상호 의존적 관계성의 통찰은 문자학적 얽힘의 사유에 의해 그 한 면모가 적절히 포착된다. 그러나 무아·무실체의 연기적 통찰은 단지 문자학적 얽힘의 사유 수준으로 포착되지 않는 수준 또한 지니고 있다. 텍스트 이론의 존재 이해 차원을 넘어서는 관점이 있는 것이다.**

**상반되는 것들의 상호 의존이나 차이의 얽힘으로 보는 것은 배타적 자기중심성을 털어 버리는 삶의 성숙을 가능하게 하지만, 그 성숙은 본질적으로 상반된 이항(異項)들을 설정하는 사고 범주를 벗어날 수 없다. 그런데 불교의 해탈, 원효의 일심의 경지는 분명 차원 높은 초탈의 관점을 설하고 있다. 존재론적으로 볼 때 그 초탈은 '유/무(有/無) 분별적 사유 범주' 자체를 본질적으로 넘어서는 것이기도 하다.**

부처가 성취한 무아·무실체의 통찰은, 존재를 유 혹은 무로 포착하는 분별지의 토대를 해체시킨다. 그 무실체의 통찰은 유와 무를 실체적 대립이 아닌 상호 의존적 얽힘으로 독해할 것을 요구하는 수준에서 그치는 것이 아니라, 존재를 유와 무로 분별하여 포착하는 사고 범주 자체에 내재하는 결핍을 지적한다. 유에 의해서만 비로소 무가 포착되고, 무를 배경으로 해야 유가 감지되는 사유 범주가 바로 유/무 분별의 세계이다. 유와 무를 실체적 대립으로 보건, 아니면 차이의 얽힘이나 긍정과 부정의 접목, 동거, 및 연루로 보든 간에, 한결같이 **'유/무 분별적'**이다. **불교의 무아적 깨달음, 원효의 일심의 경지가 요구하는 존재 이해의 지평은 이 유/무 분별적 사유 범주 자체를 극복하는 새로운 차원으로 보아야 하리라.** 유(有)·무(無)·비유비무(非有非無)·역유역무(亦有亦無)의 사구(四句)를 비판하는 불교 논리(四種謗)는 다름 아닌 유와 무를 분별적으로 설정하는 인식의 틀 자체를 넘어서게 하려는 것이며, 나가르주나가 펼치는 공의 논리 역시 같은 맥락에 있고, 주관과 객관을 유/무 범주에서 포착하는 것은 인간 인식의 근저적 결핍(무명)의 산물이라는 소식을 알리는 유식이나 『대승기신론』의 언어 역시 이 새로운 차원의 이해 지평을 열고자 하는 것이다.

연기적 통찰을 문자학적 상호 의존 내지 상호 대기의 관계로 독해할 때는, 차이에 의한 상호 긍정의 수준을 넘기 어렵다는 문제를 김형효 역시 인지하고 있는 듯하다. '적멸은 생멸의 세계와 상감하고 있지만 동시에 이 세계를 초탈해 있다. 이것을 어떻게 읽어야 하는가?'라고 물으며, 그 대답을 역시 문자학적 맥락에서 구하고 있다.[13]

김형효는 열반의 경지, 유식의 언어로는 원성실성의 경지를, 데리다가 말하는 지상권(至上權)의 상태라고 한다. '망유에 얽매인 지배권이 아니라 어떤 것에도 걸림이나 얽매임이 없는 허공과 같은 자재의 세계요 자유의 해탈이며, 망유적인 비교나 대립은 이미 소멸시켰지만 또한 가유(假有) 상태의 차연도 허공 속에 다 용해시켜서 모든 귀/천, 생/사, 정/염, 선/악이 공(空)의 지상권 속에 녹아 버린다. 진유즉공(眞有卽空)의 초탈성은 모든 가유의 차이를 다 받아

13) 같은 책, p.101.

들여 노닐게 하지만 자신은 거기서 벗어나 있는 일체 긍정의 허공'이라고 풀고 있다.[14]

데리다가 말한 지상권의 상태가 과연 그러한 초탈의 경지인지는 알 수 없으나,[15] 이러한 김형효의 독법은 여전히 불교가 극복하려는 유/무 분별적 사고 범주 안에 자리하고 있다. 그는 데리다의 지상권을 원효의 보리성(菩堤性)에 관한 언표에 대입시키면서 보리와 적멸의 세계에 대해, '원효는 아예 지(知)와 부지(不知)를 벗어난, 유와 무를 이탈한, 언설의 가능성을 넘어선 세계를 말하고 있으며 이는 데리다가 말한 지상권의 대자유로서 그 어디에도 얽매임 없는 이중부정의 논리이며 초탈의 사유이다. 이 이중부정은 양변(有/無, 生/滅, 知/不知)을 초탈한 공(空)의 대포용력과 대긍정을 의미하는 무주자(無住者)의 자유자재이지만, 그 공은 또한 세속과 삼라만상을 떠나 홀로 이해되는 것이 아니다'고 말한다.[16] 얼핏 보기에는 진여·적멸·보리성·해탈의 경지가 유/무 분별의 사유 범주를 초탈하고 있는 것이라는 점을 인지하고 있는 듯 보이나, 김형효는 이 초탈을 여전히 텍스트 이론적 의미로 환원시키고 있다.

'세속과 삼라만상을 떠나 홀로 이해되는 것이 아니다'고 하는 그의 말은 무슨 의미인가. 그에 의하면, "허공이 허공으로만 존재하면 우리는 허공을 허공으로서 인식하지 못한다. 구름에 가려진

---

14) 같은 책, p.103.

15) 데리다의 텍스트 이론적 통찰은 전형적인 사변의 맥락에 놓여있는 것으로 보인다. 실체적 존재론의 사유와 논리를 극복하여 존재의 실재에 접근하는 유익한 통찰임에는 분명하지만, 문자학적 통찰과 지상권의 설정은 여전히 사변적이어서 삶의 무애자재한 해방을 담보해 주기는 어렵다고 보인다. 한 마디로 말해 수행론의 기반이 결핍된 사변의 한계를 안고 있다. 세상에 대한 인식과 행위에 내재한 근원적 무지를 직접 확인해 가는 수행론의 기반이 결핍되어 있다는 것은, 그 사변의 산물이 아무리 탁월하다 할지라도 사변의 범주 자체를 극복하기는 어렵다.

16) 같은 책, pp.104-105.

달이나 새 날개의 춤을 문득 공중에서 바라볼 때, 우리는 허공이 허공임을 의식한다. 하늘에 펼쳐진 성좌와 삼라만상의 흔적 때문에 우리는 허공이 모든 것의 그릇임을 안다. 이처럼 공적(空寂)이 생멸을 초탈해 있지만, 생멸의 흔적이 있기에 또한 적멸의 허허로움을 깨닫는다. 이것은 양각의 철(凸)은 음각의 요(凹)가 있기에 가능하다는 문자학의 생리와 다르지 않다."는 뜻이라고 한다. 그렇다면 적멸의 경지 역시 생멸 세계의 흔적과의 연루 속에서 드러날 수밖에 없다는 상반상성(相反相成)의 사유 범주에서 양변의 초탈을 이해하려고 하는 셈이다. 유를 조건으로 하지 않는 무, 무와 연루되지 않는 유는 인지조차 되지 않는다는 이해 자체가, 유/무 분별의 사유 범주를 반영하고 있는 것이다. 이는 상대적 적멸이지 절대 적멸은 아니다. **인간의 경험 내용은 과연 유/무 분별의 범주에서만 가능한 것일까? 이에 관한 새로운 가능성을 제시하는 것이 열반의 소식이고 일심의 경지로 보인다. 열반의 적멸, 일심의 고요는 허무의 절대무가 아니라 유/무, 생멸/적멸의 분별 지평을 넘어서서 유/무, 생멸/적멸, 염/정, 속/진의 분별 세계를 껴안는 전혀 새로운 차원의 이해 지평이다. 이 무분별의 지평은, 텍스트 이론의 문자학적 지평으로는 온전히 담아내지 못하는 '그 너머의 자리'라고 생각한다.**

**이 '자리'(一心之源)는 실체적 존재론의 일점 근원이 아니다. 그러나 유와 무가 문자학적 얽힘으로 관계 맺고 있는 지평도 아니다. 배차반복적 새끼꼬기의 형식으로도 진술되는 원효의 언어는 문자학적 관계의 통찰 정도를 언표하려는 것이 아니라, 유/무 분별 범주에 빠지지 아니한 '그 자리'에서 풀어나가는 존재 서술이며, 유/무 분별의 사유 범주에 붙들려 있는 중생들을 '그 자리'로 인도하려는 언어적 보살행이다.**[17] 원효사상에 대한 김형효의 텍스트 이론적 독법은 이런 점에서 한계를 안고 있다고 생각한다.

사토 시게키(佐藤繁樹)는 원효의 근본사상이 화쟁 사상에 있으며, 원효 사상의 두 가지 근본 요소인 귀일심원(歸一心源)과 요익중생(饒益衆生)은 『금강삼매경』이 가장 선명하게 밝히고 있으므로, 『금강삼매경』의 '불수일이무이(不守一而無二)'<귀일심원>과 '무이이불수일(無二而不守一)'<요익중생>의 논리야말로 화쟁의 핵심 논리체계라고 한다.[18] 또한 이효걸은 이러한 관점을 다시 정리하여 화쟁 사상에 대해, '범부가 부처를 향해 닦아 가는 수행으로서의 화쟁뿐만 아니라 부처의 시각에서 중생을 향해 내미는 자비의 실천으로서의 화쟁도 있다'는 관점을 주목해야 한다고 말한다. 즉 '원효의 화쟁 사상은 갈등의 해소라는 의미 혹은 자성청정심을 닦아 가는 수행의 차원에서만 해석될 것이 아니라, 범부를 향한 부처의 자비행 혹은 일심의 자기 전개로서의 화쟁도 이해되어야 한다'고 하면서, 개합(開合)·입파(立破)의 논리를 그러한 관점에 적용하고 있다. 화쟁의 논리는 개합과 입파로 귀결되는데, 이 화쟁 논리의 동시구족적 형식이 무이이불수일(無二而不守一)이며, 이에 실천성을 부가한 것이 귀일심원과 요익중생이라고 정리하고 있다.[19]

사토 시게키나 이효걸의 경우는 화쟁 사상을 원효 사상 전반을 읽는 코드로 삼고 있다. 화쟁의 논리 형식을, 귀일심원과 요익중생

---

17) 이 '자리'의 설정을 반(反)지성적 신비주의로의 퇴행이라든가 지성의 나태로 비난해서는 안 된다. 수행의 산물인 깨달음의 언어들을 사변적 지성만으로 독해해 가는 학인들은 자신의 제한된 주소지도 직시해야 한다. 애매모호한 신비주의 뒤에 숨는 지성의 나태도 비판받아야 하지만, 부지런한 사변 지성의 정교한 오독(誤讀) 가능성 역시 신중히 살펴야 할 것이다.

18) 佐藤繁樹, 『원효의 화쟁논리』(민족사, 1996), pp.13-22.

19) 이효걸, 「원효의 화쟁사상에 대한 재검토」, 『불교학연구』4호, 불교학연구회, 2002. pp.5-32.

이라고 하는 원효 사상의 두 축[20]에 적용시켜, 원효 사상 전체를 화쟁의 논리에 의거하여 독해하려는 태도라 하겠다. 불교 사상에 의하면 배타적 쟁론의 근원은 무지로 소급되므로, 화쟁이란 그 존재 오염의 근본 무지를 떨쳐버리고 진실로 귀환해 가는 귀일심원의 과정이기도 하다. 그리고 존재 오염으로 인한 부질없는 쟁론에 휘말려 고통 받는 중생들을 향해 일심동체(一心同體)의 대비심으로 다가서서 이롭게 하는 노력이 화쟁이기도 하다. 그러므로 화쟁 사상을, 귀일심원과 요익중생이라는 두 축과 연결시켜 원효 사상 전체를 이해하는 틀로 보려는 시도도 일리가 있다.

그러나 이러한 태도는 의미의 지나친 확대라는 느낌을 지울 수 없다. **화쟁은 아무래도 구체적 쟁론들을 염두에 둔 문제 해결의 태도를 담고 있는 언어이며, 원효 자신도 그러한 의미로서 사용했다고 보아야 한다. 화쟁 사상이 원효 사상 전체의 맥락 속에서 유효하다는 점은 명백하다. 그러나 그럼에도 불구하고 화쟁의 문제의식이나 대상 및 내용은 나름대로의 맥락을 형성하고 있음도 간과해서는 안 된다**. 만일 화쟁 사상을 원효 사상 전체 체계와 결합시켜 파악하려 한다면, 원효가 대면했을 화쟁의 구체적 현장성이 지나친 일반화로 인해 증발되어 버릴 가능성이 높아진다.

지금까지 국내에서 진행된 화쟁 논리의 연구사를 짚어 보았다. 전반적으로 연구자들은 화쟁의 논리, 즉 쟁론의 문제 상황에 적용하여 화쟁이 이루어질 수 있는 논리 형식이 무엇인가에 많은 관심을 기울이고 있는 것으로 보인다. 사실 원효가 구사하고 있는 화쟁의 논리 형식이 어떤 것인가를 확인하는 작업도 중요하다. 그러나 모든 쟁론 상황에 적용되어 화쟁을 이끌어 낼 수 있는 논리 형

20) 사실 이것은 불교의 일관된 전통으로서 자리이타의 원효적 언표이다.

식은 사실상 존재하지 않는다. 어떤 쟁론에도 적용하기만 하면 해결되는 만능의 논리 형식은 있을 수가 없다. 원효의 화쟁 논리에 대한 연구자들의 관심이 그러한 기대를 담고 있는 것이라면, 그 기대는 충족될 수 없을 것이다. 쟁론은 수학적 형식논리의 다툼이 아니라, 인간의 가치관과 세계관, 신념과 욕망, 관점, 이익과 손해의 계산 방식 등이 얽혀진 다툼이기 때문이다. **원효가 전개하는 독특한 논리 형식은 그가 성취한 독특한 존재 지평(一心之源)의 산물이다. 따라서 원효가 구사하는 화쟁 논리는 삶과 존재에 대한 그의 이해 지평과의 연관 속에서 음미되어야 한다.**

**원효의 화쟁 사상은 논리와 무관하지 않지만, 논리 자체의 문제는 아니다. 논리의 기반이 되는 존재 이해의 관점에서 전개되는 문제이며, 논리의 원천인 마음의 수준과 얽혀 있는 문제이다. 그러므로 원효의 화쟁 사상에 대한 탐구는, 그의 화쟁 언어를 산출하는 '인간과 세계에 대한 관점'을 음미하려는 노력을 항상 수반해야 한다.** '화쟁'이라는 언어의 매력에 홀려 만능의 논리 형식을 기대하는 태도는 자제해야 한다.

## 2. 화쟁의 대상과 보편 원리의 가능성

화쟁 사상의 보편 원리를 탐구하기에 앞서 먼저 생각해 보아야 할 것은 화쟁의 대상이다. 원효는 무엇을 화쟁시키려고 하였던 것인가? 원효로 하여금 화쟁의 의지를 불러일으키게 하였던 다툼은 무엇이었을까? 무명에 의해 오염된 세상 그 자체가 화쟁의 대상이라 할 수도 있다. 해악적인 다툼의 원천을 무명에서 찾는 것이 불교요 원효 사상이기 때문이다. 그러나 화쟁의 대상을 이렇게 확대하는 것은 의미의 범람이고 지나친 확장이다. **원효가 특히 화쟁이**

라는 언어를 선택하여 비중 있게 다루고 있는 것은, '화해 내지 해소시켜야 할 견해의 특정한 다툼들'을 문제 삼았기 때문이라 보는 것이 자연스럽다.

또한 화쟁은 논쟁의 회피나 무마 내지 어중간한 타협이 아니다. 화쟁은 진리 추구와 구현을 장애 하는 불필요하거나 소모적인 쟁론들, 부적절하거나 해악적인 쟁론들을 진실 소통의 논쟁으로 수습하려는 노력이라 할 수 있다. 화쟁국사(和諍國師) 원효는 실제로 매우 논쟁적인 면모를 보이는데, 그가 자신의 이 논쟁적 면모를 특히 '화쟁'으로 자부한 것은 이러한 인식을 토대로 하고 있는 것으로 생각된다.

원효의 『십문화쟁론(十門和諍論)』은 그러한 문제의식의 산물로 보인다. 『십문화쟁론』의 '십문(十門)'에 대한 해석은 두 가지로 나뉘고 있다. 조명기[21]나 김상현[22]처럼 '십문'은 복수로서 '백가(百家)'나 '제문(諸門)'의 뜻으로 보는 견해가 있는가 하면, 이종익[23]처럼 '열 가지 쟁론 주제'로 보는 견해가 있다. 그런데 현재 남아있는 『십문화쟁론』 두 문의 내용이 각각 공/유(空/有)와 불성(佛性)에 관한 이견(異見)들을 화쟁의 대상으로 삼고 있음을 볼 때, 『십문화쟁론』은 화쟁의 대상을 열 가지 주제로 종합하고 있는 저술로 보는 것이 자연스럽다. 또한 현존 원효 저술에 등장하는 화쟁의 대상은 모두 불교 이론에 관한 이견들이고, 『열반경종요』에서는 불성의 체(體)에 관한 불교계의 여러 견해들을 백가(百家)라는 말로 지칭[24]하고 있는 것을 보아도, 화쟁의 대상은 불교 이론에 관한

---

21) 조명기, 「원효종사의 십문화쟁론 연구」, 『금강저』22, 조선불교동경유학생회, 1937, p.35.
22) 김상현, 「화쟁사상의 연구사적 검토」, 『원효연구』, 민족사, 2000, pp.212-214.
23) 이종익, 앞의 논문.
24) 원효, 『열반종요』, 한국불교전서1-524상, 538상.

쟁론들로 보는 것이 타당할 것이다. **『십문화쟁론』은 불교 이론에 관한 쟁론들 가운데서도 특히 화쟁의 필요성이 절실했던 대표적 쟁론 주제들을 열 가지로 정리한 저술로 보인다.**

그런데 원효는 열 가지 쟁론 주제들을 화쟁하는 과정을 통해, 인간사 모든 쟁론들을 화쟁하고자 하는 의지나 화쟁의 보편 원리를 천명하고자 했을 가능성도 있다. 그럴 경우라면 '십문'은 곧 '제문(諸門)'의 뜻과도 통한다고 할 수 있다. 그러나 현존 원효 저술에 나타나는 화쟁 내용들을 종합해 볼 때, **원효는 불교 이론의 이해를 둘러싼 특정한 쟁론들을 강하게 의식하여 그들을 대상으로 화쟁론을 구성하였으며, 그 과정에서 인간사 모든 쟁론의 보편적 구조와 그 해법에 대한 통찰을 불교적 시각에서 축적해 갔던 것으로 보여진다.** 따라서 원효의 화쟁 대상으로서는 일차적으로 불교 이론을 둘러싼 쟁론들을 주목해야 하며, 아울러 그 쟁론들을 화쟁해 가는 과정에서 모든 쟁론적 갈등을 수습할 수 있다고 확신하는 어떤 보편 지혜에 대한 확신이나 자각을 제기하고 있지는 않는가를 유심히 살펴야 한다.

세간사 쟁론의 갈등과 다툼, 그로 인한 상처와 고통들을 치유할 수 있는 보편 원리는 가능한 것일까? 모든 쟁론적 다툼을 화해시키거나 해소할 수 있는 논리 형식은 있을 수 없다. 모든 쟁론 상황에 적용되어 다툼과 갈등을 말끔히 해소시켜 주는 논리 형식은 기대할 수 없다. 그러나 **인간사 쟁론 상황에 전반적으로 적용할 수 있는 만병통치의 형식 논리는 있을 수 없지만, 높은 수준의 보편성을 지닌 화쟁의 일반 원리는 있을 수 있다.** 이 글에서는 그러한 원리가 원효의 화쟁 사상에 내재하는가를 살펴보고자 한다. **원효가 구사하는 화쟁의 언어와 논리의 이면에 간직되어 있는 화쟁의 보편 원리**는 어떤 것인지 음미해 보려는 것이다.

## 3. 원효 화쟁사상의 보편 원리

원효가 전개하고 있는 화쟁의 언어들을 음미해 보면, 그 이면에는 인간사의 모든 쟁론 상황에 적용될 수 있을 것으로 보이는 높은 수준의 보편 원리들이 읽혀진다. 그 원리는 크게 보아 세 가지로 정리된다. 첫째는 '각 주장의 부분적 타당성(一理)을 변별하여 수용한다'는 것이고, 둘째는 '모든 쟁론의 인식적 토대를 초탈할 수 있는 마음의 경지(一心)에 올라야 한다'는 것이며, 셋째는 '언어를 제대로 이해해야 한다'는 것이다. 그리고 원효는 이러한 보편 원리들의 가능 근거를 각(覺) 사상에 입각한 인간관에서 마련하고 있다.

### 1) 각 주장의 부분적 타당성(一理)의 변별과 수용

앞서 원효의 통섭 사상을 살펴보면서 확인하였듯이, 원효는 인간 모두가 본각 귀환의 주인공임을 확신하고 있다. 원효의 인간관에 따르면, 불법을 추구하고 논하는 모든 노력은 한결같이 '본각의 불가사의한 훈습'에서 비롯된 본각 귀환의 노력이요 그 과정으로 간주된다. 따라서 본각이라 지칭하는 인간 존재의 완전성으로 귀환하려는 모든 노력은 나름대로의 진리성을 간직하고 있다고 볼 수 있다. 그 존재 완성의 노력은 모든 인간이 보편적으로 지닌 본각에서 비롯되는 불가사의한 향상의 단서들이기 때문이다.

원효가 전개하고 있는 화쟁의 논의들에서는 '저마다 一理가 있다'는 식의 화쟁 방식이 자주 등장한다. 저마다의 일리를 변별하여 인정하려는 원효의 태도는, 진리를 향한 인간의 향상적 노력들을 '본각에 의거한 시각의 과정'으로 간주하는 인간관에서 비롯된다고 할 수 있다. 원효의 말을 들어보자.

"여섯 분의 주장이 비록 모두 '깨닫는 성품(佛性)'의 참모습을 완전하게 설명하지는 못하였지만 각자의 맥락에 따라 설하였으므로 각자 일리는 얻은 것이다. 그러므로 이 경 하문(下文)에 설하기를, <저 눈먼 사람들이 각기 코끼리에 대한 설명을 하는 것과 같아서, 비록 코끼리의 전체 모습을 얻지는 못하였지만 코끼리를 설명한 것이 아님은 아니다.>고 하였다. '깨닫는 성품(불성)'을 설하는 것도 이와 같아서, 여섯 가지 주장이 곧 맞는 것은 아니지만, 여섯 가지 주장을 떠난 것도 아니다."[25]

"『니건자경(尼犍子經)』일승품(一乘品)에서 말하길, 부처님이 문수에게 말씀하시되, <내 불국토에 있는 상키야, 자이나교도 등은, 다 본래의 진리다움의 능력(如來住持力) 때문에 방편으로 이들 외도들을 나타내 보인 것이다. 선남자들이여, 비록 갖가지 다른 배움(異學)의 모습을 행하지만 다 같이 '깨닫는 법(佛法)'이라는 한 다리를 건너는 것이니, (깨닫는 법 외에) 달리 건너갈 다리는 없기 때문이다.> 하였다. 생각건대 이 글에 의해, 불법의 다섯 가지 수준의 가르침(五乘)에서 설하는 모든 선(善) 및 불법이 아닌 다른 가르침(외도)에서 설하는 갖가지 다른 선 등, 이와 같은 일체가 모두 진리로 나아가는 하나의 수레(一乘)임을 알아야 하나니, 모두 '깨닫는 성품(불성)'을 의지한 것이지 다른 바탕이 없기 때문이다."[26]

본각이 보편적인 만큼, 그 본각에서 비롯된 '깨달아감(시각)'은 적어도 부분적 진리성(一理)을 지니고 있다. 비록 온전하지는 않더라도, 진리와의 부분적 상통성은 존재 향상과 진리 구현을 위해 부정해서는 안 될 소중한 면모이다. 특히 불교 내의 쟁론들은 '깨달아감'의 직접적 담론들이므로, 모든 견해에는 인정 내지 수용해야 할 일리가 있다고 보아야 한다. 원효의 화쟁은 그 부분적 진리

25) 『열반종요』, 1-539상.

26) 『법화종요』, 1-489상

성을 포섭하려는 태도 위에서 전개되고 있다.

그런데 이 부분적 진리의 긍정을 비단 불교 언어에 국한시킬 필요는 없다. 불교 및 원효의 인간관에 의거해 볼 때, 존재의 진실을 밝히려는 모든 인간의 노력과 언어는 '깨달아감'의 과정이다. 불교 이외의 언어(외도) 역시 그것이 진리 구현의 노력이자 산물이라고 한다면, 그것은 시각의 흔적이요 표현이다. "불법의 오승(五乘)의 모든 선(善) 및 외도의 갖가지 다른 선 등 이와 같은 일체가 모두 일승(一乘)임을 알아야 하나니, 모두 불성을 의지한 것이지 다른 바탕이 없기 때문이다"는 원효의 말은 이러한 의미로 풀어볼 수 있다. 따라서 '부분적 타당성을 변별하여 인정한다'는 화쟁의 원리는, 존재 향상과 진리를 추구하는 모든 쟁론 상황에 적용할 수 있다. 서로 다른 견해들이 대립하고 있을 때, 그 견해들이 진리로 귀환하려는 '깨달아감'의 과정이라 할 수 있는 향상적 노력들이라면, 그 이면에서 작동하고 있는 '본각의 불가사의한 훈습'과 그에 의거한 시각의 자기표현을 놓치지 말고 읽어내어 인정하는 것이 쟁론의 생산적 화해에 기여할 것이다.

그런데 견해에 내재한 생산적 일리(一理)들을 변별해 내려면, 각 견해의 의미 맥락을 잘 식별할 수 있어야 한다. 원효의 화쟁 논리에는 이러한 의미 맥락의 식별 노력이 돋보이고 있다.

> "이 두 주장에 모두 도리가 있다. 그 까닭은 열반과 깨달음은 공통점도 있고 차이점도 있기 때문이다. 차이의 측면에서 말하면, 깨달음은 과위(果位)로서 능히 증득하는 덕에 있는 것이니 사성제의 도제(道諦)에 속하고, 열반은 과위에서 증득하는 것으로서 멸제(滅諦)에 속한다. 공통의 측면에서 말하면, 과위인 도제도 열반이고, 과위에서 증득한 진여 역시 깨달음이다."27)

27) 『열반종요』, 1-528상.

"묻는다. <이 경문(經文)에서 '불성이 삼세(三世)인 것도 되고 삼세 아닌 것도 된다.'고 한 것은, 응당 둘로 구별한 것이고, 하나의 덕에 나아간 것은 아니다. '삼세가 된다.'는 것은 화신(化身)의 형색이요, '삼세 아닌 것이 된다.'는 것은 보신(報身) 부처의 내덕(內德)이다. 이와 같이 두 가지 뜻을 분명히 볼 수 있는데, 어찌하여 수고롭게 실덕(實德)에 나아가 알기 어려운 설명을 하는가?

답한다. <그대가 본 것이 또한 일리가 있다. 새로 배우는 이들을 위해서는 응당 이렇게 말해야 한다. 그러나 만일 새로 배우는 이가 아니어서 정해진 고집이 없는 이라면, 이들을 위해서는 응당 앞의 말씀과 같이 해야 한다.>"[28]

"또한 이 '하나가 된 깨달음(일각)'은 '본래적 깨달음(본각)'과 '비로소 깨달아 감(시각)'의 면모를 (모두) 가지고 있으니, 본각의 '드러내어 이루는 면모(本覺顯成義)'가 있기 때문에 '진리대로 닦는다(眞修).'는 말도 도리에 맞고, 시각의 '닦아서 이루는 면모(始覺修成義)'가 있기 때문에 '새로 닦는다(新修).'는 말도 도리에 맞다. 만약 한쪽에 치우쳐 고집한다면 곧 미진함이 있게 된다."[29]

열반의 체성(體性)과 관련한, '무구(無垢)한 진여가 열반의 체성'이라고 하는 견해와 '증득한 깨달음(菩提)이 열반'이라고 하는 견해의 대립에 대해서, 열반의 체성을 설하는 **각 견해의 의미 맥락을 변별해 냄으로써 다르게 기술된 견해들의 부분적 타당성을 인지하여 그들을 상생적으로 포섭하고 있다**. 또한 청자(聽者)에 따라 달라지는 의미 맥락을 구별하여 일리를 인정함으로써 화쟁을 이루고자 하며, '진리대로 닦는다(眞修)'는 주장과 '새로 닦는다(新修)'

28) 『열반종요』, 1-543중.
29) 『금강삼매경론』, 1-612상.

는 주장을 그 각자의 의미 맥락(本覺顯成義·始覺修成義)들을 변별함으로써 그 일리들을 인정하여 화쟁을 시도하고 있다.

그런데 각 견해의 서로 다른 의미 맥락을 제대로 음미해 내려면 어떤 조건들이 필요한가? 한 문제를 다양한 각도와 맥락에서 파악할 수 있는 종합/초월적 식견과, 부분적 일리에 집착하지 않을 수 있는 마음의 능력이 필수적 요건일 것이다. 종합/초월적 식견은 '모든 쟁론의 인식적 토대를 초탈할 수 있는 마음의 경지(일심)'와 연관되는 것이므로 별도로 후술하고, 여기서는 '부분적 일리에 안주하지 않기'를 살펴보기로 하자. 원효는 다음과 같이 화쟁한다.

> "깨달음의 길(佛道)은 넓고 확 트여 걸림이 없고 범주가 없다. 무엇인가에 기대는 것이 아주 없기 때문에 타당하지 않음이 없다. 이 때문에 일체의 다른 가르침이 모두 깨달음의 가르침(佛敎)이요, 온갖 학파들의 주장이 옳지 않음이 없으며, 불교의 모든 가르침이 다 진리에 들어갈 수 있다. 그런데 자기가 조금 들은 바 좁은 견해만을 내세워, 그 견해에 동조하면 옳다고 하고 그 견해에 반대하면 모두 잘못이라고 하는 사람이 있다. 마치 갈대 구멍으로 하늘을 보는 사람이, 갈대 구멍으로 하늘을 보지 않은 사람은 모두 하늘을 보지 못하는 자라고 하는 것과도 같다. 이런 것을 일컬어 '식견이 적은데도 많다고 믿어서 식견이 많은 사람을 도리어 헐뜯는 어리석음'이라고 한다."[30]

> "묻는다. 이와 같은 두 분의 주장 가운데, 어느 것이 맞지 않고 어느 것이 맞는가?
>
> 답한다. 혹 어떤 주장을 하는 사람이 오로지 한 쪽(一邊)만을 취하면, 두 주장이 모두 맞지 않는다. 그러나 만일 자기주장만을 맞는다고 고집하지 않으면 두 주장이 모두 맞는다."[31]

---

30) 『보살계본지범요기』, 1-583상.

“오직 ‘과보로 받게 되는 몸(報身)’에 대해서는 두 가지 고집이 다르게 일어나고 있는데, 그 다르게 일어나는 쟁론은 두 가지에 불과하니, 상주(常住)를 고집하는 것과 무상(無常)을 고집하는 것이다. (...) 묻는다. 두 분의 주장 가운데, 어느 것이 맞고 어느 것이 맞지 않는가? 답한다. 어떤 이는 ‘다 맞기도 하고 다 맞지 않기도 하다.’고 말한다. 그 까닭은, 만약 오로지 한 쪽(一邊)만을 고집하면 모두 허물이 있고, 만일 어느 한 쪽에도 걸림이 없이 말하면 모두 도리가 있기 때문이다. (...) 이러한 도리에서 보면 두 주장이 모두 맞는 것이다.”[32]

“그러나 열 가지 일(事)의 있음과 없음의 뜻은, 다만 한 쪽(一邊)만을 잡아서 그 계급을 나타낸 것이어서, 반드시 하나같이 그렇게 된다는 것은 아니다.”[33]

“묻는다. <남방과 북방의 이러한 주장들은 어느 것이 맞고 어느 것이 맞지 않는가?>

답한다. <만일 한 쪽(一邊)만을 고집해서 하나같이 그러하다고 말하면, 두 주장들이 모두 맞지 않는다. 그러나 만일 부분적 타당성을 인정하여 그 뜻만 맞는다고 하지 않으면, 두 주장이 모두 맞는다.>”[34]

비생산적이고 분열적인 쟁론, 상호 부정적 다툼들은, 부분적 진리를 붙들고 그 완전성을 주장하는데서 비롯되고 있다. 특정 일리에 안주하여 그것으로써 완결시키려는 태도는, 다른 일리들과 다른 의미 맥락들을 놓치거나 외면, 혹은 배척하게 되어 상생적·상호 통섭적 담론을 통한 진리에로의 접근을 방해한다. 그러므로 각

31) 『열반종요』, 1-532하-533상.
32) 『열반종요』, 1-536상-537중.
33) 『열반종요』, 1-541하.
34) 『열반종요』, 1-547상.

견해들의 부분적 타당성을 인지하고 포섭하기 위해서는 하나의 부분적 진리에 국집하지 않을 수 있어야 한다. 그것을 원효는 '일변(一邊)을 고집하기 않기'로 강조하고 있다.

부분적 진리에 안주하여 집착하지 않으면 다른 부분적 진리들이 인지되어 상생적으로 포섭될 수 있다는 원효의 화쟁 원리는, 비단 불교 내의 이론 다툼뿐만이 아니라 일반 쟁론 상황에서도 폭넓게 유효한 보편성을 지닌다. 쟁론 상황에서 제기되는 특정한 견해는, 정도의 차이는 있지만, 대부분 부분적으로 타당하거나 제한적으로 유효하다. 그럼에도 불구하고 쟁론의 주체들은, 많은 경우에, 자기주장에 집착하여 타 견해들의 타당성들을 식별해 내지 못하거나 외면해 버린다. 심지어는 자기 견해가 전면적으로 타당하다고 착각하기도 한다. 따라서 쟁론의 주체들이 자기 견해에 집착하지 않으면 않을수록, 자기주장의 부분적 타당성과 의미 맥락을 온전히 직시할 수 있는 동시에, 타 견해의 일리들과 의미 맥락을 그대로 인지하고 수용할 수 있는 가능성은 높아진다.

### 2) 쟁론의 인식적 토대를 초탈할 수 있는 마음의 경지(一心)

모든 불교 이론들을 포섭적으로 화쟁시켜 보려는 원효의 노력은, 그 원천에 모든 쟁론의 인식적 토대 자체의 흠결을 초탈하고 있는 마음의 경지가 자리 잡고 있다. 원효 화쟁의 근원적 생명력이라 할 수 있는 이 마음의 경지를, 원효는 일심(一心)·일각(一覺)·일심진여(一心眞如)·일심본각(一心本覺) 등의 용어로 지칭하는 동시에, 그 자리에서 이설(異說)과 쟁론들을 회통, 화쟁하는 국면을 일미(一味)라 부르고 있다.

"(이 『열반경』은) 여러 경전들의 부분을 통괄하여 온갖 물들이 바다의 한 맛(一味)으로 돌아가듯 한 맛으로 돌아가게 하여, 부처님 뜻의 지극히 공정함을 열어서, 백가(百家)의 서로 다른 쟁론들을 화해시켰다. 그리하여 (쟁론으로) 시끄럽고 시끄러운 중생들로 하여금 모두 다르지 않은(無二) 참다운 자리(實性)로 돌아가게 하고, 어둡고 어두운 긴 잠에서 (깨어나) 다 함께 위대한 깨달음(大覺)의 궁극적 경지에 이르게 한다. '궁극적 경지의 위대한 깨달음(極果의 大覺)'이라 함은 참다운 자리를 체득하였으면서도 체득했다는 마음조차 없는 것이고, '참다운 자리의 다르지 않음'이라 함은 참됨과 허망함이 녹아 섞이어 하나인 것이다. 이미 '다르지 않음'이니 어찌 '하나'가 있을 것이며, 참됨과 허망함이 녹아 섞였으니 무엇을 '참됨'이라 하겠는가? 이러한 즉 이치(理)와 지혜(智)가 모두 없어지고, 명칭(名)과 뜻(義)이 모두 끊어지니, 이것을 열반의 현묘한 뜻이라 한다. 다만 모든 부처님은 이 '열반의 현묘한 뜻'을 증득하고도 거기에 머물지 않아, 응하지 않는 데가 없고 말하지 않는 것이 없으니, 이것을 '열반의 지극한 가르침'이라 한다. 현묘한 뜻이라 할 것조차 없으나 일찍이 고요하지도 아니하였고, 지극한 가르침을 설했지만 일찍이 설한 것도 없으니, 이것을 이치(理)와 가르침(敎)의 한 맛(一味)이라고 한다."[35]

**일미(一味)로 화쟁·회통하는 일심의 경지, 그 새로운 존재 이해의 핵심은 다름 아닌 '둘 아님(無二)'의 통찰에 있다.** 범부 중생의 일상 인식은 분리의 틀로 존재와 세상을 '둘로 나눈다.' '나'와 '남'이 실체적으로 분리되고, 성스러움과 속됨, 옳음과 그름, 좋음과 나쁨, 참됨과 허망함이 상호 부정적으로 갈라선다. 모든 배타적 쟁론들은 이 상호 부정적 분리 의식에서 비롯된다. '나의 견해'와 '남의 견해'가 배타적으로 맞서고, '나의 옳음/좋음/참됨/성스러움'

---

35) 『열반종요』, 1-524상-중.

은 '남의 그름/나쁨/허망함/속됨'을 부정하면서 자기 견해의 독점적 승리만을 추구한다. 이 상호 배타적 분열 의식은 소모적/해악적 쟁론의 인식적 토대이다.

그런데 이러한 인식은 존재와 세상의 참모습으로부터의 일탈이며 왜곡이다. **원효가 공감하고 있는, 존재와 세상의 참모습에 대한 불교적 통찰은 '둘 아님'의 경지이다.** 그 어떤 실체적 자가성(自家性)도 해체되어, 실체적 자폐성으로 인한 분리/배제의 인식이 설 자리를 확보할 수 없는 곳이 진실의 고향이다. 이곳에서는 옳음/그름, 좋음/나쁨, 성스러움/속됨, 있음/없음을 배제적으로 규정하는 이치(理)와 지식(智), 언어(名)와 그 언어적 의미(義)가 힘을 잃는다. 이 자리는 있음(有)/없음(無), 옳음(是)/그름(非), 진실(眞)/허망(俗), 청정(淨)/오염(染)의 분별적 인식 범주의 틀 자체를 넘어서 버리는 곳이다.

**이 마음자리(一心之源)에 서면, 있음/없음, 옳음/그름, 진실/허망, 청정/오염의 이항(二項)들을 배제적 관계로 대립시키는 것이 아니라, 상호 의존적 상생 관계로 통섭시킨다. 모든 실체의 울타리를 해체시키고, 일체의 희론적 분별개념의 성벽도 허물어 버린, 탁 트인 이 자리에 서면, 동시에 그 모든 분별의 언어들을 분별없이 포섭한다. 이 진실의 고향에서는 편파적 선호와 부정, 선택과 배제의 분리 벽이 없기에, 모든 언어의 주소지들을 다 받아들일 수 있다. 머물러야 할 그 어느 주소지도 없기에, 그 어떤 주소지로도 다 응해 갈 수 있다. 이 초탈적 포섭 지평을 지시하는 언어가 '둘 아님(不二)'이요 '한 맛(一味)'이다. 원효는 이 존재 고향의 소식을 일심(一心)의 언어와 관련하여 이렇게 말한다.**

"모든 존재의 참 모습은 생겨남(生)과 사라짐(滅)이라는 이분법적 구분과 분리가 없으며(無生無滅), 무지에 의한 일체의 왜곡적 구별이 원천적으로 해체된 상태(本來寂靜)이니, 오직 一心이라 할 경지이다. 이와 같은 상태를 心眞如門이라 하기 때문에 『능가경』에서는 '무지로 인한 모든 분별과 분리가 해소된 경지를 一心이라 한다(寂滅者名爲一心)'고 말한 것이다. 또 이 一心의 바탕은 '본래적 깨달음(本覺)'이지만 無明을 따라 동작하여 분별 작용을 일으킨다. 그리하여 이 경우(실체적 분별을 행하는 마음/生滅門) 여래의 성품이 감추어져 드러나지 않는 것을 如來藏이라 부른다. (...) 이와 같은 뜻이 생멸문에 있기 때문에 『능가경』에서는 '一心을 如來의 가능성이 간직되어 있는 상태라 한다(一心者名如來藏)'고 말한 것이니, 이것은 一心의 生滅門을 나타낸다. (...) 俗되거나 脫俗한 모든 것들의 참 모습은 俗(染)이니 脫俗(淨)이니 하는 분별이 없는 것이고, 참된 眞如의 체계(眞如門)니 그릇된 분별의 왜곡 체계(生滅門)니 하는 것도 근본에 입각해 보면 다른 것이 아니다. 그래서 '하나(一)'라는 말을 붙인다. 동시에 이 이원적 분별과 분리가 해체된 진실의 경지는 허공과는 달라서, 성품이 스스로 신령스럽게 아는 작용을 하기 때문에 '마음(心)'이라는 말을 붙인다. 그런데 이미 둘로 분별할 것이 없으니, 하나가 있다고도 할 수 없다. 그리고 하나라는 것이 있는 것도 아니라면, 무엇을 '마음'이라는 말로 지칭할 것인가? 이와 같은 도리는 언어적 범주를 벗어나고 모든 것을 이원적·실체적으로 분별하는 마음으로는 포착되지 않는 경지라서 무슨 말을 붙여야 될지 알 수 없는데, 억지로나마 '하나가 된 마음(一心)'이라 불러 본다."[36]

"불성(佛性)의 본연(體)은 바로 '하나가 된 마음(일심)'이니, '하나가 된 마음자리'에서는 실체로 여기는 모든 착각들(諸邊)을 멀리 여읜다. 실체로 여기는 모든 착각들을 멀리 여의었으므로 해당되는 것이 하나도 없고, 해당되는 것이 없기 때문에 해당되지 않음이 없다. 그렇기 때문에 하나가 된 마음에서 말

---

36) 『대승기신론소』, 1-704하-705상.

하자면, 그 마음은 원인(因)도 아니요 결과(果)도 아니며, 성스러운 진리(眞)도 아니고 속된 것(俗)도 아니며, 사람(人)도 아니고 세계(法)도 아니며, 생겨남(起)도 아니고 사라짐(伏)도 아니다. 그러나 그 마음을 관계(緣)에서 말하자면, 마음은 생겨남(起)도 되고 사라짐(伏)도 되며, 세계(法)도 되고 사람(人)도 되며, 속된 것(俗)도 되고 성스러운 진리(眞)도 되며, 원인(因)도 짓고 결과(果)도 짓는다. 이것을 일컬어 '그렇지 않지만 그렇지 않은 것도 아님(非然非不然)'의 면모라 하니, 따라서 여러 주장이 모두 그르기도 하고 모두 옳기도 하다."[37]

모든 상호 부정적 쟁론들의 인식적 토대를 방치한 채 시도되는 화쟁은 미봉책에 불과하다. 각 주장들의 일리를 변별하여 포섭할 수 있는 근원적 능력을 성취하기 위해서는, 배타적 쟁론의 인식적 토대 자체를 해체한 후 새롭게 재구성할 필요가 있다. 원효가 설하는 일심의 경지는 그렇게 이룩된 온전한 존재 인식의 지평이며, 이로부터 일체 주장들이 '둘 아닌(不二)' '한 맛(一味)'의 관계로 포섭되는, '그렇지 않으면서 그렇지 않은 것도 아닌(非然非不然)' 화쟁의 세계가 펼쳐진다.

언어적 다툼을 치유하는 화쟁의 요건으로서 원효가 노래하는 이 '하나가 된 마음'의 경지는, 비단 불교 이론 내에서만 유효한 것이라 할 수 없다. 희론 분별에 의해 다투는 것은 인간사의 보편적 현상이기 때문이다. 따라서 화쟁의 궁극 조건으로 요청되는 '하나가 된 마음' 경지는, 언어 다툼을 치유하려는 모든 인간의 과제라 할 수 있다. 다만 이 일심의 경지는 존재 환각에 사로잡힌 인식 범주에서 초탈하는 것이기에, 화쟁의 원리로서 현실적 호소력을 발휘하기가 어렵다는 문제를 안고 있기도 하다. 그러나 어차피 화

---

37)『열반종요』, 1-538중-하.

쟁은 논리 형식이나 이론의 문제가 아니라 개개인의 마음의 수준으로 환원될 수밖에 없다는 점을 상기한다면, '하나가 된 마음자리'는 화쟁의 구현을 위해 피할 수 없는 '삶의 과제'이다.

### 3) 올바른 언어 이해

쟁론은 분명 '언어에 의한 다툼'이다. 따라서 언어에 대한 올바른 이해는 화쟁의 보편 원리 구성에 필수적이다.[38] **원효는 화쟁의 핵심이 언어 문제에 있음을 정확히 이해하고 있는데, 그가 화쟁을 위해 제시하는 언어관의 원리로는 크게 두 가지가 부각되고 있다. '실체적 언어관을 극복할 것'이 그 하나이고, '언어의 방편적 의미를 이해할 것'이 다른 하나이다.**

#### (1) 실체적 언어관의 극복[39]

언어는 그에 해당하는 실체를 지니지 않는다는 불교의 무실체적 언어관은 무아설의 언어적 적용으로서, 세속의 통념적 언어관을 근원적으로 비판하며 극복하고 있다. 실체적 언어관은 언어적 사유에 의한 개념의 존재 왜곡적 확산, 즉 희론(戲論, papañca)에 의해 형성된다. 중생의 일상 인식은 실체적 자아 관념에 입각하고 있다. 이 실체 관념은 언어에 의해 유지, 확산, 강화되곤 한다. 고정성과 동일성을 부여하는 언어 인식에 의존하면서, 희론은 실체적 자아 관념을 다양한 형태로 투사/전개시키며 사물에 대한 오해

---

38) 원효의 화쟁과 언어의 문제에 대해서는 필자의 「원효의 언어 이해」(『신라문화』3·4합집, 동국대 신라문화연구소, 1987)와 최유진의 「원효의 화쟁사상 연구」(서울대대학원 박사학위논문, 1988)가 있다.

39) 이하에서 거론하는 불교 일반의 언어관은 앞서 의상의 언어관을 논할 때 기술한 내용을 대부분 그대로 옮겼다. 반복이기는 하나 원효와 의상의 언어관이 공통적으로 그 배경으로 삼고 있는 불교 언어관이기에 다시 한 번 거론한다.

와 그로 인한 삶의 후유증들을 심화시켜 간다. 갈애와 자만, 고착된 자아 관념 등은 희론의 산물이기도 하다.

이처럼 **희론은 실체적 언어 관념의 전개 과정, 다시 말해 언어를 매개로 한 '존재 오해와 왜곡의 다양한 전개 및 증폭'을 뜻한다. 따라서 존재의 여실(如實)한 이해를 통한 존재 해방(해탈)을 추구하는 불교는 희론의 극복을 과제로 삼게 된다**. 독특한 불교 언어관의 형성과 발전은 그 산물이다.

초기불교 무아설은, 언어란 그에 해당하는 실체가 존재하지 않는 일상 용법에 불과하다는 점을 해명하고 있으며, 깨달은 자/해탈한 자는 희론에 물들지 않게 된 자이기도 하다. 희론에 지배되지 않을 수 있는 능력을 계발하여 완전하게 실현한 자가 해탈한 성인(muni)이고 아라한이다.

희론에 지배받지 않게 된 자는 언어 세계를 무아적으로 이해하고 경험한다. 그는 관행에 따른 일상 언어용법에 따르면서도 언어가 구축하는 세계에 실체를 상정하지 않으므로, 언어를 사용하면서도 언어 세계에 소유적으로 집착하지 않는다. 그러므로 언어를 사용하여 활발하게 논쟁하면서도, 실체적 자아관념에 기인하는 그 어떤 집착이나 자만심, 독점적 승부욕, 배타적 독선에 함몰되지 않는다. 배타적으로 다투지 않고 담론할 수 있는 화쟁 능력을 지니게 되는 것이다. 원효는 이렇게 말한다.

> "모든 부처님들(諸佛世尊)은 번뇌가 없으므로 단정하는 바가 없다. 이런 까닭에 부처를 '높은 것이 없는 분(無上士)'이라 부른다. '높은 분(上士)'이라 함은 쟁송(諍訟) 하는 것을 일컫고, '높은 것이 없는 분(無上士)'은 쟁송이 없다. 여래는 다툼이 없다. 그러므로 부처를 '높은 것이 없는 분'이라 이름 한다."40)

그런데 희론에서의 언어가 비록 부정적 기능을 수행하지만, 그 희론의 극복에 기여하는 법(dhamma)의 언어는 해탈의 실현에 긍정적으로 작용한다. 그리하여 불교는 희론이 언어에 의한 존재 오염임을 밝히는 동시에, 그 희론 극복의 계기 역시 언어에 의해 마련된다는 점도 주목한다. 그 결과 불교는 언어와 관련하여 두 가지 관점을 수립하게 된다. 언어에 상응하는 실체를 상정하면서 희론에 매몰되는 범부 중생과, 언어 세계를 무아적으로 이해/경험하여 희론에 빠져들지 않는 성자라는, 상이한 두 언어 주체가 존재한다는 것이 그 하나요, 언어는 그 상이한 두 언어 주체 모두에게 실용적 도구로서의 의미와 가치를 지닌다는 것이 다른 하나이다.

불교 언어관에는, 질적으로 상이한 두 가지 언어 수용방식(이것을 '世俗的 언어형식' 및 '勝義的 언어형식'이라 칭해 본다)의 설정과, 실용주의적 언어관이라는 두 특징이 자리 잡고 있는 것이다. 세속적 언어형식의 주체들은 법(dhamma)의 언어를 통해 희론에서 벗어나 해탈의 삶을 일구고, 승의적 언어형식의 주체들은 역시 법의 언어를 수단으로 하여 중생들의 향상을 돕는다. 특히 후자에게 언어란, 실체와 무관한 세속적 관행에 불과한 동시에, 그 일상 용법을 적절히 활용하여 중생에 대한 사랑과 연민을 실현한다. 그는 '세상에서 통용되는 언어를 취하여 쓰되, 착각하거나 집착하지 않고 쓰는' 자이다.

원효는 이와 같은 불교 언어관을 계승하여 화쟁의 원리로 수립하고 있다. 진리 구현을 장애하는 형태의 쟁론들은 희론의 충돌이라 할 수 있다.[41] 실재하지 않는 실체적 자아 관념을 증폭시켜 '나의 견해'

---

40) 『본업경소』, 1-516상..

41) 원효는 특히 『십문화쟁론』에서 희론과 쟁론의 관계에 대해 역설하고 있다(한불 1-839상).

에 집착하게 하여 배타적 쟁론 태도를 초래하게 하는 것이 희론이기 때문이다. 따라서 희론의 극복은 화쟁의 핵심 과제가 된다. 원효는 희론의 문제를 다음과 같이 거론한다.

> "보살은 그들을 위하여 이치대로 '만나서 통하게(會通)'하고 사실대로 '화해시켜 만나게(和會)'하여 그 중생들을 포섭한다. 저들을 위하여 보살은, <이 경은 모든 것이 전혀 없다고 설하는 것이 아니라, 단지 모든 것에는 실체(자성)라는 것이 전혀 없다고 설하는 것이다.>라고 말한다. 비록 온갖 말을 하더라도, 중생들에 의지하기에 모든 언설을 굴린다. 그런데 중생들이 실체(자성)라고 할 수 있다고 말하는 것은, 진리대로 보자면 실체가 아니다. 비유하자면, 허공 가운데 온갖 종류의 많은 존재와 행위들이 있어도, 허공이 그것들을 모두 수용하는 것과 같은 것이다. 허공 가운데 나타나 있는 온갖 것들을 일컫는 것이니, 가고 오고 구부리고 펴는 등의 일이다. 만약 그때에 모든 존재와 행위들을 다 제거해 버리면, 곧 그때에 오직 형체가 없는 청정한 허공 같은 것이 드러난다. 이와 같이 허공 같은 것에서 언어로 지어낸 것을 여읜다. 갖가지 언설로 지어낸 삿된 망상과 분별이 있으면 희론을 따라 집착하여 중생의 업(행위)을 펼쳐간다. 또 이와 같은 갖가지 언설로 지어낸 삿된 망상과 분별로 희론을 따라 집착하여 갖가지 업을 짓지만, 그것들은 모두 허공과 같은 언설을 여읜 것에 수용된다. 만약 이때 보살이 묘한 성스러운 지혜로써 갖가지 언설로 일으킨 삿된 망상과 분별을 없애고 희론을 따라 집착하는 것을 버리면, 이때 보살은 가장 수승한 성자로서 모든 것이 언설을 여의었다는 것을(언어 환각을 여읜 존재의 참모습을) 증득하게 된다. 오직 실체(자성)를 말하는 온갖 언어가 있을 뿐, 실체가 (있어서) 언어로 나타난 것은 아니다. 비유하자면 허공의 청정한 모습이 나타난 것과 같아서, 언어 밖의 실체(자성)가 따로 있는 것이 아니다. 다른 실체(자성)들도 응당 언어에 따라 헤아린

것이다."[42)]

**원효는 중관과 유식에 계승된 불교 언어관을 이어받아[43)], 마침내 '걸림 없이 쟁론들을 화해·소통시킬 수 있는 언어 능력자의 모습'을 다음과 같이 설하기에 이른다.**

"'혹은 순응하여 말하고 혹은 순응하지 않고 말한다.'는 것은, 만일 다만 저들의 마음에 순응하여 말하면 잘못된 집착을 움직이지 않고, 혹 오직 순응하지 않고 말하면 바른 믿음을 일으키지 않으니, 저들로 하여금 바른 신심을 얻게 하고 본래의 잘못된 집착을 버리게 하기 위하여 '혹은 순응하고 혹은 순응하지 않고서' 말해야 한다. 또한 다만 이치에 순응하여 말하면 바른 믿음을 일으키지 않으니, 저들의 뜻과 어긋나기 때문이고, 이치에 순응하지 않고 말하면 바른 이해를 내지 않으니, 도리에 어긋나기 때문이다. 그러므로 믿음과 이해를 얻게 하기 위하여 '순응하기도 하고 순응하지 않기도 하며' 말해야 한다. 만일 여러 가지의 다른 견해가 엇갈려 쟁론하고 있을 때에, '있다고 하는 견해(有見)'에 동의하여 말한다면 '비었다는 견해(空見)'와 다를 것이요, 또 만일 '비었다고 하는 고집(空執)'에 동의하여 말한다면 '있다고 하는 고집(有執)'과 다를 것이다. 그리하여 동의하건 동의하지 않건, 쟁론만 더욱 일어나게 할 것이다. 또 저 두 가지에 다 동의하면 자기들끼리 서로 논쟁할 것이고, 저 두 가지에 다 동의하지 않는다면 그 두 가지와 더불어 서로 논쟁할 것이다. 이런 까닭에 '같지도 않게 하고 다르지도 않게 하며' 말한다. '같지 않게 한다.'는 것은 말 그대로 취하면 모두 인정하지 않게 되기 때문이고, '다르지 않게 한다.'는 것은 그 뜻을 이해하여 말하면 인정되지 않는 것이 없기 때문이다. 다르지 않기 때문에 저들의 감정에 어긋나

42)『십문화쟁론』, 1-839상.

43) 중관과 유식에 계승된 불교 언어관의 개요는 앞서 의상의 언어관을 기술하면서 거론한 바 있다.

지 않고, 같지 않기 때문에 도리에 어긋나지 않는다. 감정에 있어서나 도리에 있어서나 서로 어긋나지 않기 때문에, '서로 응하여 말한다.'고 하였다."44)

'나의 견해'를 배타적으로 주장하는 태도에 의해 초래되는 쟁론의 이면에는 실체적 언어관에 포획된 희론의 마음이 작용하고 있다는 통찰은 보편적 호소력을 지닌다. 그런 점에서 **실체적 언어관을 극복하여 그 어떤 견해의 진영에도 안주하거나 집착하지 않고 모든 일리들을 소통적으로 포섭할 수 있는 언어 능력의 성취는, 화쟁의 보편 원리라 할 수 있다. 이러한 무애회통(無碍會通)의 언어 능력은, 원효가 말하는 일심·본각의 자리에 설 때 완전하게 발휘된다. '하나가 된 마음자리(一心의 本源)'로 돌아가 희론에서 해방된 사람은, '한 몸으로 여기는 열린 우호감과 동정심(同體大悲)'으로, 진리답게 펼쳐지는 세상을 구현하기 위해, 언어 상황과 맥락에 따라 지혜롭게 긍정과 부정을 자유롭게 한다. 그는 모든 견해와 주장들을 하나같이 깨달음의 계기나 기반으로서 포섭한다.** 그 무집착의 언어 능력과 공능을 원효는 다음과 같이 말한다.

"묻는다. 이와 같은 두 분의 주장 가운데, 어느 것이 맞고 어느 것이 맞지 않는가? 답한다. 만일 말대로 취하면 두 사람의 주장이 다 맞지 않는다. 서로 다르게 다투어서 부처님의 본래 뜻을 잃어버리기 때문이다. 그러나 만일 고정된 집착을 아니 하면 두 사람의 주장이 모두 맞는다. 진리는 걸림이 없어서 서로 방해하지 아니하기 때문이다."45)

"집착을 떠나 말하면 합당하지 않음이 없는 것이니, 집착하

44) 『금강삼매경론』, 1-638상.
45) 『열반종요』, 1-529상.

는 자는 말대로만 받아들여 모든 것을 망가뜨린다."[46]

"깨달음의 길(佛道)은 넓고 확 트여 걸림이 없고 범주가 없다. 무엇에 기대는 것이 아주 없기 때문에 타당하지 않음이 없다. 이 때문에 일체의 다른 가르침이 모두 깨달음의 가르침(佛敎)이요, 온갖 학파들의 주장이 옳지 않음이 없으며, 불교의 모든 가르침으로 다 진리에 들어갈 수 있다."[47]

#### (2) 방편 언어의 이해

불교의 무실체적 언어관은 일종의 언어 실용주의로 이어진다. **언어(敎)는 존재의 본성(실체)을 담는 것이 아니기 때문에, 맥락과 상황의 실용적 가치에 따라 그 형식과 내용이 제약 없이 선택될 수 있다**는 것이다. 언어는 중생으로 하여금 무지를 반성케 하여 극복하게 하는 수단, 즉 응병투약(應病投藥)의 방편으로 간주된다.

무지를 극복케 하는 교정 효과만 있다면, 언어의 형식이나 내용은 자유롭게 선택될 수 있다. 교정에 유효한(실용적 가치가 있는) 언어 형식이나 내용은, 언어(敎)를 듣는 중생의 이해 능력과 관련된 상황이나 맥락에 따라 결정될 뿐이다. 언어의 이와 같은 방편적 실용성을 제대로 이해한다면, 언표 형식과 내용의 차이에서 비롯되는 소모적 쟁론들을 상당 부분 화해시킬 수 있다. 그리하여 원효는 불교 내부의 쟁론들을 언어의 방편성을 지적함으로써 화쟁시키고 있다.

"이러한 경문들은 이루 다 말할 수가 없으니, 모두 공(空)함을 마땅히 알아야 평등이라 이름 한다. 그런데 다른 곳에서는 '생사는 허망한 것이요 열반은 공하지 아니한 것'이라고 설한 것은, 천박한 식견을 가진 새로 발심한 이들이 ('열반이 공하

---

46) 『대혜도경종요』, 1-481상.

47) 『보살계본지범요기』, 1-583상.

다'는 말을 듣고서) 놀라고 두려워하는 마음을 내는 것을 보호하기 위해 방편을 지어 말한 것이다."48)

"따라서 나는 언어에 의지하여 언어 환각이 사라진 진리를 드러내고자 한다. 마치 손가락에 의지하여 손가락을 여읜 달을 내보이는 것과 같은 것이다. 당신은 지금 오직 말대로 뜻을 취하여 말로 할 수 있는 비유를 끌어들여 언설을 여읜 진리를 힐난하는데, 단지 손가락 끝을 보고 그것이 달이 아니라고 비난하는 것과 같다. 그러므로 비난이 정밀해지면질수록 진리에서 더욱 멀어진다. (...) 보살이 만약에 망상의 분별을 여의어, 분별한 것에 집착하는 모습을 없애버리면, 바로 그때에 언설을 여읜(언어 환각이 사라진) 진리를 드러내어 볼 수 있게 된다. 그럴 때에는 모든 것의 언설을 여읜(언어 환각이 사라진) 모습이 나타나게 된다. 비유하자면, 마치 모양 있는 모든 것들을 제거해 버릴 때, 그 제거한 곳을 따라 모양을 여읜 허공이 나타나는 것과 같다."49)

"모든 부처님의 법문이 한 가지가 아님을 알면, 그 말씀한 것을 따르면서도 조금도 장애가 되지 아니하여서 착란(錯亂)되지 않는다."50)

"모든 부처님의 뜻이 오직 여기에 있지만, 다만 견식이 얕은 사람들을 따라 이렇게도 말하고 저렇게도 말한 것이다."51)

"이러한 치답(置答)에는 다시 두 가지가 있으니, 하나는 막아서 그치게 하는 것이고 다른 하나는 집착하지 않게 하는 것이다. 이러한 의미에서 치답이라 한다. 그러므로 일천제(一闡提)에 대하여 두 가지 변견(邊見)을 막아 그치게 하였고, 선근(善根)의

48) 『열반종요』, 1-528하.
49) 『십문화쟁론』, 1-838중-하.
50) 『열반종요』, 1-530상.
51) 같은 책, 1-530중.

사람에 대하여서도 또한 그렇게 하였음을 알아야 한다. (…) 앞의 두 사람에게 이구(二句)를 설한 것은 차전(遮詮)의 뜻에 의하여 두 변견을 없앤 것이고, 뒤의 두 사람에게 이구를 설한 것은 표전(表詮)의 뜻에 의하여 중도를 나타내 보인 것이다."[52]

**언어가 방편임을 안다면, 표현은 다르지만 뜻이 같은 언어들을 변별해 내어 무의미한 쟁론을 그칠 수도 있게 된다. 서로 달라 보이는 언어들을 한 뜻(一味)으로 통하게 할 수 있다.**

"'뜻이 같음을 회통한다.'는 것은, 동류(同類)의 뜻에서 다른 문구들이 있으니(뜻은 같지만 표현은 다른 경우가 있으니), 뜻이 같은 것으로써 서로 다른 표현들을 회통하려는 것이다. 불성(佛性)의 뜻에 대해서는 수많은 표현들이 있으나, 뜻으로 묶으면 다섯 가지에서 벗어나지 아니한다. 첫째는 본래 모습의 완전함을 나타내는 맥락(性淨門)이니 불성의 동요 없는 국면이고, 둘째는 오염(染)을 따르는 맥락(隨染門)이니 불성의 동요하는 국면이다. 이 두 가지 맥락은 모두 원인이 되는 자리(因位)의 불성을 말하는 것이다. 셋째는 현재의 결과 자리(果位)이니 모든 부처님이 증득한 것이고, 넷째는 미래에 올 결과이니 중생들이 지니고 있는 것이다. 다섯째는 하나가 된 마음(一心)이니, 원인 자리도 아니고 결과 자리도 아닌 것이다. 이러한 다섯 가지 맥락에 의지하여 여러 경문들을 포섭하겠다. (…) 여러 가지 표현이 비록 서로 다르지만, 드러내려는 바탕(體)은 하나이다. 이렇게 수많은 명칭을 설하는 것은, 여러 경전이 오직 한 맛(一味)임을 드러내고자 하기 때문이다."[53]

"그러므로 앞에서 말한 네 가지 맥락에서, 오염을 따르는 맥락(隨染門)이나 본래 모습의 완전함을 나타내는 맥락(性淨門)의 두 가지 원인(因)과, 미래에 올 결과나 현재의 결과의 두 가지

52) 같은 책, 1-542중-하.
53) 같은 책, 1-544하-545상.

결과(果)는, 그 본래 모습이 별개의 것이 아니고 오직 '하나가 된 마음(一心)'임을 알아야 한다. '하나가 된 마음자리'는 오직 부처가 체득하는 것이니, 그러므로 이 마음을 일컬어 '부처 자리(佛性)'라 부른다. 단지 여러 가지 맥락에 의지하여 이 '하나가 된 마음자리'를 나타낸 것이지, 별개의 맥락에 따라 별개의 본래 자리(性)가 있는 것이 아니다. 곧 다를 것이 없는데, 어찌 '하나'를 둘 수 있겠는가? '하나'가 아니기 때문에 여러 맥락에 해당할 수 있는 것이며, 다르지 않기 때문에 여러 맥락이 한 맛(一味)인 것이다."[54]

**언어는 존재의 본성(실체)을 반영하는 것이 아니기에, 실용주의적 맥락에 따라 동일한 목적이나 가치 및 뜻을 위해 다양한 형식이 선택될 수 있다. 이러한 언어의 방편적 성격을 이해한다면, 같은 뜻의 다른 표현을 둘러싸고 벌어지는 쟁론들이 화해할 수 있다. 그런 점에서 원효가 구사하는 '방편 언어의 이해를 통한 화쟁' 역시 화쟁의 한 보편 원리로서의 자격을 갖추게 된다.**

## 4. 내용 요약

원효의 화쟁 사상을 논리 형식의 규명으로 접근하는 것은 문제가 있다. 원효의 화쟁 사상에서 모든 쟁론 상황을 해소해 주는 논리 형식을 구하려는 기대는 적절치 않다. 정작 주시해야 할 것은 화쟁의 논리 형식이 산출되는 토대이고 원천이다. 또한 원효의 화쟁 사상을 데리다 류(類)의 텍스트 이론에 의거하여 독해하는 것은 의미 있는 비교철학적 작업이기는 하지만, 근본적인 한계가 내재해 있다는 점도 간과할 수 없다. 또한 화쟁의 논리 형식을 귀일심

54) 같은 책, 1-545하.

원과 요익중생이라고 하는 원효 사상의 두 축에 적용시켜 원효 사상 전체를 화쟁의 논리에 의거하여 독해하려는 것은 일리는 있으나 부적절하다. 화쟁은 구체적 쟁론들을 염두에 둔 문제 해결의 태도를 담고 있는 언어이며, 원효 자신도 그러한 의미로서 사용했다고 보아야 한다. 『십문화쟁론』은 그 구체적 쟁론들 가운데서도 특히 화쟁의 필요성이 절실했던 불교 이론 내의 대표적 쟁론 주제들을 열 가지로 정리한 저술로 보인다.

현존 원효 저술에 나타나는 화쟁 내용들을 종합해 볼 때, 원효는 불교 이론의 이해를 둘러싼 특정한 쟁론들을 강하게 의식하여 그들을 대상으로 화쟁론을 구성하였으며, 그 과정에서 인간사 모든 쟁론의 보편적 구조와 그 해법에 대한 통찰을 불교적 시각에서 축적해 갔던 것으로 보여진다. 원효가 전개하고 있는 화쟁의 언어 이면에는 인간사의 모든 쟁론 상황에 적용될 수 있을 것으로 보이는 높은 수준의 보편 원리들이 읽혀지는데, 크게 세 가지가 주목된다. 첫째는 '각 주장의 부분적 타당성(一理)을 변별하여 수용한다'는 것이고, 둘째는 '모든 쟁론의 인식적 토대를 초탈할 수 있는 마음의 경지(一心)에 올라야 한다'는 것이며, 셋째는 '언어를 제대로 이해해야 한다'는 것이다.

원효가 전개하고 있는 화쟁의 논의들에서는 '저마다 일리가 있다'는 식의 화쟁 방식이 자주 등장한다. 저마다의 일리를 변별하여 인정하려는 원효의 태도는, 진리를 향한 인간의 향상적 노력들을 '본각에 의거한 시각의 과정'으로 간주하는 인간관에서 비롯된다고 할 수 있다. 불교 및 원효의 인간관에 의거해 볼 때, 진실을 밝히려는 인간의 모든 노력과 언어는 '깨달아감'의 과정이다. 불교 이외의 언어(외도) 역시 그것이 진리 구현의 노력이자 산물이라면,

시각(始覺)의 흔적이요 표현이다. 따라서 '부분적 타당성을 변별하여 인정한다'는 화쟁의 원리는 존재 향상과 진리를 추구하는 모든 쟁론 상황에 적용할 수 있다.

그런데 견해에 내재한 진리 관여적 일리(一理)들을 변별해 내려면 각 견해의 의미 맥락을 잘 식별할 수 있어야 한다. 원효의 화쟁 논리에는 이러한 의미 맥락의 식별 노력이 돋보이고 있다. 특정 일리에 안주하여 그것으로써 완결시키려는 태도는, 다른 일리들과 다른 의미 맥락들을 놓치거나 외면, 혹은 배척하게 되어, 상생적·상호 포섭적 담론을 통한 진리에로의 접근을 방해한다. 그러므로 각 견해들의 부분적 타당성을 인지하고 포섭하기 위해서는 하나의 부분적 진리에 국집하지 않을 수 있어야 한다. 그것을 원효는 '일변(一邊)을 고집하기 않기'로 강조하고 있다. 쟁론의 주체들이 자기 견해에 집착하지 않으면 않을수록, 자기주장의 부분적 타당성과 의미 맥락을 온전히 직시할 수 있는 동시에, 타 견해의 일리들과 의미 맥락을 사실대로 인지하고 수용할 수 있는 가능성은 높아진다.

모든 상호 부정적 쟁론들의 인식적 토대를 방치한 채 시도되는 화쟁은 미봉책에 불과하다. 각 주장들의 일리를 변별하여 포섭할 수 있는 근원적 능력을 성취하기 위해서는, 배타적 쟁론의 인식적 토대 자체를 해체한 후 새롭게 재구성할 필요가 있다. 그렇게 이룩된 온전한 존재 인식의 지평이 원효 화쟁의 근원적 생명력이라 할 수 있는데, 이 마음의 경지를 원효는 일심(一心)·일각(一覺)·일심진여(一心眞如)·일심본각(一心本覺) 등의 용어로 지칭하는 동시에, 그 경지에서 이설(異說)과 쟁론들을 회통·화쟁하는 국면을 일미(一

味)라 부르고 있다. 그리고 일미로 화쟁·회통하는 일심의 경지, 그 새로운 존재 이해의 핵심은, 다름 아닌 '둘 아님(無二)'의 통찰에 있다.

이 마음자리(一心之源)에 서면, 있음/없음, 옳음/그름, 진실/허망, 청정/오염의 이항(二項)들을 배제적 긴장 관계로 대립시키는 것이 아니라 상호 의존적 상생 관계로 포섭시킨다. 모든 실체적 자가(自家)의 울타리를 해체시키고 일체의 배제적 개념의 성벽도 허물어 버린 탁 트인 그 자리에 서면, 그 모든 분별의 언어들을 동시에 분별없이 포용한다. 이 진실의 고향에서는 편파적 선호와 부정, 선택과 배제의 격리의 벽이 없기에, 모든 언어의 주소지들을 다 받아들일 수 있다. 머물러야 할 그 어느 주소지도 없기에, 그 어떤 주소지로도 다 응해 갈 수 있다. 이 초탈적 포용을 드러내려는 언표가 '둘 아님(不二)'이요 '한 맛(一味)'이다.

쟁론은 '언어에 의한 다툼'이이므로, 언어에 대한 올바른 이해는 화쟁의 보편 원리 구성에 필수적이다. 원효가 화쟁을 위해 제시하는 언어관의 원리로는 크게 두 가지가 부각되고 있는데, '실체적 언어관을 극복할 것'이 그 하나이고, '언어의 방편적 의미를 이해할 것'이 다른 하나이다.

진리 구현을 장애하는 형태의 쟁론들은 희론의 충돌이라 할 수 있다. 실재하지 않는 실체적 자아 관념을 증폭시켜 '나의 견해'에 집착하게 하여 배타적 쟁론 태도를 초래하게 하는 것이 희론이기 때문이다. 따라서 희론의 극복은 화쟁의 핵심 과제가 된다.

'나의 견해'를 배타적으로 주장하는 태도에 의해 초래되는 쟁론의 이면에는, 실체적 언어관에 포획된 희론의 마음이 작용하고 있다. 따라서 실체적 언어관을 극복하여 그 어떤 견해의 진영에도 안주하거나 집착하지 않고 모든 일리들을 상생적으로 포섭할 수 있는 언어 능력의 성취는, 화쟁의 보편 원리라 할 수 있다. 그리하여 원효는 불교의 전통적 언어관을 계승하여 희론적 쟁론의 화쟁 원리를 수립하는 동시에, '걸림 없이 쟁론들을 화해/소통시킬 수 있는 언어 능력'을 제시한다. 이 무애회통의 언어 능력은 원효가 말하는 일심·본각의 자리에 설 때 발휘되는 것임은 물론이다. 일심의 본원으로 돌아가 희론에서 해방된 사람은, '한 몸으로 여기는 열린 우호와 동정감(同體大悲)'으로, 오직 진리다운 세상을 구현하기 위해, 언어 상황과 맥락에 따라 지혜롭게 긍정과 부정을 자유롭게 한다.

또한 원효는 불교적 언어 실용주의에 의거하여 언어의 방편성을 환기시킴으로써, 언표 형식과 내용의 차이에서 비롯되는 불교 내부의 소모적 쟁론들을 화쟁시키고 있다. 또한 언어의 방편성에 의거하여, 표현은 다르지만 뜻이 같은 언어들을 변별해 내어 무의미한 쟁론을 해소시키는 동시에, 서로 달라 보이는 언어들을 한 뜻(一味)으로 통하게 한다.

# 6장

# 화쟁은 어떻게 가능한가?

-원효의 화쟁 원리에 관한 불교철학적 음미-

## 1. 언어적 다툼(諍)과 치유(和諍) 그리고 원효

인간은 다툰다. 그리고 그 다툼은 '언어적'이다. '인간의 다툼은 언어적'이라는 말은 다투는 수단이 언어에 국한된다는 것이 아니라, 언어가 곧 인간 존재라고 할 정도로 언어와 인간 존재의 모든 면모가 마치 한 몸처럼 결합되어 있다는 것을 의미한다. 언어와 인간 사유의 선후 발생관계가 어떤 것이었건 간에, 현실의 인간은 언어 없는 순수 사유가 가능해 보이지 않을 정도로 '언어적 존재'가 되었다. 자신과 타인, 세계에 대한 인식과 경험, 관계 맺기는 깊숙한 수준에서부터 이미 언어 의존적이다. 그런 점에서 인간의 모든 다툼의 행위는 언어적이다. 인간의 다툼은 언어에 의존하여 형성/유지/발전하는 관점과 신념, 기호와 욕구들의 충돌이기 때문이다.

언어와 존재가 한 몸으로 결합되어 있기에, 인간의 언어 다툼은 특히 격렬하다. 인간은 자기 존재의 모든 것을 언어에 담아 다투는 특이한 생명체이다. 지구상의 생명체들 가운데서 언어에 자신을 담아 싸울 줄 아는 거의 유일한 존재가 인간이다. 그런 점에서 쟁론(爭論)은 언어적 존재인 인간의 '인간적 다툼 방식'이요 인간세(人間世)의 특징적 면모이기도 하다.

화쟁은 '언어로 드러나는 다툼'을 대상으로 하는 문제의식이다. 언어적 쟁론을 화해 내지 해소시키려는 의지와 노력과 실천이 담긴 말이 화쟁이다. 쟁론은 진리 탐구의 통로가 되고, 상생적 성숙과 발전의 계기로 기능하기도 한다. 서로 다른 견해가 자기주장을 활발히 개진하는 과정에서 사물이나 사태의 보다 온전한 면모가 드러나며, 편견이나 단견, 무지나 선입견 등이 논쟁 과정에서 수정되거나 보완되어 서로를 성숙시켜 간다. 그러나 화쟁은 쟁론의 이와 같은 담론적 순기능을 대상으로 삼는 것이 아니다.

쟁론은 상호 발전과 진리 구현의 통로가 되기도 하지만, 상호 파멸과 타락의 매개가 되기도 한다. 모든 파멸적 공격과 폭력은 쟁론 충돌의 산물이기도 하다. 화쟁은 이 상호 부정적 쟁론의 해악성을 치유하려는 노력이다. 원효는 '배타적 견해 다툼(諍)의 치유(和諍)'를 위한 사상의 구성과 실천에 진력했던 인물이다.

원효는 불교의 길에서 삶이라는 문제 상황의 해법을 추구하고 확보하는데 크게 성공하였다. 따라서 그가 제시하는 화쟁 원리는 철저히 불교적 통찰에 의거하고 있다. 원효의 화쟁 원리와 그 불교철학적 근거들은 지금도 여전히 유효한데, 언어적 다툼을 치유하는 화쟁의 조건을 원효의 화쟁 원리에 의거하여 오늘의 관심사로써 재구성해 본다.

## 2. 화쟁은 어떻게 가능한가?

### 1) 인간의 진리탐구적 노력들을 긍정적으로 포섭하라

비록 서로 다른 내용의 주장일지라도, 그것이 진정성 있는 진리탐구의 표현이라면, 그 근원적 가치를 신뢰하여 포섭하려는 태도가 필요하다. 이성(理性)이라 불리던 불성(佛性)이나 본각(本覺) 혹은 신성(神性)이라 불리던 간에, 인간은 근원적으로 진리 구현의 위대한 면모를 잠재적 능력으로서 지니고 있다는, 인간에 대한 궁극적 신뢰가 필요하다. 진정성에서 펼쳐지는 다양한 주장들은 인간 존재의 위대한 면모에서 연유하고 있다고 본다면, 존중과 신뢰의 태도가 수립되고, 그에 따라 각 주장들의 가치를 최대한 인정하고 살려 포섭할 수 있게 된다. 이것이 불성적(佛性的) 인간관을 계승하고 있는 원효의 본각적(本覺的) 인간관이 제시하는 화쟁의 인간관이다.

### 2) 각 주장들의 일리(一理)를 포착/변별하여 포섭하라

모든 존재, 모든 문제 상황은 흔히 다수의 인과관계들이 상호 의존적으로 얽혀 있는 연기적(緣起的) 현상이다. 그런 까닭에 한 사태나 문제 상황에 대한 해법은 그 얽혀있는 관계들만큼이나 다양/다채롭고 다층적(多層的)이기 마련이다. 그 다수의 해법들은 연관된 인과관계와의 적합성, 궁극성(窮極性)이나 보편성(普遍性), 포괄성(包括性) 등을 기준으로 그 상대적 특성이나 우열이 평가받고 선택될 뿐이지, 단일(單一)의 배타적 해법만이 존재할 수는 없다.

해결하고자 하는 어떤 사태나 문제 상황은 대부분 중층(重層)의 연기적(緣起的) 관계이므로 다양/다채롭고 다층적인 주장/해법에 열려 있다. 이것은 두 가지 의미를 지닌다. 하나는, 단일하고도 완결된 배타적 주장/해법은 존재하기 어렵다는 점이고(만일 단순하고 단일한 인과관계만으로 구성된 문제 상황이라면 그런 해법도 가능할 것이지만), 다른 하나는, 다양한 주장과 해법들은, 예상보다도 많이, 문제 해결에 기여하는 제한적/부분적 타당성이나 유효성을 지닌다는 점이다. 쟁론적(爭論的) 의견 대립상황에서 만약 문제의 연기적 성격을 충분히 인정한다면, 자기 것과 다른 주장/해법들을 배타적으로 점령하고자 하는 대신, 그들이 지니고 있을 수 있는 제한적/부분적 타당성을 포착하여 인정하고 포섭하고자 할 것이고, 그 결과 포섭적 화쟁이 이루어져 상호 파괴적 다툼이 치유될 수 있다. 원효가 제시하는 '각 주장들의 일리(一理)들을 변별(辨別)하여 포섭하라'는 화쟁 원리는, 본각적 인간관뿐만 아니라 현상의 연기적 진실을 감안할 때도 충분히 유효하다.

### 3) 화쟁의 언어관을 수립하라

언어와 사유/욕망/행위의 긴밀한 연관성을 고려할 때, 상호 부정적 언어다툼을 치유하기 위해서 인간의 언어 관념 자체를 비판적 성찰의 대상으로 삼는 것은 적절하고도 근원적이다. 불교의 언어관에서 정확하게 지적하고 있듯이, 개념 언어는 그에 해당하는 불변의 실체(實體)를 갖고 있지 않다. 그럼에도 불구하고 대부분의 인간들은 언어와 실체의 상응을 본능처럼 확신하고 언어 관념과 그에 의거한 세계를 구성해간다. 언어에 담겨진 세계, 언어로 구성된 존재는 그들에게 소유 가능한 실체로 여겨진다. 따라서 언어적 견해와 신념 역시 '나' '나의 것' '나에 속한 것'으로서 배타적 실체처럼 소유하려고 한다. 이러한 언어의 환각적 실체 관념에 사로잡힌 사람은 자기 견해나 신념의 변화/수정에 인색할 수밖에 없고, 다른 견해나 신념들을 자기 견해로 동화시키거나 배제하려는 독점적/배타적 승리를 추구한다. 이 언어 실체관념의 배타적 자기주장들이 각축하는 것이 쟁론(爭論)의 병리현상이다.

이 언어 환각의 병증(病症)을 근원에서 치유하려면 언어 관념에서 실체라는 환각을 걷어내야 한다. 언어는 그에 해당하는 실체를 갖지 않는 관행적 용법일 뿐이라는 이해를 확립해야 한다. 이 무실체의 언어관은 불교의 무아(無我)와 무상(無常), 연기(緣起)와 공(空)의 통찰 위에 수립될 수 있음은 물론이다. 실로 오랫동안 군림해 왔던 실체적 존재론을 무실체의 존재론으로 대체하려는 지성적/행위적/수행적 실천에 힘을 실어야 비로소 언어 관념에 뿌리내린 실체 환각을 털어버릴 수 있다.

언어 관념에서 실체의 환각을 걷어낸 사람의 언어적 주장은 수정과 변화에 끝없이 개방된다. 언어 세계를 무아(無我)/무실체적으로 이해하고 경험하는 사람은, 관행에 따른 일상 언어용법에 따르면서도 언어가 구축하는 세계에 실체를 상정하지 않으므로, 언어를 사용하면서도 언어 세계에 소유적으로 집착하지 않는다. 그러므로 언어를 사용하여 활발하게 논쟁하면서도, 실체적 자아관념에 기인하는 그 어떤 집착이나 자만심, 승부욕, 배타적 독선에 함몰되지 않는다. 다투지 않고 담론할 수 있는 화쟁 능력을 지니게 되는 것이다.

그는 자신의 언어적 견해와 신념을 불변의 소유물로 움켜쥐고 거주하려 하지 않는다. 그는 필요하다면 언제든지, 어디까지라도, 자기 견해를 수정하고 보완하며 더욱 견실한 진실을 향해 전진한다. 또한 자기 것과 다른 견해들을 흡수나 배제의 대상으로 간주하여 자기 견해에 동화시키거나 부정해버리려 하지 않고, 보다 온전한 진실의 구현을 위한 일리(一理)로서 기꺼이 존중하고 경청한다. 그는 모든 견해와 주장들을 진리 포착과 구현의 계기나 기반으로서 포섭하는 동시에, 항상 역동적으로 변화에 열려있다. 이처럼 개방된 언어 주체들의 대화와 담론은 진리(해법) 성취와 구현의 역동적 장(場)을 펼칠 수 있다.

불교적 통찰에 따르면, 결국 상이한 두 가지 언어 관념의 주체들이 있을 수 있다. 하나는 실체 환각에 사로잡힌 언어 관념의 주체로서, 견해와 주장의 배타적 완결과 승리를 추구하는 쟁론의 주역이다. 다른 하나는 언어 관념에서 실체 환각을 털어낸 주체로서, 모든 견해와 주장에 역동적으로 개방되어 있는 화쟁의 주역이다. 이 화쟁의 언어 주체는 자신과 타인의 언어적 견해와 신념에 그 어떤 불변의 실체물(實體物)도 부여하지 않고, 언어를 단지 진리 포착과 구현의 실용적 용법으로 구사한다. 이와 같은 화쟁의 언어 능력 향상 정도에 따라 쟁론의 병리현상 치유정도도 비례하여 상승할 것이다. 원효는 이 화쟁의 언어 능력을 자신의 화쟁 작업에 가동했던 인물이다.

### 4) 모든 쟁론적 인식 토대에서 해방되는 마음의 경지를 확보하라

견해와 주장들의 상호 배타적 충돌을 화쟁적으로 치유하려면 근원적으로 화쟁의 언어능력이 요청된다. 그런데 언어와 사유의 분리할 수 없는 상관관계를 감안할 때, 화쟁의 언어 능력은 결국 '화쟁할 수 있는 마음 수준'의 문제가 된다. 원효의 화쟁 원리에서 제시되는 '모든 쟁론적 인식 토대에서 해방되는 마음의 경지'까지 눈을 돌릴 수밖에 없다.

견해의 배타적 다툼(爭論)은 견해를 주장하는 자의 마음의 문제로 그 연원(淵源)이 소급된다. 견해/개념적 지식/신념을 불변의 '나' '나의 것' '나에 속한 것'이라고 간주하는 실체적 자아 관념에 사로잡힌 마음은, '나의 견해'가 아닌 '타자의 견해'나 '다른 견해'를 정복 아니면 배제의 대상으로 간주한다. '나의 견해'를 불변의 실체로 여기면, 변화를 거부하여 자기 견해의 수정이나 철회, 보완을 외면하는 독선적 집착과 폐쇄적 완결에 머무르는 마음이 된다. 또한 타인의 견해 역시 불변의 실체로 간주하면 수정/조정/타협/보완의 가능성을 외면하게 되어, 나의 견해로 동화되거나 배제되어야 할 승패(勝敗)의 적대적 대상으로 대하는 마음이 된다.

자아와 견해를 '불변의 실체' 혹은 '불변의 소유물'로 간주하는 마음을 유지하는 한, 견해들 상호간의 적대적 다툼은 불가피하다. 비록 타자의 시선이나 사회적 기대, 이성적 자기 제어와 절제, 토론 경험의 축적에서 생겨나는 세련된 자제 능력, 교육을 통해 훈련받은 타자 배려의 태도 등이 이 쟁론적 적대성과 투쟁성을 견제내지 완화시켜 주고 있기는 하지만, 불변의 실체 관념에 지배되는 한 이 배타적 적대성과 투쟁성은 언제든지 솟구쳐 나올 기회를 기다리는 위험한 잠재성향으로 잠복되게 된다.

배타적 쟁론의 이와 같은 인식적 기반을 방치한 채 시도되는 화쟁은 미봉적(彌縫的)일 수밖에 없다. 그렇다면 화쟁이 근원적이고도 자연스럽게 가능하려면 어떤 조건이 필요한가? 관건은 실체 관념이라는 환각에서 해방되는 것인데, 불교는 이와 관련하여 크게 두 유형의 노력과 성취의 길을 일러준다. 하나는 이지(理智)의 길이고, 다른 하나는 선(禪)의 길이다.

불변의 실체/실체적 개아(個我) 관념이 근거 없는 무지일 뿐이라는 지적(知的) 성찰, 존재와 세계를 무실체/무아/무상/연기/공의 관점에서 이해하는 이지적 능력을 계발/수립하고 힘을 더해 가는 것이 이지(理智)의 길이다. 나의 견해, 타자의 주장들은 불변의 닫힌 실체가 아니고 역동적 변화와 관계에 열려있다는 이지적 성찰을 가동함으로써, 쟁론의 배타적 인식을 극복해 가는 것이다. 서로 다른 견해들이 만나는 담론의 현장에 설 때마다 이 무실체의 이지(理智)를 점등(點燈)한다면, 견해들의 역동적 개방과 상호 포섭의 지평이 열릴 것이다.

그런데 비록 무아/무상/연기의 이지(理智)를 의식적/이성적 차원에서 수립하여 가동한다 할지라도 아직 충분치 않다. 인간의 마음은 잠재의식/무의식적 기층(基層)이 있기 때문이다. 실체 관념은 장구한 기간 동안 반복/지속되면서 강력한 지적(知的) 경향성으로 확립되어 있다. 이 지적 업력(業力)은 잠재의식/무의식적 기층에서 잠복되어 있다가, 드러날 수 있는 조건만 갖추어지면 언제든지 솟구쳐 올라 인식을 주도해 버린다. 비록 의식 차원에서는 무실체의 이지적 성찰을 가동하려 하지만, 잠재의식/무의식적 기층에서 올라오는 실체의 환각적 업력은 의식 차원의 이지적 노력을 쉽게 무력화시켜 버린다. 수시로 솟구치는 이 실체 관념의 업력에서 해방될 수 있는 또 다른 출구가 확보되지 않으면, 근원적이고 자발적인 화쟁은 사실상 기대하기 어렵다. 불교는 이 지점에서 선(禪)의 길을 열고 있다.

선의 길인 초기불교의 정념(正念)/정정(正定)이나 선종(禪宗)의 간화선(看話禪)은 모두 '실체적 인식 범주와 계열에서 빠져나오는 마음 국면'을 계발하여 수립하고 완벽히 발전시켜 가는 수행 방법을 제시하고 있다. 실체적 인식범주(分別)에 빠져들지 않는 마음 국면을 매순간 확립하여 지속적으로 간수(看守)해 가는 참선이 충분한 공력(功力)을 얻게 되면, 비록 실체 관념의 업력이 잠재의식/무의식 차원에서 솟아오를 때라도 무실체에 관한 이지(理智)와 분별 해체의 마음 국면을 잃지 않을 수 있게 된다. 언어 주체가 자발적이고 자연적으로 배타적 쟁론의 불모지를 화쟁의 옥토로 바꾸는 근본적 변혁은 이 때 구현된다. 다양한 견해와 주장들이 실체적으로 분리/대립하여 승패를 다투는 것이 아니라, 역동적 변화와 열린 만남으로 온전한 진실을 향해 상향적으로 상호 포섭될 수 있는 장이 펼쳐진다.

원효는 쟁론의 인식적 기반에서 해방되어 화쟁을 구현할 수 있는 마음의 수준을 일심(一心)이라 불렀다. 이 일심의 마음 국면에서는 다양한 주장들이 '둘 아닌(不二)' '한 맛(一味)'의 관계로 포섭되어 '그렇지 않으면서 그렇지 않은 것도 아닌(非然非不然)' 포섭적 화쟁이 구현된다고 했다. 원효의 일심은 실체 관념의 환각을 해체하는 이지(理智)와 선(禪)의 두 길 모두에서 충분한 성취를 이룰 때 구현되는 마음 수준으로 보아야 할 것이다.

## 3. 맺는 말

소모적으로 전개되는 상호배타적 언어다툼들을 포섭적으로 치유할 수 있는 길은 무엇인가? 그 한 해법으로서 원효가 구사하는 화쟁의 원리에 의거하여 화쟁의 가능 조건을 불교철학적으로 정리/음미해 보았다. **'인간의 진리탐구적 노력들을 긍정적으로 포섭하기'/'각 주장들의 일리(一理)를 포착·변별하여 포섭하기'/'화쟁의 언어관을 수립하기'/'모든 쟁론적 인식 토대에서 해방되는 마음의 경지 확보하기'**가 그 구체적 내용이었다.

그런데 이러한 조건만 확보하면 사바세계의 혼탁한 쟁론들을 화쟁할 수 있을까? 다시 말해 이 네 가지는 화쟁의 충분조건일 수 있는가? 그렇지는 않다. 화쟁의 필요조건일 수는 있지만 충분조건으로 간주하기는 어렵다. 이 조건들은 어디까지나 쟁론 주체들이 확보해야 할 내적(內的) 능력과 관련된 것으로서 화쟁의 인간학적 조건들인 것이다.

불교적 세계관에 의하면, 세상은 주/객관의 복잡다단한 인연복합체이다. 비록 쟁론 상황이 인간 세상 특유의 인위적 산물이기는 하지만, 쟁론 상황의 연기적 구성에는 주/객관적 요소들이 함께 개입하고 있다. 특히 의사소통과 관련된 환경적 여건은 쟁론과 화쟁의 분기점에서 중요한 요소가 된다. 자유롭고 열린 의사소통의 가능성을 높여주는 외적(外的) 조건 역시 화쟁의 필수 조건이다. 모든 언어 주체들이 자유롭게 참여하여 제한 없이 견해를 펼치고 상생적으로 의사소통할 수 있는, 열린 사회를 위한 환경적/제도적 조건들의 모색과 구현은, 인간학적 조건들과는 또 다른, 그러나 동시에 추구해야 할 화쟁의 사회적 조건들이다. 그러나 모든 인위적 문제들의 맺음과 풀기의 시원은 어차피 인간 각자의 내면적 태도와 능력으로 환원될 수밖에 없다. 그런 점에서 원효가 제시하는 화쟁의 불교적 조건들은 화쟁의 근원적/궁극적 조건들이라 하겠다.

# 7장

# 『금강삼매경(金剛三昧經)』·『금강삼매경론(金剛三昧經論)』과 원효 사상

## 1. 『금강삼매경』을 둘러싼 문제들

『금강삼매경』은 한국불교와 특별한 인연이 있는 경전이다. 贊寧(918-999)의 『宋高僧傳』에 의하면, 이 경전이 세상에 처음 나타난 것은 7세기 중엽 신라 대중불교의 奇人 大安 화상의 편집에 의한 것이었고, 그 최초의 강설자는 역시 대안 화상과 깊은 교분이 있었던 신라불교의 간판 스타 元曉(617-686)였다.[55] 7세기 중반까지 동북아 불교권에서 거론되던 불교사상의 거의 모든 유형들을 망라하면서 고급 수준의 불교사상을 전개하는 이 경전이 학계의 특별한 주목을 받아온 것은 크게 두 가지 이유에서였다. 하나는 『금강삼매경』이 중국 초기선종의 성립과 밀접한 관련이 있을 것이라

---

55) 『宋高僧傳』 卷4 義解編 元曉傳(『大正新修大藏經』 卷50), p.730상-중.

는 추정 때문이다. 달마의 二入四行說과 『금강삼매경』의 二入說의 상관관계를 주목하면서 출발한 이 논의는 초기선종과 『금강삼매경』이 맺고 있는 일정한 관계를 밝히는 데 초점을 두고 진행되어 왔다.56)

『금강삼매경』이 주목받아온 또 하나의 이유는 한국불교의 거인 원효가 이 경에 대한 최초의 주석가이며, 그가 저술한 『금강삼매경론』은 원효 사상의 원숙한 경지를 보여주고 있기 때문이다. 그리하여 원효 사상을 탐구하는 사람들에게는 언제나 『금강삼매경』이 각별한 관심의 대상이 되었다.57)

사상적 관심과는 별도로 문헌 비판적 논의도 『금강삼매경』에 대한 관심의 한 초점이 되어 왔다. 중국 초기선종사 연구에 새로운 전기를 제공한 돈황 문서의 발굴이래, 菩提達摩 二入四行說이 『금강삼매경』에 의거하고 있다고 추정한 학자들은 『금강삼매경』을 인도에서 전래된 경전으로 간주했었다. 그러나 水野弘元이 『금강삼매경』에 玄奘(602-664)譯 이후에나 등장하는 용어들(『반야심경』

---

56) <宇井伯壽, 『禪宗史硏究』(岩波書店, 1935), pp.23-24.> <水野弘元, 「菩提達摩の二入四行說と金剛三昧經」(『駒澤大學硏究紀要』13, pp.56-57.)> <鈴木大拙, 『禪思想史硏究』(岩波書店, 1951), p.843.> <柳田聖山, 『初期禪宗史書の硏究』(禪文化硏究所, 1967), p.27. 및 「金剛三昧經の硏究」(『백련불교논집』3, 1993, pp.461-487.)> <田中·沖本 譯, 『大乘佛典』11권 中國·日本篇(中央公論社, 1989, p.465.)> <Robert E. Buswell, JR. 『The Formation of Ch'an Ideology in China and Korea; The Vajrasamadhi-Sutra, a Buddhist Apocryphon』, Princeton University Press, New Jersey, 1989, pp.179-181.> <金柄煥, 「원효의 금강삼매경론 연구 - 觀行을 중심으로 -」(동국대 박사학위논문, 1997), pp.5-21.> 등.

57) <李箕永, 「元曉思想의 獨創的 特性」·「元曉의 如來藏思想」(『元曉思想硏究』1, 한국불교연구원, 1994)> <高翊晉, 「元曉思想의 실천원리 -금강삼매경론의 一味觀行을 중심으로-」(『崇山朴吉眞博士華甲紀念 韓國佛敎思想史』, 원광대출판국, 1975,> <佐藤繁樹, 『元曉의 和諍論理』(민족사, 1996)> <金柄煥, 『元曉의 金剛三昧經論 硏究 - 觀行을 중심으로 -』(동국대 박사학위논문, 1997)> <鄭舜日, 「元曉의 一味觀行 硏究 - 金剛三昧經論을 중심으로 -」(『如山柳炳德博士華甲紀念 韓國哲學宗敎思想史』, 원광대학교종교문제연구소, 1990.)> 등.

<648년 譯>의 是大神呪 是大明呪 是無上明呪 是無等等呪의 四呪·『유식삼십송』<649년 譯>의 末那)이 나타난다는 점 등을 논거로 하여, 이 경전이 인도에서 撰述되고 중국에서 漢譯된 것(眞經說)이 아니라 중국에서 찬술된 僞經이라고 주장하자 사정은 급변하였다.

인도 찬술의 경전들에게만 眞經의 권위와 종교적 가치를 부여하던 사람들에게는, 水野弘元의 僞經說로 인해 『금강삼매경』의 가치가 퇴색하는 것으로도 여겨졌을 것이다. 그러나 불교 문헌의 성격을 고려한다면, 이러한 태도는 부당한 종교적 선입견에 불과하다. 어차피 역사적 실존으로서의 붇다의 육성을 원형에 가깝게 전하는 문헌들은 대장경 중에서 극히 제한된 부분에 국한되는 것이며, 대다수 경전들은 붇다의 가르침이나 체험과의 동질성을 확신하는 후대인들의 작품이다. 그러나 계시종교가 아닌 깨달음의 종교인 불교는, 붇다에 의해 확인되고 제시된 깨달음의 경지와 그에 이르는 길에 부합하는 것이라면, 그 누구의 체험이나 가르침, 주장도 모두 '깨달음의 성전(佛經)'에 등재됨을 허용한다. 자신의 사상이 붇다의 그것과 동일한 것임을 강조하기 위해 붇다의 이름을 빌리는 형식을 취하고 있는 대다수 후기 경전들은, 이런 이유로 인해 꾸준히 대장경에 편입되면서 불경의 권위와 가치를 인정받았다. 대장경이라는 불교 문헌 체계는, 계시종교의 성전처럼 그 어떤 변화도 용납할 수 없는 '닫혀 있는 완결형'이 아니라, 깨달음이라는 체험의 개방성으로 인해 모든 사람의 참여를 허용하는 '열려 있는 진행형'인 것이다. 역사를 통해 대장경의 양적 증대가 꾸준히 진행되고, 불교계는 그러한 현상을 당연한 것으로 수용했던 이유도 여기에 있다. 따라서 후대에 대장경에 편입되는 경전들에 대해서, 인도인에 의해 만들어진 것은 眞經이라 하여 그 권위나 가치를 높게 평가하고 중국인이나 한국인에 의해 만들어진 것은 僞經이라 하여 종교적 가치를 무

시하려는 태도는 대장경의 성격을 간과한 편견일 뿐이다.

전통적으로 인도 찬술의 경전들에 대해서만 종교적 권위와 가치를 부여하던 사람들에게는 水野弘元이 제기한 『금강삼매경』의 中國撰述說이 『금강삼매경』 권위와 가치의 퇴색으로 여겨졌을 법하다. 그러나 불교 대장경의 성격을 제대로 파악하는 사람들에게는 중국찬술설이 오히려 『금강삼매경』의 가치와 역사적 진실을 새롭게 발굴하는 획기적 계기로 작용한다.

水野弘元의 주장 이후, Walter Liebenthal, 柳田聖山 등이 연이어 나름대로의 중국찬술설을 개진하였다. 그러나 이러한 중국찬술설들은 『금강삼매경』이 신라에서 최초로 등장했음을 전하는 『송고승전』이나 『삼국유사』의 명백한 설화를 애써 외면하는 것들이었다. 이러한 문제의식에서 木村宣彰은 『금강삼매경』 찬술문제를 신라불교 내에서 접근할 것을 제안하는 동시에, 『금강삼매경』은 攝論宗이나 禪사상 등 당시 중국의 다양한 불교사상을 佛說의 권위 아래 회통시키고자 大安이나 元曉 주변의 사람들이 만들어낸 것일 것이라 추정하였다.

그가 제시한 이 신라찬술설은 『금강삼매경』의 연구에 새로운 물꼬를 튼 셈이다. 이어 Robert. E. Buswell은 『금강삼매경』의 찬술자로서 신라의 法朗을 지목하기도 한다. 그러나 법랑의 활동시기로 볼 때 그가 『금강삼매경』을 찬술했다고는 보기 어렵다는 점을 지적하면서, 金煐泰는 『금강삼매경』의 신라찬술 가능성을 본격적으로 검토한 끝에 신라 대중불교의 주체였던 大安·惠空·蛇福 등을 그 찬술자로 지목한다. 이어 南東信 역시 김영태의 입장에 동의하면서, 대안을 비롯하여 대중교화에 뜻을 둔 일군의 승려들이 자신들의 이상형인 梵行長者를 주요 등장인물로 하는 『금강삼매경』을 편찬하였을 것으로 추정한다.[58]

水野弘元의 僞經說 제기 이후의 연구 성과를 종합해 보면, 『금강삼매경』이라는 문헌은 종교적 태도나 사상적 수준 및 문제의식을 공유하는 일군의 신라 불교인들, 특히 大安이나 元曉로 대변되는 대중불교 운동가들이 그 찬술의 주역들이라고 추정하는 것이 타당할 것 같다. 『금강삼매경』의 찬술자를 확정시키는 객관적 자료들이 새롭게 발굴되지 않는 한, 大安과 元曉를 중심으로 하는 신라 불교인들이 경전 찬술의 주역일 것이라는 추정이 설득력을 유지할 것이다. 그리고 이렇게 본다면 『금강삼매경』과 원효의 『금강삼매경론』은 그 성립 배경이나 사상 내용에 있어서 불가분의 관련을 맺고 있다고 보아야 한다.

『금강삼매경』이 신라불교인들에 의해 만들어진 것이라면, 무엇보다도 그 찬술의 동기나 배경이 궁금해진다. 단지 불교사상의 통상적 표현을 위해서라면 굳이 佛說의 권위를 빌리는 경전을 만들 필요는 없기 때문이다. 설득력을 위해 경전의 권위까지 필요로 하는 그 어떤 강렬한 문제의식이 있었다고 보는 것이 자연스럽다. 그렇다면 『금강삼매경』의 찬술자(들)가 표현하고 싶었던 문제의식이나 관심사는 무엇이었을까? 경전의 권위를 빌어서까지 설득

---

58) <水野弘元, 「菩提達摩の二入四行說と金剛三昧經」(『駒澤大學研究紀要』13)> <Walter, Liebenthal, '' Notes on the 'Vajrasamadhi', 通報 Toung Pao Vol.42, 1956.> <柳田聖山, 『初期禪宗史書の硏究』(禪文化研究所, 1967)> <木村宣彰, 「金剛三昧經の眞僞問題」(『佛教史學研究』18-2)> <Robert E. Buswell, JR. 『The Formation of Ch'an Ideology in China and Korea; The Vajrasamadhi-Sutra, a Buddhist Apocryphon』, Princeton University Press, New Jersey, 1989, p.174.> <金煐泰, 「신라에서 이룩된 금강삼매경」(『불교학보』25, 동국대 불교문화연구소, 1988, pp.11-37.)> <南東信, 「新羅 中代佛敎의 성립에 관한 연구 -금강삼매경과 금강삼매경론의 분석을 중심으로-」(『韓國文化』21, 서울대 한국문화연구소, 1998, pp.113-142.)>. 『금강삼매경』에 대한 문헌비판 성과 및 그 연구사적 검토는 <金柄煥, 「元曉의 金剛三昧經論 硏究 - 觀行을 중심으로 -」(동국대 박사학위논문, 1997), pp.5-21.> 및 <南東信, 「新羅 中代佛敎의 성립에 관한 연구 -금강삼매경과 금강삼매경론의 분석을 중심으로-」(『韓國文化』21, 서울대 한국문화연구소, 1998, pp.115-124.)에서 시도되고 있다.

력을 확보하고자 했던 주장이나 관점은 도대체 무엇이었을까?

이 글에서는 그 해답에 접근해 보고자 한다. 이를 위해 『금강삼매경』의 찬술 동기나 배경에 대한 학계의 기존 이론을 확인, 검토한 후, 『금강삼매경』과 『금강삼매경론』의 사상 지향을 분석하여 두 문헌의 찬술 동기 및 배경을 추정하고 그 사상사적 의미를 도출해 봄으로써 해답의 실마리를 모색해 본다.

## 2. 『금강삼매경』의 찬술 동기 및 배경에 관한 논의들

僞經으로서의 『금강삼매경』 찬술의 사상사적 의미와 관련하여, 종래 학계에서는 주로 『금강삼매경』과 중국 초기 선종과의 관련성을 주목하였다. 東山法門이 천태교단의 『摩訶止觀』에 대항하는 입장에서 동산법문의 사상적 원류를 佛說의 권위에서 이끌어내기 위하여 僞經을 찬술한 것이 『금강삼매경』이었다는 柳田聖山의 견해는 그 대표적인 것이었다.[59] 그러나 木村宣彰이 이러한 중국 선종 중심 연구의 편향성을 지적하는 동시에, 신라불교의 通佛教性을 주목하여 『금강삼매경』은 攝論宗이나 禪사상 등 당시 중국의 다양한 불교사상을 佛說의 권위 아래 회통시키고자 大安이나 元曉 주변의 사람들이 만들어낸 것일 것이라는 견해를 제시하였고[60], 이어 Robert. E. Buswell은 『금강삼매경』 찬술자의 자격 조건으로서 1) 『능가경』과 『기신론』 등의 여래장사상에 정통할 것, 2)『금강삼매경』 「입실제품」의 '二入論'이나 '守一入如來禪' 사상을 고려할 때 중국 초기선종의 교설 및 東山法門系에 정통할 것, 3)『송고승전』의 설화를 고려하여 신라인일 것 등을 거론하면서, 그 적격자로서 法朗을 지

59) 柳田聖山, 『初期禪宗史書の研究』(禪文化研究所, 1967), p.27. 및 『無の探究』(角川書店,1969), p.102.

60) 木村宣彰, 앞의 논문, pp. 106-117.

목한다.[61] 동시에 그는 道信(580-651) 문하에서 수학하고 귀국한 법랑이 경주의 화엄종 교학파에 대한 도전적 의미로서 동산법문을 전파하고자 『금강삼매경』을 찬술하였을 것이라고 추정한다.[62] 한편 金煐泰는 '經說의 내용과 용어 및 전체의 짜임새 등으로 볼 때 『금강삼매경』은 通佛教思想인 신라불교의 교학이 佛說의 진수를 재결집하여 신라에서 성립시킨 경전'이라면서 그 찬술 가능한 인물들로서 신라 대중불교의 주체였던 大安·惠空·蛇福 등을 지목한다.[63]

이러한 신라찬술설을 의식했는지 柳田聖山은 자신의 종래 입장을 수정한다. 그에 의하면 『금강삼매경』의 성립시기에는 達摩·慧可를 祖로 하는 楞伽宗이 이미 名相의 學으로 전락해 있었기에 그것을 극복하려는 새로운 운동이 일어나고 있었는데, 달마를 初祖로 하는 東山法門 계열에서 玄奘 唯識이라고 하는 강렬한 性相分判의 움직임에 대해 『금강삼매경』으로써 반격을 가한 것이라 한다. 그리고 원효가 玄奘·慈恩의 新譯佛教를 사모하여 入唐을 시도하다가 도중에 깨닫고서 발길을 돌렸다는 것은, 당시 중국불교의 주류인 玄奘·慈恩系의 움직임에 대하여 엄격하게 비판하는 뜻을 확실히 포함하고 있다고 한다. 당시 海東佛教는 玄奘·慈恩의 唯識 法相宗에 대항하여 十地論系의 如來藏에 경도되어 있었는데, 원효는 『금강삼매경』에 의해 그것들을 집대성한 것이라 주장한다. 아울러 "원효는 『金剛三昧經論』三卷의 작자이고 그 중에서 텍스트를 추출해서 八章의 『금강삼매경』으로 한 것은 大安聖者이다"고 말한다.[64] 대안은 원효가 지은 『금강삼매경론』 가운데서 경전 부분만을 발췌하여 편집하였다는 뜻이 되므로, 결국 원효가 『금강삼매경』의 찬술

61) Robert. E. Buswell, 앞의 책, p.174.
62) 앞의 책, pp.170-177.
63) 金煐泰, 앞의 논문.
64) 柳田聖山, 「金剛三昧經の研究」(『백련불교논집』3, 1993), pp.461-487.

자라는 주장이다. 『금강삼매경』은 당시 중국불교의 주류였던 玄奘·慈恩의 唯識 法相宗에 대항하여 해동불교의 十地論系의 如來藏思想 경향을 집대성하여 원효에 의해 찬술되었다는 것이다.

『금강삼매경』과 『금강삼매경론』의 성립 배경으로서 玄奘·慈恩의 新唯識에 대한 신라불교의 대항 의식을 거론하는 柳田聖山의 주장에서 착안한 듯, 南東信은 『금강삼매경』과 『금강삼매경론』의 성립을 7세기 중엽 동아시아 불교계의 현안이었던 新·舊譯佛敎 사이의 갈등과 대립의 구도 속에서 설명해 보려고 시도한다. 그리하여 『금강삼매경』 성립은, 신라불교의 측면에서는 대중교화에 뜻을 둔 大安을 비롯한 일군의 승려들이 자신들의 이상형인 梵行長者를 주요 등장인물로 하는 『금강삼매경』을 편찬한 것이고, 동아시아불교의 차원에서는 般若空觀思想을 주장하는 일파가 玄奘의 新唯識 중심의 新譯佛敎에 대응하기 위하여 자파의 학설을 중심으로 舊譯佛敎의 주요사상을 망라하고 여기에 佛說의 권위를 부여하여 편찬한 것이라 추정한다.

또한 『금강삼매경』과 『금강삼매경론』은 각기 사상적 지향점이 다른데, 『금강삼매경』의 사상적 기조는 반야공관사상인데 비하여 원효의 『금강삼매경론』은 空有和諍의 관점에서 경에 접근하며, 나아가 『기신론』의 一心二門 체계를 빌려와서 新唯識과 경을 화쟁시키고 있다고 한다. 즉 『금강삼매경』이 中觀의 空에, 현장의 新唯識이 唯識의 有에 해당하는데, 원효는 『기신론』의 一心思想에 의거하여 『금강삼매경론』을 통해 이 양자를 화해시키고자 한 것이었다고 한다. 『금강삼매경』은 반야공관을 중심으로 舊譯佛敎의 입장을 종합함으로써 현장의 新譯佛敎에 대하여 대립적 자세를 선명히 한 반면, 원효는 『금강삼매경론』을 통하여 양자의 대립 갈등을 一心思想으로 지양함으로써 삼국통일의 전성을 구가하는 신라 中代佛敎의 성립을 수행하였다는 것이다.[65] 결국 南東信은 『금강삼매경』의 찬술자로서 신라 대중불교의 주역들을 지목하는 金煐泰의 견해와, 현장·자은의 법상 신유식에 대한 대항으로서의 신라불교 경향을 설정하는 柳田聖山의 주장을 종합하는 한편, 전통적으로 원효 사상의 특징으로 지목되던 和諍性, 특히 空有 和諍의 문제를 이끌어 들여 『금강삼매경』과 『금강삼매경론』의 사상적 지향을 구별하면서 두 문헌 성립의 사상사적 의미를 도출하고 있는 셈이다.

『금강삼매경』이 초기선종의 맥락에서 성립된 중국찬술의 僞經일 것이라는 추정은, 그 견해의 대표자격인 柳田聖山 자신이 원효를 지목하는 신라찬술설로 입장을 수정할 정도로 설득력이 퇴색되었다. 따라서 이제는 『금강삼매경』의 찬술 동기 및 배경을 신라불교의 맥락에서 탐구하는 것이 자연스럽게 되었다. 신라불교와 얽혀 있는 중국불교의 사정을 동시에 고려하여 시야를 7세기 중엽 동아시아불교로 확대하여 접근한다 하더라도, 결국은 신라불교의 정황이 그 中核으로 취급될 수밖에 없다. 이렇게 볼 때, 신라불교의 通佛教性을 주목하여 『금강삼매경』은 攝論宗이나 禪사상 등 당시 중국의 다양한 불교사상을 佛說의 권위 아래 회통시키고자 大安이나 元曉 주변의 사람들이 만들어낸 것일 것이라는 木村宣彰의 견해는 무난한 설득력을 지닌다.

그러나 이 견해는 『금강삼매경』과 『금강삼매경론』의 찬술 동기나 배경의 보다 구체적이고 특수한 사정을 드러내지는 못하고 있다는 한계를 지닌다. 通佛教思想인 신라불교의 교학이 佛說의 진수를 재결집하여 신라에서 성립시킨 경전이 『금강삼매경』이라면서,

---

65) 南東信, 「新羅 中代佛教의 성립에 관한 연구 -금강삼매경과 금강삼매경론의 분석을 중심으로-」(『韓國文化』21, 서울대 한국문화연구소, 1998), pp.113-142.

그 찬술 가능한 인물들로서 신라 대중불교의 주체였던 大安·惠空·蛇福 등을 지목하는 金煐泰의 견해는, 신라불교의 通佛教性과 함께 신라불교 특유의 일련의 대중불교 운동과 그 주역들에 초점을 맞추고 있다는 점에서 일보 진전된 접근이라 할 수 있다.

道信 문하에서 수학한 법랑이 경주의 화엄종 교학파에 대한 도전적 의미로서 동산법문을 전파하고자 『금강삼매경』을 찬술하였을 것이라고 추정하는 Robert. E. Buswell의 견해는 더욱 구체적 정황을 설정하기는 하지만, 법랑의 활동 시기를 오해하고 있다는 점에서 결정적으로 설득력을 잃고 있다. 또한 중국 초기 선종과의 관련성을 의식하여 『금강삼매경』을 화엄 교학파에 대한 선종 진영의 대항적 작품으로 간주하고 있는데, 이러한 추정이 과연 경이 등장하는 7세기 중엽의 신라불교계 정황을 제대로 반영하고 있는지 의문이다.

『금강삼매경』은 당시 중국불교의 주류였던 玄奘·慈恩의 唯識 法相宗에 대항하여 해동불교의 十地論系의 如來藏思想 경향을 집대성하여 원효에 의해 찬술되었다는 柳田聖山의 수정된 견해는, 『금강삼매경』의 성립사정을 한반도와 중국이 얽혀 있는 동아시아의 사상사적 맥락에서 접근하고 있다는 점에서 주목된다. 그러나 그 立論의 論據들이 얼마나 타당한 것인지를 의심하게 된다. 원효의 入唐 포기가 당시 중국불교의 주류인 玄奘·慈恩系의 움직임에 대한 엄격한 비판의 의미를 포함하고 있는 것이라든가, 당시의 海東佛教가 玄奘·慈恩의 唯識 法相宗에 대항하여 十地論系의 如來藏에 경도되어 있었다고 하는 이해는 설득력이 없다. 원효의 입당 포기에 대한 의미 부여는 지나치게 작위적이며, 원효의 사상은 법상 신유식을 비판적 대상으로 설정하고 있는 것도 아니고, 그가 여래장사상에 경도되어 있다고 보기도 어렵기 때문이다.[66]

金煐泰의 대중불교 그룹의 지목과 柳田聖山의 '玄奘 新唯識에 대한 사상적 대항 의식' 설정을 종합하는 동시에 원효의 空有 和諍을 연결시켜, 『금강삼매경』과 『금강삼매경론』 성립의 사상사적 의미를 新譯과 舊譯불교의 사상 갈등 구조 속에서 해석해 보려는 南東信의 견해는, 『금강삼매경』과 『금강삼매경론』의 사상 지향을 다른 것으로 판정하고 있다는 점이 우선 주목된다. 원효 『금강삼매경론』의 탁월한 내용에 압도되어 원효 주석을 통해 『금강삼매경』 사상을 이해하려는 기존의 관행에서 탈피하여, 두 문헌의 사상 지향을 각기 독립적으로 접근하여 파악해 보려는 것은 의미 있는 시도로 보인다. 그러나 이러한 시도의 결과물은 그다지 설득력이 없어 보인다.

『금강삼매경』과 『금강삼매경론』의 성립을 아예 7세기 중엽 동아시아 불교계의 현안이었던 新·舊譯佛敎 사이의 갈등과 대립의 구도 속에서 설명해 보려는 南東信의 시도는. 新唯識과 그에 대항하는 특정 사상 진영으로써 대립 구도를 설정하는 것이 아니라, 아예 新譯과 舊譯佛敎 전체의 문제로 확대하고 있는 것이다. 『금강삼매경』과 『금강삼매경론』 성립의 사상사적 의미를 이처럼 동아시아 사상계의 구도 속에서 읽어내려는 시도는 매우 그럴듯해 보이는 거시적 조망이다. 그러나 이 조망의 논거들은 별로 설득력이 없다고 판단된다.

南東信의 입론의 핵심은 세 단계로 구성된다. ⅰ) '『금강삼매경』이 반야공관사상을 주장하는 舊譯佛敎의 종합이라는 판단', ⅱ) '이 판단에 근거하여 新譯佛敎를 대변하는 法相 新唯識과의 갈등 구조

66) 이러한 문제는 그간 우리 학계의 원효 연구에서도 이미 충분히 논구되고 있다. 원효 사상의 유식학적 기반과 관련해서는 필자의 『대승기신론사상연구(1)』 중 제3장 「원효의 관점」 부분을 참고할 수 있다(朴太源, 『대승기신론사상연구(1)』, 민족사, 1994).

설정(『금강삼매경』으로 종합된 舊譯佛教 진영의 空과 이에 대립하는 新譯 法相唯識의 有의 대립)', iii) '『금강삼매경론』에 의한 원효의 空·有 和諍'이 그것이다. 그런데 입론의 전제인 ⅰ)의 타당성부터가 의문이다. ⅰ)의 논거로서 남동신은 『금강삼매경』이 新譯『반야심경』의 구절을 채택하고 있다는 점과, 경 전반에 걸쳐 空사상이 기조를 이루고 있다는 점을 든다.

그러나 『금강삼매경』이 취하고 있는 新譯 용어의 다른 하나는 『유식삼십송』의 '末那'이다. 따라서 新譯『반야심경』의 '是大神呪 是大明呪 是無上明呪 是無等等呪'라는 용어를 채택한 사실이 곧 『금강삼매경』의 반야공관 노선을 지지하지는 못한다. 또 『금강삼매경』에는 空사상이 기조를 이루므로 반야공관사상이 그 사상 지향이라고 말하는 것도 무리다. 불교사상 가운데 空사상을 기조로 하지 않는 것은 없다. 문제는 그 空의 진실에 접근하는 방식이다. 중관과 유식은 모두 空의 진실(眞如)을 목표로 하는 점에 있어서는 동일하지만, 그 空의 진실에 접근하는 방식에 있어 차이를 보여준다. 중관은 <緣起 -無自性 - 空>의 논리에 입각한 '철저한 절대부정'의 방법을 택하는데 비해, 유식은 전도·왜곡된 遍計的 인식을 전도되지 않은 如實한 인식으로 바꾸는 '인식적 전환'에 초점을 맞추고 있는 것이다. 따라서『금강삼매경』 空사상의 맥락이 중관적인가 아니면 유식적인가 하는 점을 문제 삼아야 한다.

『금강삼매경』에서는 중관적 방식의 전형을 수용하고 있는 경우도 나타나지만, 전반적으로는 唵摩羅識으로 대변되는 인식의 문제가 주조를 이룬다. 다만 주목되는 것은, 유식의 심식설적 언어로 인해 초래될 수 있는 '實體化의 오해'를 겨냥하여 적극적으로 그 空性을 거론하고 있다는 점이다. 그리고 바로 이 점이 『금강삼매경』이 시도하는 중관·유식의 화쟁적 종합의 한 방식인 것이다.67) 이러한 空사상의 특수한 맥락을 간과한 채, 남동신은 空 개념이 등장하는 언구들을 모두 반야공관사상이라 하면서 중관과 유식의 空·有 대립 구조와 연결시키고 있다. 또한 『금강삼매경』에 풍부하게 등장하는 명백한 唯識的 구절들을 외면하고 있다.

『금강삼매경』이 舊譯佛敎의 반야공관이나 중관사상을 대변한다고 볼 수 없으므로, 『금강삼매경』을 중심으로 舊譯佛敎와 新譯佛敎의 대립 갈등을 설정하는 논거 ii)도 설득력을 잃게 된다. 그런데 舊譯·新譯의 갈등과 대립은 역사적 사실이며, 동아시아불교계의 사상적 현안이었음도 명백하다. 그러나 玄奘의 譯經을 기점으로 시작된 舊譯·新譯佛敎 갈등이 불교계 전체에서 차지하는 위상을 어떻게 평가하며, 또 그 新·舊譯 갈등을 한반도 불교계에 과연 어느 정도 적용시킬 수 있는가 하는 것이 문제가 된다.

舊譯과 新譯은 비록 일부 교리상의 異見으로 인한 대립 갈등(九識·八識, 一乘思想·三乘思想, 佛性論에서의 一性說·五性說, 新譯으로 인해 부각된 중관, 유식의 空·有 대립 문제 등)이 있었지만, 기본적으로는 불교라는 동일 사상체계 안에 놓여 있다. 따라서 舊譯과 新譯의 갈등을 전면적 상호배타 관계로 볼 수는 없는 것이다. 新譯으로 인해 생겨난 일부 교리상의 異見들을 둘러싼 현실적 논쟁과 대립은 있었지만, 넘을 수 없는 경계선을 사이에 두고 갈라서서 대치하는 적대적 두 진영의 다툼이라고는 보기 어려울 것이다. 신라불교계 역시 新譯으로 인해 생겨난 교리적 쟁점들이 거의 시차 없이 소개되고 또 거론되기는 하였지만, 마치 신라불교계 전체가 舊譯佛敎와 新譯佛敎의 두 진영으로 나뉘어 갈등, 대립한 것처럼 보는 것은 무리라고 생각한다. 다시 말해, 신라불교계에서 신·구역의 문제가 과연 전면적 갈등 대립 구조로 자리 잡았을까 하는 의구심

67) 이에 대한 詳論은 後述한다.

을 품게 된다. 신라불교계의 사상사적 흐름을 논구함에 있어서 新·舊譯의 갈등을 고려하여 거시적 구도로 접근하는 것도 필요하기는 하지만, 그 도식적 적용은 자칫 부당한 의도적 과장이 될 소지가 많다.

『금강삼매경론』에 나타나는 원효의 空·有 和諍을 거론하는 iii)의 논거는 충분히 타당하다. 신라불교계를 新·舊譯 양대 진영의 갈등 구도로 보기는 어려우나, 적어도 대승불교의 두 축인 중관·유식의 대립적 개성이 신라불교계의 중요한 사상 과제였다고는 볼 수 있다. 신라불교계의 사상 수준으로 볼 때 그것은 자연스럽고 당연한 일이며, 특히 新譯 이후 부각된 중관·유식의 空·有 논쟁이 원효를 비롯한 신라불교인들의 지속적 관심사였음은 실증적으로 확인된다. 원효는 『금강삼매경론』을 통해, 『대승기신론소』에서 선언적 언급 이상으로는 전개시킬 수 없었던 '중관·유식의 화쟁적 종합' 의지를 구현하고 있는 것이다.[68] 그리고 원효가 그렇게 할 수 있었던 것은, 『금강삼매경』 자체가 중관·유식의 화쟁적 종합을 꾀하고 있기 때문에 가능한 일이기도 하였다. 다시 말해, 南東信의 견해와는 달리, 『금강삼매경』과 『금강삼매경론』은 사상 지향을 달리 하고 있는 것이 아니라 동일한 사상적 의도를 펼치고 있는 것이다. 이 점은 이하의 논의에서 입증될 것이다.

68) 다만 『금강삼매경론』에 나타나는 원효의 空·有 화쟁이 高翊晉이나 南東信의 견해처럼 기신론의 一心二門 구조에 입각하여 전개된 것인가 하는 문제는 재론의 여지가 있다. 원효가 一心을 空·有 화쟁의 토대로 삼는 것은 분명하지만, 二門의 구조에 입각하고 있다는 견해는 수긍하기 어렵다. 기신론의 二門은 기본적으로 유식적 맥락에 놓인 것이기 때문이다. 더 상세한 논의는 필자의 『大乘起信論思想硏究(1)』, pp.68-112 참조.

### 3. 『금강삼매경』과 『금강삼매경론』의 사상적 지향

『금강삼매경』의 경우, 그 형성과 보급의 진원지는, 현존하는 자료에 의거하는 한, 아무래도 신라불교계로 보인다. 그런데 『금강삼매경』의 신라찬술설을 전제로 할 경우, 그 추정 가능한 찬술자로서는 단연 대안과 원효 그룹이 주목된다. 따라서 원효의 『금강삼매경론』은 『금강삼매경』의 성립 동기 및 배경과 무관할 수가 없다. 두 문헌은 불교 사상의 수준과 성격 및 종교적 태도 등에서 호흡을 같이 하는 대안과 원효 계열이, 자신들의 문제의식이나 관심사를 표현하고 실현하려는 노력의 산물로 보이기 때문이다. 대안이 八品으로 경의 편집을 마친 후 원효를 講釋者로 지명하고 있는 것은 이런 사정을 반영한다고 보아도 무리는 아닐 것이다.

그런데 『금강삼매경』과 원효의 『금강삼매경론』이 비록 긴밀한 연관을 맺고 있는 것으로 추정되지만, 실제 이 두 문헌의 사상 지향이 동일한 것인지는 별개의 문제이다. 따라서 원효의 『금강삼매경』 주석과 『금강삼매경』 자체의 사상이 당연히 동일할 것으로 간주하는 태도는 바람직하지 않다. 물론 원효의 『금강삼매경론』을 참고해야 비로소 『금강삼매경』의 내용 파악이 제대로 이루어질 정도로 원효의 주석은 탁월하다. 그러나 가급적 두 문헌을 독립적으로 접근한 후 양자를 비교하는 것이 올바른 수순일 것이다.

그런데 이런 태도로 두 문헌을 검토해 보면, 양자의 사상 지향은 같지 않다는 南東信의 견해와는 달리, 두 문헌이 그 사상 지향에 있어서도 예상대로 동일 궤도에 놓여 있음을 확인하게 된다. 『금강삼매경』과 『금강삼매경론』에 나타나는 동일한 사상 지향은 크게 세 가지로 대별된다. 첫째는 **中觀과 唯識思想의 화쟁적 종합을 지향**하는 것이고, 둘째는 **大乘禪 사상의 천명**이며, 셋째는 **眞俗**

不二의 대중불교 지향이다. 그리고 이 세 지향의 근본 원리는 '本覺始覺을 중심으로 하는 覺사상'[69]이다.

### 1) 중관·유식의 공(空)·유(有) 대립 문제와 신라불교 및 원효

대승불교사상의 양대 축인 중관과 유식은 空의 진실에 접근하는 방식에 있어 매우 대조적인 개성을 보여준다. 양자 모두 공의 실제인 眞如를 목표로 하는 점에 있어서는 동일하다. 그런데 중관은 <緣起 - 無自性 - 空>의 도리에 입각하여, 世俗에 卽하여 세속을 철저히 부정함으로써 세속 內에서 세속의 空性을 성취하는 방식을 취하는데 비하여, 유식은 세속을 顚倒된 遍計的 인식의 결과(遍計所執性)라고 보아, 그러한 세속이 본질적으로는 독자적 실체가 없는 空不可得한 寂滅이라는 점을 여실히 깨달아 왜곡되지 않은 본래의 진실성(眞如, 圓成實性)을 성취하는 방식을 택한다. 다시 말해, 양자 모두 空의 진실을 추구하지만, 그 방법론에 있어서 중관은 <緣起 - 無自性 - 空>의 논리에 입각한 철저한 절대부정의 방법을 택하고, 유식은 전도·왜곡된 遍計的 인식을 전도되지 않은 如實한 인식으로 바꾸는 '인식적 전환'에 초점을 맞추고 있다. 따라서 유식에서는 인식이 전도되어 가는 과정과 내용을 밝히는 心識說이 발달하게 된다.

그런데 유식의 三性說(遍計所執性·依他起性·圓成實性)은 의타기성과 원성실성을 '有的'으로 긍정하는 데 비해, 중관은 시종일관 無的 부정의 입장을 취한다. 유식의 입장에서 볼 때 의타기성(緣起로 생겨난 현상)은 편계소집성(실체적 오해로 두루 헤아려 집착하게 된 허상)의 의지처인 동시에 원성실성(의타기성에 대한 遍計所執的 왜

[69] 원효의 覺 사상에 관해서는 앞서 '원효의 통섭사상'에서 거론한 바 있다.

곡을 극복하여 의타기성을 空의 진실로서 파악하게 된 진여의 상태)의 의지처이기도 하다. 따라서 유식은 의타기성과 원성실성을 有的으로 긍정하는 태도를 취하게 된다. 그 유적 긍정, 특히 圓成實性에 대한 유적 긍정을 인식의 측면에서, 다시 말해 心識說의 맥락에서 표현하는 언어가 바로 舊譯인 眞諦唯識에서의 '第九識(阿摩羅識 · 眞識 · 無垢識)'이다.

중국불교에 있어서 舊譯과 新譯, 특히 眞諦 唯識과 현장 法相唯識의 중요한 차이점도 여기에 있다. 彌勒의 『瑜伽師地論』 「攝決擇分」의 眞諦譯인 『決定藏論』에서는 '阿羅耶識(8識)을 對治하여 阿摩羅識(9識)을 증득한다'고 되어 있는 것이, 玄奘譯 『瑜伽師地論』에서는 '阿賴耶識을 對治하여 轉依를 얻는다'고 되어 있는 것이다.[70] 眞諦唯識이 설정하는 九識(阿摩羅識 · 眞識 · 無垢識)은 유식사상의 有的 긍정 경향이 강한 형태로 심식설에 반영된 것으로 보인다. 無的 부정과 有的 긍정으로 대립되는 중관과 유식의 이러한 대조적 개성은, 이른바 중관 · 유식의 空 · 有 논쟁의 배경이 되기도 한다.[71] 중관의 입장에서는 유식의 有的 긍정이 자칫 空의 진실, 眞如의 경지를 實體化할 수 있다는 비판을 제기하게 되는 반면, 유식의 입장에서는 중관의 無的 부정이 자칫 실현해야 할 긍정적 가치마저 설자리를 잃게 하는 虛無主義的 惡取空으로 전락할 소지가 많다고 비판하게 되는 것이다.

원효 당시의 신라불교는 중관과 유식의 이와 같은 대조적 개성이 충분히 음미될 수 있는 여건이었다. 원효의 저술 목록을 보면

---

70) 『決定藏論』, 新修大藏經30, p.1020중; 『瑜伽師地論』, 新修大藏經30, p. 581하.

71) 淸辨(490-570)과 護法(531-561)의 견해를 중심으로 한 空·有 논쟁에 대해서는 山口益의 『佛教における無と有との對論』(東京, 山喜房佛書林, 1975), 安井廣濟의 『中觀思想の研究』(京都, 法藏館, 1970) 중 「中觀思想と瑜伽唯識思想との對決」에서 상세히 논하고 있다.

중관과 유식의 중요 논서들에 대한 저술이 망라되어 있는데, 이는 원효 당시의 신라불교계가 관련 문헌이나 연구 수준 등에 있어서 중관과 유식사상의 전모와 개성을 충분히 파악할 수 있는 여건에 놓여 있었음을 알려준다. 특히 원효가 宗要와 料簡(이 저술들은 현존하지 않음)을 저술하였다고 하는 『掌珍論』은 淸辨이 護法의 견해를 논파하고 있는 논서이기 때문에, 원효가 청변과 호법을 에워싼 중관·유식의 대립적 논의들을 충분히 소화했을 것으로 추정된다. 신라 경덕왕(742-764) 때 활동하였고 海東의 瑜伽祖라 일컬어지는 太賢은 『成唯識論學記』의 첫머리에서 淸辨 등의 중관과 護法 등의 유식을 二宗으로 거론하면서, 이 둘 사이에 실제로 諍論이 있었다는 說(圓測 등)·諍論이 없었다는 說(順憬 등)·언어로는 다툼이 있지만 그 뜻은 동일하다는 說(元曉 등)의 세 입장을 소개하고 있는데,[72] 이것 역시 신라불교계에서 중관과 유식의 대조적 개성이 명백하게 인지되어 논의되고 있었다는 것을 확인시켜 주는 대목이다.

원효는 대승불교사상의 양대 축인 중관과 유식사상의 대립적 개성을 정확하게 포착하는 동시에, 이 대립적 개성의 갈등 관계를 해소시키려는 강한 문제의식을 지니게 된 것으로 보인다. 원효의 이러한 문제의식은 『大乘起信論別記』 大意文에 선명히 나타나고 있다.

> "대승기신론은 세우지 않은 바가 없으며 깨뜨리지 않은 바가 없다. 中觀論·十二門論 等과 같은 것은 모든 집착을 두루 깨뜨리고 또한 깨뜨린 것을 또 깨뜨리되 깨뜨리는 주체와 깨뜨려지는 대상을 다시 허락하지는 않으니, 이것을 '보내기는 하되 두루(허락)하지는 않는 論'이라고 말한다. 瑜伽論·攝大乘論 등은 深淺을 두루 세워 법문을 판별하되 자신이 세워놓은 법을 녹여 보내지는 않으니, 이것을 '허락하기는 하되 빼앗지는

72) 太賢, 『成唯識論學記』, 한국불교전서3, pp.483중-484상.

않는 論'이라고 말한다. 지금 이 대승기신론은 지혜롭고 어질며 깊기도 하고 넓기도 하여, 세우지 않음이 없으되 스스로 보내 버리고 깨뜨리지 않음이 없으되 다시 허락한다. '다시 허락한다'는 것은 '저 보내 버리는 것이 보냄이 다하여 두루 세움'을 드러내며, '스스로 보내 버린다'는 것은 '이 허락하는 것이 허락함을 다하여 빼앗음'을 밝히니, 이것을 모든 論의 祖宗이요 여러 다툼의 評主라고 일컫는다."[73]

『별기』 대의문에서 원효는, 중관·유식이 보여주는 無的 부정과 有的 긍정이라는 대립적 개성을 정확히 인지하고 있는 동시에, 그 화쟁적 종합을 기신론사상에서 구하고 있음이 명백하다. 그러나 원효는 이후 『別記』나 『疏』 그 어디에서도, 기신론 사상이 중관의 無的 부정과 유식의 有的 긍정을 지양, 종합하고 있는 것이라는 관점을 입증해 주는 구체적 논거를 제시하지 않고, 또 그와 관련된 논의를 진행하지도 않는다. 그의 기신론 주석에 중관과 유식 이론이 어느 정도 양적 형평을 이루며 활용된다면 또 모르겠으나, 실제로는 기신론 주석에서는 유식사상의 활용이 주류를 이루고 있다. 기신론 사상의 내용이나 체제상 원효의 유식적 해설은 당연한 귀결이었다.

그래서인지 원효는 『별기』 이후에 저술된 『소』의 標宗體文에서는 이 내용을 삭제해 버리고 있다. 이러한 문제 때문에 上記의 『별기』 대의문 구절이 과연 원효의 起信論觀을 대변할 수 있는 것인가에 대해 논란이 있게 된다. 필자는 『별기』 대의문 구절이 원효의 기신론관을 대변하기 어렵다고 보며, 기신론 사상 자체의 내용에 비추어 볼 때에도 중관과 유식을 等價的으로 竝立시키며 기신론사상을 그 지양, 종합이라 평가하는 것은 무리라고 생각한다. 기신론

---

73) 『대승기신론별기』, 1-678상.

사상은 기본적으로 유식사상의 맥락을 기조로 하면서 나름대로의 개성을 선명히 확보해 간 논서라고 보기 때문이다.[74)]

그런데 上記『별기』 대의문 구절과 관련하여 南東信은, '애초의 『별기』에는 대의문이 없었을 것이고 『소』 이후 언젠가 당시 불교계의 쟁점으로 떠오른 중관·유식의 대립을 『기신론』을 통해 극복하고자 『소』의 대의문을 참조하여 새로운 대의문을 썼을 것'이며, 따라서 '『별기』 대의문은 원효의 起信論觀을 잘 반영하고 있다'고 한다. 그리고 그 논거로는 1) '『별기』의 "佛道之爲道也 --- 强爲道"에서는 문장의 주술관계가 잘 조응하고 있는데 비해, 이 구절에 해당하는 『소』의 "大乘之爲體也 --- 强號之謂大乘"에서는 주어와 술어가 동어반복을 하고 있으므로 『별기』의 표현이 더 세련되었고, 문장 구성도 『별기』의 것이 더 발전되었으며, 『별기』의 문장이 老莊 문체를 쓰고 있어 문장미가 더 세련되었다고 볼 수 있다는 것', 2) '論의 宗體를 설하는 부분에서는 立破無碍를 중관·유식과 관련시켜 설하는 『별기』의 부분이 기신론관을 훨씬 선명하게 드러내고 있다는 것', 3) '『소』 이후에 찬술된 『금강삼매경론』의 대의문에 나오는 "無破而無不破 無立而無不立 可謂無理之至理 不然之大然"이라는 구절은 『별기』 대의문의 "無理之至理 不然之大然"과 "無所不立 無所不破 --- 無不立而自遣 無不破而還許"를 합한 형식을 취하고 있는 것인데, 이는 『별기』의 대의문이 『소』의 그것보다 후대에 쓰여졌음을 의미한다는 것' 등을 제기하고 있다.[75)]

그러나 『별기』가 『소』에 앞서 쓰여진 것임을 인정하면서도 문제가 되는 『별기』의 대의문만은 『소』 이후의 것으로 이해하려는 남

74) 이 문제는 필자의 『大乘起信論思想硏究 I』(민족사, 1994), pp.66-112, 178-209 등에 詳論되어 있다.

75) 남동신, 『원효의 대중교화와 사상체계』(서울대 박사논문, 1995), pp.118-124.

동신의 추정은 그 논거가 설득력이 없다. 단지 주어·술어의 반복과 관련된 한 대목을 가지고 저술의 전후를 판단할 수는 없으며, 문장 구성상의 발전 여하는 얼마든지 견해를 달리할 수 있는 주관적 판단이고, 老莊 문체의 사용 여부 역시 저술의 선후를 확정짓는 근거가 되지는 못한다. 또 立破無碍를 중관·유식과 관련시켜 설하는 『별기』의 부분이 『소』의 그것보다 기신론관을 훨씬 선명하게 드러내고 있다는 지적은 일리가 있지만, 주장이 선명하다는 것이 원효의 기신론관을 대변하는 이유가 될 수는 없다. 비록 선명하고 강하게 주장된 것일지라도, 후일 생각이 바뀌어 그 내용이 불완전하거나 결핍되거나 잘못된 것이라 판단될 경우에는 얼마든지 덜 선명하고 덜 강한 언어로 수정 내지 철회할 수 있기 때문이다.

또한 『소』 이후에 쓰여진 『금강삼매경론』의 대의문 구절 일부가 『별기』 대의문 구절을 합한 형식을 취하고 있다는 것은 곧 『별기』의 대의문이 『소』의 그것보다 후대에 쓰여졌음을 의미한다고 하는 주장도 설득력이 없다. 『별기』 대의문에서 천명했다가 『소』에서 삭제해 버린 구절이라 할지라도, 다시 『금강삼매경』 사상과는 얼마든지 관련시켜 활용할 수 있는 것이다.

생각컨대 원효는 중관·유식의 대립적 개성을 선명히 의식하는 동시에 그 화쟁적 종합이라는 문제의식을 지니고 있었는데, 처음 『기신론별기』를 지을 때에는 기신론사상에 의해 그 문제의식을 해결하려고 해당 대의문 구절과 같은 언급을 하였지만, 기신론 연구가 심화되자 『별기』 대의문의 언급이 기신론 사상체계와 내용상 적절치 않다고 판단되어 『소』를 지을 때는 해당 부분을 삭제하고 그 내용을 재구성했을 것이다. 그러나 중관·유식을 '無所不立無所不破'의 논리로 화쟁적으로 종합하려는 의지와 관점은 그 후에도 일관되게 지니고 있다가, 『금강삼매경』을 주석할 때에 비로소 이 관점을 적용하는 것이 적합하다고 판단되어, 『기신론소』에서는 삭제시켰던 『별기』 대의문 내용을 『금강삼매경론』 대의문 서술에 반영시켰을 것으로 추정된다. 따라서 『별기』 대의문의 구절이 『소』보다 후에 저술된 『금강삼매경론』에서 활용되고 있다는 점이, 『별기』 대의문과 『소』의 그것과의 저술 선후를 판단하는 근거가 될 수는 없다. 이렇게 볼 때 『별기』는 『소』보다 먼저 쓰여진 것이지만 『별기』 대의문만은 『소』 이후에 쓰여졌을 것이라는 남동신의 추정은 수긍하기 어렵다.

필자는 현재로서는 이렇게 추정한다. <원효는 중관과 유식의 대립적인 개성을 숙지하고 있었다. 모든 불교사상을 一味로 회통시키려는 원효는, 중관·유식의 空·有 대립을 화쟁적으로 종합하려는 의지를 품는다. 처음에 그는 이 空·有 대립의 화쟁적 종합이라는 사상적 과제를 기신론사상을 통해 해결할 수 있다고 생각하였다. 그러나 비록 그가 기신론을 一味的 불교 회통의 토대로 삼기는 하였지만, 기신론 사상의 내용과 체계로 볼 때, 중관과 유식을 等價的으로 竝立시키며 기신론사상을 중관·유식의 지양, 종합이라 말하는 것은 적절치 않다고 판단했을 것이다. 기신론은, 비록 중관적 논의를 흡수하고는 있지만, 기본적으로 유식사상의 맥락에서 나름대로의 독자적 개성을 추가로 확보해 나간 논서이기 때문이다. 그래서 『소』를 지을 때는 문제의 대의문 구절을 삭제하고 그 내용을 재구성하였다. 그러나 그가 『별기』 대의문에서 천명한 '중관·유식의 지양, 종합 의지와 그 논리'가 의미를 잃은 것은 아니었다. 단지 기신론 사상에 대한 평가에 적용하는 것이 부적절했을 뿐이었다. 空·有 대립의 화쟁에 대한 사상적 의지와 관점은 지속되었으며, 원효는 그 과제를 해결하기에 더욱 적절한 문헌을 기다리고 있었다. 『별기』 대의문에서 천명하였던, 그러나 기신론 사상의 특성상

부적절한 천명이라 생각되어 기신론 주석에서는 더 이상 발전, 적용시킬 수 없었던, 중관·유식의 화쟁적 종합 논리를 충분히 전개할 수 있는 문헌을 꾸준히 탐색하고 있었다. 『금강삼매경』이 바로 그 문헌이었을 것이다.>

원효 당시의 신라불교계는 이처럼 대승불교의 두 축인 중관과 유식이 보여주는 대립적 개성의 갈등을 소화해 내야 하는 사상적 과제를 안고 있었다. 더욱이 삼국의 爭鬪와 統一이라는 시대 환경은 당대의 지성들로 하여금 통합과 화쟁의 사상적 해법을 더욱 치열하게 모색케 하고 있었다. 원효는 그 해법을 불교에서 모색하여 확보하였는데, 그의 불교사상이 보여주는 會通과 和諍의 태도는 통합과 화해라는 시대적 과제와도 부합되는 것이었다.

중관·유식의 대립적 개성을 화쟁적으로 통합하고자 하는 원효의 태도는 見登(?-?)에게도 계승되고 있는데, 견등은 원효가 『별기』 대의문에서 천명한 중관·유식의 회통, 종합 관점을 취하는 동시에, 그 구체적 논의 내용은 法藏(643-712)이 『華嚴五教章』에서 전개하고 있는 空·有의 和會 논리를 활용하여 기신론에서 설하는 眞如의 如實空과 如實不空에 淸辨과 護法의 空과 有를 각각 대비시켜 '各互相破以成眞如二義'의 中觀·唯識 和會論을 수립하고 있다.[76] 중관·유식의 사상적 갈등 해결은 당시 중국과 한반도를 위시한 동북아시아 불교계의 핵심적 사상 과제였으며, 신라불교계에서는 원효가 그 문제의식과 해결 의지 및 노력을 대변하고 있고, 견등 역시 원효의 영향 아래 이 과제를 다루고 있는 것이다.

그런데 중관·유식의 空·有 대립과 갈등 문제를 해결하기 위한 원효의 노력과 관련하여 지금까지 간과해 왔던 것이 있다. 바로 『금강삼매경』의 등장과 이에 대한 원효의 『금강삼매경론』 저술이

76) 자세한 내용은 필자의 『大乘起信論思想研究 I』pp.167-170을 참고할 수 있다.

다. 『금강삼매경』과 『금강삼매경론』을 유심히 보면, 양자의 공통점으로 부각되는 것이 바로 중관·유식의 화쟁적 종합이다. 이 점은 『금강삼매경』의 성립이나 원효 사상 이해와 관련하여 매우 중요한 의미를 지닌다.

### 2) 『금강삼매경』·『금강삼매경론』에 나타난 중관·유식의 화쟁적 종합

#### (1) 『금강삼매경』의 경우

『금강삼매경』에는 이 문헌이 등장하는 7세기 중엽까지의 동북아시아에서 논의되던 거의 모든 형태의 사상 유형이 등장한다. 반야·중관의 空사상, 섭론학의 유식사상(특히 9식설), 『화엄경』·『법화경』·『유마경』·『열반경』·『능가경』·『범망경』·『영락경』·『기신론』, 선사상, 말법·참회·정토사상 등을 망라하면서 사상체계를 형성하고 있다. 그러나 다양한 사상 유형을 망라한다고 해서 사상적 초점이나 지향이 없는 것은 아니다. 붇다 이후 성립된 인도나 중국의 모든 僞經들이 각기 나름대로의 문제의식을 반영한 것과 마찬가지로, 『금강삼매경』 역시 어떤 문제의식의 산물임에 분명하다. 그 역사적·사상적·종교적 문제의식의 실체에 접근하는 것이 『금강삼매경』 연구의 주요 과제라 할 수 있다. 이런 관심으로 『금강삼매경』을 보면, 우선 눈에 띄는 것이 '중관·유식의 화쟁적 종합 경향'이다.

대승불교의 모든 사상 유형은 결국 중관과 유식을 근간으로 전개된다고 해도 지나치지 않는다. 그리고 중관과 유식은 그 대립적 개성이 선명하기 때문에 양자의 종합은 사실상 용이하지 않다. 이미 언급한 것처럼, 중관과 유식은 모두 空의 진실(眞如)을 목표로 하는 점에 있어서는 동일하지만, 그 空의 진실에 접근하는 방식에 있어 차이를 보여준다. 중관은 <緣起 -無自性 - 空>의 논리에 입각한 '철저한 절대부정'의 방법을 택하는데 비해, 유식은 전도·왜곡된 遍計的 인식을 전도되지 않은 如實한 인식으로 바꾸는 '인식적 전환'에 초점을 맞추고 있다. 그리하여 유식에서는 인식이 전도되어 가는 과정과 내용을 밝히는 心識說이 발달하게 되며, 三性說(遍計所執性·依他起性·圓成實性)에서는 의타기성과 원성실성을 '有的'으로 긍정하는 태도를 취한다. 의타기성은 편계소집성의 의지처인 동시에 원성실성의 의지처이기도 하기 때문이다. 이 有的 긍정을 인식의 측면, 즉 心識說의 맥락에서 표현하는 언어가 바로 舊譯인 眞諦唯識에서의 '第九識(阿摩羅識·眞識·無垢識)'이다. 眞諦唯識이 설정하는 九識(阿摩羅識·眞識·無垢識)은 유식사상의 有的 긍정 경향이 강한 형태로 심식설에 반영된 것이라 할 수 있다.

이에 비해 중관은 시종일관 無的 부정의 입장을 취한다. 유식의 有的 긍정이 자칫 空의 진실, 그 眞如의 경지를 實體化할 수 있다고 비판하게 되는 것이다. 이러한 비판에 대해 유식 진영에서는 중관의 無的 부정이 자칫 실현해야 할 긍정적 가치인 진여의 경지마저 虛無主義的으로 증발시킬 위험성이 있다고 역비판하게 되는 것이다. 중관·유식의 空·有 논쟁의 핵심이 여기에 있다.

이와 같은 중관과 유식의 대립적 개성을 화쟁적으로 종합하는 길은 없을까? 진리 실현을 위한 두 개성적 접근의 가치를 모두 인정하는 것을 전제로, 크게 두 가지 방안을 생각해 볼 수 있다. 양자의 공통 목표인 空의 진실(眞如)에 접근해 가는 상이한 방식 자체를 하나로 결합하는 길이 그 하나요, 진여의 경지를 지칭하는 언어이면서 유식의 有的 긍정과 중관의 無的 부정을 지양, 종합할 수 있는 화쟁적 용어를 마련하는 동시에, 실체화의 소지가 많은 유식의 언어들에 중관의 無的 부정을 결합시켜 버리는 길이 다른 하나다.

상이한 접근 방식을 하나로 통합하려는 前者의 길은, 나름대로의 체계성을 지닌 두 문법을 하나로 합치려는 것과 같아서 사실상 불가능하다. 이에 비해 중관과 유식의 공통 목표인 공의 진실(眞如) 및 유식의 識에 대한 서술에 있어서는 양자의 태도를 종합하는 일이 가능하다. 유식의 긍정적·有的 표현을 채택하는 동시에, 중관에서 우려하는 실체화의 가능성을 막기 위해 중관적 부정으로써 心識 등의 空性을 강조하거나, 진여의 유식적 표현인 阿摩羅識을 대체하는 제3의 언어로써 중관적 부정과 유식적 긍정을 화쟁적으로 종합하는 방식을 생각해 볼 수 있다.

결국 중관과 유식의 대립적 개성을 화쟁적으로 종합하기 위해서는 두 가지 방식을 시도할 수 있다. 1) 중관의 절대 부정 방식과 유식의 인식 전환의 방식을 개성대로 모두 긍정하여 수용하며, 2) 실체화의 오류를 초래할 수 있는 유식적 언어들에 중관적 부정을 결합하여 실체적 오해를 방지하는 동시에, 진여의 경지를 지칭하는 언어이면서 유식의 有的 긍정과 중관의 無的 부정을 지양, 종합할 수 있는 화쟁적 용어를 마련하는 일이다. 그런데 『금강삼매경』에서는 바로 이 두 가지 방식을 통해 중관과 유식의 대립적 개성을 화쟁적으로 종합하려는 시도가 목격된다.

**① 중관과 유식의 접근 방식을 모두 인정하여 수용하는 경우;**

"선남자여, 이 마음의 性相은 또한 아마륵 열매와도 같아서, 본래 스스로 생긴 것도 아니고, 다른 것으로부터 생긴 것도 아니며, 공동으로 생긴 것도 아니고, 因으로 생긴 것도 아니며, 因 없이 생긴 것도 아니다. 어째서 그러한가? 緣으로 변하는 것이기 때문이다. 그러나 緣이 일어나도 생기는 것이 아니고, 緣이 물러나도 없어지는 것이 아니다. 숨거나 드러남에 실체적 모습(相)이 없고, 뿌리의 이치는 寂滅하여 있는 곳이 없어서 머무르는 곳을 보지 못하니, 決定性이기 때문이다. 이 決定性은 또한 같지도 않고 다르지도 않으며, 단절되는 것도 아니고 불변하는 것도 아니며, 들어가는 것도 아니고 나오는 것도 아니며, 生하는 것도 아니고 滅하는 것도 아니니, (有·無·亦有亦無·非有非無의) 四句 判斷을 여의어 언어의 속성에 포착되지 않는다. 생겨남이 없는 心性도 이와 같은 것이니, 어떻게 생겨남과 생겨나지 않음, 인정함이 있음과 인정함이 없음을 말할 수 있겠는가?"77)

「無生行品」의 이 구절은, 원효도 지적하고 있듯이, 전형적인 중관의 부정 논리를 四不과 八不로써 전개하여 心性의 '생겨남이 없음(不生)'의 도리를 설하고 있다. 동시에 『금강삼매경』은 유식의 有的 긍정의 방식 및 心識說的 접근도 다음과 같이 수용하고 있다.

"이 때에 無住菩薩이 부처님께 아뢰었다. '존자시여, 무슨 이익을 굴려서 중생의 모든 情識을 轉變시켜 唵摩羅에 들게 하나이까?' (…) 무주보살이 여쭈었다. '唵摩羅識에 들어가는 곳이 있고 그 곳에서 얻는 바가 있다면, 이것이 법을 얻는 것일 것입니다.' (…) '선남자여, 唵摩羅라는 것도 또한 이와 같아서 본래 벗어났다는 相도 없고 지금 들어간 것도 아니다. 예전에는 미혹했기 때문에 없는 것이 아니고, 지금은 깨달았기 때문에 들어가는 것이 아니다."78)

"大力菩薩이 말했다. '이와 같은 사람은 마땅히 계율을 지니지 않을 것이며, 사문에 대해서도 공경하지 않을 것입니다.' 부처님이 말씀하셨다. '계율을 설하는 자가 좋지 않은 교만이 있기 때문이고, 바다의 물결이 일렁이기 때문이다. 그러나 저

---

77) 『금강삼매경』, 1-.625상-중.
78) 같은 책, 1-630하, 635상, 635하.

와 같은 마음자리에서는 八識의 바다가 잔잔하고 九識의 흐름이 깨끗하니, 바람이 움직이게 할 수 없어서 물결이 일어나지 않는다. 계율의 본성은 허공과 같으니, 계율을 지닌다고 하는 자는 미혹하여 전도된 것이다. 저와 같은 사람은 七識과 六識이 생기지 않아 모든 번뇌 망상이 그쳐 고요하며, 三佛을 떠나지 않아서 보리심을 일으키고, 세 가지 無相 가운데로 마음을 따라 그윽하게 들어가 三寶를 깊이 공경하고 威儀를 잃지 않으니, 사문에 대해서 공경하지 않음이 없다. 보살이여, 저와 같은 仁者는 세간의 움직이는 법이나 움직이지 않는 법에 머물지 않고 三空聚에 들어가 三有心을 없앤다.'"[79]

『금강삼매경』은 유식 가운데서도 특히 舊唯識인 眞諦唯識의 九識說을 수용하고 있다. 水野弘元이 이미 지적하고 있는 것처럼, 『금강삼매경』에는 玄奘(602-664)譯 이후에나 등장하는 용어들도 등장하고 있다. 『반야심경』(648년 譯)의 '是大神呪 是大明呪 是無上明呪 是無等等呪'의 四呪와 『유식삼십송』(649년 譯)의 '末那'와 같은 것이 그것이다. 그렇다면 『금강삼매경』의 撰者는 舊譯과 新譯 唯識을 모두 접하고 있었던 셈인데, 실제 經에서는 결과적으로 현장의 新唯識이 아니라 舊譯인 眞諦唯識의 九識說을 취하고 있다. 그 까닭은 무엇일까?

필자로서는 그 이유를 두 가지로 추정하고 싶다. 하나는 『금강삼매경』 사상과 眞諦 舊唯識의 九識說 및 『대승기신론』사상과의 밀접한 親緣性이다. 『금강삼매경』사상의 唯識的 측면은 특히 眞諦 唯識의 九識說을 그 기본 맥락으로 삼고 있다. 이것은, 원효가 정확하게 파악하고 있듯이, 『금강삼매경』의 키워드는 本覺·始覺이며, 이 문제는 또한 眞諦譯 『대승기신론』의 주요 테마인 동시에, 舊唯識

79) 같은 책, 1-648중.

특히 『섭대승론』과 眞諦의 阿摩羅識사상(九識說)과 『대승기신론』사상은 동일 계열의 유사한 사상체계[80]라는 점을 고려할 때 자연스러운 현상이다.

『금강삼매경』이 九識說을 택하고 있는 또 하나의 이유는, 九識說을 취해야 중관의 無的 부정에 대립하는 유식의 有的 긍정이 선명하게 부각되어 '중관·유식의 화쟁적 종합'이라는 사상적 의도를 구현하는 데 용이하다는 점이다. 유식의 有的 긍정이 인식의 측면, 즉 心識說의 맥락에서 강하게 표현된 것이 眞諦唯識에서의 '第九識(阿摩羅識·眞識·無垢識)'說이라고 본다면, '阿賴耶識(八識)의 轉依'를 설하는 新唯識보다는 '청정한 阿摩羅識(九識)에 들어감'을 설하는 舊唯識의 언어가, 중관의 無的 부정에 대응하는 유식의 有的 긍정을 잘 대변할 수 있기 때문이다.

② 유식의 언어들에 중관적 부정을 결합하여 실체적 오해를 방지하는 동시에, 진여의 경지를 지칭하면서 유식의 有的 긍정과 중관의 無的 부정을 지양, 종합할 수 있는 화쟁적 용어를 제시하는 경우;

"있다고 할 수 있는 모든 識들도 또한 이와 같으니, 어째서 그러한가? 눈과 눈의 맞닿음(觸)은 모두 공적하고 眼識 또한 공적하니, 움직이거나 움직이지 않는 相이 없으며 안으로는 눈으로 생겨나는 세 가지 느낌(三受)이 없어서 三受가 적멸하다. 귀와 코와 혀와 몸과 心과 意와 意識 및 末那識과 阿梨耶識도 이와 같아서 모두 생겨나는 것이 아니니, 寂滅心이며 無生心이다."[81]

"그러므로 眞如法은 항상 自在하고 如如하지만, 일체의 모든 萬法은 如如하지 못하니 識으로 지어낸 것이네. 識을 여의면 존

80) 이 문제는 필자의 『大乘起信論思想硏究(1)』, pp.178-190에 詳論되어 있다.
81) 위의 책, 1-627중-하.

재는 곧 空하니, 따라서 空한 경지에 따라 말합니다."[82)]

> "부처님이 말씀하셨다. '모든 부처와 여래는 항상 一覺으로써 모든 識을 轉變시켜 唵摩羅에 들게 한다. 어째서 그러한가? 일체 중생은 본래 깨달음(本覺)이니, 항상 一覺으로써 모든 중생을 깨닫게 하여 저 중생들로 하여금 모두 본래의 깨달음(本覺)을 얻게 하고 모든 情識은 空寂하여 無生임을 깨닫게 하는 것이다. 決定의 本性은 본래 움직임이 없기 때문이다.' 무주보살이 말하였다. '모든 여덟 가지 識은 다 경계를 緣하여 일어난 것인데, 어찌하여 움직이지 않습니까?' 부처님이 말씀하셨다. '모든 경계가 본래 空하니, 모든 識도 본래 空하다. 空하여 緣의 실체성(自性)이 없는 것이니 어떻게 緣하여 일어나겠는가?' (...) 무주보살이 말하였다. '모든 경계가 空하고 모든 몸이 空하며 모든 識이 空하니, 覺 또한 응당 空이겠습니다.' 부처님이 말씀하셨다. '모든 覺은 決定性을 훼손하지도 않고 파괴하지도 않으니, 空도 아니고 空 아닌 것도 아니어서 空함도 없고 空하지 않음도 없다.'"[83)]

중관과 마찬가지로 空인 眞如의 경지를 목표로 하면서도 인식의 왜곡 과정과 그 교정(轉依)을 心識說로 전개하는 유식의 언어는, 자칫 중관이 엄격하게 경계하는 '實體化'의 후유증을 수반한다. 이 점을 의식하여 『금강삼매경』에서는 유식적 心識의 언어들이 실체가 아닌 空性임을 특히 강조한다. 心과 意와 意識 및 末那識과 阿梨耶識이 실체가 아닌 寂滅心이고 無生心이며, 모든 八識이 緣生이어서 실체가 없는(無自性) 空性임을 명백히 한다.

문제는 唵摩羅識이다. 진여의 경지에 대한 인식적 표현인 淸淨無垢識으로서의 第九 唵摩羅識을 설정하는 舊唯識의 경우, 진여 경지

---

82) 같은 책, 1-666중.
83) 같은 책, 1-630하-631하.

의 긍정적 내용을 부각시키는 데는 적절하지만, 동시에 진여의 경지를 '실체적인 그 어떤 신비의식' 쯤으로 오해할 소지가 많다. 眞諦譯에서 '阿羅耶識(8識)을 對治하여 阿摩羅識(9識)을 증득한다'고 되어 있는 것을, 玄奘譯에서는 '阿賴耶識을 對治하여 轉依를 얻는다'라고 바꾸어 버린 이유도 아마 여기에 있을 것이다. 진여의 경지를 '阿摩羅識'이라는 명사적 용법으로 표현하는 것은 긍정적 서술이기 때문에 실체화의 오해를 초래할 가능성이 높아지는 반면, '阿賴耶識을 극복한 상태'라는 부정적 서술을 채택하면 같은 목표와 실현방식를 설정하면서도 실체화의 소지를 극소화할 수 있다고 판단했을 것이다.

그렇다면 『금강삼매경』에서는 어떻게 阿摩羅識의 실체화를 극복하고자 하는가? 覺사상이 그것이다. 覺(本覺)이라는 말로 阿摩羅識의 경지를 대체하는 방식을 채택하고 있는 것이다. '깨달음'이나 '본래의 깨달음'이라는 말은 그 일상 언어의 맥락상 다분히 중성적이다. 부정적 가치나 상태를 극복해 버린 긍정적 경지를 지시하면서도, '영원불변의 정신이나 영혼'이라는 관념과 결합하여 실체적 신비 의식을 연상케 하기 쉬운 '第九識'·'阿摩羅識'과 같은 용어의 함정을 피하는 중성적 언어일 수 있다. 그리고 覺이라는 말은 실체화의 위험성을 줄이면서도, 실현되어야 할 긍정적 가치나 내용을 지시한다는 점에서, 중관적 절대 부정의 '허무주의의 함정'을 피하는 기능도 지닌다. 그런 점에서 '有·無 超越的'이요 '有·無 中道的'이다.

이렇게 보면 覺은 유식의 有的 肯定과 중관의 無的 否定을 지양, 종합하는 언어일 수 있다. 그리하여 진여에 대한 중관적 접근과 유식적 접근의 어느 한 편에 치우치지 않고, 양자를 和諍的으로 포용할 수 있는 길이 열리게 된다. '모든 경계가 空하고 모든 몸이 空

하며 모든 識이 空하니, 覺 또한 응당 空이지 않겠느냐?'는 질문에 대해, '모든 覺은 決定性을 훼손하지도 않고 파괴하지도 않으니, 空도 아니고 空 아닌 것도 아니어서 空함도 없고 空하지 않음도 없다'고 응답하는 대목은, 覺이 지니는 이러한 화쟁적 종합의 면모를 나타내고 있다.

원효가 정확하게 지적하고 있는 대로, 覺사상(始覺·本覺)은『금강삼매경』사상의 초점이요 핵심이며 가장 뚜렷한 특징이다. 그리고 이『금강삼매경』의 覺사상은 중관과 유식의 개성을 화쟁적으로 종합하는 면모를 지닌다.『금강삼매경』은『대승기신론』의 覺사상을 계승하여 중관·유식의 화쟁적 종합을 시도하고 있는 것이다.[84)]

### (2) 원효『금강삼매경론』의 경우

원효는『금강삼매경』에 나타나는 '중관·유식의 화쟁적 종합 의지와 방식'을 정확하게 읽고 있는 동시에 적극적으로 부응하고 있다. 중관·유식의 화쟁과 종합에 대한 그의 의지는 大意文에서부터 천명된다.

> "이와 같이 깨뜨림이 없으면서도 깨뜨리지 않음이 없고, 세움이 없으면서도 세우지 않음이 없으니, 이치가 없는 지극한 이치요 그렇지 않으면서도 크게 그러한 것이라 할 수 있다. 이것이 이 經의 大意이다. (...) 깨뜨리지 않는 것이 없기 때문에 金剛三昧라 이름하고, 세우지 않는 것이 없기 때문에 攝大乘經

84)『대승기신론』에서는 覺(不覺·始覺·本覺) 사상이 心生滅門 내에서 등장한다. 그런데 心生滅門이 명백히 唯識的 체계와 맥락이라는 점을 고려하면, 기신론에서 중관·유식의 화쟁적 종합을 위해 覺 개념을 활용한다는 것은 한계가 있다. 이에 비해『금강삼매경』의 사상적 체계와 맥락은 기신론에 비해 상대적으로 覺 개념의 활용에 자유로울 수 있다.『금강삼매경』과『대승기신론』에서 등장하는 覺사상 및 이에 대한 원효의 관점들을 비교, 분석하는 것은 또 하나의 과제이므로, 이는 차후로 미룬다.

이라 이름하며, 모든 뜻의 종지가 이 둘을 벗어나지 않기 때문에 또한 無量義宗이라 하는데, 그 하나를 들어 머리 제목으로 삼았기에 金剛三昧經이라 하였다."[85]

일찍이 『대승기신론』「別記」에서 중관과 유식의 사상적 개성을 각각 '깨뜨림(부정. 破)'과 '세움(긍정. 立)'으로 규정한 후, 양자의 화쟁적 종합 의지를 '無所不立 無所不破'로 천명했던 원효. 그러나 『대승기신론』의 사상 계보나 체계의 성격상 『대승기신론』 주석에서는 더 이상 구체적 논거를 충분히 제시하며 전개시킬 수 없어, 『疏』를 지을 때는 해당 구절을 삭제하고 더 적절한 기회를 기다리며 유보시켰을 것으로 추정되는 원효의 中觀·唯識 화쟁과 종합 의지 및 그 논리는, 이제 『금강삼매경』의 주석에서 다시 힘을 얻어 등장한다. '깨뜨리지 않음이 없음(無所不破)'과 '세우지 않음이 없음(無所不立)'의 논리가 『금강삼매경』의 宗旨요 大意로서 힘차게 천명되는 것이다.

그런데 원효는 '金剛三昧'라는 말로는 '깨뜨리지 않음이 없음(無所不破)'을, '攝大乘經'으로는 '세우지 않음이 없음(無所不立)'을 대변시키고 있으므로, '금강삼매'는 중관적 개성을, '섭대승경'은 유식적 개성을 각각 대변하는 셈이 된다. 『섭대승론』이 유식의 소의문헌임을 고려할 때, '섭대승경'이라는 말로 유식적 개성을 대변시키는 것은 자연스럽다. 그러나 '금강삼매'라는 말로 중관적 개성을 지칭한다는 점에서, 원효는 『금강삼매경』의 사상 기조를 중관적 空사상으로 보고 있는 것이 아닌가 하는 추정도 할 수 있다. 그러나 '깨뜨리지 않음이 없음(無所不破)'을 金剛三昧로써 대변시키고 있는 이 경우는 특히 '金剛'의 기능에 초점을 둔 것으로 보인다. 곧

85) 위의 책, 1-604중-하.

이어 경 제목을 풀이하는 다음과 같은 대목에서, 원효는 '金剛'의 중관적 부정 기능과 아울러 '三昧'의 유식적 배경을 함께 지적하고 있기 때문이다.

"金剛이란 비유로 일컫는 말이니, 단단함을 體性으로 삼고 꿰뚫고 깨뜨림을 공능으로 삼는다. 금강삼매도 또한 그러하여 實際를 체성으로 삼고 깨뜨리고 뚫는 것을 공능으로 삼는 것임을 알아야 한다. '實際를 체성으로 삼는다.'는 것은 이치를 증득하고 근원을 궁구하기 때문이니, 아래의 글에서 '법을 증득하는 진실한 定'이라 말한 것과 같다. '깨뜨리고 뚫는 것을 공능으로 삼는다.'는 것은 두 가지 뜻이 있으니, 첫째는 모든 의혹을 깨뜨리는 것이고, 둘째는 모든 선정을 뚫는 것이다. (...) (『대품경』·『대지도론』·『부증불감경』을 經證으로 제시) (...) 옛 논사가 말하기를, '저 三昧라는 명칭은 正思라고 한다.'고 했는데, 지금 이 말을 기술하는 것은 글 뜻에 합당하기 때문이니, 定에 있을 때 반연하는 경계에 대하여 자세히 바른 생각으로 살피기 때문에 正思라 한다. 이것은 『유가론』에서 '三摩地란 것은 반연하는 것들을 자세히 올바로 觀하여 살피는 心一境性이다.'라고 말하는 것과 같다."[86)]

원효는 중관과 유식이 모두 목표로 삼는 眞如의 경지를 一心 혹은 '一心의 根源'으로 표현하곤 한다. 그리고 중관과 유식을 종합하여 이 진여인 一心의 근원에 이르는 길을 제시한다.

"이것은 二諦를 녹여 一法界를 드러낸 것이니, 一法界라는 것은 이른바 一心이다. 그러나 처음의 空門 안에서 버린 俗諦는 所執相이고 두 번째 空 가운데서 녹인 俗諦는 依他相이니, 俗諦에 두 가지 相이 있기 때문에 버리는 것과 녹이는 것이 하나가 아니다.

86) 같은 책, 1-605중-606중.

또 처음의 문 안에서 俗諦를 버려 나타낸 眞諦와 두 번째 空 가운데서 俗諦를 녹여 나타낸 眞諦는, 오직 하나이고 둘이 없으니, 眞諦는 오직 한 가지로서 圓成實性이다. 그러므로 버리고 녹여 나타낸 진제는 오직 하나이다. 세 번째 空은 진제도 아니고 속제도 아니며, 다르지도 않고 같지도 않은 것이다."[87]

중관의 二諦說과 유식의 三性說을 결합시켜 一心에 이르게 한 원효는, 다음과 같이 그 一心의 경지를 유식의 四智(大圓鏡智·平等性智·妙觀察智·成所作智)로 설명하기도 한다. 그리고 이런 점에서. 비록 어느 한 사상 유형을 배타적으로 편애하지 않고 화쟁적으로 회통시키는 태도로 일관하기는 하지만, 원효 사상에서는 유식적 기반이 상대적으로 큰 비중을 차지한다. 원효 一心사상의 불교철학적 토대는 다분히 유식적 맥락에 기울어져 있다.

"머무름이 없는 마음은 二諦를 쌍으로 없앴기 때문에 俗에서 나오는 것과 眞으로 들어가는 것의 다름이 없다. 이미 나오고 들어감이 없어서 空과 有에 있지 않기 때문에 '마음의 처소는 있는 곳이 없다'고 하였다. 있는 곳이 없는 처소는 오직 一心이니, 一心의 體는 본래 寂靜하다. 따라서 '決定性地'라 하였다. 一心이 드러날 때는 여덟 가지 識이 모두 轉依하므로 이 때 네 가지 지혜가 원만해진다. 그 까닭은 다음과 같다. 一心이 어둠을 떠나 밝음을 이루어 밝고 청정하여 비추지 않는 영상이 없다. (...) 이것은 大圓鏡智의 뜻을 드러내는 것이다. 또 이 一心은 二邊을 멀리 떠나 自他를 통달하여 평등하여 둘이 없다. (...) 이것은 平等性智의 뜻을 드러내는 것이다. 이와 같은 一心은 보는 것이 없기 때문에 모든 法門을 관찰하지 않음이 없다. (...) 이것은 妙觀察智의 뜻을 밝힌 것이다. (...) 이와 같은 一心은 짓는 것이 없기 때문에 남을 이롭게 하는 일을 짓지 않는 것이 없

87) 같은 책, 1-639하-640상.

다. (...) 이것은 成所作智의 뜻을 밝힌 것이다. 네 가지 지혜가 이미 원만해지니, 이것이 始覺이 원만해짐이다. (...) 이 때에 이미 一心의 근원에 돌아가 여덟 가지 識의 모든 물결이 다시는 일어나 움직이지 않으니, 따라서 '지혜의 경지에 들어가면 모든 識이 생겨나지 않는다.'고 한 것이다."[88]

앞서 확인하였듯이, 『금강삼매경』에서는 覺(本覺)이라는 말로 阿摩羅識의 경지를 대체하는 방식을 채택하여 阿摩羅識의 실체화를 극복하려고 시도한다. 覺은 유식의 有的 肯定과 중관의 無的 否定을 지양, 종합하는 언어가 될 수 있기에, 진여에 대한 중관적 접근과 유식적 접근을 和諍的으로 포용할 수 있는 길을 열어준다. 『금강삼매경』은 覺을 매개로 中觀·唯識의 화쟁적 종합을 시도하고 있는 것이다. 『금강삼매경』 사상의 핵심이자 가장 뚜렷한 개성이 바로 覺사상(始覺·本覺)임을 꿰뚫고 있는 원효는, 『금강삼매경』의 覺사상이 지니는 '중관·유식의 화쟁적 종합'이라는 성격을 적극적으로 부각시키며 활용한다. 다음의 구절은 그 대표적 사례이다.

"부처님이 대답하신 뜻은 다음과 같다. '모든 覺은 道理를 허물어뜨리지 않기 때문에 空이라 할 수 있는 것이 아니고, 自性을 간직하지 않기 때문에 空하지 않은 것도 아니다. 그러므로 覺 가운데는 空함도 空하지 않음도 없다. 그런데 모든 識은 그렇지 않아 망령되게 모든 법을 취하여 참된 이치를 위반하니, 空이라 할 수 있고 버릴 수가 있다. 이처럼 동일하지 않으니, 어찌 서로 비슷할 수 있겠는가? '決定性'이란 것은, 眞如性은 파괴할 수 없음을 말하는 것이니, 그 性이 스스로 그러하기 때문이다. '훼손하지 않는다.'고 한 것은 有의 相을 취하여 空을 손상시키지 않는 것이고, '무너뜨리지 않는다'고 한 것은 性이 없다고 헤아려 참됨(眞)을 손상시키지 않는 것이니, 決定性을

88) 같은 책, 1-633상-중.

훼손하거나 무너뜨리지 않는 것을 말한다."[89)]

또한 원효는 眞如인 唵摩羅識의 경지를 '一心·本覺·一心本覺·本覺如來藏心·本覺一心之原' 등의 언어로 지칭하면서, 진여의 경지에 관하여 중관과 유식의 언어를 화쟁적으로 종합시킨 서술을 펼친다.

"모든 중생이 동일한 本覺이기 때문에 一覺이라 한 것이다. (...) 本覺은 바로 唵摩羅識이다. '본각을 얻는다.'는 것은 '들어간다.'는 뜻을 해석한 것이니, 본각에 들어갈 때에 모든 여덟 가지 識이 본래 적멸임을 깨닫는다. 깨달음이 완전해졌기 때문에 모든 識이 생겨나지 않으니, 그러므로 '모든 識이 적멸하여 생겨나지 않는다.'고 한 것이다. (...) '일체 중생이 본래 깨달음(本覺)이다' 등의 말은 바로 本覺의 뜻이고, '모든 情識이 적멸하여 생겨남이 없음을 깨닫는다.'는 것은 始覺의 뜻이니, 이것은 始覺이 곧 本覺과 같음을 드러낸다."[90)]

"앞의 等覺位 중에서는 아직 생멸이 있어서 마음의 근원을 다하지 못하였기 때문에 八識에 있으나, 이제 妙覺에 이르러서는 영원히 생멸을 떠나 本覺인 一心의 근원(本覺一心之源)에 완전히 돌아왔기 때문에 第九識에 들어가 밝고 맑아진다."[91)]

"이처럼 마음을 관찰하여 이미 出入이 없으면 이것이 곧 本覺如來藏心이니, 이것은 始覺이 곧 本覺과 같은 것임을 밝힌 것이다. 이 생겨남이 없는 마음은 이미 本覺如來藏으로서 본래 자성이 고요하여 다시는 起動하지 않으니, 어떻게 들어감과 나감·일어남과 사라짐이 있을 수 있는가?"[92)]

"이와 같이 생겨남을 얻지 못함을 관찰할 때 그 觀하는 마

89) 같은 책, 1-631하.
90) 같은 책, 1-631상.
91) 같은 책, 1-657상.
92) 같은 책, 1-615상.

음도 생겨남이 없으니, 이 때에 곧 본래 空寂함에 들어가게 된다. 들어간 空寂함은 곧 一心이니 (…) '마음의 空함(心空)'과 '空한 마음(空心)'은 말로는 좌우가 있으나 단지 一心本覺의 뜻일 뿐이다."93)

"본래 무명을 따라 모든 識이 일어나다가 이제 始覺을 따라 마음의 근원에 다시 돌아가니, 마음의 근원에 돌아갈 때 모든 識이 일어나지 않으며, 識이 일어나지 않기 때문에 始覺이 원만하여짐을 설명하고자 한 것이다. (…) '性에는 覺이 없다'고 한 것은, 空性 중에는 단지 識이 없을 뿐 아니라 始覺도 없음을 말하는 것이니, 覺이 없는 도리를 깨달아 알면 始覺의 지혜가 된다. (…) 始覺이 원만할 때 여덟 가지 識이 일어나지 않으니, 覺이 없음을 깨달음에 따라 모든 識이 없어지기 때문이며, 궁극을 깨달음에 따라 마음의 근원에 돌아가기 때문이다."94)

"처음 가운데 '七五가 생겨나지 않는다.'고 한 것은 두 가지 末識이 空함을 합하여 밝힌 것이니, 항상 작용하는 識 중에서 第七識이 末이 되고, 항상 작용하지는 않는 것 중에 五識이 末이 되는 것이다. '八六이 적멸하다.'고 한 것은 두 가지 本識이 공적함을 합하여 밝힌 것이니, 항상 작용하는 식 중에서 第八識이 本이 되고, 항상 작용하지는 않는 것 중에서 第六識이 本이 되는 것이다. 다음은 性을 여의었음을 나타낸 것이니, '九相이 空無하다.'고 한 것은 第九識의 相 또한 自性을 지키지 않기 때문이다. (…) 一心은 이와 같이 相을 여의고 性을 여의어서 곧 무량한 공덕의 더미이니, 이와 같은 것을 '불가사의한 더미'라 하였다."95)

아울러 원효는 이 本覺의 경지 또한 實體化시키는 오류를 방지하기 위해, 『금강삼매경』이 추구하는 眞如의 경지를 '一味'라는 말로

93) 같은 책, 1-612하

94) 같은 책, 1-632하.

95) 같은 책, 1-670중-하.

표현하며 本覺의 空性을 다음과 같이 말한다.

> "또한 이 六品은 오직 一味이다. 왜냐하면 相과 生은 自性이 없고, 本覺은 본체가 없으며, 實際는 한계를 여윈 것이고, 眞性 또한 空한 것이니, 무엇에 말미암아 여래장의 自性이 있겠는가? 이것은 아래의 「여래장품」 중에서 '이 識은 항상 寂滅하며, 寂滅이란 것 또한 寂滅하다.'고 말하고, 「총지품」에서 '七識과 五識이 생겨나는 것이 아니고, 八識과 六識이 적멸하며, 九相이 空하여 없다.'고 말하는 것과 같다. 이와 같이 얻을 것이 없는 一味가 바로 이 經의 宗要이다. 그러나 얻을 것이 없기 때문에 얻지 못하는 것이 없으니, 따라서 모든 門이 열리지 않는 것이 없기 때문에 한량없는 뜻을 짓는 宗이 된다. 비록 一味이지만, 여섯 가지 門을 열기 때문에 六分으로 글을 나누어 풀이하였다."[96]

**결국 원효가 추구해 왔던 '중관·유식의 화쟁적 종합'은 『금강삼매경론』에 이르러 『금강삼매경』의 覺사상을 토대로 '一味'라는 말로 총결되고 있는 셈이다. '얻을 것 없는 一味'의 통로를 열 때, '얻을 것이 없기에 얻지 못하는 것이 없게'되고, 그리하여 중관·유식을 비롯한 모든 사상을 받아들여 한량없는 뜻을 전개하게 된다는 것이다.**

### 3) 『금강삼매경』·『금강삼매경론』의 대승선(大乘禪) 사상

#### (1) 일심(一心)과 일미관행(一味觀行)의 선(禪)사상

원효 사상의 일관된 초점은 一心이다. 원효는 일심을 통해 인간해방과 평화를 구현시키려 한다. 일찍이 『대승기신론』의 일심사상에서 불교사상을 통섭하고 소통시킬 수 있는 근거와 도리를 확보한 원효는, 그 일심의 경지를 다음과 같이 言表한다.

---

96) 같은 책, 1-609상-중.

"대승의 법은 오직 一心이 있을 뿐이며 一心 이외에 다른 법은 없다. 단지 무명이 一心을 미혹시켜 六道에 流轉하게 하지만, 이때에도 역시 一心을 벗어나는 것이 아니다. 이처럼 일심으로 말미암아 온갖 세계(六道)를 지어내기 때문에 널리 중생을 제도하겠다는 願을 일으킬 수가 있고, 온갖 세계가 일심을 벗어나는 것이 아니기 때문에 '한 몸으로 여겨 일으키는 큰 자비심(同體大悲)'을 낼 수 있는 것이니, 이리하여 의혹을 버리고 發心할 수 있게 된다. (...) 모든 존재의 참 모습은 생겨남(生)과 사라짐(滅)이라는 이분법적 구분과 분리가 없으며(無生無滅), 무지에 의한 일체의 왜곡적 구별이 원천적으로 해체된 상태(本來寂靜)이니, 오직 一心이라 할 경지이다. 이와 같은 상태를 心眞如門이라 하기 때문에 『능가경』에서는 '무지로 인한 모든 분별과 분리가 해소된 경지를 一心이라 한다(寂滅者名爲一心)'고 말한 것이다. 또 이 一心의 바탕은 '본래적 깨달음(本覺)'이지만 無明을 따라 동작하여 분별 작용을 일으킨다. 그리하여 이 경우(실체적 분별을 행하는 마음/生滅門) 여래의 성품이 감추어져 드러나지 않는 것을 如來藏이라 부른다. (...) 이와 같은 뜻이 생멸문에 있기 때문에 『능가경』에서는 '一心을 如來의 가능성이 간직되어 있는 상태라 한다(一心者名如來藏)'고 말한 것이니, 이것은 一心의 生滅門을 나타낸다. (...) 俗되거나 脫俗한 모든 것들의 참 모습은 俗(染)이니 脫俗(淨)이니 하는 분별이 없는 것이고, 참된 眞如의 체계(眞如門)니 그릇된 분별의 왜곡 체계(生滅門)니 하는 것도 근본에 입각해 보면 다른 것이 아니다. 그래서 '하나(一)'라는 말을 붙인다. 동시에 이 이원적 분별과 분리가 해체된 진실의 경지는 허공과는 달라서, 성품이 스스로 신령스럽게 아는 작용을 하기 때문에 '마음(心)'이라는 말을 붙인다. 그런데 이미 둘로 분별할 것이 없으니, 하나가 있다고도 할 수 없다. 그리고 하나라는 것이 있는 것도 아니라면, 무엇을 '마음'이라는 말로 지칭할 것인가? 이와 같은 도리는 언어적 범주를 벗어나고 모든 것을 이원적·실체적으로 분별하는 마음으로는 포착되지 않는 경지라서 무슨 말을 붙여야 될지 알 수 없는데, 억지로나마

'하나가 된 마음(一心)'이라 불러 본다."97)

원효에게 인생의 목표는 이 일심의 근원으로 돌아가는 것이다(歸一心源). 따라서 모든 수행 길들도 결국 일심의 근원에 닿아있어야 한다. 해탈을 향한 존재 변혁의 결정적 통로인 참선 역시 일심의 근원과 연결되어야 함은 당연하다. 이런 까닭에 원효는 『금강삼매경』의 大意 역시 일심의 근원에서부터 풀어간다.

> "하나가 된 마음자리는 있음(有)과 없음(無)이라는 존재 환각을 여의어 오직 맑으며, 세 가지 공(三空)의 바다는 성스러운 진리(眞)와 속됨(俗)을 녹여 말끔하다. (有/無나 眞/俗의) 둘로 나누는 분별을 말끔하게 녹였으나 그렇다고 (둘로 나눈 분별을 합한) 하나도 아니며, 오직 맑아 둘로 나누는 환각을 여의었으나 그렇다고 (둘로 나눈 분별의) 중간도 아니다. 중간이 아니면서 둘로 나누는 환각을 여의었으므로 있음(有)이 아닌 것이 없음(無)으로 되어 머물지 아니하며, 없음(無)이 아닌 모습이 있음(有)이 되어 머물지 아니한다. 하나가 아니지만 둘로 나누는 분별을 녹였으므로, 성스러운 진리(眞)가 아닌 것이 일찍이 속됨(俗)이 된 적이 없으며, 속됨(俗)이 아닌 진리가 일찍이 성스러운 진리(眞)가 된 적이 없다. 둘로 나누는 분별을 녹였지만 하나가 아니기 때문에, 성스러운 진리(眞)와 속됨(俗)의 성품이 세워지지 않음이 없고, 오염(染)과 청정(淨)의 모습이 갖추어지지 않음이 없다. 둘로 나누는 환각을 여의었지만 중간이 아니기 때문에, 있음(有)와 없음(無)의 현상이 만들어지지 않는 바가 없고, 옳고 그름의 뜻이 두루 미치지 아니함이 없다. 이와 같이 깨뜨림이 없되 깨뜨리지 않음이 없으며, 세움이 없되 세우지 않음이 없으니, 가히 이치가 없는 지극한 이치요 그렇지 않으면서도 크게 그러한 것이라 할 수 있다. 이것이 이

97) 『대승기신론소』, 1-701중-하, 704하-705상.

경전의 핵심 도리이다."[98]

『금강삼매경』의 金剛三昧는 일심의 근원으로 돌아가는 禪定的 토대이다. 그리고 이 금강삼매를 성취하게 하는 구체적 참선 수행을 원효는 一味觀行이라 파악한다. 觀行은 참선 수행의 핵심인데, 『금강삼매경』이 설하는 禪사상의 특징을 특히 '一味'에서 찾고 있다. 一味觀行은 『금강삼매경』이 중생들을 일심의 근원으로 돌아가게 하기 위하여 설하는 禪사상이라는 것이다. 그리하여 원효는 이렇게 말한다.

"이 경전의 근본(宗)과 요점(要)은 펼치는 방식(開)과 모으는 방식(合)의 두 가지로 말할 수 있다. 모아서 말한다면 '한 맛으로 참되게 보아 행하는 것(一味觀行)'이 요점이 되고, 펼쳐서 말한다면 열 가지 진리 전개방식이 근본이 된다. '참되게 보아 행한다(觀行)'는 것은, '참되게 봄(觀)'은 수평적으로 논하는 것으로서 대상(境)과 지혜(智)에 참되게 통하는 것이고, '행함(行)'은 수직적으로 바라본 것으로서 원인(因)과 결과(果)에 걸쳐 있다. 결과(果)는 다섯 가지 진리가 완전해지는 것을 말하는 것이고, 원인(因)은 여섯 단계의 수행 과정이 잘 갖추어짐을 말하며, 지혜(智)는 곧 '본래적 깨달음(本覺)'과 '비로소 깨달아 감(始覺)'의 두 깨달음이고, 대상(境)은 곧 성스러운 진리(眞)과 속됨(俗)이 함께 없어진 것이다. 함께 없어졌지만 아무것도 없이 아주 없어진 것이 아니고, (본각과 시각의) 두 가지로 깨달았지만 생겨난 것이라 할 것이 없으니(無生), 생겨난 것이 없다고 아는 수행은 그윽이 환각적 인식이 사라진 지평(無相)과 만나게 되고, 환각적 인식이 사라진 도리는 본래적 깨달음의 이익을 저절로 이룬다. 이익은 이미 본래적 깨달음의 이익이라서 얻었다고 할 것이 없기 때문에 참된 자리를 움직이

98) 『금강삼매경론』, 1-604중.

지 않았고, 그 자리는 본래부터의 참된 자리라서 실체라는 환각을 여의었기 때문에 참된 진리 또한 실체가 아니다(空하다). 모든 부처와 여래가 여기에 간직되어 있으며, 모든 보살이 이 가운데에 따라 들어가니, 이러한 것을 여래장(如來藏)에 들어간다고 말한다. 이것이 육품(六品)의 핵심 도리가 된다. 이 '참되게 보는 체계(觀門)'에서 처음의 '믿고 이해하는 단계(信解)'로부터 '깨달음과 같아진 단계(等覺)'에 이르기까지 여섯 가지 수행을 세운다. 여섯 가지 수행이 완전하게 충족될 때 환각적 분별을 그친 마음자리(9識)가 드러나 환각의 오염이 없는 인식(無垢識)을 드러내어 참모습이 구현된 세계(淨法界)를 이루고, 환각적 분별을 행하던 인식들을 바꾸어 네 가지 지혜를 이루니, 이 다섯 가지가 이미 완전해져서 진리의 세 가지 몸(三身)이 이에 구비된다. 이와 같은 원인(因)과 결과(果)는 대상(境)과 지혜(智)를 여의지 않으며, 대상(境)과 지혜(智)는 별개의 것이 아니라 오직 한 맛(一味)이니, 이러한 '한 맛으로 참되게 보아 행하는 것(一味觀行)'을 이 경전의 근본으로 삼는다. (…) '펼쳐서 말한다면 열 가지 진리 전개방식이 근본이 된다.'는 것은, 첫 번째 방식에서부터 나아가 열 번째 방식에까지 이르는 것을 말한다. 첫 번째 방식이란 무엇인가? 하나가 되는 마음(一心) 가운데 하나가 되는 생각(一念)이 움직여, 하나가 되는 진실(一實)을 따라, 하나가 되는 수행(一行)을 하여, 하나가 되는 가르침(一乘)에 들고, 하나가 되는 길(一道)에 머물러, 하나가 되는 깨달음(一覺)을 써서, 한 맛(一味)을 깨닫는 것이다. (…) 열 가지 믿음의 단계(十信)에서 시작하여 열 가지 경지(十地)에 이르러 온갖 수행을 갖추고 모든 능력이 완전해진다. 이와 같은 여러 전개방식이 이 경전의 근본이 된다. 이것은 모두 경전 구절에 있으니 그 해당하는 문장에서 설명하겠다. 그런데 뒤의 아홉 가지 전개방식은 모두 첫 번째 전개방식에 들어가니, 하나의 전개방식이 나머지 아홉을 가지고 있어서 '하나로 참되게 보는 것(一觀; 一味觀行)'을 벗어나지 않는다. 그러므로 펼쳐도 하나에서 더 늘어나지 않고, 모아도 열에서 더 줄지 않으니, 늘지도 않고 줄지도 않는 것이 이 경전의 근본과 요점(宗要)이 된다."[99]

원효는 『금강삼매경』사상의 요점이 관행에 있으며, 특히 一味가 되는 관행이 그 특징이라고 본다. 종합의 측면에서 본다면, '본래부터의 진실(本覺)'과 '그 진실로 들어가는 현실에서의 전환(始覺)'을 통해 진리(眞)와 진리 아닌 것(俗)을 이분법적으로 분리하고 차별하는 인식을 극복하는 것이 觀이고, 十信·十住·十行·十廻向·十地·等覺의 여섯 단계 수행 과정(六行)을 완수하여 무지와 번뇌로 들뜨던 인식 작용(八識)이 안정되어 네 가지 지혜(大圓鏡智·平等性智·妙觀察智·成所作智)가 이루어지는 '五法의 원만함'을 성취하는 것이 行이다. 그런데 觀의 문에서 六行이 전개되고(行의 因), 그 결과 무지와 번뇌가 극복된 無垢識인 九識의 진실한 경지(淸淨法界)와 八識이 변하여 이룩되는 네 가지 지혜가 성취되어 五法(行의 果)이 원만해진다. 따라서 觀의 智와 境은 行의 因과 果와 하나로 통하여 결국 觀과 行이 一味로 결합된다.

전개의 측면에서 보아도 一味의 觀行이다. 열 가지 전개 방식(十門) 가운데, 뒤의 아홉 가지 門은 모두 第一門에 들어가는 것이어서 열 가지 방식으로 펼친다고 하여도 결국은 하나의 관(一觀; 一味觀行)에 불과하다는 것이다.

이처럼 一味로 소통되는 觀과 行이 『금강삼매경』 본문의 六品에 걸쳐 펼쳐진다. 원효는 그 육품의 흐름과 상관관계를, '無生의 행위는(「無生行品」) 그윽이 無相에 계합하고(「無相法品」), 無相의 법은 본각의 이익을 순조롭게 이룬다(「本覺利品」). 이익이 이미 본각의 이익으로서 얻음이 없기 때문에 실제를 움직이지 아니하고(「入實

---

99) 같은 책, 1-604하-605상.

際品」), 際가 이미 실제로서 자성을 떠났기 때문에 眞諦 또한 공하다(「眞性空品」). 모든 부처와 여래가 여기에 간직되어 있으며, 모든 보살도 이 가운데에 따라 들어가니, 이러한 것을 여래장에 들어간다고 말한다(「如來藏品」)'고 요약하고 있는데[100], 正說分에서는 이 六品의 전개를 다시 두 가지 측면에서 설명한다.

원효에 의하면, 無相觀을 밝히는 「無相法品」· 일어남이 없는 행위를 나타내는 「無生行品」· 본각에 의하여 중생을 이롭게 하는 것을 밝히는 「本覺利品」· 허망으로부터 실제로 들어가는 「入實際品」· 모든 행위가 眞性의 空에서 나옴을 판별하는 「眞性空品」· 한량없는 門들이 모두 如來藏에 들어가는 것임을 드러내는 「如來藏品」의 각각에, 觀行이 펼쳐지는 방식(六門)에는 두 가지가 있다.

모든 망상의 원인인 相에 대한 집착을 깨기 위하여 '집착할 相은 본래 없는 것(無相法)'을 觀하게 하고(「無相法品」), '無相임을 觀하는 마음'이라는 생각마저 생겨나지 않아야 하므로 '<觀하는 마음>이라는 생각마저 생겨나지 않는 실천 수행(無生行)'을 해야 하며(「無生行品」), 그리하여 本覺에 돌아가게 되면 본각에 의거하여 중생을 교화해 그들로 하여금 본각의 이익을 얻게 하고(「本覺利品」), 이렇게 본각에 의하여 중생을 이롭게 하면 중생이 진리를 등진 허망한 삶으로부터 진리와 하나가 된 실제의 삶으로 들어간다(「入實際品」). 안으로는 相이 없고(無相) 생겨남이 없는(無生) 수행을 하고, 밖으로는 본각의 이익으로 실제에 들어가게 하는 교화를 하여, 이 두 가지 이익으로 모든 진리다운 행위(萬行)를 구족하는 것이 하나같이 진리다움(眞性)에서 나오는 것이어서 모두 眞空을 따르고(「眞性空品」), 이 眞性에 의하여 만행이 갖추어져 如來藏의 一味의 근원에 들어간다(「如來藏品」). 이렇게 마음의 근원에 돌아가면 하는 바가 없게 되어

---

100) 같은 책, 1-604하.

오히려 모든 것을 하게 되니, 六品의 이와 같은 흐름이 대승을 포섭하는 한 가지 六門이다.

대승을 포섭하는 또 한 가지 六門이 있다. 「무상법품」은 觀의 대상인 一心如來藏體를 밝히는 것이고, 「무생행품」은 觀의 주체가 되는 行인 六行의 無分別觀을 밝히고, 「본각리품」은 一心 가운데의 생멸문을 나타내고, 「입실제품」은 一心 가운데의 진여문을 나타내며, 「진성공품」은 眞과 俗을 다 버리되 二諦를 파괴하지는 않으며, 「여래장품」은 모든 門을 두루 거두어 모두 一味임을 드러낸다.

원효는 이와 같은 '六品에 관한 두 가지 이해 방식' 이외에도, 다시 六品의 구조를 '三門으로 파악하는 두 가지 방식'과 '二門으로 파악하는 두 가지 방식'을 제시한다. <「무상법품」과 「무생행품」은 觀行의 始終을 포섭하고 있고, 「본각리품」과 「입실제품」은 교화의 本末이며, 「진성공품」과 「여래장품」은 因을 포섭하여 果를 이루는 것>으로 보는 것이 三門의 한 가지 방식이고, <앞의 두 품은 相을 버리고 本에 돌아가는 것이고, 중간의 두 품은 本으로부터 行을 일으키는 것이며, 뒤의 두 품은 本으로 돌아감과 行을 일으킴을 모두 드러낸 것>으로 보는 것이 三門으로 파악하는 또 하나의 방식이다. 또 육품을 二門으로 나누어, <앞의 세 품은 相과 生을 모두 없애는 것이 本覺의 이익임을 밝히는 것이고, 뒤의 세 품은 實際와 眞空이 如來藏임을 밝히는 것>으로 보거나, <앞의 세 품은 허망함을 버려 因을 드러내는 것이고, 뒤의 세 품은 진실을 드러내어 果를 이루는 것>으로 볼 수 있다고 한다.

그런데 원효에 의하면, 이와 같이 『금강삼매경』의 六品을 六門과 三門 및 二門으로 파악하여 각각 대승을 두루 포괄할 수 있지만, 결국 이 六品은 얻을 것이 없다는 점에서 一味이다. 相(「무상법품」)과 生(「무생행품」)은 자성이 없고, 本覺은 바탕(本)이라 할 것이 없으며, 實際는 際를 떠난 것이고, 眞性 역시 空한 것이며, 따라서 如來藏의 자성을 인정할 연유도 없다. 이렇게 **모든 品을 일관하는** 無所得**의 一味가 『금강삼매경』의** 宗要**이며, 一味이지만** 六門**으로 전개된다. 얻을 것이 없기에 오히려 얻지 못할 것이 없어서 모든** 門**이 전개되어 한량없는 뜻을 짓게 된다**는 것이다.[101)]

**『금강삼매경』의 요점인 一味觀行은 원효 사상의 궁극 지향인 '일심의 근원'으로 돌아가게 한다.** 이에 대해 원효는 『금강삼매경』「無相法品」의 "제도할 수 있는 중생에게 모두 一味를 설하였다"라는 구절을 주석하면서 다음과 같이 말한다.

> "'제도할 수 있는 중생'이라고 한 것은, 여래가 교화하는 일체 중생은 모두 '하나가 된 마음(一心)'이 길을 잘못 들어 헤매는 것이기 때문이다. '모두 한 맛(一味)을 설하였다'는 것은, 여래가 설하는 모든 가르침이 그들을 모두 '하나가 된 깨달음의 맛(一覺味)'에 들어가게 하기 때문이다. 모든 중생이 본래 '하나가 된 깨달음(一覺)'이지만, 단지 환각(無明)으로 말미암아 헛것을 따라 헤매다가, 모두 여래의 '한 맛(一味)'의 가르침에 따라 마침내 '하나가 된 마음자리(一心之源)'에 돌아가게 됨을 밝히고자 한 것이다. '하나가 된 마음자리'에 돌아갈 때에는 어떤 것도 얻었다고 할 것이 없기 때문에 '한 맛(一味)'이라고 말하는 것이니, 이것이 바로 '하나가 된 가르침(一乘)'이다."[102)]

### (2) 중생 구제의 대승선(大乘禪) 사상

원효는 禪사상 역시 철저히 自利利他의 보살 사상으로 소화한다. 그에게 **일미관행의 참선은 개인의 존재 해방 작업(自利)과 타자에의 기여(利他)가 동시에 결합되는 것이다. 禪은 자기 완성과 중생**

101) 같은 책, 1-608하-609중.
102) 같은 책, 1-610상-중.

**교화가 동시에 진행되는 것이어야 한다는 것이다.** 대중 지향의 실천성을 선명하게 추구하는 이러한 禪사상은, 대승불교의 정신을 강하게 의식하여 계승하는 것이라 할 수 있으므로 '大乘禪' 사상이라 지칭해 본다. 『금강삼매경』 「무상법품」의 "空寂을 모두 여의어 일체의 空에 머무르지 않으니, 마음이 無에 처하면서 大空에 있는 것이 禪波羅密이다"라는 구절을 주석하면서 원효는 이러한 선사상을 다음과 같이 피력하고 있다.

> "'비어 고요함(空寂)을 모두 여의었다'는 것은 (중생 교화를 위해) 상황에 맞추어 모든 유형의 세계(三有)에 두루 태어나기 때문이고, '모든 공(空)에 머무르지 않는다'는 것은 다섯 가지 공(空)에 머무르지 않고 항상 시방 세계의 중생을 교화하기 때문이니, 이것은 중생을 교화하는 선(禪)을 밝힌 것이다. '마음은 없음(無)에 있다'는 것은, 비록 몸은 (중생 교화를 위해) 온갖 세계를 돌아다니지만 마음은 항상 '없음의 진리(理無)'에 놓인 것이다. '없음의 진리'란 것은, 진리(理)는 온갖 세계를 실체로 보는 생각(三有之相)이 끊어진 것이다. '위대한 비움의 경지(大空)에 있다'는 것은, 비록 항상 시방 세계의 중생을 교화하지만 마음은 위대한 비움의 경지에 있는 것이니, '위대한 비움의 경지'란 것은 '시방 세계를 큰 것으로 보는 생각이 비어버린 것'이다. 이것은 깨달음의 도리(佛法)를 성취하는 선(禪)을 나타낸 것이다. 몸은 비록 (중생 교화를 위해) 움직이지만 마음은 고요하여 동요하지 않으니, 이것이 곧 위에서 말한 '바탕(性)이 금강(金剛)과 같다'는 것이다."103)

중생을 교화하려는 원력으로써 존재하는 모든 세계(三界, 三有)에 몸을 받아 쉬지 않고 움직이지만, 그 마음은 '삼계가 있다거나 시방 세계 중생을 구한다.'는 생각을 끊고 고요할 수 있는 것이 바로

103) 같은 책, 1-621중.

禪이라는 것이다. **참선하는 觀과 중생 구제의 보살행을 하나로 결합시키는 원효의 禪사상**은, 『금강삼매경』「입실제품」에 나오는 '세 가지 해탈(허공해탈·금강해탈·반야해탈)'과 '이치대로 觀하는 三昧(理觀三昧)'와 '세 가지 해탈을 간직한 작용(存用) 및 그에 대한 觀'을 주석하는 대목에서도 천명되고 있다.

"'진리대로 봄(理觀)' 가운데 '마음이 진리 같아져서 (환각의 오염이 없이) 청정하여 옳다거나 그르다는 마음이 없다'고 한 것은, 진리에 따라 환각적 인식이 사라져(無相) 마음에 분별이 없기 때문이다. 뒤의 대답 가운데 '마음과 일이 별개의 것이 아닌 것을 <간직한 작용(存用)>이라 한다.'고 한 것은, 세 가지 해탈을 간직한 작용의 뛰어난 능력을 일컫는 것이다. 만일 사람이 세 가지를 간직한 작용을 얻지 못하면, 마음을 고요히 하여 공(空)하다고 보더라도(觀) 일에 관계할 때는 (공하다고 보는) 생각을 놓쳐버려, '나'와 '나의 것'이라는 생각을 취하여 좋거나 좋지 못한 상황(違順境界)에 급급하여 세상사에 동요되어 마음과 일이 각기 다르게 된다. 그러나 만일 세 가지 해탈을 능숙하게 닦는 사람이라면 관(觀)에서 나와 일에 관여할지라도 관(觀)의 힘이 여전히 존재하여, '나와 남을 별개의 실체로 나누는 생각'을 취하지 않아 좋거나 싫은 상황에 급급하지 않으니, 이로 인하여 세상사에 동요되지 않고 들어가고 나감을 함께 잊어 마음과 일이 별개의 것이 아니게 된다. 이와 같아야 곧 '세 가지를 간직한 작용'이라 한다. 이러한 관(觀)을 처음 닦는 것은 '열 가지 믿음(十信)'의 경지에서이고, '간직한 작용'이 이루어지는 것은 '열 가지 자리 잡음(十住)'의 경지에서이니, 마치 『본업경』이 '열 가지 자리 잡음의 경지(十住位)' 가운데 이 관(觀)을 세운 것과 같다. '안으로 행함(內行)' 이하는 두 번째 질문에

답한 것이니, 관(觀)의 모습을 밝힌 것이다. '안으로 행함(內行)'이라는 것은 관(觀)에 들어 고요히 비추는 행위이고, '밖으로 행함(外行)'이라는 것은 관(觀)에서 나와 중생을 교화하는 행위이다. (觀에서) 나오거나 (觀에) 들어감에 진리(中道)를 잃지 않기 때문에 '별개의 것이 아니다(不二)'고 한다."[104]

원효에 의하면, 세 가지 해탈을 간직하는 觀이라야 마음과 일이 분리되지 않아 <'내가 교화한다'는 생각·'내가 교화한 중생'이라는 생각·나와 남을 별개의 존재로 분별하는 생각·상황의 좋고 나쁨에 따라 동요하고 집착하는 마음> 등이 없이 중생을 교화할 수 있다. 그리고 이러한 觀은, 마음이 사물을 진실대로 이해하면서 동요하지 않는 '안으로 행함(內行)'과, 그와 같은 마음을 유지하면서 중생으로 향하여 그들을 교화하는 '밖으로 행함(外行)'의 두 가지 모습을 동시에 지닌다. 참선은 자기 해방과 타자 해방에의 기여를 동시에 진행하는 작업이라는 것이다.

해탈의 觀行과 중생 구제의 보살행을 하나로 결합시키는 원효의 선사상은, 이어지는 「입실제품」의 '열반의 집에 들어갔으나 마음이 삼계에서 일어난다.'는 구절의 주석에서도 재천명된다.

> "'열반의 집에 들어갔으나 마음이 온갖 세계(三界)에서 일어난다'는 것은 세 가지 해탈과 그 셋을 간직한 작용이다. 온갖 세계가 공적(空寂)한 것을 '열반의 집'이라 하니, 마음을 편히 하여 깃들 수 있는 (환각의 오염이 없는) 청정한 곳이기 때문이다. 세 가지 해탈을 지닌 관(觀)으로써 온갖 세계(三界)를 공(空)한 것으로 보는 경지에 들어갔으나, 그 증득에 집착하지 않고 다시 속세와 관련된 마음을 일으켜 널리 온갖 세계의 중

104) 같은 책, 1-646중-하.

생을 교화하기 때문에 '마음이 온갖 세계에서 일어난다'고 말한다. 온갖 세계와 관련된 마음을 일으켰으나 물들거나 집착하지 않으니, 이것이 (세 가지 해탈을) 간직한 작용이다. '여래의 옷을 입고 법공(法空)의 처소에 들어간다'는 것은 곧 '하나가 된 마음 같아짐(一心如)을 지키는 관(觀)'이니, 온갖 세계에 들어가 널리 중생을 교화할 때 인욕의 옷을 입었지만 피곤해하지 않으며, 다시 법공(法空)에 들어가 '하나가 된 마음 같아짐'을 지키는 것이다."105)

모든 존재의 空性을 체득하여 마음이 편해짐과 동시에, 다시 삼계의 중생을 구제하려는 마음을 일으켜 교화의 행을 진행하면서도 자신의 중생 구제 행위에 번뇌가 개입하거나 집착하지 않을 수 있게 하는 참선 - 그것이 세 가지 해탈을 간직한 觀의 작용이고 一心의 如如함을 지키는 觀이다.

『금강삼매경』과 이에 대한 원효의 주석에서는 **寂靜主義的 禪사상을 비판하면서 靜과 動을 동시에 안을 수 있는 禪을 강조**하고 있는 점도 주목된다. 『금강삼매경』의 찬술 배경과 원효와의 상관관계를 강하게 추정케 하는 대목이기도 한데, **『금강삼매경』과 원효는 '일체의 相에 매이지 않고 그 어디에도 머물지 않는 禪이 진정한 禪'이라는 점을 논거로 하여 자신들의 그러한 선사상을 전개해 간다.** 「무생행품」과 「진성공품」의 해당 구절 및 그에 대한 원효의 주석을 통해 그 내용을 확인해 보자.

"【금강삼매경】 심왕보살이 말했다. <선(禪)이란 것은 움직임을 거두어 모든 환각적 분란을 안정시킬 수 있는 것인데, 어찌하여 선(禪)에 머무르지 않는다고 하십니까?> 부처님이 말씀하셨다. <보살이여, 선(禪)을 한다고 하면 곧 동요가 되는 것

105) 같은 책, 1-647중-하.

이니, 동요하지 않고 선(禪)에 머물지도 않아야 '일으킴이 없는 선(無生禪)'이다. 선(禪)의 참모습은 일으킴이 없는 것이어서 선(禪)을 일으키려는 환각을 여의었고, 선(禪)의 참모습은 머무름이 없는 것이어서 선(禪)에 머무르려는 동요를 여의었다. 선(禪)의 참모습은 (일으키는) 움직임과 (머무르는) 고요함이 없는 것임을 알면 곧 '일으킴이 없음(無生)'을 증득하는데, '일으킴이 없는 지혜'에도 의지하여 머무르지 않고 마음도 동요하지 않으면, 이러한 지혜로 인하여 '일으킴이 없는 반야바라밀'을 증득한다.>"106)

"【금강삼매경론】'선(禪)을 한다고 하면 곧 동요가 된다.'는 것은, 세간의 선(禪)이 비록 산란하지는 않으나 (선을) 대상화시키고 그것을 지니려는 마음이 일어나 동요를 일으키기 때문이다. 이와 같이 동요를 일으키는 선(禪)을 여윌 수 있어야 '진리다운 선정(理定)'에 들어갈 수 있기 때문에 '일으킴이 없는 선(禪)'이라 한 것이고, 이와 같은 '진리다운 선정'의 참모습은 동요를 일으킴이 없기 때문에 '선(禪)의 참모습은 일으킴이 없다'고 한 것이며, 단지 일으킴이 없을 뿐 아니라 또한 고요함에 머무름도 없기 때문에 '선(禪)의 참모습은 머무름이 없다'고 한 것이다. 만일 일으킴이 있으면 곧 환각(相)이고, 머물러 집착함이 있으면 곧 동요이니, 이제 이것과 반대가 되기 때문에 '선(禪)을 일으키려는 환각을 여의었고, 선(禪)에 머무르려는 동요를 여의었다'고 하였다."107)

'움직임'이나 '산란되지 않음'의 反對項으로서의 '고요함'이나 '안정됨'을 추구하는 것이 禪이라고 생각하는 것은 相에 얽매이는 것이다. 그리고 이렇게 相에 매이게 되는 것을 '움직임'이라고 하는 것인데, **참된 禪은 일체의 相을 떠나 그 相에 머무르려는 움직**

106) 『금강삼매경』, 1-628중-하.
107) 『금강삼매경론』, 1-628하.

임을 여읜 것이다. 상반되는 두 異項으로서의 '움직임'과 '고요함'을 모두 相으로 간주하여 매이지 않을 수 있는 禪이라야 진리다운 禪定에 들어갈 수 있다.

진정한 禪의 특징이 相을 떠남에 있다는 주장은 「진성공품」과 그에 대한 원효의 주석에도 반복되고 있다.

> "【금강삼매경】 선남자여, 저와 같은 모든 선관(禪觀)은 다 오래된 망상의 선정(定)이다. 이 같음(如)은 다시 저것과 같지 않으니, 어째서인가? 같음(如)으로써 참다움(如實)을 관(觀)하되, 참다움을 관(觀)한다는 모습을 보지 않아 모든 모습(相)이 이미 적멸(寂滅)하니, 적멸이 곧 같음(如)의 뜻이다. 저와 같은 망상의 선정은 동요이지 선(禪)이 아니니, 어째서인가? 선(禪)의 참 모습은 모든 동요를 여의어, 물들이는 것도 아니고 물들여지는 것도 아니며, 주관도 아니고 객관도 아니니, (둘로 나누는) 모든 분별을 여읜 것이 본래의 모습이다. 선남자여, 이와 같이 관(觀)하는 선정(定)이라야 선(禪)이라 말할 수 있다."108)

> "【금강삼매경론】 이 아래는 모습(相)을 여의었음을 나타내었다. '이 같음(如)은 다시 저것과 같지 않다'는 것은, 여래관(如來觀)에 들어가서 주관과 객관(能所)이 평등한 것을 같음(如)이라 하기 때문이다. '같음(如)으로써 참다움(如實)을 관(觀)한다'는 것은 평등한 지혜로써 참다움(如實)을 통달하기 때문이고, '참다움을 관(觀)한다는 모습을 보지 않는다'는 것은 관(觀)하는 지혜와 관(觀)의 대상인 참다움을 별다른 것으로 보지 않아 평등한 한 맛(一味)이기 때문이다. (...) 세간의 선(禪)은 모습(相)을 취하여 마음이 일어나므로 곧 '동요하는 생각(動念)'이고, '동요하는 생각'은 고요함이 아니기 때문에 참된 선(禪)이 아니다. 이 아래는 참된 선(禪)이 모든 동요하는 모습을 여의었음을 나타내었다. (...) 모습(相)을 여의고 동요를 여의어야

108) 『금강삼매경』, 1-657하-658상.

선(禪)이라는 이름을 얻을 수 있으니, 선(禪)은 '생각이 고요해진 것(靜慮)'을 일컫기 때문이다. 저 세간의 선정(定)을 선(禪)이라 하는 것은, 임시로 선(禪)이라 부르는 것이지 참된 선(禪)은 아니니다."109)

주관과 객관, 움직임과 고요함, 산란함과 안정됨, 마음과 일을 대립된 실체로 보는 것은 모두 相에 매이는 것이고 '근본적인 동요(움직임)'이다. 이러한 相으로서의 '고요함'이나 '안정됨'을 추구하는 것은 참된 禪이 아니다. **相으로서의 '고요함'이나 '움직이지 않음'에 매이는 생각이 그쳐진 것(靜慮)이 진정한 禪이다. 따라서 참된 禪은 고요함(觀의 內行·靜)과 움직임(觀의 外行·動)을 모두 안을 수 있다.**

**원효가 보는 참된 禪은, 일체의 相과 그 相에 머무르는 움직임을 떠났기에 고요함(觀의 內行·靜)과 움직임(觀의 外行·動)의 두 측면을 동시에 지닐 수 있다. 그리하여 내면은 모든 相을 떠난 고요함을 지키면서도, 밖으로는 중생 구제의 보살행을 역동적으로 진행할 수 있는 禪이다. 따라서 相으로서의 고요함만을 추구하는 三昧위주의 空寂主義的 禪과, 그러한 禪을 위주로 수행하는 禪定主義는, 다음과 같이 『금강삼매경』과 원효의 비판 대상이 된다.**

" 【금강삼매경】 대력보살이 말하였다. <저 '하나가 된 땅/경지(一地)'과 '공(空)의 바다' 같은 것을 이승(二乘)의 사람은 보지 못하겠나이다.> 부처님이 말씀하셨다. <그렇다. 저 이승(二乘)의 사람은 삼매를 즐기어 집착하여 삼매의 몸을 얻는데, 저 '공(空)의 바다'와 '하나가 된 땅/경지(一地)'에 대해서는, 마치 술병에 걸려 혼미하게 취하여 깨어나지 않고 여러 겁이 지나도 여전히 깨어나지 못하다가 술기운이 사라지고 나서야 비로

109) 『금강삼매경론』, 1-658상-중.

소 깨어나는 것과 같이, 이 행(行)을 닦은 후에라야 부처의 몸을 얻는다.>”[110]

“【금강삼매경론】 ‘삼매를 즐기어 집착한다’는 것은, 고요한 선정을 즐겨 집착하여 고요함에 나아가는 것이다. ‘삼매의 몸을 얻는다’고 한 것은, 즐기는 데로 나아가 ‘마음을 없애는 선정(滅心定)’에 들어가고, 그로 인하여 열반에 들어가 몸 작용을 찬 재처럼 그치고 인식을 없앤다. 인식과 마음 작용이 없어진 곳에서 ‘아무 것도 없어진 선정(滅定)’의 바탕이 생겨 마음 작용과 마음 현상을 막으니, 이와 같은 것을 ‘삼매의 몸을 얻는다’고 하는 것이다. 고요함을 즐기는 훈습이 본식(本識) 안에 있기 때문에, ‘공(空)의 바다’와 ‘하나가 된 땅/경지(一地)’를 깨닫지 못하여 마치 술병에 걸린 것처럼 혼취하여 깨어나지 않는다.”[111]

“【금강삼매경】 대력보살이 말하였다. <저러한 사람은 과만족덕불(果滿足德佛)과 여래장불(如來藏佛)과 형상불(形像佛) 등 이러한 부처님이 계신 곳에서 깨닫고자 하는 마음을 일으켜 삼취계(三聚戒)에 들어갔으나 그 모습(相)에 머무르지 않고, 세 가지 세계가 있다는 마음(三有心)을 없앴으나 고요한 경지에 머무르지 않으며, 모든 중생을 버리지 않고 고르지 않은 땅에 들어가니, 불가사의하나이다.>”[112]

“【금강삼매경론】 비록 다시 세 가지 공(空)에 들어가 세 가지 세계가 있다는 마음을 없앴으나, 고요한 경지에 머물지 않고 온갖 생명들의 세상(六度)으로 두루 다닌다. 몹시 헐떡거리는 중생들이 사는 곳을 ‘고르지 않은 땅’이라 하였고, 미혹이 남아있는 곳이 있기에 얽매이지 않는 업에 의거하여 거기에

110) 『금강삼매경』, 1-647하.
111) 『금강삼매경론』, 1-648상.
112) 『금강삼매경』, 1-649상.

태어나기 때문에 '들어간다'고 하였다."[113]

"【금강삼매경론】 '내가 이제 머무르지 않음에 머문다'는 것은, 이제 부처님 말씀을 듣고 나서 대승의 마음을 내어 곧 고요한 경지에 머물지 않는 마음에 머무는 것이다."[114]

"【금강삼매경】 생멸하는 모든 것을 없애어 열반에 머무르나, 위대한 동정심(大悲)에 의하여 빼앗겨 열반도 없애어 머무르지 않네."[115]

"【금강삼매경론】 이승(二乘)의 사람은 몸과 인식의 생멸하는 모든 것을 없애어 열반에 들어가 거기에서 팔만 겁을 머물거나 만겁을 머물지만, 모든 부처님의 '한 몸으로 여겨 일으키는 위대한 동정심(同體大悲)'으로 말미암아 저 열반을 빼앗아 다시 마음을 일으키게 한다."[116]

空寂과 寂滅의 고요함만을 추구하는 禪은 아직 온전한 진리에 이르지 못한 二乘의 경지이다. 空寂의 고요함을 증득하였지만 그에 머물지 않고, 空寂의 고요함을 안에 간직한 채 다시 무지로 인한 생멸의 동요로 헐떡거리는 중생의 세계로 나아가야 한다. **열반의 고요함에 대한 유혹마저 相에 대한 집착으로 여기고, '중생을 내 몸으로 여기는 자비심(同體大悲心)'을 동력으로 삼아, 중생이 있는 생사 번뇌의 현장으로 나아가는 것이 대승의 참된 禪이다.**

---

113) 『금강삼매경론』, 1-649상-중.
114) 같은 책, 1-649하.
115) 『금강삼매경』, 1-666하.
116) 『금강삼매경론』, 1-666하.

#### 4) 『금강삼매경』·『금강삼매경론』의 진속불이(眞俗不二)사상

禪을 중생 구제의 보살행과 결합시키고 있는 것처럼, 『금강삼매경』과 원효의 『금강삼매경론』에는 중생 구제의 간절한 염원이 치밀한 이론적 근거 위에서 펼쳐지고 있다. 그런데 **『금강삼매경』에 의거하여 중생 구제의 願과 行을 뒷받침하는 이론으로서 원효가 채택하고 있는 대표적인 것은 '둘 아님(不二)'의 사상이다. 특히 세속(俗)과 세속의 초월(眞)을 '둘이 아닌 것'으로 파악하려는 사상이 두드러진다.**

원효가 추구하는 불교적 진실은, 세속에서 관행적으로 통용되는 인식과 가치를 본질적으로 반성하여 해체한 후, 새로운 인식과 가치(지혜와 자비)로 재구성하는 것이다. 따라서 세속(俗)은 비판과 해체의 대상으로서 일단 부정되게 된다. 세속적 인식과 가치에 동의하지 못하여 그로부터의 해방을 모색하는 사람에게, 세속은 厭離와 離脫의 대상이다. 그런데 이러한 태도는 아직 불교적 진실에 부합하는 단계가 아니다. 세속에 대한 비판과 해체의 의지로써 출발하여 마침내 세계를 진실대로 파악하게 된 자, 진실대로 보는 지혜(如實智)에 의해 진리다운 인식과 가치를 새롭게 구성한 자에게, 세속은 이제 부정의 대상으로 그치지 않고 새로운 의미를 지닌 채 포섭된다. 모색과 추구의 단계가 아닌, 성취와 체득의 경지에서 본 세속과 진실의 새로운 관계를, 원효는 '둘 아님(不二)'으로 설명한다.

세속을 비판과 해체의 대상으로 간주하는 부정의 단계에 머물 때는, 중생 구제의 염원이 자연스럽게 솟아나지 않는다. 부정해야 할 세속(俗)과 실현해야 할 진실(眞)이 분리되는 단계에서는, 세속에 몸담은 중생을 '내 몸처럼 여겨 위할 수 있는 마음(同體大悲)'이 필연적일 수 없다. 반면 세속 비판과 그 해체 작업에 성공함으로써 그로 인해 체득된 진실에 입각하여 새로운 질서를 수립하게 된 자에게는, 부정의 대상이었던 세속과 성취된 진실이 '둘 아닌' 관계로 통합된다.

**俗과 眞을 이처럼 不二의 관계로 볼 수 있게 되어 同體大悲에 입각한 중생 구제의 염원을 일종의 존재론적 필연으로 갖추게 된 원효는, 자신이 지니게 된 그 새로운 세계 인식을 不二의 논리로 전개한다. 그에게 있어 '둘 아님'의 사상은 존재에 대한 진실한 인식을 제공하는 동시에, 중생 구제의 보살행을 필연적으로 요청한다. 不二의 인식은 중생 구제의 願과 行을 수반하는 것이다.** 『금강삼매경』과 이에 대한 원효의 주석은 이 점을 적극 부각시키고 있다. 원효의 一心사상 역시 不二論을 그 내용으로 하고 있는데, 『금강삼매경』의 大意와 宗要를 밝히는 원효의 말에는 이러한 관점이 잘 요약되어 있기에 다시 한 번 인용해 본다.

> "하나가 된 마음자리는 있음(有)과 없음(無)이라는 존재 환각을 여의어 오직 맑으며, 세 가지 공(三空)의 바다는 성스러운 진리(眞)와 속됨(俗)을 녹여 말끔하다. (有/無나 眞/俗의) 둘로 나누는 분별을 말끔하게 녹였으나 그렇다고 (둘로 나눈 분별을 합한) 하나도 아니며, 오직 맑아 둘로 나누는 환각을 여의었으나 그렇다고 (둘로 나눈 분별의) 중간도 아니다. 중간이 아니면서 둘로 나누는 환각을 여의었으므로 있음(有)이 아닌 것이 없음(無)으로 되어 머물지 아니하며, 없음(無)이 아닌 모습이 있음(有)이 되어 머물지 아니한다. 하나가 아니지만 둘로 나누는 분별을 녹였으므로, 성스러운 진리(眞)가 아닌 것이 일찍이 속됨(俗)이 된 적이 없으며, 속됨(俗)이 아닌 진리가 일찍이 성스러운 진리(眞)가 된 적이 없다. 둘로 나누는 분별을 녹였지만 하나가 아니기 때문에, 성스러운 진리(眞)와 속됨(俗)의 성

품이 세워지지 않음이 없고, 오염(染)과 청정(淨)의 모습이 갖추어지지 않음이 없다. 둘로 나누는 환각을 여의었지만 중간이 아니기 때문에, 있음(有)와 없음(無)의 현상이 만들어지지 않는 바가 없고, 옳고 그름의 뜻이 두루 미치지 아니함이 없다. 이와 같이 깨뜨림이 없되 깨뜨리지 않음이 없으며, 세움이 없되 세우지 않음이 없으니, 가히 이치가 없는 지극한 이치요 그렇지 않으면서도 크게 그러한 것이라 할 수 있다. 이것이 이 경전의 핵심 도리이다."[117]

"이 경전의 근본(宗)과 요점(要)은 펼치는 방식(開)과 모으는 방식(合)의 두 가지로 말할 수 있다. 모아서 말한다면 '한 맛으로 참되게 보아 행하는 것(一味觀行)'이 요점이 되고, 펼쳐서 말한다면 열 가지 진리 전개방식이 근본이 된다. '참되게 보아 행한다(觀行)'는 것은, '참되게 봄(觀)'은 수평적으로 논하는 것으로서 대상(境)과 지혜(智)에 참되게 통하는 것이고, '행함(行)'은 수직적으로 바라본 것으로서 원인(因)과 결과(果)에 걸쳐 있다. 결과(果)는 다섯 가지 진리가 완전해지는 것을 말하는 것이고, 원인(因)은 여섯 단계의 수행 과정이 잘 갖추어짐을 말하며, 지혜(智)는 곧 '본래적 깨달음(本覺)'과 '비로소 깨달아 감(始覺)'의 두 깨달음이고, 대상(境)은 곧 성스러운 진리(眞)과 속됨(俗)이 함께 없어진 것이다. 함께 없어졌지만 아무것도 없이 아주 없어진 것이 아니고, (본각과 시각의) 두 가지로 깨달았지만 생겨난 것이라 할 것이 없으니(無生), 생겨난 것이 없다고 아는 수행은 그윽이 환각적 인식이 사라진 지평(無相)과 만나게 되고, 환각적 인식이 사라진 도리는 본래적 깨달음의 이익을 저절로 이룬다. 이익은 이미 본래적 깨달음의 이익이라서 얻었다고 할 것이 없기 때문에 참된 자리를 움직이지 않았고, 그 자리는 본래부터의 참된 자리라서 실체라는 환각을 여의었기 때문에 참된 진리 또한 실체가 아니다(空하다). 모든 부처와 여래가 여기에 간직되어 있으며, 모든 보살이 이

117) 같은 책, 1-605중.

가운데에 따라 들어가니, 이러한 것을 여래장(如來藏)에 들어간다고 말한다. 이것이 육품(六品)의 핵심 도리가 된다. 이 '참되게 보는 체계(觀門)'에서 처음의 '믿고 이해하는 단계(信解)'로부터 '깨달음과 같아진 단계(等覺)'에 이르기까지 여섯 가지 수행을 세운다. 여섯 가지 수행이 완전하게 충족될 때 환각적 분별을 그친 마음자리(9識)가 드러나 환각의 오염이 없는 인식(無垢識)을 드러내어 참모습이 구현된 세계(淨法界)를 이루고, 환각적 분별을 행하던 인식들을 바꾸어 네 가지 지혜를 이루니, 이 다섯 가지가 이미 완전해져서 진리의 세 가지 몸(三身)이 이에 구비된다. 이와 같은 원인(因)과 결과(果)는 대상(境)과 지혜(智)를 여의지 않으며, 대상(境)과 지혜(智)는 별개의 것이 아니라 오직 한 맛(一味)이니, 이러한 '한 맛으로 참되게 보아 행하는 것(一味觀行)'을 이 경전의 근본으로 삼는다."[118]

**원효에 의하면,『금강삼매경』의 大意인 '일심의 근원으로 돌아감'은 '둘 아님'의 체득에 다름이 아니며, 이 경의 宗要인 '一味의 觀行'에서도 '一味'는 '둘 아님'을 그 내용으로 한다.** 이 '둘 아닌 도리'를 모르는 그릇된 견해들을 원효는, '斷見과 常見을 떠나 그 어디에도 머무르지 않는 지혜'에 대해 설하는『금강삼매경』「여래장품」의 내용에 의거하여, 크게 두 가지로 분류하여 분석하고 있다.

"그릇된 견해가 비록 많지만 크게 그릇된 것에는 두 가지가 있으니 (...) 첫째는 부처님이 움직임과 고요함이 둘이 아니라고 설하는 것을 듣고는, 곧 '이것은 하나이며, 하나인 진실(一實)·하나가 된 마음(一心)'이라 말하고, 이로 말미암아 두 가지 진리(二諦; 俗諦와 眞諦)의 도리를 비방하는 것이다. 둘째는 부처님이 빔(空)과 있음(有)의 두 가지 맥락(二門)을 설하는 것을 듣고는, '두 가지 진리가 있고 하나인 진실(一實)은 없다'고 헤

118) 같은 책, 1-604하-605상.

아려, 이로 말미암아 '둘이 없는 중도(無二中道)'를 비방하는 것이다. 이 두 가지 그릇된 견해는 약을 복용하다가 병에 걸린 것이니, 치료하기가 매우 어렵다. (…) '진리는 두 가지 견해가 아님을 알았다'는 것은, 중도(中道)의 진리는 있음(有)과 없음(無)의 견해로 볼 수 있는 것이 아님을 안 것이다. (…) '또한 가운데에 의지하여 머물지도 않는다'는 것은, 비록 있음(有)과 없음(無)이라는 두 착각(二邊)을 여의었으나 '중도로서의 하나인 진실(中道一實)'을 두어 거기에 머무는 것은 아니라는 것이다. (…) 처음 가운데 '여래가 설하신 법은 모두 머무름이 없는 데서 나왔다'고 한 것은, 부처님의 가르침이 '머무름이 없음(無住)'을 따르는 것임을 말한 것이다. (…) 이 가운데 '머무름이 없다'고 한 것은, 두 가지 진리(二諦)에 머무르지 않으며 또한 중간에도 머물지 않는 것인데, 비록 중간에 있지 않으나 있음(有)과 없음(無)이라는 두 착각을 여의었으니, 이와 같은 것을 '머무름이 없는 곳'이라 한다."[119]

원효에 의하면, '둘 아닌 도리'에 대한 미혹은 크게 두 가지로 나타난다. 하나는, <'번뇌에 물든 세속의 움직임(動)'과 '번뇌가 그친 진실의 고요함(靜)'이 둘이 아니다>라는 말을 듣고는 <오직 '하나인 진실(一實)·하나가 된 마음(一心)'만이 있다>고 오해하는 것이다. 이러한 오해는 '진리 그대로의 가르침(眞諦)'과 '세속의 관행에 따르는 가르침(俗諦)'을 모두 허용하는 二諦의 도리를 비방하게 된다. '둘이 아님'을 '오직 하나'라고 오해하는 미혹이다. 또 하나의 미혹은, '있음(有)'과 '없음(無)'을 모두 말하는 것을 듣고는 <모든 존재는 有와 無의 두 가지 관점에서 파악되는 것이지, 이 두 가지 관점을 초월한 하나의 진실이란 없는 것>이라고 오해하는 것이다. 그리하여 '둘이 아닌 중도의 도리'가 있다는 것을 알지 못하게 된다.

119) 같은 책, 1-663중, 664상, 664중.

그런데 세계를 진실대로 파악하는 **'둘 아닌 도리'는 '머무름이 없음(無住)'을 그 내용으로 한다.** <俗의 움직임과 眞의 고요함 · 진실 그대로의 가르침(眞諦)과 세속의 관행에 응하여 펼치는 가르침(俗諦) · 실체로서 있음(有)과 아무 것도 없음(無)>의 그 어느 한 項에도 머무르지 않는 동시에, 두 항의 중간에 머무르지도 않고, '둘'에 대립되는 '하나'에도 머무르지 않을 수 있는 것이, **'둘이 아닌 머무름 없는 중도'요 '하나인 진실(一實) · 하나가 된 마음(一心)'이라 부르는 도리**이다.

이러한 **'둘 아닌 도리'의 '머물지 않음'이 斷 · 常 二見을 떠나는 것**임을, 원효는 一乘敎와 三乘敎의 차이로 대비시키며 다음과 같이 말하기도 한다.

> "'제가 이제 알기로 이 법이 <아주 없다는 견해(斷見)와 항상 있다는 견해(常見)>에 얽매어'라는 것은, 저 (三乘의) 가르침에서 말한 다섯 가지가 '아주 없다는 견해(斷見)'와 '항상 있다는 견해(常見)'의 집착에서 벗어나지 못하였음을 밝힌 것이다. 그 까닭은, 저 네 가지 법이 생멸하는 모습을 지니고 있기에 '아주 없다는 견해(斷見)'가 집착하는 국면을 여의지 못하고, (다섯 가지 중 나머지 하나인) 그 진여의 법은 항상 머무르는 성질이기에 '항상 있다는 견해(常見)'가 붙드는 국면을 여의지 못하기 때문이다. (...) '여래가 설하신 공(空)의 진리는 <아주 없다는 견해(斷見)와 항상 있다는 견해(常見)>를 멀리 여읜 것이다'는 것은, 일승(一乘)의 가르침인 세 가지 공(三空)의 진리는 '아주 없다는 견해(斷見)'와 '항상 있다는 견해(常見)'의 허물에서 멀리 여의었음을 밝힌 것이다. 그 까닭은, 앞에서 말한 것과 같이 공(空)이라는 인식도 공(空)하며, 공(空)의 인식이 공(空)하다는 것도 공(空)하고, 그 공(空)해진 것 또한 공(空)하기 때문이다. 이와 같은 세 가지 공(三空)은 성스러운 진리(眞)와 속됨(俗)을 부정하지도 않고, 그렇다고 성스러운 진리(眞)와 속

됨(俗)을 긍정하지도 않기에, 비록 움직임과 고요함을 여의었으나 중간에 머물지도 않는다. 그러므로 '아주 없다는 착각'과 '항상 있다는 착각'을 멀리 여읜다."[120]

三乘敎에서 설하는 五事는 모두 斷·常의 두 극단에 떨어진 것인 반면, 一乘敎의 三空은 斷邊과 常邊을 떠나 眞과 俗을 부정하지도 않고 긍정하지도 않는다. 그리하여 **眞의 고요함에 머물지도 않고, 俗의 움직임에 머물지도 않으며, 그 중간에 머물지도 않는, '머물지 않는 중도'가 된다.** 이것이 **'아주 없어짐(斷)과 영원히 있음(常)·성스러운 진리(眞)와 속됨(俗)·고요함(靜)과 움직임(動)이 둘이 아닌 도리'**가 된다.

**중도인 '둘이 아닌 경지'는 '둘 아닌 하나'도 아니고 '둘을 합친 하나'도 아니다.** 두 가지 치우친 오해를 모두 벗어나는 것이면서도, '두 가지를 합한 하나'나 '둘 아닌 하나'는 아닌 것이다. 원효는 이 점을 거듭 강조하여 자신이 구사하는 '둘 아님(不二)'이라는 언어에 대한 오해를 불식시키려 노력하고 있다.

"성스러운 진리(眞)와 속됨(俗)이 별개의 것이 아닌 '하나인 진실의 도리'는 모든 부처가 돌아가는 곳이니, 여래장(如來藏)이라 부른다."[121]

"이것은 성스러운 진리(眞)와 속됨(俗)이 같은 것이 아닌 맥락에 나아가, 움직임과 고요함이 뒤섞이지 않는다는 뜻을 나타낸 것이다. (...) 그러나 부처님이 설한 한 게송의 뜻은, '아주 없다는 견해(斷見)'와 '항상 있다는 견해(常見)'에 떨어지지 않기 때문에 '이것은 곧 두 가지 착각을 여의었다'고 하였고,

120) 같은 책, 1-665하-666상.
121) 같은 책, 1-659상-중.

움직임과 고요함이 없는 것이 아니기 때문에 '하나에 머무르지도 않는다'고 하였다. '하나에 머무르지 않는다'는 것은 '하나인 진실(一實)'인 '하나가 된 마음자리(一心性)'를 지키지 않는다는 것이고, '두 착각을 여의었다'는 것은 진리 자리에 입각하여 움직이고 고요하기에 (그 움직임과 고요함이) 별개의 두 가지 현상이 아니라는 것이다. 이 일은 불가사의함을 알아야 한다."122)

'둘이 아닌 중도'의 경지는 '하나인 진실(一實)'인 '하나가 된 마음(一心)'의 경지이다. 그러나 '하나인 진실·하나가 된 마음'이라는 말을 듣고 '둘 아닌 하나'라는 오해를 해서도 안 된다. **'아주 없어짐(斷)과 '영원히 있음(常)'이라는, 존재에 대한 두 가지 오해에서 벗어나 '성스러운 진리(眞)와 속됨(俗)이 둘이 아닌 도리'에 들어간다는 것은, 진리(眞)의 고요함과 속됨(俗)의 움직임을 합하여 하나로 하거나 둘 모두를 폐기하는 것이 아니다. 眞俗不二의 경지에 입각하여 보면, 고요함과 움직임이 별개의 두 현상이 아니면서도, 뒤섞이거나 아예 없어지는 것이 아니다. 고요함과 움직임을 별개의 실체로 보아 어느 한 편을 배타적으로 선택하여 집착하는 존재의 동요는 사라졌지만(不二), 그러한 一實一心의 경지는 '움직임과 고요함의 둘을 폐기해 버린 하나'에 머무르는 것도 아니다(不守一·不一).**

이처럼 **'떠나면서도 포섭하는' 둘 아닌 도리는 生死와 涅槃 및 一心二門의 문제에도 적용된다.**

"현상(事)에 따르는 수행은 소승문(小乘門)에 공통된 것이고, 식(識)에 따르는 수행은 오직 대승문(大乘門)인데, 이 두 가지는 차별문(差別門)이다. 세 번째 것은 평등문(平等門)이니, 이 도리로 말미암아 여러 가르침의 체계들을 모두 포섭한다. 또 (37)

---

122) 같은 책, 1-663중.

조도품(助道品)의 수행은 생사(生死)에 머물지 않는 가르침(門)이고, 사섭(四攝)의 수행은 열반에 머물지 않는 가르침(門)이며, 같음(如)에 따르는 육바라밀 수행은 평등하여 둘이 없는 가르침(平等無二門)이기 때문에 '모든 가르침이 여기에 들어가지 않는 것이 없다'고 하였다. '이 행(行)에 들어간 사람은 공(空)이라는 생각(相)을 일으키지 않는다'는 것은, 비록 같음(如)에 따라 행하면서도 언제나 현상(事)에 따르고 식(識)에 따라 행하기 때문에 공(空)하다는 생각(相)을 붙들어 적멸(寂滅)에 머물지 않는 것이다. '여래에 들어간다고 말할 수 있다'는 것은, 비록 현상과 식에 따르지만 항상 같음(如)에 따라서 평등한 행을 지니기 때문에 여래장의 바다에 들어갈 수 있다고 말할 수 있다는 것이다. '들어감을 들어감이 아닌 곳에 들어가게 한다.'는 것은, 그 들어가는 마음을 들어감이 아닌 곳에 들어가게 하기 때문이니, 들어가는 주체와 들어가는 곳(대상)이 평등하여 다름이 없으므로 '들어감이 아니다'고 하였고, 비록 다름이 있으나 또한 하나도 아니기 때문에 관(觀)하는 마음에 의거하여 임시로 '들어가는 마음'이라 하였다. 이와 같이 들어가는 마음은 들어간다는 생각(相)을 두지 않기 때문에, '그 들어가는 마음을 들어감이 아닌 곳에 들어가게 한다'고 하였다."123)

"뜻(意)으로 취한 것과 업으로 취한 것이 곧 모두 공적하다'는 것은, 둘 다 없애어 없앤 곳은 둘이 없음을 밝힌 것이다. '뜻으로 취한 것'이라는 것은 이른바 열반이니, 적멸을 반연하는 마음으로 취한 것이기 때문이다. '업으로 취한 것'이라는 것은 곧 생사이니, 모든 번뇌의 업으로 취한 것이기 때문이다. 이 두 가지는 모두 공(空)하니, 공적하여 둘이 없다. '공적한 마음의 도리는 모두 취하는 것에도 모두 취하지 않는 것에도 응당 적멸하다'는 것은 다음을 밝힌 것이다; 하나가 된 마음(一心)의 도리는 또한 하나를 지키지도 않는다. 생사와 열반은 공적하여 둘이 없으며, 둘이 없는 곳이 바로 '하나가 된 마음

123) 같은 책, 1-660하-661상.

(一心)'의 도리인데, 하나가 된 마음의 도리에 의하여 두 가지 체계(二門; 生滅門과 眞如門)가 있다. 그러나 두 체계(二門)를 모두 취하면 곧 '하나가 된 마음(一心)'을 얻지 못하니, 둘은 하나가 아니기 때문이다. 만일 두 문을 없애어 모두 취하지 않아도 '하나가 된 마음(一心)'을 얻을 수 없으니, '하나가 된 마음(一心)'이 아닌 것이 없기 때문이다. 이러한 뜻으로 말미암아, 둘이 없는 마음의 도리는 모두 취하는 것에도 모두 취하지 않는 것에도 응당 적멸하다."124)

현상(事)의 분석과 통찰, 37助道品에 의한 수행을 통해 生死를 극복하려는 小乘門, 識의 분석과 통찰을 주로 하며 四攝法 등의 보살행을 강조하여 열반에 대한 소승적 집착을 극복하려는 大乘門. 이 두 門은 생사와 열반을 별개의 것으로 구분하는 差別門이기에, 생사와 열반을 총괄적으로 포섭하지 못한다. 이에 비해 모든 것을 참과 같이(如如하게) 보는 가르침(平等門)에서는 **생사와 열반을 '둘이 아닌 평등'으로 본다. 이때는 空하다는 생각(相)에도 집착하지 않기에 열반의 적멸에 머물지 않고 차별의 생사 현장으로 나아갈 수 있으며, 동시에 세속의 일과 중생의 마음으로 나아가 관계 맺으면서도 생사 차별과 번뇌의 동요가 없이 열반 적멸의 평등과 평안을 유지한다.**

진리와 하나가 된 채(如를 따르면서) 중생 구제를 위하여 六度 윤회의 세계를 다니는 보살행은, 이처럼 **생사와 열반의 각각에 매이지 않으면서도 둘 모두를 포섭하는 경지(平等無二門)**이다. 그리 고 원효는 **『대승기신론』**의 一心二門 **역시 이러한 경지**를 드러내는 것으로 본다. 생사와 열반이 공적하여 '둘이 없는' 경지를 一心의 경지라 부르는데, 이 일심은 '둘 아닌 하나'에 머무르는 것이 아니므로 (하나를 지키는 것이 아니므로) 一心은 二門을 세운다. 생사와

124) 같은 책, 1-668중.

열반 그 어디에도 매이지 않으므로(생사와 열반이 모두 공적해졌으므로), 生滅門(생사)과 眞如門(열반)의 二門 모두를 합하는 것이 一心의 경지가 될 수는 없다. 그러나 二門을 모두 버린다고 해서 一心을 얻게 되는 것도 아니다. 一心이 二門을 세운 것이므로 二門을 버리고서는 一心을 구할 수가 없기 때문이다.

**'둘이 아닌 도리'는 이와 같은 것이기에 생사 번뇌의 현장을 떠나지 않고 깨달음을 추구하게 하는 동시에, 생사 번뇌의 현장에서 중생 구제의 보살행을 쉼 없이 펼칠 수 있는 사상적 토대가 된다.**

> "앞에서 대략 설명할 때는 다만 결과(果)가 공(空)하다는 것만을 나타내었기 때문에, 이제 널리 설명할 때 인연에 나아가 설하여, '모든 현상의 원인(因)과 결과(果)가 움직이지 않는 것이 곧 평등한 깨달음의 도리이니 이 (因果의) 현상 밖에서 따로 깨달음을 구하는 것이 아니라는 것'을 나타내고자 하였다. 이것이 이 게송의 요지이다. 이것은 승조 법사가 <진리(道)가 멀리 있는 것인가? 부딪히는 일마다 참된 것이다. 성스러움(聖)이 멀리 있는 것인가? 이것을 체득하면 곧 신묘(神妙)함이다.>고 한 것과 같다. (…) '외아들처럼 여기는 경지'라는 것은, 첫 번째 경지(初地) 이상에서 이미 모든 중생이 평등함을 증득하여 모든 중생을 보기를 마치 외아들을 보는 것과 같이 하니, 이것을 '청정하게 뜻을 높여가는 즐거움(淸淨增上意樂)'이라 하는데, 비유에 의하여 마음을 나타내어 '외아들처럼 여기는 경지'라고 한 것이다. '번뇌에 머문다'는 것은, 보살이 비록 모든 것이 평등함을 증득했지만 방편의 힘으로써 번뇌를 버리지 않는 것이니, 만일 일체의 번뇌와 잠재적 망상을 버리고 곧 열반에 들면 (모든 중생을 제도하겠다는) 본래의 서원(本願)을 어기기 때문이다. (…) 버리지 않기 때문에 '번뇌에 머문다'고 하였으니, 이로 말미암아 열반에 들어가지 않고 널리 시방 세계 중생을 교화한다."[125]

'아주 없어짐(斷)과 영원히 있음(常)·실체로서 있음(有)과 아무 것도 없음(無)'이라는 존재 오해의 두 유형을 극복하여, '성스러운 진리(眞)와 속됨(俗)·고요함(靜)과 움직임(動)·진실 그대로의 가르침(眞諦)과 세속의 관행에 응하여 펼치는 가르침(俗諦)·생사와 열반' 그 어디에도 머무르지 않으면서 그 모두를 포섭하는 '둘이 아닌 도리'는, '머무름 없는(無住) 중도'요 '하나인 진실(一實)·하나가 된 마음(一心)'이라 부르는 경지이다. **이 眞俗不二의 도리는 '떠나면서도 포섭하고' '물들지 않으면서도 관계할 수 있는' 힘을 제공한다. 생멸하는 因果 현상과 번뇌로 동요하는 세속을 본질적으로 초월하여, 그로 인해 성취한 존재 해방의 자유와 평안을 누리면서도, 그 생사 번뇌의 현장을 떠나버리거나 외면하지 않고 껴안으면서 중생 구제의 염원(願)과 실천(行)을 同體大悲에 입각하여 전개할 수 있게 하는 사상 원리가 바로 '眞과 俗이 둘이 아닌 도리'인 것이다. 이 '둘 아닌 도리'에 의거하여 원효는 불교적 이념의 구현을 위해 대중에게 적극적으로 다가가는 대중불교를 구현할 수 있었다.**

## 4. 『금강삼매경』·『금강삼매경론』과 원효 사상
- 논의의 요약 -

『금강삼매경』의 경우, 그 형성과 보급의 진원지는 현존하는 자료에 의거하는 한 아무래도 신라불교계로 보인다. 그리고 그 추정 가능한 찬술자로는 신라 대중불교 운동의 기수인 大安과 元曉 그룹이 주목된다. 『금강삼매경』이라는 문헌이 동일한 문제의식을 공유하는 一群의 신라 불교인들, 특히 대안이나 원효로 대변되는 대중불교 운동가들에 의해 찬술되었을 것이라 추정하는 것이 타당하

125) 같은 책, 1-674중, 674하, 675상.

다면, 『금강삼매경』과 원효의 『금강삼매경론』은 그 성립 배경이나 사상 내용에 있어서 불가분의 관련을 맺고 있다고 보아야 한다. 두 문헌은, 사상 내용이나 종교적 태도 등에서 호흡을 같이 하는 대안과 원효 계열이 자신들의 문제의식이나 관심사를 표현하고 실현하려는 노력의 산물일 수 있기 때문이다. 대안이 八品으로 경의 편집을 마친 후 원효를 講釋者로 지명하고 있는 설화는 이런 사정을 반영한다고 볼 수 있을 것이다.

『금강삼매경』 찬술의 주역으로 보이는 대안이나 원효는 신라 대중불교 운동의 기수들이다. 그들은 경주를 중심으로 형성된 엘리트 귀족불교의 종교권력화를 비판하고 불교 본래의 보편성을 회복하고자 노력했던 사람들이다. 그리하여 그들은 귀족적 계층 편향성과 종교 엘리트주의를 겨냥하여 상대적으로 강한 대중 지향성을 보인다. 그들은 자신들의 이 대중 지향적 의지와 실천을 뒷받침하는 사상적 근거의 확보에도 노력하였고, 그 성과가 바로 『금강삼매경』과 원효 『금강삼매경론』의 등장이었던 것으로 추정된다. 원효와 종교적, 사상적 호흡을 같이 하는 一群의 불교인들은 동시대 신라불교계의 과제에 대한 자신들의 해법을 佛說의 권위를 빌린 『금강삼매경』의 찬술을 통해 설득력 있게 천명하고자 하였던 것이며, 원효는 『금강삼매경론』의 저술을 통해 이에 동참하고 있는 것이다.

『금강삼매경』과 『금강삼매경론』에 나타나는 동일한 사상 지향은 크게 세 가지로 대별된다. 첫째는 '中觀과 唯識思想의 화쟁적 종합을 지향하는 것'이고, 둘째는 '大乘禪 사상의 천명'이며, 셋째는 '眞俗不二의 대중불교 지향'이다. 그리고 이 세 지향의 근본 원리는 '本覺·始覺을 중심으로 하는 覺사상'이다.

중관과 유식의 대립적 개성을 화쟁적으로 종합하기 위해서는 두 가지 방식을 시도할 수 있다. 1) 중관의 절대 부정 방식과 유식의 인식 전환의 방식을 개성대로 모두 긍정하여 수용하며, 2) 실체화의 오류를 초래할 수 있는 유식적 언어들에 중관적 부정을 결합하여 실체적 오해를 방지하는 동시에, 진여의 경지를 지칭하는 언어이면서 유식의 有的 긍정과 중관의 無的 부정을 지양, 종합할 수 있는 화쟁적 용어를 마련하는 일이다. 『금강삼매경』에서는 바로 이 두 가지 방식을 통해 중관과 유식의 대립적 개성을 화쟁적으로 종합하려는 시도가 목격되며, 원효의 『금강삼매경론』 역시 이러한 시도에 적극 부응하고 있다.

舊唯識을 적극 수용하고 있는 『금강삼매경』에서는, 覺(本覺)이라는 말로 阿摩羅識의 경지를 대체하는 방식을 채택하여 阿摩羅識의 실체화를 극복하려고 시도한다. 覺은 유식의 有的 肯定과 중관의 無的 否定을 지양, 종합하는 언어가 될 수 있기에, 진여에 대한 중관적 접근과 유식적 접근을 和諍的으로 포용할 수 있는 길을 열어주기 때문이다. 『금강삼매경』은 覺을 매개로 中觀·唯識의 화쟁적 종합을 시도하고 있는 것이다. 『금강삼매경』 사상의 핵심이자 가장 뚜렷한 개성이 바로 覺사상(始覺·本覺)임을 꿰뚫고 있는 원효는, 『금강삼매경』의 覺사상이 지니는 '중관·유식의 화쟁적 종합'이라는 성격을 적극적으로 부각시키며 활용한다.

원효는 眞如인 唵摩羅識의 경지를 本覺 이외에도 一心·一心本覺·本覺如來藏心·本覺一心之原 등의 언어로 지칭하면서, 진여의 경지에 관하여 중관과 유식을 화쟁적으로 종합시킨 서술을 전개하고, 이 화쟁의 경지를 '얻을 것 없는 一味'라는 말로 총괄시킨다. '無所不立 無所不破'의 화쟁 논리를 마침내 『금강삼매경』의 주석을 통해 완결시키고 있다

『금강삼매경』과 『금강삼매경론』이 공유하는 문제의식의 하나는 '중관·유식의 화쟁적 종합'이다. 대승불교의 두 축인 중관과 유식의 대립적 개성을 갈등 없이 소화해 내는 일은, 원효의 시대인 7세기 중반의 신라불교계가 대면한 중요한 사상적 과제였다. 『금강삼매경』·『금강삼매경론』에는 이 시대적 과제가 반영되어 있다. 원효와 종교적, 사상적 호흡을 같이 하는 一群의 불교인들은 동시대 신라불교계의 과제에 대한 자신들의 해법을, 佛說의 권위를 빌린 『금강삼매경』의 찬술을 통해 설득력 있게 천명하고자 하였던 것인데, '중관·유식의 화쟁적 종합'이라는 사상 과제에 대해 『금강삼매경』과 『금강삼매경론』은 호흡을 맞추며 나름대로의 해법을 구성하여 펼치고 있는 것이다.

『금강삼매경』의 요점인 一味觀行은 원효 사상의 궁극 지향인 '일심의 근원'으로 돌아가게 하는 것인데, 원효는 그 일미관행의 禪사상을 철저히 自利利他의 보살 사상으로 소화한다. 그에게 일미관행의 참선은 개인의 존재 해방 작업(自利)과 타자에의 기여(利他)가 동시에 결합하는 것이다. 禪은 자기완성과 중생 교화가 동시에 진행되는 것이어야 한다는 것, 다시 말해 참선하는 觀과 중생 구제의 보살행은 하나로 결합되어야 한다는 것이 원효의 大乘禪 사상이다.

원효에 의하면, 세 가지 해탈(허공해탈·금강해탈·반야해탈)을 간직하는 觀, 혹은 一心의 如如함을 지키는 觀은, 마음이 사물을 진실대로 이해하면서 동요하지 않는 '안으로 행함(內行)'과, 그와 같은 마음을 유지하면서 중생으로 향하여 그들을 교화하는 '밖으로 행함(外行)'의 두 가지 모습을 동시에 지닌다. 참선은 자기 해방과 타자 해방에의 기여를 동시에 진행하는 작업이라는 것이다.

그리하여 『금강삼매경』과 원효는 寂靜主義的 禪사상을 비판하면서 靜과 動을 동시에 안을 수 있는 禪을 강조한다. 『금강삼매경』과 원효는 '일체의 相에 매이지 않고(無相) 그 어디에도 머물지 않는(無住) 禪이 진정한 禪'이라는 점을 논거로 하여 자신들의 그러한 선사상을 전개해 간다. 원효가 보는 참된 禪은 일체의 相과 그 相에 머무르는 움직임을 떠났기에, 고요함(觀의 內行·靜)과 움직임(觀의 外行·動)의 두 측면을 동시에 지닐 수 있다. 따라서 그 禪은, 내면으로는 모든 相을 떠난 고요함을 지키면서도 밖으로는 중생 구제의 보살행을 역동적으로 진행할 수 있다. 그러기에 相으로서의 고요함만을 추구하는 三昧 위주의 空寂主義的 禪과, 그러한 禪을 위주로 수행하는 禪定主義는 비판의 대상이 된다. 열반의 고요함에 대한 유혹마저 相에 대한 집착으로 여기고, '중생을 내 몸으로 여기는 자비심(同體大悲心)'을 동력으로, 중생이 있는 생사 번뇌의 현장으로 나아가는 것이 대승의 참된 禪이라는 것이다.

『금강삼매경』은 중국 초기선종의 형성에도 일정한 영향을 끼친 것으로 보인다. 초기 선종에서만이 아니라 中唐과 盛唐 시대의 선종에서도 『금강삼매경』은 禪經으로 간주되며 즐겨 인용되었다. 이것은 『금강삼매경』이 선사상과 친연성이 있는 내용을 풍부하게 간직하고 있음을 의미한다. 그런데 일반적으로 선사상은 대중성을 결핍할 소지가 많다. 禪사상과 그 실천에 몰입하는 사람들은 매우 제한된 소수이기 마련인 동시에, 그들은 禪을 존재 해방의 개인적 추구를 위한 통로로 삼는 경향이 농후하다. 禪을 둘러싼 이러한 정황들을 고려할 때, 『금강삼매경』의 선사상과 그에 대한 원효의 주석이 보여주는 강한 대중 지향적 성격은 매우 주목할 만한 것이다.

『금강삼매경』과 원효의 『금강삼매경론』이 천명하는 대승선 사상은 眞俗不二 사상과도 맞물리고 있다. 『금강삼매경』에 의거하여 중생 구제의 願과 行을 뒷받침하는 이론으로서 원효가 채택하고 있는 대표적인 것은 '둘 아님(不二)'의 사상이다. 특히 세속(俗)과 세속의 초월(眞)을 '둘이 아닌 것'으로 파악하려는 사상이 두드러진다.

一味觀行에 의해 일심의 근원으로 돌아가 同體大悲에 입각한 중생 구제의 願과 行을 펼치게 된 원효는, 자신이 지니게 된 그 새로운 세계 인식을 不二의 논리로 전개한다. 그가 전개하는 '둘 아님'의 사상은 존재에 대한 진실한 인식을 제공하는 동시에, 중생 구제의 보살행을 필연적으로 요청한다. 不二의 인식은 중생 구제의 願과 行을 수반하는 것이다.

원효의 一心사상 역시 不二사상을 그 내용으로 한다. 원효에 의하면, 『금강삼매경』의 大意이기도 한 '일심의 근원으로 돌아감'은 '둘 아님'의 체득에 다름이 아니며, 이 경의 宗要인 '一味의 觀行'에서도 '一味'는 '둘 아님'을 그 내용으로 한다. 그런데 세계를 진실대로 파악하는 '둘 아닌 도리'는 '머무름이 없음(無住)'을 그 내용으로 한다. 俗의 움직임과 眞의 고요함 그 어느 한 項에도 머무르지 않는 동시에, 두 항의 중간에 머무르지도 않고, '둘'에 대립되는 '하나'에도 머무르지 않을 수 있는 것, '둘 아닌 하나'도 아니고 '둘을 합친 하나'도 아닌 것이 '둘이 아닌 도리'이다.

진리와 하나가 된 채(如를 따르면서) 중생 구제를 위하여 六度 윤회의 세계를 다니는 보살행은, 생사와 열반의 각각에 매이지 않으면서도 둘 모두를 포섭하는 경지(平等無二門)이다. 『대승기신론』의 一心二門 역시 이러한 경지를 드러내는 것이다. 그러므로 '둘이 아닌 도리'는 생사 번뇌의 현장을 떠나지 않고 깨달음을 추구하게 하는 동시에, 생사 번뇌의 현장에서 중생 구제의 보살행을 펼칠 수 있는 사상적 토대가 된다.

'아주 없어짐(斷)과 영원히 있음(常)·실체로서 있음(有)과 아무 것도 없음(無)'이라는 존재 오해의 두 유형을 극복하여, '성스러운 진리(眞)와 속됨(俗)· 고요함(靜)과 움직임(動)· 진실 그대로의 가르침(眞諦)과 세속의 관행에 응하여 펼치는 가르침(俗諦)·생사와 열반'의 그 어디에도 머무르지 않으면서 그 모두를 포섭하는 '둘이 아닌 도리'는, '머무름 없는(無住) 중도'요 '하나인 진실(一實)· 하나가 된 마음(一心)'이라 부르는 경지이다. 이 眞俗不二의 도리는 '떠나면서도 포섭하고' '물들지 않으면서도 관계할 수 있는' 힘을 제공한다. 세속을 본질적으로 초월하여 그로 인해 성취한 존재 해방의 자유와 평안을 누리면서도, 세속의 생사 번뇌 현장을 떠나버리거나 외면하지 않고 껴안으면서 중생 구제의 염원(願)과 실천(行)을 同體大悲에 입각하여 전개할 수 있게 하는 사상 원리가 바로 '眞과 俗이 둘이 아닌 도리'인 것이다. 이 '둘 아닌 도리'에 의거하여 원효는 불교적 진리의 구현을 위해 대중에게 적극적으로 다가가는 대중불교를 펼칠 수 있었다.

결국 大安이나 元曉로 대변되는 대중불교의 기수들은, 『금강삼매경』과 『금강삼매경론』을 통해 당시의 사상적 과제인 중관·유식의 이론적 갈등을 해소시키는 관점을 제시하여 신라불교계에 자신들의 사상적 역량을 확인시키는 동시에, 대중을 겨냥하는 실천적 大乘禪 사상과 眞俗不二 사상을 천명하여 그들의 대중불교 의지를 이론적으로 체계화하여 선언하고 있는 셈이다.

# 8장

# 원효의 불이(不二)사상; 둘 아닌 존재 지평과 실천

## 1. 불이(不二)의 불교적 연원과 원효 사상

불이(不二, non-dual)의 어원인 팔리어 advaya에서 dvaya는 '두 가지의'(Sutta-nipāta 886, Dhammapāda 384)와 '거짓의'(Vinaya Ⅲ.21)라는 두 가지 의미를 지니는데,[126] advaya는 그 부정형으로서 Dīgha-Nikāya(Ⅲ, 268)에서는 '두 가지 대립적인 것이 아닌 것, 두 가지의 평등'의 의미로 쓰이고 있다.[127] 주로 후기 대승불교에서 애용되었던 불이(不二)라는 용어는 '둘로 보지 않아야 진실된 것'이라는 의미를 그 핵심으로 하고 있는데, 이러한 개념은 dvaya의 두 가지 의미를 결합시켜 전개한 것으로도 볼 수 있다.

---

126) Rhys Davids, William Stede, Pali-English Dictionary(London: The Pali Text Society, 1979), 332쪽. Sutta-nipata, Dhammapada, Vinaya는 모두 PTS 간행본에 의한 것임.
127) 中村 元,『佛教語大辭典』(東京書籍, 1982), p.1171.

불이의 불교사상적 연원은 실체적 존재를 부정하는 무아(無我) 사상임이 분명하다. 존재를 고정 불변의 자립적 개체로 이해하려는 실체적 존재론은, 불변의 본질을 지니는 동시에 자신의 존재를 위해 그 어떤 타자도 필요로 하지 않는 절대적 독자성도 지니고 있는 존재를 상정하기에, 존재 상호간의 본질적 분리를 그 당연한 논리적 귀결로 삼는다. 각기 고유의 변치 않는 본질을 지닌 실체들의 존재론적 격리를 전제로 하는 것이다. 그리하여 실체적 존재론은 '나'와 '남'·'주체'와 '객체'·'정신'과 '물질' 등의 이원적 분열을 존재 파악의 기본 구조로 설정한다. 자립적 실체들의 이항(二項) 대립에 의거하여 존재와 세계를 이해하고 경험하는 것이다.

그런데 불교적 통찰은 이러한 실체를 실재하지 않는 허구적 구성이라고 비판한다. 불변의 본질(自性)을 지닌 독자적 실체는 실재하는 사실이 아니라, 인간의 무지나 심리적 요청에 의해 설정된 가공일 뿐이다. 초기불교의 오온(五蘊) 무아설은 인간이라는 존재가 실체가 아닌 관계의 구성물이라는 점을 밝혀, 인간 내면에 거의 본능처럼 뿌리내린 실체 관념을 해체시킨다. 인간이라는 존재는 색(色)·수(受)·상(想)·행(行)·식(識)이라고 하는 다섯 부류 현상 다발들의 상호 연관물인 동시에, 그 연관된 현상 다발들은 끊임없는 변화의 과정 그 자체일 뿐이라는 점을 지적함으로써, 인간이 어느 때부턴가 거의 본능적 느낌처럼 축적시켜 온 실체적 자아 관념의 토대 자체를 와해시킨다.

무지의 가공물인 실체 관념이 해체될 때 드러나는 세계의 진실(實相)을, 불교는 무아(無我)나 공(空) 그리고 연기(緣起)의 언어와 논리로 포착해 낸다. 그럴 때 실체 관념에 의해 배타적으로 분열되었던 세계는, 불가분의 상호 의존적 관계로 한 몸처럼 만나 소통하게 된다. 실체적 자아 관념은 폐쇄적이고 배타적인 작위적 분별.

의 경계를 지어가지만, 실체 관념에서 해방되어 존재를 진실대로 보는(如實知) 무아(無我)나 공(空)의 통찰은 실체 관념에 의해 허구적으로 구축되었던 분별 가공을 해소시키고, 세계를 분열되지 않는 관계의 한 몸으로 만나게 한다. 이처럼 존재와 세계가 실체적으로 분리되지 않는 무실체의 관계물이라는 것을 알리는 기호가 바로 불이(不二)이다. 불이는 무아·공·연기의 도리에 의해 드러나는 무실체의 실상을 드러내기 위해 채택된 언어라 할 수 있다.

존재에 대한 무실체적 이해를 표현하는 불이(不二)라는 언어는 후기 대승불교에서 특히 적극적으로 수용된다. 세간과 출세간을 이원적으로 분별하려는 출가자 우월주의가 비(非)불교적 발상이라는 점을 역설하며 세간과 출세간을 모두 '한 수레에 태우려는' 대승적 문제의식으로서는, 자연스럽게 불이(不二)라는 용어에 끌렸을 것으로 보인다. 실제로 재가 수행자인 유마힐을 주인공으로 등장시켜 그 대승적 문제의식과 통찰을 드라마틱하게 표현하고 있는『유마경』은, '둘 아닌 진리에 들어가는 품(入不二法門品)'을 설정하고 있을 정도로 불이 사상을 적극적으로 전개하고 있다.

'둘 아닌 진리에 들어간다'는 말의 의미를 설명해 보라는 유마힐거사의 요구에, '생과 멸을 둘로 보지 않는 것'(법자재보살)·'아(我)와 아소(我所)를 둘로 나누지 않는 것'(덕수보살)·'더러움과 깨끗함을 둘로 분별하지 않는 것'(덕정보살) 등 여러 보살들의 대답이 이어지고 난 후, 문수사리보살은 "모든 언어적 문답을 여의는 것이 '둘 아닌 진리에 들어가는 것'으로 생각한다"고 말하면서 유마힐거사의 견해는 어떠한지를 묻는다. 이에 대해 유마힐은 묵묵히 아무 말도 안 하는 것으로 응답하였고, 이러한 유마힐의 '말없는 대답'이야말로 진정 '둘 아닌 법문'에 들어가는 것이라는 문수사리보살의 찬탄이 이어진다.[128]

생과 멸, 주관과 객관, 오염과 청정을 실체로 간주하지 않음으로써 배타적으로 이원화시키지 않을 수 있는 것이 불이의 경지에 들어간다는 말의 의미라고 응답하는 여러 보살들의 견해에 대해, 문수사리보살과 유마힐거사는 이 실체적 이원화의 토대가 바로 언어라는 관점을 부가하고 있다. 특히 유마힐거사의 침묵의 응답은 중생들의 언어 관념에 내재한 실체적 분별의 업력에서 해방된 경지를 드러내는 법문이자, 언어 분별의 덫을 통상적 언어 방식이 아닌 침묵의 언어 방식을 통해 생생하게 일깨워주는 탁월한 법문으로 등장하고 있다.

이러한 불이 사상과 논리를 가장 적극적으로 활용하고 있는 것은 원효이다. 원효의 저술에는 자신의 불교적 안목과 성취를 '둘 아님'이라는 말에 담아내려는 모습이 역력하다. 불이가 원효 사상을 관통하는 키워드라고 보아도 좋을 정도로, 원효는 즐겨 '둘 아님'이라는 말에 자신의 불교 이해와 성취의 핵심을 담아내고 있다. 불이라는 언어를 매개로 펼쳐지는 원효 사상의 면모를, '둘 아닌 존재 지평(不二의 존재론)'과 '둘 아님의 깨달음' '및'둘 아닌 실천(不二의 보살행)'으로 대별하여 음미해 본다.[129]

## 2. 둘 아닌 존재 지평; 불이(不二)의 존재론

인간 존재의 근원적이고도 궁극적인 완성, 그 차원 높은 존재해방의 경지를 원효는 즐겨 일심(一心)이라는 말로 드러낸다. 또한 원효는 모든 불교 이론들을 포섭적으로 소통시키고 인간 세상의 불필요한 다툼을 화해시킬 수 있는 길을 힘써 모색하고 있는데,

128) 『유마경』「입불이법문품」, 신수대장경 14권 pp.550중-551하.

129) 이하의 기술 내용은 앞서 살펴보았던 원효 사상의 내용을 불이(不二) 사상의 체계로 재구성한 것이다.

그 화쟁의 원천에는 모든 쟁론의 인식적 토대에서 해방된 마음인 일심이라는 존재 지평이 자리 잡고 있다.

> "모든 존재의 참 모습은 생겨남(生)과 사라짐(滅)이라는 이분법적 구분과 분리가 없으며(無生無滅), 무지에 의한 일체의 왜곡적 구별이 원천적으로 해체된 상태(本來寂靜)이니, 오직 一心이라 할 경지이다. 이와 같은 상태를 心眞如門이라 하기 때문에 『능가경』에서는 '무지로 인한 모든 분별과 분리가 해소된 경지를 一心이라 한다(寂滅者名爲一心)'고 말한 것이다. 또 이 一心의 바탕은 '본래적 깨달음(本覺)'이지만 無明을 따라 동작하여 분별 작용을 일으킨다. 그리하여 이 경우(실체적 분별을 행하는 마음/生滅門) 여래의 성품이 감추어져 드러나지 않는 것을 如來藏이라 부른다. (…) 이와 같은 뜻이 생멸문에 있기 때문에 『능가경』에서는 '一心을 如來의 가능성이 간직되어 있는 상태라 한다(一心者名如來藏)'고 말한 것이니, 이것은 一心의 生滅門을 나타낸다. (…) 俗되거나 脫俗한 모든 것들의 참 모습은 俗(染)이니 脫俗(淨)이니 하는 분별이 없는 것이고, 참된 眞如의 체계(眞如門)니 그릇된 분별의 왜곡 체계(生滅門)니 하는 것도 근본에 입각해 보면 다른 것이 아니다. 그래서 '하나(一)'라는 말을 붙인다. 동시에 이 이원적 분별과 분리가 해체된 진실의 경지는 허공과는 달라서, 성품이 스스로 신령스럽게 아는 작용을 하기 때문에 '마음(心)'이라는 말을 붙인다. 그런데 이미 둘로 분별할 것이 없으니, 하나가 있다고도 할 수 없다. 그리고 하나라는 것이 있는 것도 아니라면, 무엇을 '마음'이라는 말로 지칭할 것인가? 이와 같은 도리는 언어적 범주를 벗어나고 모든 것을 이원적·실체적으로 분별하는 마음으로는 포착되지 않는 경지라서 무슨 말을 붙여야 될지 알 수 없는데, 억지로나마 '하나가 된 마음(一心)'이라 불러 본다."[130)]

---

130) 『대승기신론소』, 1-704하-705상.

"하나가 된 마음자리는 있음(有)과 없음(無)이라는 존재 환각을 여의어 오직 맑으며, 세 가지 공(三空)의 바다는 성스러운 진리(眞)와 속됨(俗)을 녹여 말끔하다. (有/無나 眞/俗의) 둘로 나누는 분별을 말끔하게 녹였으나 그렇다고 (둘로 나눈 분별을 합한) 하나도 아니며, 오직 맑아 둘로 나누는 환각을 여의었으나 그렇다고 (둘로 나눈 분별의) 중간도 아니다. 중간이 아니면서 둘로 나누는 환각을 여의었으므로 있음(有)이 아닌 것이 없음(無)으로 되어 머물지 아니하며, 없음(無)이 아닌 모습이 있음(有)이 되어 머물지 아니한다. 하나가 아니지만 둘로 나누는 분별을 녹였으므로, 성스러운 진리(眞)가 아닌 것이 일찍이 속됨(俗)이 된 적이 없으며, 속됨(俗)이 아닌 진리가 일찍이 성스러운 진리(眞)가 된 적이 없다. 둘로 나누는 분별을 녹였지만 하나가 아니기 때문에, 성스러운 진리(眞)와 속됨(俗)의 성품이 세워지지 않음이 없고, 오염(染)과 청정(淨)의 모습이 갖추어지지 않음이 없다. 둘로 나누는 환각을 여의었지만 중간이 아니기 때문에, 있음(有)와 없음(無)의 현상이 만들어지지 않는 바가 없고, 옳고 그름의 뜻이 두루 미치지 아니함이 없다. 이와 같이 깨뜨림이 없되 깨뜨리지 않음이 없으며, 세움이 없되 세우지 않음이 없으니, 가히 이치가 없는 지극한 이치요 그렇지 않으면서도 크게 그러한 것이라 할 수 있다. 이것이 이 경전의 핵심 도리이다."131)

원효는 이 일심의 존재 지평에서 이설(異說)과 쟁론들을 회통, 화쟁하는 국면을 일미(一味)라 부르고 있다. 그리고 쟁론들을 일미(一味)로 화쟁·회통하는 일심의 존재 지평은 다름 아닌 '둘 아님(無二)'의 통찰에 의해 확보된다.

"(이 『열반경』은) 여러 경전들의 부분을 통괄하여 온갖 물들이 바다의 한 맛(一味)으로 돌아가듯 한 맛으로 돌아가게 하

131) 『금강삼매경론』, 1-605중.

여, 부처님 뜻의 지극히 공정함을 열어서, 백가(百家)의 서로 다른 쟁론들을 화해시켰다. 그리하여 (쟁론으로) 시끄럽고 시끄러운 중생들로 하여금 모두 다르지 않은(無二) 참다운 자리(實性)로 돌아가게 하고, 어둡고 어두운 긴 잠에서 (깨어나) 다 함께 위대한 깨달음(大覺)의 궁극적 경지에 이르게 한다. '궁극적 경지의 위대한 깨달음(極果의 大覺)'이라 함은 참다운 자리를 체득하였으면서도 체득했다는 마음조차 없는 것이고, '참다운 자리의 다르지 않음'이라 함은 참됨과 허망함이 녹아 섞이어 하나인 것이다. 이미 '다르지 않음'이니 어찌 '하나'가 있을 것이며, 참됨과 허망함이 녹아 섞였으니 무엇을 '참됨'이라 하겠는가? 이러한 즉 이치(理)와 지혜(智)가 모두 없어지고, 명칭(名)과 뜻(義)이 모두 끊어지니, 이것을 열반의 현묘한 뜻이라 한다. 다만 모든 부처님은 이 '열반의 현묘한 뜻'을 증득하고도 거기에 머물지 않아, 응하지 않는 데가 없고 말하지 않는 것이 없으니, 이것을 '열반의 지극한 가르침'이라 한다. 현묘한 뜻이라 할 것조차 없으나 일찍이 고요하지도 아니하였고, 지극한 가르침을 설했지만 일찍이 설한 것도 없으니, 이것을 이치(理)와 가르침(敎)의 한 맛(一味)이라고 한다."132)

"'참되게 보아 행한다(觀行)'는 것은, '참되게 봄(觀)'은 수평적으로 논하는 것으로서 대상(境)과 지혜(智)에 참되게 통하는 것이고, '행함(行)'은 수직적으로 바라본 것으로서 원인(因)과 결과(果)에 걸쳐 있다. 결과(果)는 다섯 가지 진리가 완전해지는 것을 말하는 것이고, 원인(因)은 여섯 단계의 수행 과정이 잘 갖추어짐을 말하며, 지혜(智)는 곧 '본래적 깨달음(本覺)'과 '비로소 깨달아 감(始覺)'의 두 깨달음이고, 대상(境)은 곧 성스러운 진리(眞)과 속됨(俗)이 함께 없어진 것이다. 함께 없어졌지만 아무 것도 없이 아주 없어진 것이 아니고, (본각과 시각의) 두 가지로 깨달았지만 생겨난 것이라 할 것이 없으니(無生) (…) 이와 같은 원인(因)과 결과(果)는 대상(境)과 지혜(智)

132) 『열반종요』, 1-524상-중.

를 여의지 않으며, 대상(境)과 지혜(智)는 별개의 것이 아니라 오직 한 맛(一味)이니, 이러한 '한 맛으로 참되게 보아 행하는 것(一味觀行)'을 이 경전의 근본으로 삼는다."[133]

원효에 의하면 『금강삼매경』의 大意인 '일심의 근원으로 돌아감'은 '둘 아님'의 체득에 다름이 아니며, 이 경의 宗要인 '一味의 觀行'에서도 '一味'는 '둘 아님'을 그 내용으로 한다. 이 '둘 아닌 도리'를 모르는 그릇된 견해들을 원효는 『금강삼매경』 「여래장품」의 내용에 의거하여 크게 두 가지로 분류하여 분석하고 있다.

"그릇된 견해가 비록 많지만 크게 그릇된 것에는 두 가지가 있으니 (…) 첫째는 부처님이 움직임과 고요함이 둘이 아니라고 설하는 것을 듣고는, 곧 '이것은 하나이며, 하나인 진실(一實)·하나가 된 마음(一心)'이라 말하고, 이로 말미암아 두 가지 진리(二諦; 俗諦와 眞諦)의 도리를 비방하는 것이다. 둘째는 부처님이 빔(空)과 있음(有)의 두 가지 맥락(二門)을 설하는 것을 듣고는, '두 가지 진리가 있고 하나인 진실(一實)은 없다'고 헤아려, 이로 말미암아 '둘이 없는 중도(無二中道)'를 비방하는 것이다. 이 두 가지 그릇된 견해는 약을 복용하다가 병에 걸린 것이니, 치료하기가 매우 어렵다. (…) '진리는 두 가지 견해가 아님을 알았다'는 것은, 중도(中道)의 진리는 있음(有)과 없음(無)의 견해로 볼 수 있는 것이 아님을 안 것이다. (…) '또한 가운데에 의지하여 머물지도 않는다'는 것은, 비록 있음(有)과 없음(無)이라는 두 착각(二邊)을 여의었으나 '중도로서의 하나인 진실(中道一實)'을 두어 거기에 머무는 것은 아니라는 것이다. (…) 처음 가운데 '여래가 설하신 법은 모두 머무름이 없는 데서 나왔다'고 한 것은, 부처님의 가르침이 '머무름이 없음(無住)'을 따르는 것임을 말한 것이다. (…) 이 가운데 '머무름이 없다'고 한 것은, 두 가지 진리(二諦)에 머무르지 않으며 또

133) 『금강삼매경론』, 1-604하-605상.

> 한 중간에도 머물지 않는 것인데, 비록 중간에 있지 않으나 있음(有)과 없음(無)이라는 두 착각을 여의었으니, 이와 같은 것을 '머무름이 없는 곳'이라 한다."134)

원효에 의하면, '둘 아닌 도리'에 대한 미혹은 크게 두 가지로 나타난다. 하나는, '번뇌에 물든 세속의 움직임(動)'과 '번뇌가 그친 진실의 고요함(靜)이 둘이 아니다'라는 말을 듣고는 오직 '하나인 진실(一實)·하나가 된 마음(一心)'만이 있다고 오해하는 것이다. 이러한 오해는 '진리 그대로의 가르침(眞諦)'과 '세속의 관행에 따르는 가르침(俗諦)'을 모두 허용하는 二諦의 도리를 비방하게 된다. '둘이 아님'을 '오직 하나'로 받아들이는 미혹이다.

또 하나의 미혹은, '있음(有)'과 '없음(無)'을 모두 말하는 것을 듣고는 '모든 존재는 有와 無의 두 가지 관점에서 파악되는 것이지, 이 두 가지 관점을 초월한 하나의 진실이란 없는 것'이라고 오해하는 것이다. 그리하여 '둘이 아닌 중도의 도리'가 있다는 것을 알지 못하게 된다.

그런데 세계를 진실대로 파악하는 '둘 아닌 도리'는 '머무름이 없음(無住)'을 그 내용으로 한다. '俗의 움직임과 眞의 고요함·진실 그대로의 가르침(眞諦)과 세속의 관행에 응하여 펼치는 가르침(俗諦)·실체로서 있음(有)과 아무 것도 없음(無)'의 그 어느 한 項에도 머무르지 않는 동시에, 두 항의 중간에 머무르지도 않고, '둘'에 대립되는 '하나'에도 머무르지 않을 수 있는 것이, '둘이 아닌 머무름 없는 중도'요 '하나인 진실(一實)·하나가 된 마음(一心)'이라 부르는 도리이다.

범부 중생의 일상 인식은 분리의 틀로 존재와 세상을 '둘로 나

---

134) 『금강삼매경론』, 1-663중, 664상, 664중.

눈다.' '나'와 '남'이 실체적으로 분리되고, 성스러움과 속됨, 옳음과 그름, 좋음과 나쁨, 참됨과 허망함이 상호 부정적으로 갈라선다. 삶의 오염과 훼손, 모든 배타적 쟁론들은 이 상호 부정적 분리 의식에서 비롯된다. '나의 견해'와 '남의 견해'가 배타적으로 맞서고, '나의 옳음·좋음·참됨·성스러움'은 '남의 그름·나쁨·허망함·속됨'을 부정하면서 자기 진영의 독점적 승리만을 추구한다. 이 상호 배타적 분열 의식은 존재 오염과 속박의 원천이며, 소모적·해악적 쟁론의 인식적 토대이다.

그런데 이러한 배타적 분열 인식은 존재와 세상의 참모습으로부터의 일탈이며 진실의 왜곡이다. 원효가 공감하고 있는, 존재와 세상의 참모습에 대한 불교적 통찰은, 다름 아닌 '둘 아님'의 경지이다. 그 어떤 실체적 자가성(自家性, 本質)도 해체되어, 실체적 자폐성으로 인한 분리와 배제의 인식이 설자리를 확보할 수 없는 곳이 진실의 고향이다. 이곳에서는 옳음·그름, 좋음·나쁨, 성스러움·속됨, 있음·없음을 배제적으로 규정하는 이치(理)와 지식(智), 언어(名)와 그 언어적 의미(義)가 힘을 잃는다. 사물이 진실대로 드러나는 이 존재 지평은 있음(有)과 없음(無), 옳음(是)과 그름(非), 진실(眞)과 허망(俗), 청정(淨)과 오염(染)의 분별적 인식 범주의 틀 자체가 해체되어 버리는 곳이다.

이 마음자리(一心之源)에 서면, 있음·없음, 옳음·그름, 진실·허망, 청정·오염의 이항(二項)들을 배제적 긴장 관계로 대립시키는 것이 아니라 상호 의존적 상생 관계로 포섭시킨다. 모든 실체적 자가(自家)의 울타리를 해체시키고 일체의 배제적 개념의 성벽도 허물어 버린 탁 트인 그 자리에 서면, 동시에 그 모든 분별의 언어들을 분별없이 포용한다. 이 진실의 고향에서는 편파적 선호와 부정, 선택과 배제의 격리의 벽이 없기에, 모든 언어의 주소지들을 다 받아들일 수 있다. 머물러야 할 그 어느 주소지도 없기에(無住), 그 어떤 주소지로도 다 응해 갈 수 있다. 이 초탈적 포용을 드러내려는 언표가 '둘 아님(不二)'이요 '한 맛(一味)'이다. 원효는 이 존재 고향의 소식, 진실 구현의 참다운 존재 지평을 '하나가 된 마음(一心)'의 경지라 부르고 있는 것이다.

모든 상호 부정적 쟁론들의 인식적 토대를 방치한 채 시도되는 화쟁은 미봉책에 불과하다. 각 주장들의 일리를 변별하여 포섭할 수 있는 근원적 능력을 성취하기 위해서는, 배타적 쟁론의 인식적 토대 자체를 해체한 후 새롭게 재구성할 필요가 있다. 원효가 설하는 일심의 경지는 그렇게 이룩된 온전한 존재 인식의 지평이며, 이로부터 일체 주장들이 '둘 아닌(不二)' '한 맛(一味)'의 관계로 포섭되는, '그렇지 않으면서 그렇지 않은 것도 아닌(非然非不然)' 화쟁의 세계가 펼쳐진다.

원효가 불이(不二)라는 기호를 통해 알리려는 것은, 모든 존재와 언어들이 '둘 아닌' 관계로 만나고 '한 맛'으로 소통되는, 탁 트여 진실을 고스란히 살려내는 일심의 존재 지평이다.

## 3. 둘 아님의 깨달음

원효가 펼치는 '둘 아닌' 존재 지평은, '둘 아닌' 도리에 눈뜬 자가 누리는 진실의 세상이다. 다시 말해 원효가 전개하는 '둘 아닌' 존재론은 '둘 아닌' 존재 지평에 대한 개안, 즉 불이(不二)의 깨달음을 전제로 한다.

원효는 『대승기신론』이 설하는 본각(本覺)·시각(始覺)·불각(不覺) 사상을 통해, 인간과 깨달음의 문제에 관한 자신의 종합적이고 정리된 견해를 수립하고 있는데, 특히 원효 사상의 완숙한 경지를 드러내는 『금강삼매경론』에서는 『대승기신론』에서 마련한 각(覺) 사상에 의거하여 『금강삼매경』이 설하는 본각의 도리를 집중적으로 밝히고 있다.

현실의 인간은 '깨닫지 못한 상태'에 놓여 있다. 생명에 내재하는 무지(無明)와 그 산물의 구조 및 내용을 『대승기신론』은 불각(不覺)으로 설명한다. 그런데 인간은 또한 그 이해 결핍이 해체된 본래적 완전성도 동시에 간직한 존재이며, 그 본래적 완전성을 『대승기신론』은 본각(本覺)이라 부른다. 불각과 본각이라는 상반된 면모가 동시에 동거하고 있는 것이 인간의 실존이다. 아울러 인간에게는 또 하나의 면모가 선택적 가능성으로 주어져 있다. 불각이라는 오염과 결핍으로부터 본각이라는 본래적 완전성으로 귀환할 수 있는 가능성이 그것이다. 이 귀환의 잠재력은 다름 아닌 본각 자체에서 비롯된다. 중생이 지닌 '본래적 완전성(본각)'의 면모는 '깨닫지 못한 상태(불각)'를 반성하고 혐오하며 극복하고자 하는 의지를 일깨운다. 이 본래적 완전성(본각)에서 솟구치는 불가사의한 계발적 자극과 계기를 원효는 '본각의 불가사의한 훈습(熏習)'이라 일컫는다.135) 본각에서 주어지는 이 본각 귀환의 계기적 각성에 공명하여 본각 자리로 회향해 가는 여정이 '비로소 깨달아감(始覺)'이다. 시각이라 부르는 이 본각 귀환의 여정이야말로 인간 존재가 지닌 삶의 희망이요 당위이며 궁극 목적이 된다.

존재 오염의 현실(불각)과 본래적 청정성(본각)을 동시에 안고 있는 인간의 실존은, '깨달아 감(시각)'에 의해 비로소 존재의 희망을 구현한다. 불각과 본각의 상반된 면모가 동거하는 동시에, 시각이라는 선택적 가능성이 상존하는 현장이 인간의 실존적 삶이다. 이러한 인간의 실존 상황을 『대승기신론』은 심생멸문(心生滅門)이

135) 『대승기신론소』, 1-709중.

라 부른다. 심생멸문적 삶은 본래적 완전성을 대면하는 희망(覺)과 그것을 등지고 일탈해 가는 절망의 위험(不覺)을 동시에 간직한다. 이 희망과 절망의 갈림길에 놓인 인간으로 하여금 희망 구현의 여정으로 인도해 가는 선택적 가능성이 시각이다. 『대승기신론』이나 원효 사상은 수미일관 이 '깨달아 감(始覺)'의 여정을 이끌어 가는 이정표인 셈이다. 본래적 완전성(本覺)을 구현해 가는 이 희망의 여정에 대해 원효는 이렇게 정의를 내린다.

> "'비로소 깨달아 감(시각)'이라 하는 것은, 바로 온전한 마음 상태(心體)가 존재 환각(無明의 緣)을 따라 움직여서 일탈/왜곡/오염하는 생각(妄念)을 일으키지만, '본래적 깨달음(본각)'의 훈습하는 힘 때문에 차츰 '깨달음'의 작용이 있어 마침내(究竟에 이르러서는) 다시 '본래적 깨달음'과 같아지니, 이를 '비로소 깨달아 감(시각)'이라 말한다."136)

존재의 본래적 완전성이 투사하고 있는 불가사의한 훈습력은 중생 일상에 대한 근원적 반성과 성숙의 자각을 일깨워 잠재된 희망의 가능성을 현실화시켜 간다. 그리하여 마침내 그 불가사의한 훈습력의 원천인 본래적 완전성과 하나가 되는 귀환의 과정 전체를 시각이라 칭한다는 것이다.

시각(始覺)은 존재 오염의 현실을 본래적 완전성으로 전환시켜 존재의 희망을 구현하는 마디요 통로이다. 생명의 본래적 완전성으로 돌아가려는 이 본각 귀환의 여정을 성공적으로 진행하여 완성시킬 때 "시각이 곧 본각"137)이라는 경지가 펼쳐진다. '비로소 깨달아 감'과 '본래적 완전성'이 '둘이 아니게' 되는 국면이 구현되는 것이

---

136) 『별기』, 1-683중.
137) 『대승기신론』, 『신수대장경』 권32, 576중.

다. 이 점을 원효는 일심의 경지와 관련시켜 다음과 같이 말한다.

"'마음이 처음 일어난다.'는 것은, 존재 환각(무명)에 의하여 망상의 처음 생겨남(生相)이 있어 온전한 마음(心體)을 미혹시켜 (존재의 참모습을 오해하고 왜곡시키는) 생각을 움직이게 하는 것이다. 이제 '본래적 깨달음(본각)'을 떠나서는 '깨닫지 못함(불각)'이 없으며 '생겨난 망상(動念)'이 바로 '고요한 마음(靜心)'임을 증득하여 알기 때문에, '마음이 처음 일어나는 것을 깨닫는다.'고 한 것이다. 이것은 마치 방향에 미혹할 때에는 동쪽을 서쪽이라고 하다가 제대로 알았을 때 서쪽이 곧 동쪽임을 아는 것과 같으니, 이 가운데의 '깨달음(覺)'의 뜻도 그와 같음을 알아야 한다. (…) 앞의 세 가지 깨달음의 경지(三位) 중에서는 비록 여읜 바가 있기는 하나 그 '생겨난 망상(動念)'이 아직 일어나 다 없어지지 않았기 때문에 '존재 환각에 사로잡힌 생각(念)이 망상을 수립하는 모습(住相) 등이 없다.'고 말하였고, 이제 궁극적 경지(究竟位)에서는 '생겨난 망상(動念)'이 모두 없어지고 오직 '하나가 된 마음(一心)'만이 있기 때문에 '마음에 망상이 처음 일어나는 모습(初相)이 없다.'고 말한 것이다. (…) 멀리 여의었을 때가 바로 부처 경지(佛地)에 있는 것이니, 앞의 세 경지에서는 아직 '존재의 참모습과 만나는 온전한 마음자리(心源)'에 이르지 못하여 '망상의 처음 생겨남(生相)'이 아직 다 없어지지 않아 마음이 환각에 의해 동요(無常)하였으나, 이제 이 궁극적 경지(究竟位)에 와서는 존재 환각(무명)이 영구히 없어지고 '하나가 된 마음자리(一心源)'에 돌아가 다시는 '존재 환각에 의한 망상 일으킴'이 없으므로 '온전한 마음 상태(心性)를 보게 되어 마음이 곧 항상 제자리를 지킨다(常住한다).'고 말하니, 더 나아갈 바가 없는 것을 '궁극적 깨달음(究竟覺)'이라 부른다. 또한 아직 '존재의 참모습과 만나는 온전한 마음자리(心源)'에 이르지 못하여 '환각에 의한 망상(夢念)'이 다 없어지지 않아, 이러한 망상의 동요를 없애려고 피안에 이르기를 바랐으나, 이제는 이미 '온전한 마음 상태

(心性)'를 보아서 환각에 의한 망상이 다 없어지고, 자기 마음은 (환각에 의한 망상으로) 헤매는 일이 본래 없는 것인 줄 깨달아 아니, 이제는 (망상으로 동요하는 일이 없기에) 고요히 쉰다는 것도 없어지고, 항상 스스로 '하나가 된 마음(一心)'이어서 '하나로 같아진 자리(一如床)'에 머무르기 때문에, '온전한 마음 상태(心性)를 보게 되어 마음이 곧 항상 제자리를 지킨다.'고 하였다. 이와 같이 '비로소 깨달아 감(始覺)'이 '본래적 깨달음(本覺)'과 다르지 아니하니, 이런 도리에 의하여 '궁극적 깨달음(究竟覺)'이라 부르는데, 이것은 '깨달음(覺)'의 구별을 바로 밝힌 것이다."[138]

원효는 또한, 시각의 궁극은 '불각과 시각과 본각이 다르지 않게 되는 경지'이고 그것은 곧 일심의 근원으로 돌아간 것이라고도 말한다.

"이와 같이 여래가 마음을 깨달았을 때에, '망상이 처음 일어나는 모습(動相)'이 바로 (근거 없는 환각에 의해 일어난 것이어서) 본래 고요한 것임을 알기 때문에, '존재 환각에 사로잡히지 않는 마음 상태(無念)를 일컫는다.'고 한 것이다. (…) 비록 비로소 '존재 환각에 사로잡히지 않는 마음 상태(無念)'의 깨달음을 얻었다고 말하나, 실은 망상의 네 가지 모습(四相)이 (근거가 없는 환각에 의한 것이라서) 본래 일어남이 없음을 깨달은 것이니, 어떤 '깨닫지 못함(不覺)'에 의거하여 '비로소 깨달아 감(始覺)'이 있겠는가? 그러므로 '실로 비로소 깨달아 감의 내용들이 차이가 없다'고 하였다."[139]

"망상의 네 가지 모습(四相)이 동시에 있으나 마음에 의해 이루어진 것이며, '하나가 된 마음(一心)'을 떠나 따로 각자의

138) 『소』, 1-710상-중.
139) 같은 책, 1-710하.

실체가 없기 때문에, '동시에 있으되 모두 스스로 존립함이 없다.'고 하였다. 모두 스스로 존립함이 없기 때문에, 본래 평등하여 '본래적 깨달음(본각)'과 동일한 것이다."[140]

"마치 바닷물의 움직임을 파도라고 말하지만, 파도는 자신의 실체가 없기 때문에 파도의 움직임은 없는 것이고, 바닷물은 자기 바탕이 있으므로 바닷물의 움직임은 있는 것과 같이, 마음과 망상의 네 가지 모습(四相)도 그 뜻이 또한 이와 같다. (…) 망상의 네 가지 모습(四相)이 오직 '하나가 된 마음(一心)'이며, '깨닫지 못함(불각)'이 바로 '본래적 깨달음(본각)'과 같은 것이니, 그러므로 '본래 평등하여 깨달음과 동일하다.'고 말한 것이다."[141]

"본래 환각(무명)에 따라서 모든 망상의 마음(識)이 일어나다가, 이제 '비로소 깨달아 감(시각)'에 따라서 온전한 마음자리(心源)에 다시 돌아가니, 온전한 마음자리에 돌아갈 때 모든 망상의 마음이 일어나지 않으며, 망상의 마음이 일어나지 않기 때문에 '비로소 깨달아 감'이 원만하여짐을 밝히고자 한 것이다."[142]

원효에 의하면, 불각과 시각과 본각이 '둘 아닌' 것으로 만나는 국면이 바로 일심의 경지이다. 그렇다면 불각과 시각과 본각이 다르지 않게 되는 경지로 이끌어 가는 깨달음의 구체적 내용은 어떤 것인가? 이에 대해 원효는 '깨달음이 없다는 도리를 깨달아 아는 것'[143] '생사가 본래 생겨남이 없음을 깨달아 아는 것' '열반은 본래 적정함이 없음을 깨달아 아는 것' '생사와 열반에 머물지 않는

140) 같은 책, 1-710하-711상.
141) 『별기』, 1-687상-중.
142) 『금강삼매경론』 본각리품, 1-632하.
143) 같은 책 본각리품, 1-632하, 637상.

것' '세속의 유(有)와 진여의 공(空)을 보지 않는 것'[144] 등을 거론하고 있다. 그 어떤 개념도 실체적 자성을 지니는 것이 아니라는 통찰이야말로 '깨달아 감(시각)'의 핵심이라는 것이다.

이렇게 깨달음이나 열반조차도 실체적 자성으로 보지 않는 깨달음(시각)을 심화시켜 가다보면, 마침내 '시각과 본각이 다르지 않은' 경지에 이르게 된다. 원효는 『금강삼매경』이 설하고 있는 일각(一覺)을 바로 이 경지의 깨달음이라 이해한다.

> "(『금강삼매경』) 무주 보살이 말하였다. <여래께서 설하신 '하나가 된 깨달음(一覺)'의 성스러운 힘과 네 가지 넓은 지혜의 경지는 곧 모든 중생의 '본래적 깨달음(본각)의 이익'입니다. 왜냐하면 모든 중생이 바로 이 몸 가운데 본래 원만하게 구족하고 있기 때문입니다.>
>
> (『금강삼매경론』) '비로소 깨달아 감(시각)'이 완전해지면 곧 '본래적 깨달음(본각)'과 같아져서 본각과 시각이 다르지 않기 때문에 '하나가 된 깨달음(一覺)'이라고 하였으며, (중생을 위해) 하지 않는 것이 없기 때문에 '성스러운 힘'이라고 하였고, '하나가 된 깨달음' 안에 네 가지 큰 지혜를 갖추어 모든 공덕을 지니기 때문에 '지혜의 경지'라고 하였으며, 이와 같은 네 가지 지혜가 '하나가 된 마음(一心)'의 양과 같아서 어디에든 미치기 때문에 '넓은 지혜'라고 하였다. 이와 같은 '하나가 된 깨달음'은 곧 진리의 몸(법신)이고, 진리의 몸(법신)은 곧 중생의 '본래적 깨달음(본각)'이기 때문에, '바로 모든 중생의 본래적 깨달음의 이익'이라고 하였다. 본래 한량없는 진리다운 능력(性德)을 갖추어 중생의 마음을 훈습하여 두 가지 업을 짓기 때문에 '본래적 깨달음의 이익'이라 한 것이다. '본래적 깨달음'과 '비로소 깨달아 감'이 다르지 않다는 뜻으로 말미암아 한 중생도 진리의 몸(법신) 밖으로 벗어남이 없기 때문에, '곧

---

144) 같은 책 본각리품, 1-634중-635상.

이 몸 가운데 본래 원만하게 구족되어 있다.'고 하였다."[145)]

"(『금강삼매경』) 부처님이 말씀하셨다. <모든 부처님과 여래는 항상 '하나가 된 깨달음(一覺)'으로써 모든 (실체로 보아 나누는) 분별 알음알이(識)를 바꾸어 (실체로 분별하지 않는) 온전한 마음(唵摩羅)에 들어가게 한다. 어째서 그러한가? 모든 중생은 '본래적 깨달음(本覺)'이니, 항상 '하나가 된 깨달음(一覺)'으로써 모든 중생을 깨우쳐 저 중생들이 모두 '본래적 깨달음'을 얻게 하여, 모든 (실체로 보아 나누는) 분별 알음알이(情識)가 공적하여 일어남이 없음을(본래 근거가 없다는 것을) 깨닫게 하는 것이다. 왜냐하면 존재의 참모습은 본래 (실체로 인한) 분별 동요가 없기 때문이다.>"[146)]

(『금강삼매경론』) 모든 중생이 똑같이 '본래적 깨달음(본각)'이기 때문에 '하나가 된 깨달음(一覺)'이라 한 것이다. 모든 부처님은 이것을 체득하여 곧 널리 교화할 수 있기 때문에 <항상 ('하나가 된 깨달음')으로써>라고 하였고, 이 '본래적 깨달음'으로써 다른 사람을 깨닫게 하기 때문에 <항상 '하나가 된 깨달음'으로써 모든 중생을 깨닫게 한다.>고 말하였다. <저 중생으로 하여금 모두 본각을 얻게 한다.>는 것은 <분별 알음알이(識)를 바꾸어 온전한 마음(唵摩羅)에 들어가게 한다.'는 구절을 풀이한 것이니, 본각은 바로 '온전한 마음(암마라식)'이다. '본각을 얻는다.'는 것은 '들어간다.'는 뜻을 풀이한 것이니, 본각에 들어갈 때에 (실체라는 환각으로 분별하던) 모든 여덟 가지 알음알이(八識)가 본래 적멸임을(본래 근거가 없음을) 깨닫는다. (...) <모든 중생은 본각이다.>는 등은 '본래적 깨달음의 면모(本覺義)'이고, <모든 (실체로 보아 나누는) 분별 알음알이(情識)가 공적하여 일어남이 없음을(본래 근거가 없다는 것을) 깨닫게 하는 것이다.>는 것은 '비로소 깨달아 감의 면모(始覺義)'이니, 이것은 '비로소 깨달아 감(시각)'이 곧 '본

---

145) 『금강삼매경』·『금강삼매경론』 본각리품, 1-633중-하.
146) 『금강삼매경』 본각리품, 1-630하.

래적 깨달음(본각)'과 같다는 것을 나타낸 것이다."147)

존재의 본래적 완전성에서 솟아 나오고 있는 불가사의한 자기 구현의 힘(본각의 불가사의한 훈습력)이 촉발시킨 '깨달아 감(시각)'의 여정은, 존재 왜곡의 개념적 확산을 일삼는 분별식(情識)이 그치는 경지에 이른다. 구유식(舊唯識. 眞諦 唯識)에서는 이 경지를 제8식(아뢰야식)의 근본 무명을 떨쳐버린 제9식으로서의 아마라식(阿摩羅識)이라 부른다. 존재의 본래적 완전성에 귀환한 이 9식의 경지가 바로 본각이며, 이때를 '시각과 본각이 다르지 않은' 일각(一覺)이라 칭한다.

시각의 궁극을 일컫는 일각의 경지에서는 모든 존재의 참모습, 그 본래적 완전성을 그대로 보므로, '모든 중생은 똑같이 본래 깨달아 있다'고 밝힐 수 있게 된다. 모든 중생을 법신으로 볼 수 있게 되는 것이다. 그리고 이 일각의 경지에서는 존재의 본래적 완전성이 지니고 있는 지혜와 자비의 능력이 온전하게 드러나, 중생으로 하여금 제9 아마라식(본각)으로 들어가게 하려는 이타의 교화행이 펼쳐진다. 이때는 시각과 본각의 두 공덕이 '둘 아니게' 결합하여 무한한 작용을 펼치게 된다.

"환각에 붙들린 마음이 지어낸 존재 왜곡의 분별들을 대하기 때문에 '본래적 깨달음(본각)'이 지닌 무한한 진리다운 능력(性德)을 말하였고, 또한 이 모든 존재 왜곡의 분별들을 교정하기 때문에 '비로소 깨달아 감(시각)'의 능력이 펼치는 다양한 실천이 이루어진다는 것이다."148)

"'일이 있기에 앞서 본각의 이익을 취한다.'고 한 것은 부처

147) 『금강삼매경』·『금강삼매경론』 본각리품, 1-630하-631상.
148) 『소』, 1-714하.

님의 말씀을 옳게 알아들은 것이다. 무릇 말을 하여 깨닫게 해주는 일(佛事)을 지으려 할 때에는 항상 먼저 그 본래적 깨달음(본각)의 이익을 취해야 하니, 이 요동치는 망상(念)은 (근거 없는 환각에 의한 것이라서) 본래 고요(寂滅)한 것이고, 이와 같이 고요한 것이 바로 존재의 참모습과 같아진 도리(如如한 理)이다. 이 도리 가운데 '본래적 깨달음(본각)'과 '비로소 깨달아 감(시각)'의 모든 능력(德)을 다 포섭하고 있으며, 또한 생멸하는 모든 것을 갖추고 있는데, (이것들은) 서로 막히지 않고 통섭되어 별개의 것이 아니니(圓融不二), 이 때문에 매우 깊고 불가사의하다. 이 가운데 비록 무한한 능력을 갖추고 있지만, 그 바탕이 되는 것은 오직 '본각과 시각이 평등하여 다르지 않은 것'이니, 그리하여 '곧 위대한 지혜(마하반야)이다.'라고 하였고, 이와 같은 지혜(반야)는 근원에 사무치고 본래 모습에 완전해진 것이기 때문에 '피안으로 건너갔다(바라밀).'고 하였다."149)

원효에 의하면, '시각과 본각이 다르지 않다'는 것은 두 가지 측면을 동시에 지니고 있다. '같음'과 '다름'이 그 두 측면이다.

"(『금강삼매경』) 부처님이 말씀하셨다. <보살이여, 허망한 것은 본래 일어남이 아니어서 그칠 수 있는 허망함이 없으니, 마음이 無心임을 안다면 그치게 할 만한 마음이 없다. 나뉨(分)도 없고 달라짐(別)도 없어서 現識이 생겨나지 않는다. 그치게 할 만한 생겨남이 없는 것이 바로 그침이 없는 것이다. 또한 그침이 없는 것도 아니니, 어째서인가? 그침이 없다는 것을 그치기 때문이다.

(『금강삼매경론』) 답의 뜻에 두 가지가 있으니, 앞에서는 그칠 것이 없다는 것을 인정하였고, 뒤에서는 그칠 것이 없다는 것을 부정하였다. 인정한 것은 시각이 본각과 다르지 않기 때

149) 『금강삼매경론』 진성공품, 1-656중.

문이고, 부정한 것은 시각이 오직 본각이기만 한 것은 아니기 때문이다. (...) 이미 그치게 할 대상인 불각의 일어남이 없으니 곧 능히 그치게 하는 시각의 차이가 없다. 다르지 않다는 맥락(不異門)에 의하여 이와 같이 인정한 것이다. '또한 그침이 없는 것도 아니다.'라고 한 것은 다르지 않은 시각이 없는 것이 아니기 때문이고, '그침이 없다는 것을 그친다.'는 것은 일어남이 없다는 妄心을 능히 그치기 때문이다. 비록 일어남을 얻을 수 없으나, 한갓 일어남이 없는 것은 아니니, 한갓 일어남이 없는 것은 아니기 때문에 그쳐야 할 것이 없지 않으며, 그러므로 능히 그치는 覺이 없지 않으니 이와 같이 답한 것이다."150)

인간은 존재 오염의 현실(불각)을 깨달아감(시각)의 과정을 통해 정화시켜 간다. 그 깨달아감의 여정이 마지막으로 도달하는 곳은 존재의 본래적 완전성(본각)이다. 이 도착지에서는 모든 존재의 참 모습을 그대로 볼 수 있게 되므로, 불각이니 시각이니 본각이니 하는 구별 자체가 성립하지 않는다. 불각과 시각과 본각이 다르지 않게 되는 '둘 아닌 경지'인 것이다. 이 깨달음의 경지를 원효는 '일각(一覺)'이라 부르기도 한다.

그런데 깨달아 가는 여정의 현실을 감안할 때는 '극복해야 할 불각'과 '심화시켜 가야 할 시각' 그리고 '완성시켜야 할 본각'의 차이를 인정해야 한다. 이 맥락에서는 불각과 시각과 본각을 같다고 말할 수 없다. 시각과 본각의 '다른' 국면이다. 반면 여정의 종착역(사물의 본래 모습)에서 본다면, '그쳐야 할 불각'도 없고 '완성시켜야 할 시각'도 없다. 모두가 본각이고 법신의 드러남일 뿐이다. '불각과 시각과 본각이 다르지 않은' 맥락이다.

결국 시각이 완전해져서 '시각과 본각이 둘 아니게 되는 일각(一

---

150) 『금강삼매경』·『금강삼매경론』 무상법품, 1-619중.

覺)'은, 시각과 본각의 '다름'과 '같음' 두 국면을 동시에 안고 있는 셈이다. 원효는 이러한 의미를 『금강삼매경』의 무상관(無相觀) 수행과 관련하여 다음과 같이 말하기도 한다.

> "집착하는 마음을 비로소 여읜다는 것은 '비로소 깨달아 가는 면모(始覺義)'이고, 본래 (집착하는 마음을) 여읜 공(空)한 마음은 '본래적 깨달음의 면모(本覺義)'이다. 뜻은 비록 두 가지가 있으나 합해져서 '하나가 된 깨달음(一覺)'을 이루니, 집착하는 마음과 집착하는 대상, 새 것과 옛 것을 똑같이 여의기 때문이다. 이것은 『대승기신론』에서 '시각은 곧 본각과 같다.'고 한 것과 같다. (...) 또한 이 '하나가 된 깨달음(일각)'은 '본래적 깨달음(본각)'과 '비로소 깨달아 감(시각)'의 면모를 (모두) 가지고 있으니, 본각의 '드러내어 이루는 면모(本覺顯成義)'가 있기 때문에 '진리대로 닦는다(眞修).'는 말도 도리에 맞고, 시각의 '닦아서 이루는 면모(始覺修成義)'가 있기 때문에 '새로 닦는다(新修).'는 말도 도리에 맞다. 만약 한쪽에 치우쳐 고집한다면 곧 미진함이 있게 된다."[151]

중생으로서의 인간의 사유 활동은 모든 것에 실체 관념을 부여하는 근본 결핍을 안고 있다. 그 실체화의 대상은 주관과 객관을 모두 포함한다. 존재의 참모습은 이 실체 개념에 가려 왜곡되어 버린다. 무상관(無相觀)은 '모든 존재는 본래 실체가 없음'을 관(觀)하여 이 허구적 실체 관념을 극복해 가는 수행이다. 이 무상관의 입장에서 볼 때, 실체 관념을 투사하지 않고 사물을 보는 힘을 키워가는 과정은 '비로소 깨달아 감(시각)'이고, 그 힘이 완전해져서 실체적 분별이 없는 참모습과 하나가 된 경지는 '본래적 깨달음(본각)'의 구현이다. 그리고 시각이 본각과 '둘이 아니게 된' 깨달음의

151) 『금강삼매경론』 무상법품, 1-611하-612상.

국면을 일각이라 칭한다. 따라서 수행의 관점에서 보면 일각은 두 가지 측면을 지닌다. 본각을 기준으로 보면, 이미 구현된 모든 존재의 실체적 분별이 없는 참모습을 그대로 드러내는 것(本覺顯成義, 眞修)이 수행인 셈이고, 시각을 기준으로 보면, 아직 가려 있는 존재의 참모습을 새롭게 밝혀 가는 것(始覺修成義, 新修)이 수행이 된다.

## 4. 둘 아닌 실천; 불이(不二)의 보살행

원효는 중생 구제의 간절한 염원을 치밀한 이론적 근거 위에서 펼쳐지고 있다. 그런데 중생 구제의 염원(願)과 실천(行)을 뒷받침하는 이론으로서 원효가 채택하고 있는 대표적인 것이 또한 '둘 아님(不二)'의 사상이다. 특히 세속(俗)과 세속의 초월(眞)을 '둘이 아닌 것'으로 파악한 후, 그 '둘 아닌' 인식 위에서 타자 기여의 염원을 펼쳐 가는 모습이 두드러진다.

> "성스러운 진리(眞)와 속됨(俗)이 별개의 것이 아닌 '하나인 진실의 도리'는 모든 부처가 돌아가는 곳이니, 여래장(如來藏)이라 부른다."[152]

> "이것은 성스러운 진리(眞)와 속됨(俗)이 같은 것이 아닌 맥락에 나아가, 움직임과 고요함이 뒤섞이지 않는다는 뜻을 나타낸 것이다. (...) 그러나 부처님이 설한 한 게송의 뜻은, '아주 없다는 견해(斷見)'와 '항상 있다는 견해(常見)'에 떨어지지 않기 때문에 '이것은 곧 두 가지 착각을 여의었다'고 하였고, 움직임과 고요함이 없는 것이 아니기 때문에 '하나에 머무르지도 않는다'고 하였다. '하나에 머무르지 않는다'는 것은 '하

152) 『금강삼매경론』, 1-659상-중.

나인 진실(一實)'인 '하나가 된 마음자리(一心性)'를 지키지 않는다는 것이고, '두 착각을 여의었다'는 것은 진리 자리에 입각하여 움직이고 고요하기에 (그 움직임과 고요함이) 별개의 두 가지 현상이 아니라는 것이다. 이 일은 불가사의함을 알아야 한다."153)

"'제가 이제 알기로 이 법이 <아주 없다는 견해(斷見)와 항상 있다는 견해(常見)>에 얽매어'라는 것은, 저 (三乘의) 가르침에서 말한 다섯 가지가 '아주 없다는 견해(斷見)'와 '항상 있다는 견해(常見)'의 집착에서 벗어나지 못하였음을 밝힌 것이다. 그 까닭은, 저 네 가지 법이 생멸하는 모습을 지니고 있기에 '아주 없다는 견해(斷見)'가 집착하는 국면을 여의지 못하고, (다섯 가지 중 나머지 하나인) 그 진여의 법은 항상 머무르는 성질이기에 '항상 있다는 견해(常見)'가 붙드는 국면을 여의지 못하기 때문이다. (...) '여래가 설하신 공(空)의 진리는 <아주 없다는 견해(斷見)와 항상 있다는 견해(常見)>를 멀리 여읜 것이다'는 것은, 일승(一乘)의 가르침인 세 가지 공(三空)의 진리는 '아주 없다는 견해(斷見)'와 '항상 있다는 견해(常見)'의 허물에서 멀리 여의었음을 밝힌 것이다. 그 까닭은, 앞에서 말한 것과 같이 공(空)이라는 인식도 공(空)하며, 공(空)의 인식이 공(空)하다는 것도 공(空)하고, 그 공(空)해진 것 또한 공(空)하기 때문이다. 이와 같은 세 가지 공(三空)은 성스러운 진리(眞)와 속됨(俗)을 부정하지도 않고, 그렇다고 성스러운 진리(眞)와 속됨(俗)을 긍정하지도 않기에, 비록 움직임과 고요함을 여의었으나 중간에 머물지도 않는다. 그러므로 '아주 없다는 착각'과 '항상 있다는 착각'을 멀리 여읜다."154)

원효에 의하면, 三乘敎에서 설하는 五事는 모두 斷·常의 두 극단에 떨어진 것인 반면, 一乘敎의 三空은 斷邊과 常邊을 떠나 眞과 俗

153) 같은 책, 1-663중.
154) 같은 책, 1-665하-666상.

을 부정하지도 않고 긍정하지도 않는다. 그리하여 眞의 고요함에 머물지도 않고, 俗의 움직임에 머물지도 않으며, 그 중간에 머물지도 않는, '머물지 않는 중도'가 된다. 이것이 '아주 없어짐(斷)과 영원히 있음(常)·성스러운 진리(眞)와 속됨(俗)·고요함(靜)과 움직임(動)이 둘이 아닌 도리'가 된다.

중도인 '둘이 아닌 경지'는 '둘 아닌 하나'도 아니고 '둘을 합친 하나'도 아니다. 두 가지 치우친 오해를 모두 벗어나는 것이면서도, '두 가지를 합한 하나'나 '둘 아닌 하나'는 아닌 것이다.

'둘이 아닌 중도'의 경지를 '하나인 진실(一實)'인 '하나가 된 마음(一心)'의 경지라고도 한다. 그러나 '하나인 진실·하나가 된 마음'이라는 말을 듣고 '둘 아닌 하나'라는 오해를 일으켜서도 안 된다. '아주 없어짐(斷)과 '영원히 있음(常)'이라고 하는, 존재에 대한 두 가지 오해에서 벗어나 '성스러운 진리(眞)와 속됨(俗)이 둘이 아닌 도리'에 들어간다는 것은, 성스러운 진리(眞)의 고요함과 속됨(俗)의 움직임을 합하여 하나로 하거나 둘 모두를 폐기하는 것이 아니다. 성스러움과 속됨이 둘로 격리되지 않는 진속불이(眞俗不二)의 경지에 입각하여 보면, 고요함과 움직임이 별개의 두 현상이 아니면서도 뒤섞이거나 아예 없어지는 것이 아니다. 고요함과 움직임을 별개의 실체로 보아 어느 한 편을 배타적으로 선택하여 집착하는 존재의 동요는 사라졌지만(不二), 그러한 一實一心의 경지는 '움직임과 고요함의 둘을 폐기해 버린 하나'에 머무르는 것도 아니다(不守一·不一). 이것이 진정한 진속불이의 경지이다.

진속불이는 진실과 거짓, 성스러움과 속됨의 두 항을 '떠나면서도 포섭하는' 지평이다. 이 둘 아닌 도리를 원효는, '동요 및 속박의 삶(生死)과 평온 및 해방의 삶(涅槃)'을 불이적(不二的)으로 포섭하고 있는 『대승기신론』 一心二門의 문제에도 적용한다.

"현상(事)에 따르는 수행은 소승문(小乘門)에 공통된 것이고, 식(識)에 따르는 수행은 오직 대승문(大乘門)인데, 이 두 가지는 차별문(差別門)이다. 세 번째 것은 평등문(平等門)이니, 이 도리로 말미암아 여러 가르침의 체계들을 모두 포섭한다. 또 (37) 조도품(助道品)의 수행은 생사(生死)에 머물지 않는 가르침(門)이고, 사섭(四攝)의 수행은 열반에 머물지 않는 가르침(門)이며, 같음(如)에 따르는 육바라밀 수행은 평등하여 둘이 없는 가르침(平等無二門)이기 때문에 '모든 가르침이 여기에 들어가지 않는 것이 없다'고 하였다. '이 행(行)에 들어간 사람은 공(空)이라는 생각(相)을 일으키지 않는다'는 것은, 비록 같음(如)에 따라 행하면서도 언제나 현상(事)에 따르고 식(識)에 따라 행하기 때문에 공(空)하다는 생각(相)을 붙들어 적멸(寂滅)에 머물지 않는 것이다. '여래에 들어간다고 말할 수 있다'는 것은, 비록 현상과 식에 따르지만 항상 같음(如)에 따라서 평등한 행을 지니기 때문에 여래장의 바다에 들어갈 수 있다고 말할 수 있다는 것이다. '들어감을 들어감이 아닌 곳에 들어가게 한다.'는 것은, 그 들어가는 마음을 들어감이 아닌 곳에 들어가게 하기 때문이니, 들어가는 주체와 들어가는 곳(대상)이 평등하여 다름이 없으므로 '들어감이 아니다'고 하였고, 비록 다름이 없으나 또한 하나도 아니기 때문에 관(觀)하는 마음에 의거하여 임시로 '들어가는 마음'이라 하였다. 이와 같이 들어가는 마음은 들어간다는 생각(相)을 두지 않기 때문에, '그 들어가는 마음을 들어감이 아닌 곳에 들어가게 한다'고 하였다."155)

"뜻(意)으로 취한 것과 업으로 취한 것이 곧 모두 공적하다'는 것은, 둘 다 없애어 없앤 곳은 둘이 없음을 밝힌 것이다. '뜻으로 취한 것'이라는 것은 이른바 열반이니, 적멸을 반연하

155) 같은 책, 1-660하-661상.

는 마음으로 취한 것이기 때문이다. '업으로 취한 것'이라는 것은 곧 생사이니, 모든 번뇌의 업으로 취한 것이기 때문이다. 이 두 가지는 모두 공(空)하니, 공적하여 둘이 없다. '공적한 마음의 도리는 모두 취하는 것에도 모두 취하지 않는 것에도 응당 적멸하다'는 것은 다음을 밝힌 것이다; 하나가 된 마음(一心)의 도리는 또한 하나를 지키지도 않는다. 생사와 열반은 공적하여 둘이 없으며, 둘이 없는 곳이 바로 '하나가 된 마음(一心)'의 도리인데, 하나가 된 마음의 도리에 의하여 두 가지 체계(二門; 生滅門과 眞如門)가 있다. 그러나 두 체계(二門)를 모두 취하면 곧 '하나가 된 마음(一心)'을 얻지 못하니, 둘은 하나가 아니기 때문이다. 만일 두 문을 없애어 모두 취하지 않아도 '하나가 된 마음(一心)'을 얻을 수 없으니, '하나가 된 마음(一心)'이 아닌 것이 없기 때문이다. 이러한 뜻으로 말미암아, 둘이 없는 마음의 도리는 모두 취하는 것에도 모두 취하지 않는 것에도 응당 적멸하다."156)

현상(事)의 분석과 통찰, 37조도품에 의한 수행을 통해 삶의 동요와 속박(생사)을 극복하려는 소승의 교설 체계(小乘門). 그리고 식(識)의 분석과 통찰을 주로 하며 사섭법 등의 보살행을 강조하여 열반에 대한 소승적 집착을 극복하려는 대승의 교설 체계(大乘門). - 원효에 의하면 이 두 교설 체계는 생사와 열반을 별개의 것으로 구분하는 교설 체계(差別門)이기에 생사와 열반을 '둘 아니게' 포섭하지 못한다.

이에 비해 진리와 같아진(如如해진) 경지(平等門)는 생사와 열반을 '둘이 아닌 평등'으로 본다. 이때는 공(空)하다는 생각(相)에도 집착하지 않기에 열반의 적멸에 머물지 않고 차별의 생사 현장으로 나아갈 수 있으며, 동시에 세속의 일과 중생의 마음으로 나아

156) 같은 책, 1-668중.

가 관계 맺으면서도 생사 차별과 번뇌의 동요가 없이 열반 적멸의 평등과 평안을 유지한다.

진리와 하나가 된 채(如를 따르면서) 중생 구제를 위하여 六度 윤회의 세계를 다니는 보살행은, 이처럼 생사와 열반의 각각에 매이지 않으면서도 둘 모두를 포섭하는 경지(平等無二門)이다. 그리고 원효는 『대승기신론』의 一心二門 역시 이러한 경지를 드러내는 것으로 본다. 생사와 열반이 공적하여 '둘이 없는' 경지를 一心의 경지라 부르는데, 이 일심은 '둘 아닌 하나'에 머무르는 것이 아니므로 (하나를 지키는 것이 아니므로) 一心은 二門을 세운다. 생사와 열반 그 어디에도 매이지 않으므로(생사와 열반이 모두 공적해졌으므로) 生滅門(생사)과 眞如門(열반)의 二門 모두를 합하는 것이 一心의 경지가 될 수는 없다. 그러나 二門을 모두 버린다고 해서 一心을 얻게 되는 것도 아니다. 一心이 二門을 세운 것이므로 二門을 버리고서는 一心을 구할 수가 없기 때문이다.

'둘이 아닌 도리'는 이와 같은 것이기에 생사 번뇌의 현장을 떠나지 않고 깨달음을 추구하게 하는 동시에, 생사 번뇌의 현장에서 중생 구제의 보살행을 쉼 없이 진행할 수 있는 사상적 토대가 된다.

> "앞에서 대략 설명할 때는 다만 결과(果)가 공(空)하다는 것만을 나타내었기 때문에, 이제 널리 설명할 때 인연에 나아가 설하여, '모든 현상의 원인(因)과 결과(果)가 움직이지 않는 것이 곧 평등한 깨달음의 도리이니 이 (因果의) 현상 밖에서 따로 깨달음을 구하는 것이 아니라는 것'을 나타내고자 하였다. 이것이 이 게송의 요지이다. 이것은 승조 법사가 <진리(道)가 멀리 있는 것인가? 부딪히는 일마다 참된 것이다. 성스러움(聖)이 멀리 있는 것인가? 이것을 체득하면 곧 신묘(神妙)함이다.>고 한 것과 같다. (...) '외아들처럼 여기는 경지'라는 것은, 첫 번째 경지(初地) 이상에서 이미 모든 중생이 평등함을 증득

하여 모든 중생을 보기를 마치 외아들을 보는 것과 같이 하니, 이것을 '청정하게 뜻을 높여가는 즐거움(淸淨增上意樂)'이라 하는데, 비유에 의하여 마음을 나타내어 '외아들처럼 여기는 경지'라고 한 것이다. '번뇌에 머문다'는 것은, 보살이 비록 모든 것이 평등함을 증득했지만 방편의 힘으로써 번뇌를 버리지 않는 것이니, 만일 일체의 번뇌와 잠재적 망상을 버리고 곧 열반에 들면 (모든 중생을 제도하겠다는) 본래의 서원(本願)을 어기기 때문이다. (...) 버리지 않기 때문에 '번뇌에 머문다'고 하였으니, 이로 말미암아 열반에 들어가지 않고 널리 시방 세계 중생을 교화한다."157)

'아주 없어짐(斷)과 영원히 있음(常)'·'실체로서 있음(有)과 아무것도 없음(無)'이라는 존재 오해의 두 유형을 극복하여, '성스러운 진리(眞)와 속됨(俗)'·'고요함(靜)과 움직임(動)'·'진실 그대로의 가르침(眞諦)과 세속의 관행에 응하여 펼치는 가르침(俗諦)'·'생사와 열반'의 그 어디에도 머무르지 않으면서 그 모두를 포섭하는 '둘이 아닌 도리'는, '머무름 없는(無住) 중도'요 '하나인 진실(一實)·하나가 된 마음(一心)'이라 부르는 경지이다. 이 眞俗不二의 도리는 '떠나면서도 포섭하고' '물들지 않으면서도 관계할 수 있는' 힘을 제공한다. 생멸하는 因果 현상과 번뇌로 동요하는 세속을 본질적으로 초월하여 성취한 존재 해방의 자유와 평안을 누리면서도, 그 생사 번뇌의 현장을 떠나버리거나 외면하지 않고 껴안으면서 중생 구제의 염원(願)과 실천(行)을 同體大悲에 입각하여 전개할 수 있게 하는 사상 원리가 바로 '眞과 俗이 둘이 아닌 도리'인 것이다. 이 '둘 아닌 도리'에 의거하여 원효는 불교적 이념의 구현을 위해 대중에게 적극적으로 다가가는 대중불교를 구현할 수 있었다.

157) 같은 책, 1-674중, 674하, 675상.

# 참고문헌


『금강삼매경』(한국불교전서1)

『대승기신론』(신수대장경32)

원효, 『대승기신론소』·『대승기신론별기』·『금강삼매경론』·『열반종요』·『본업경소』·『대혜도경종요』·『보살계본지범요기』·『십문화쟁론』(『한국불교전서』1, 동국대출판부, 1979)

朴太源, 『大乘起信論思想硏究Ⅰ』(민족사, 1994)

佐藤繁樹, 『元曉의 和諍論理』(민족사, 1996)

宇井伯壽, 『禪宗史硏究』(岩波書店, 1935)

鈴木大拙, 『禪思想史硏究』(岩波書店, 1951)

柳田聖山, 『初期禪宗史書の硏究』(禪文化硏究所, 1967) 및 『無の探究』(角川書店,1969)

安井廣濟, 『中觀思想の硏究』(京都, 法藏館, 1970)

山口益, 『佛敎における無と有との對論』(東京, 山喜房佛書林, 1975)

田中·沖本 譯, 『大乘佛典』11권 中國·日本篇(中央公論社, 1989)

Robert E. Buswell, JR. 『The Formation of Ch'an Ideology in China and Korea; The Vajrasamadhi-Sutra, a Buddhist Apocryphon』, Princeton University Press, New Jersey, 1989.

高翊晉, 「元曉思想의 실천원리 -금강삼매경론의 一味觀行을 중심 으로-」(『崇山朴吉眞博士華甲紀念 韓國佛敎思想史』, 원광대출판국, 1975)

金柄煥, 「元曉의 金剛三昧經論 硏究 - 觀行을 중심으로 -」(동국대 박사학위논문, 1997)

김상현, 「화쟁사상의 연구사적 검토」(『원효연구』, 민족사, 2000)

金煐泰, 「신라에서 이룩된 금강삼매경」(『불교학보』25, 동국대 불교문화연구소, 1988)
김형효, 「원효사상의 텍스트 이론적 독법」(『원효에서 다산까지』, 청계, 2000)
南東信, 「新羅 中代佛敎의 성립에 관한 연구 -금강삼매경과 금강 삼매경론의 분석을 중심으로-」(『韓國文化』21, 서울대 한국문화연구소, 1998)
박성배, 「원효사상 전개의 문제점」(『동서철학의 제문제』, 金奎榮博士 華甲紀念論文集, 1979)
박종홍, 「원효의 철학사상」(『한국사상사』, 서문당, 1977)
박태원, 「금강삼매경·금강삼매경론과 원효사상(1) - 중관·유식의 화쟁적 종합을 중심으로 -」(『원효학연구』제5집, 원효학연구원, 2000.12)
「금강삼매경·금강삼매경론과 원효사상(2) - 대승선사상과 진속불이를 중심으로 -」(『원효학연구』제6집, 원효학연구원, 2001.12)
「원효와 의상의 통합사상」(『철학논총』28집제2권, 새한철학회, 2002.4)
「원효의 각(覺)사상 연구」(『철학논총』34집제4권, 새한철학회, 2003.10)
원효 화쟁사상의 보편원리」(『철학논총』제38집4권, 새한철학회, 2004)
「원효의 불이(不二)사상 – 둘 아닌 존재지평과 실천」(『철학논총』46집제4권, 새한철학회, 2006.10)
「의상의 성기(性起)사상 - 『화엄경문답』을 중심으로 -」(『철학』49집, 한국철학회, 1996)
「『화엄경문답』과 의상의 일승·삼승론」(『한국학보』86집, 한국학회, 1997)
「의상 화엄의 실천적 기반 – 무분별지의 증득을 중심으로 -」(전운덕화갑기념『불교학논총』, 1999)

李箕永, 「元曉思想의 獨創的 特性」·「元曉의 如來藏思想」(『元曉思想研究』1, 한국불교연구원, 1994)
이종익, 「원효의 십문화쟁론 연구」(『원효의 근본사상』, 동방사상연구원, 1977)
이효걸, 「원효의 화쟁사상에 대한 재검토」(『불교학연구』4호, 불교학연구회, 2002)
鄭舜日, 「元曉의 一味觀行 硏究 - 金剛三昧經論을 중심으로 -」(『如山柳炳德博

士華甲紀念 韓國哲學宗教思想史』, 원광대학교종교문제연구소, 1990)
조명기, 「원효종사의 십문화쟁론 연구」(『금강저』22, 조선불교동경유학생회, 1937)
최유진, 「원효의 화쟁사상 연구」(서울대대학원박사학위논문, 1988)
水野弘元, 「菩提達摩の二入四行說と金剛三昧經」(『駒澤大學硏 究紀要』13)
木村宣彰, 「金剛三昧經の眞僞問題」(『佛教史學硏究』18, 1976)
柳田聖山, 「金剛三昧經の硏究」(『백련불교논집』3, 1993)
Walter, Liebenthal, '' Notes on the 'Vajrasamadhi', 通報 Toung Pao Vol.42, 1956.
Rhys Davids, William Stede, Pali-English Dictionary(London: The Pali Text Society, 1979)
中村 元, 『佛教語大辭典』(東京書籍, 1982)